MUNDE-SE

CB082741

SERGIO PEREIRA

ESPECIALISTA EM EXPANSÃO GLOBAL DE NEGÓCIOS

MUNDE-SE

REPOSICIONANDO SEU NEGÓCIO ATRAVÉS DAS VENDAS INTERNACIONAIS

ALTA BOOKS
GRUPO EDITORIAL
Rio de Janeiro, 2023

Munde-se

Copyright © 2023 da Starlin Alta Editora e Consultoria Eireli.
ISBN: 978-65-5520-823-0

Impresso no Brasil — 1ª Edição, 2023 — Edição revisada conforme o Acordo Ortográfico da Língua Portuguesa de 2009.

Todos os direitos estão reservados e protegidos por Lei. Nenhuma parte deste livro, sem autorização prévia por escrito da editora, poderá ser reproduzida ou transmitida. A violação dos Direitos Autorais é crime estabelecido na Lei nº 9.610/98 e com punição de acordo com o artigo 184 do Código Penal.

A editora não se responsabiliza pelo conteúdo da obra, formulada exclusivamente pelo(s) autor(es).

Marcas Registradas: Todos os termos mencionados e reconhecidos como Marca Registrada e/ou Comercial são de responsabilidade de seus proprietários. A editora informa não estar associada a nenhum produto e/ou fornecedor apresentado no livro.

Erratas e arquivos de apoio: No site da editora relatamos, com a devida correção, qualquer erro encontrado em nossos livros, bem como disponibilizamos arquivos de apoio se aplicáveis à obra em questão.

Acesse o site www.altabooks.com.br e procure pelo título do livro desejado para ter acesso às erratas, aos arquivos de apoio e/ou a outros conteúdos aplicáveis à obra.

Suporte Técnico: A obra é comercializada na forma em que está, sem direito a suporte técnico ou orientação pessoal/exclusiva ao leitor.

A editora não se responsabiliza pela manutenção, atualização e idioma dos sites referidos pelos autores nesta obra.

Dados Internacionais de Catalogação na Publicação (CIP) de acordo com ISBD

P436m   Pereira, Sergio
   Munde-se: Reposicionando seu negócio através das Vendas Internacionais / Sergio Pereira. - Rio de Janeiro : Alta Books, 2023.
   288 p. ; 16cm x 23cm.

   Inclui índice, bibliografia e apêndice.
   ISBN: 978-65-5520-823-0

   1. Administração. 2. Negócios. 3. Vendas internacionais. I. Título.

2022-2776
CDD 658.4012
CDU 65.011.4

Elaborado por Vagner Rodolfo da Silva - CRB-8/9410

Índice para catálogo sistemático:
1. Administração : Negócios 658.4012
2. Administração : Negócios 65.011.4

Produção Editorial
Editora Alta Books

Diretor Editorial
Anderson Vieira
anderson.vieira@altabooks.com.br

Editor
José Ruggeri
j.ruggeri@altabooks.com.br

Gerência Comercial
Claudio Lima
claudio@altabooks.com.br

Gerência Marketing
Andrea Guatiello
andrea@altabooks.com.br

Coordenação Comercial
Thiago Biaggi

Coordenação de Eventos
Viviane Paiva
comercial@altabooks.com.br

Coordenação ADM/Finc.
Solange Souza

Direitos Autorais
Raquel Porto
rights@altabooks.com.br

Assistente Editorial
Gabriela Paiva

Produtores Editoriais
Illysabelle Trajano
Maria de Lourdes Borges
Paulo Gomes
Thales Silva
Thiê Alves

Equipe Comercial
Adriana Baricelli
Ana Carolina Marinho
Daiana Costa
Fillipe Amorim
Heber Garcia
Kaique Luiz
Maira Conceição

Equipe Editorial
Beatriz de Assis
Betânia Santos
Brenda Rodrigues
Caroline David
Henrique Waldez
Kelry Oliveira
Marcelli Ferreira
Mariana Portugal
Matheus Mello

Marketing Editorial
Jessica Nogueira
Livia Carvalho
Marcelo Santos
Pedro Guimarães
Thiago Brito

Atuaram na edição desta obra:

Revisão Gramatical
Anna Carolina
Alessandro Thomé

Diagramação
Lucia Quaresma

Capa
Marcelli Ferreira

Editora afiliada à: abdr — ASSOCIAÇÃO BRASILEIRA DE DIREITOS REPROGRÁFICOS

ASSOCIADO CBL Câmara Brasileira do Livro

ALTA BOOKS
GRUPO EDITORIAL

Rua Viúva Cláudio, 291 — Bairro Industrial do Jacaré
CEP: 20.970-031 — Rio de Janeiro (RJ)
Tels.: (21) 3278-8069 / 3278-8419
www.altabooks.com.br — altabooks@altabooks.com.br
Ouvidoria: ouvidoria@altabooks.com.br

"(...) a máquina do mundo se entreabriu
para quem de a romper já se esquivava
e só de o ter pensado se carpia.

Abriu-se majestosa e circunspecta,
sem emitir um som que fosse impuro
nem um clarão maior que o tolerável

pelas pupilas gastas na inspeção
contínua e dolorosa do deserto,
e pela mente exausta de mentar (...)"[1]

---

[1] Trecho de "A Máquina do Mundo" (estrofes 4, 5 e 6), em Carlos Drummond de Andrade. *Claro enigma*. Rio de Janeiro: Record, 1951.

Agradeço a todos, sem exceção, que estiveram próximos a mim no campo laboral e acadêmico ao longo das últimas três décadas. Destacar nomes seria injusto, uma vez que a lista é longa e pessoas importantes poderiam ficar de fora, ainda que involuntariamente. Agradeço em especial à minha família pela paciência e pela compreensão durante as incontáveis horas de ausência para que este livro fosse escrito.

SOBRE O AUTOR:

Internacionalista, especialista em expansão global de negócios. Ao longo das últimas três décadas, atuou em processos de internacionalização de empresas de diferentes portes e setores. Professor em cursos de MBA e pós-graduação nas disciplinas Geoestratégia Global, Inteligência Comercial Internacional, Análise de Risco e Diplomacia Empresarial. Sócio da Ankon Consultoria e Educação Executiva, consultoria especializada em internacionalização de empresas.

SUMÁRIO

Prefácio	xi
Introdução	1
A quem se destina este livro?	5
CAPÍTULO 1: Os negócios internacionais do Brasil	**7**
Quanto se ganha lá fora	14
Importar é importante	15
As categorias de importadores	17
CAPÍTULO 2: Pense seu produto (e a comunicação dele)	**37**
Estabelecendo os filtros	39
O desafio da qualidade	40
Neoprotecionismo	55
Barreiras não tarifárias	57
Geoestratégia produtiva	58
A impressão 3D	59
Oportunidades do bem	62
Âncora cultural	63
CAPÍTULO 3: Defina sua estratégia	**67**
Estratégia governamental	69
Estratégia empresarial	70
O exemplo da China	75
Planejar ou reagir?	77
Um modelo que pode ser útil no desenho da estratégia	80
Entendendo os aspectos críticos	84
Gerenciamento de Risco	89
Aspectos políticos	90
Diplomacia Comercial	92
Estratégia Comercial	94
A base de tudo	94
Perspectivas até 2030...	95
CAPÍTULO 4: Avalie o ambiente competitivo	**99**
Um pouco de método	101
Concorrentes brasileiros que exportam	110
Conhecendo outros países — viajar ou não viajar?	121
Fator China e o mito da mão de obra barata para sempre	122

CAPÍTULO 5: Selecione os mercados — 125
- Critérios para a análise de mercados — 132
- Outros fatores a serem considerados — 135
- O modelo SNAIL (Caracol) — 138
- A ressaca das poucas exportações — 141

CAPÍTULO 6: Cuide das finanças — 145
- Recursos para exportar — 146
- Custos para servir — 147
- Formas de pagamento — 148
- O valor do risco — 158
- Ferramentas para Gerenciamento dos Riscos de Pagamentos Internacionais — 166

CAPÍTULO 7: Planeje os acessos — 175
- Acessando mercados de diferentes formas — 182
- A importância dos blocos econômicos — 195
- Tipos de acordos comerciais — 197
- O Brasil e seu posicionamento estratégico diante das exportações — 202

CAPÍTULO 8: Jogue o jogo — 207
- Abordagem eletrônica ou física — 210
- Envio de amostras — 211
- Envio de propostas e ofertas — 212
- Negociar — 213
- Competitividade de classe mundial — 221
- Primeiras vendas e o futuro — 236
- Olhando para a Frente — 248

Conclusão — 253
- O papel do governo — 254
- O que o governo tem que fazer — 255
- Transporte marítimo — 257
- Os efeitos dos portos mortos — 258
- Uma alternativa: cabotagem — 259
- Os próximos dez anos — 260

Bibliografia — 265

Índice — 267

PREFÁCIO

Foi uma agradável surpresa receber o convite do amigo Sergio Pereira para que escrevesse o prefácio desse inovador livro *Munde-se: Reposicionando seu negócio através das vendas internacionais*.

Conheço há muitos anos o trabalho altamente profissional do Sergio como trader, um verdadeiro "Globe trotter", professor universitário, formador e consultor com uma excelente formação acadêmica com MBA em Negócios Internacionais.

Há poucos profissionais no Brasil com bagagem de experiência global de mundo como a de Sergio, e justamente ele se define: um especialista em expansão global de negócios.

Sergio já me surpreendeu com seu excelente livro com um título muito original, Futuro do Pretérito: Visões do que não mudou no comércio internacional brasileiro em 30 anos", em que ele faz uma análise do que não mudou nos últimos 30 anos do comércio exterior brasileiro e nos incentiva a mudar. Estamos muito sintonizados nisso, pois eu também acho que, se mudou o volume de comércio exterior brasileiro em termos de números (mas não acompanhando nem de longe o incremento do comércio exterior mundial), não mudou muita coisa em outros aspectos, a começar pela atitude frente à internacionalização, falta de incentivo ao profissionalismo e às redes de empresas, incremento da competitividade na infraestrutura e muito mais.

Agora, com toda a experiência adquirida, ele parte para o *Munde-se: Reposicionando seu negócio através das vendas internacionais*.

Estou tendo, então, o privilégio de ser um dos primeiros a ler seu livro, e o que logo de início chama a atenção é seu estilo direto, sem dar voltas, didático (onde transparece sua longa experiência de formador), prático, como deve ser alguém que passou décadas viajando e negociando em mais de quarenta países com culturas das mais diferentes: é uma conversa fascinante que te leva até o final do livro, curioso em aprender mais e mais.

Sergio escreveu um livro que representa um verdadeiro guia estratégico de internacionalização. Inicia com um exame da inexpressiva participação do Brasil no mercado internacional, do número insignificante do total das empresas exportadoras, de nosso fechamento ao mercado internacional criando uma "obra de arte" de travas à importação (em minha opinião pessoal, esse período de fechamento ao mundo tem criado boa parte do famoso "Custo Brasil" do qual agora a gente se queixa. A história nos ensina que protecionismo é daninho para o desenvolvimento do país, e de fato nós perdemos muito mais do que a chamada "década perdida"). Muito clara a análise que o Sergio faz da passagem dos trinta anos em que ficamos inventando travas à importação à repentina abertura. Teoricamente, houve tempo para um ou outro setor industrial se atualizar, mas não deu para recuperar o tempo perdido. Moral: perdemos de 2 a 0 nesse jogo: ficamos longe do avanço gigantesco que houve nos países industrializados e colocamos "o tapete vermelho" para os "tubarões" da indústria internacional tomarem conta de vários setores que estavam quase sucateados.

Nessa época, houve uma verdadeira explosão de cursos de comércio exterior, de relações internacionais etc., mas não formamos executivos de internacionalização, e, pior, não adiantaria formar internacionalistas se o empresariado não mudasse a atitude para a internacionalização. De fato, Sergio aborda vários casos de negociações nos quais o empresário estava completamente despreparado.

Muito lúcido e esclarecedor, o raciocínio que Sergio faz da época em que o Brasil alcançou uma taxa de inflação de 1.972% algo impossível de explicar aqui na Itália, de onde eu escrevo. Só posso dizer que, nessa época, eu era gerente de exportação de uma grande empresa brasileira e meu chefe era o diretor financeiro, e não o diretor comercial, pois as empresas (que podiam) eram gerenciadas quase como bancos. Os ativos financeiros nos balanços eram maiores que os ativos que tinham como origem a atividade industrial da empresa. Isso criou uma geração de "magos da finança". Moral: muita gente se acostumou a ganhos fáceis.

Sergio dá uma pincelada na situação criada pela pandemia e examina casos de empresas não preparadas que se jogam na exportação com pessoal igualmente não preparado.

Uma reflexão importante em seu livro: "Não há uma fonte exata para o número, mas o que se diz é que cerca de 98% de tudo que é comercializado no mundo têm que passar por algum tipo de ajuste ou alteração." Importante essa reflexão, pois, por exemplo, nos leva a uma outra, falada há décadas: exportação, saída para a crise!

Mas acontece que se a empresa não tiver um produto exportável e ela mesma não tiver cultura e capacidade exportadora — pois terá que fazer ajustes durante a crise (características do produto, embalagem, homologação, máquinas diferentes etc.) —, será complicado.

Muito esclarecedora a "caminhada" que Sergio faz pelas suas andanças mundo afora, chamando a atenção sobre assuntos aos quais damos pouca importância, como período de validade do produto, embalagem, prazos de entrega, adaptação e durabilidade do produto. Um tema que me encontra perfeitamente alinhado é o tema das diferenças culturais e da marca. Quantas vezes nós verificamos se nossa marca tem algum significado estranho, raro (se não obsceno) nos países para os quais queremos exportar? Devemos sempre fazer pesquisa, registro e monitoramento da marca. Quanto custa tudo isso? Custa muito menos do que não fazer tudo isso!

Outra reflexão que nos deve deixar atentos: "No entanto, o arco de tempo estimado pelos especialistas envolvidos no tema é o de que, em 2040, 38% do comércio internacional de produtos tenham desaparecido — tudo isso graças ao paulatino incremento do uso da impressão em 3D. Vamos nos preparando para isso!"

Muito centrada a reflexão que o Sergio faz: "Tenho a percepção que esse é o país do 'ou'. Do tipo mercado interno ou mercado externo, câmbio favorável ou não, agronegócio ou indústria, exportação ou internacionalização", e assim por diante. Não há uma visão estratégica em longo prazo. "O viés internacional dentro do pensamento de negócios brasileiro é formado pela oportunidade." Vamos parar de ser o país de colher oportunidades para ser o país que tem uma clara estratégia de seu posicionamento no cenário global. "Que tal parar de ser o país do 'ou' e ser o país do 'e'?" É exatamente isso que se tem falado há décadas.

Achei muito acertada a panorâmica feita dos aspectos críticos da estratégia, a começar pela estrutura organizacional (com uma didática metafórica, como a da carruagem), seguindo pelo ambiente de negócios, logística, produto, riscos, inteligência comercial, usando vários casos práticos e metáforas.

Avançando no estudo muito detalhado, Sergio mostra as muitas fontes de informações utilíssimas para entrar na arena internacional, como os vários softwares da INTRACEN (International Trade Center) como o Trade Map Market, Market Access Map, e outras (hoje englobadas no Global Trade Help Desk).

Outro conceito que me faz sentir completamente alinhado com Sergio é sobre a competitividade: competitividade não é taxa de câmbio (que é só um fator de conversibilidade).

Afirma Sergio: "competitividade é composta de fatores externos — contra os quais o empresário pouco ou nada pode fazer para mudar — e internos, com os quais ele deve lidar de forma diária." Exatamente esse é também o tema que venho debatendo há trinta anos, nos meus livros e cursos: já há trinta anos, dei uma definição a isso: "efeito Iceberg". Isto é, a gente focaliza a ponta do problema (Custo Brasil, infraestrutura, falta de apoio etc.) e esquece de olhar "da porta para dentro", onde, exatamente como Sergio indica, deve-se lidar de forma diária.

Outro conceito importantíssimo com o qual estou muito alinhado com Sergio e sobre o qual venho sendo muito persistente, ao limite da chatice, nos meus debates é: "em vez de usar o tradicional método baseado no 'desmonte' do preço do mercado interno (retirando impostos, margem e tudo que se refere ao ambiente brasileiro) para ser 'remontado'." Essa é a clássica "formação de preços de exportação" com que, na minha opinião, no Brasil tem se formado, infelizmente, gerações de técnicos de exportação, em lugar de usar a engenharia de preços, como Sergio afirma: "basta começar os cálculos a partir do preço praticado no mercado e vir retirando os percentuais usualmente aplicados em cada elo da cadeia de fornecimento (varejo, distribuidores, impacto de custos de importação etc.) até chegar na porta do exportador."

Sergio faz uma detalhada e completa panorâmica sobre a gestão de mercado, abordando temas fundamentais, como finanças, logística, seleção de mercado, risco, pagamento, relacionamento com o cliente, aspectos legais, forma de entrada, acordos comerciais: tudo recheado de casos práticos, dando, assim, muito mais clareza aos conceitos expostos.

Acredito ser muito significativo o alerta que nos faz Sergio sobre a abordagem do mercado. De forma muito simplista, estamos acostumados a pensar: "Tenho um produto para exportar, vamos ver quem quer." Sergio faz uma lista das ações a serem feitas: mostrar a confiabilidade do trader; vender a ideia do "Made in Brasil" (que não é nada fácil em vários setores); vender a ideia da confiabilidade e seriedade comercial da empresa; e, enfim, oferecer o produto: uma via crucis! Como se isso não fosse suficiente, é necessário ter a habilidade do negociador, e Sergio, como negociador veterano, nos deixa um montão de dicas e um verdadeiro "vade mecum" sobre o que fazer nas mais variadas situações, como também nos deixa um precioso quadro de como negociar várias formas de pagamento/incoterms nas diferentes regiões do mundo, convidando o leitor a sair da "zona de conforto" da entrega FOB.

Há também outro tema com o qual estamos alinhados: quantas vezes temos recebido perguntas do tipo "Quanto demora para exportar?" Essa pergunta não tem sentido se alguém conhece a fundo todas as etapas que nos levam a enviar o produto para o outro lado do mundo, e Sergio usa uma metáfora muito acertada: a metáfora do avião. Não é que os pilotos sobem ao avião junto com os passageiros. Entram bem antes, fazem o checklist protocolar, para verificar se está tudo em ordem, verificam as cartas, as condições meteorológicas etc., e aos poucos vão se posicionando na pista de decolagem: traduz-se perfeitamente isso ao preparo para a internacionalização. Infelizmente, há gente querendo fazer decolar um Boeing 747 assim "no tapa" (como acontece a diário na exportação).

Enfim, Sergio lembra o perfil de trader que eu tenho descrito em meu livro O exportador — 7ª edição. De fato, na 1ª edição, a definição de trader foi elaborada por mim (uma mescla de várias personagens famosas); nas últimas edições, tenho me referido à definição do professor Tim Baxter, que aparentemente pode parecer um exagero, mas que já tem centenas de horas de voo nas costas, horas de negociações nos vários continentes, gestão de conflitos internos à empresa... a definição não é muito distante da realidade.

Sergio toca em uma "tecla" pela qual eu também venho lutando há décadas: o ensino da internacionalização. Repito as palavras de Sergio: "Reestruturação completa das disciplinas, maior rigor na escolha do corpo docente e a separação do curso de Administração de Empresas são apenas os três pontos de partida." Pessoalmente tive a honra de ser convidado em um congresso na Espanha com professores, mestres, reitores de muitos países da América Latina e Espanha. O tema pelo qual fui chamado era "O que sobra e o que falta no ensino da internacionalização". Sobra teoria, sobra matérias, sobre a transferência do produto (parte administrativa/burocrática), faltam estudos de casos, faltam temas sobre a competitividade da empresa, faltam temas de culturas de negociação, falta a "engenharia da exportação" e falta experiência prática em muitos docentes.

Finalizando, Sergio nos mostra o resultado de uma pesquisa sobre os principais entraves às exportações: interessante que todos os entraves são culpa de alguém de fora da empresa (câmbio, transporte, tarifas etc.). Continuo achando que o maior entrave às exportações é a falta de preparação da empresa para entrar no mercado internacional (é o efeito iceberg que abordamos antes, é o trabalho da porta para dentro). Sim, um entrave "culpa" da empresa, citado na pesquisa é "Dificuldade de oferecer preços competitivos". Na grande maioria dos casos, isso se deve à falta de um check-up dentro da empresa, identificando gorduras para cortar, qualificação de pessoal para melhorar, fornecedor para trocar, conhecimento de mercado para aprimorar, elaboração de engenharia de preços e não formação de preços etc. Mas isso pode parecer complicado, então que tal colocar a culpa no Custo Brasil!

Mais um alinhamento com Sergio; subscrevo suas palavras: "Achar que a competitividade brasileira para atuar no mercado internacional vem exclusivamente da taxa do dólar e do Custo Brasil é encerrar o projeto exportação agora mesmo."

Sergio conclui sua excelente obra fazendo uma análise do que o governo tem que fazer.

Gostaria de dar meu aporte e minha opinião, mas por ser estrangeiro (apesar dos mais de cinquenta anos em que "vivo e respiro" Brasil), não posso expressar minha opinião: quero continuar sendo persona grata quando desembarco no Brasil!

Simplesmente me tornei um entusiasta desta obra. Após lê-la da primeira até a última página, sinto-me um privilegiado em ter em anteprima este magnífico livro, tanto que se pode notar pela extensão desse prefácio, pois me deixei "levar pela mão".

Considero essa uma obra importantíssima para o panorama brasileiro e será uma "pedra miliar" no aculturamento de empresários e executivos na fascinante "arte" da internacionalização.

Sergio, você acaba de escrever um MBA prático, didático, simples para ler, direto. Os muitos casos que você descreveu são um precioso aporte para nos entusiasmar e refletir sobre o que fazer e como fazer.

Subscrevo em pleno as palavras de Sergio: "a motivação em escrever esta obra: uma crença inabalável que o Brasil precisa explorar um caminho novo. Algo que todos sabemos ser necessário, mas que não sai do terreno das ideias e dos projetos, e esse caminho novo é o mundo."

Tem sido uma honra deixar esse grãozinho de areia na tua magnífica obra.

Um cordial abraço!

Nicola Minervini
autor de *O exportador*,
Pedrengo (BG), Itália, 1º de maio de 2021

INTRODUÇÃO

Após longas e, muitas vezes, desgastantes reuniões de negócios, realizadas em diferentes países, além de argumentações difíceis mantidas com compradores desconfiados e intermináveis reflexões feitas em aeroportos, hotéis e salas de espera, somadas a centenas de horas lecionando em salas de aula por diferentes instituições de ensino do país desde o ano de 1989, desenvolvi este livro, no qual os aspectos, as características e as práticas comerciais são confrontadas com as conceituações espalhadas em numerosas publicações, para poder apresentar de forma mais direta e de fácil compreensão os caminhos e possibilidades para os empreendedores brasileiros.

Claro que não irei, de forma alguma, desconsiderar o aspecto necessariamente acadêmico desta publicação, entretanto, por meio da vasta experiência adquirida em auxiliar, ao longo da minha carreira, empresas dos mais diferentes portes e setores a melhorar ou ampliar suas atividades, penso que o assunto deva ser tratado sob o prisma da realidade, para que assim possa servir ao mundo prático, onde de fato acontecem as coisas, e produzir, quem sabe, para os destinatários dos ensinamentos aqui reunidos as possíveis saídas e os caminhos, aos quais tenho dedicado, de forma apaixonada, toda minha vida profissional.

Há décadas nos acostumamos a ouvir e repetir que o Brasil é o país do futuro. Ouvimos tanto esse verbete, que o vimos se transformar ao longo do tempo, até que se tivesse tornado em verdadeiro panegírico de ironia, quase ofensivo e sem dúvidas doloroso para quem ouve e que, como eu, tem o conhecimento da grandeza e das possibilidades que nossa nação, às vezes dormente, deixa passar ao largo.

Nada do que aqui trago é em si provido ou permeado de elementos novos, exceto pelo que de meu conhecimento prático eu lançar mão. Basta uma simples caminhada por qualquer lugar deste imenso país para ouvir, da boca dos mais ilustrados até dos mais simplórios de nossos concidadãos, a certeza de que o país precisa alçar novos voos, explorar um caminho que, embora não traçado até aqui, já é há muito conhecido; e esse é o comércio mundial.

Frente à dura realidade que se apresenta, não teria eu me predisposto a tão hercúlea tarefa de oferecer uma possível solução prática sem que houvesse dela a pura necessidade.

Existem quase 200 países no mundo, espalhados em mais de 510 milhões de quilômetros quadrados e onde vivem e compartilham mais de 7 bilhões de indivíduos, das mais diferentes culturas, hábitos e preferências; e são essas pessoas que fazem girar, a um ritmo frenético, mais de US$54 bilhões por dia, só com as trocas internacionais, volume esse que é gerado por cerca de 6 milhões de empresas, concorrentes e parceiras ao mesmo tempo, disputando esse imenso mercado global.

É diante desse volume de negócios que apresento os números relacionados à realidade brasileira:

Dos US$19 trilhões que formam o mercado mundial de produtos, o Brasil participa com o irrisório número de 1%. Interessante pontuar de saída que os critérios que usamos hoje têm como base a criação, logo após a Segunda Guerra Mundial, do GATT[1] (*General Agreement on Tariff and Trade* — Acordo Geral Sobre Tarifas e Comércio). As primeiras apurações do volume do comércio global apontavam que o Brasil representava 2% dele, o que significa dizer que, em menos de um século, nossa participação caiu pela metade, o que é significativamente expressivo.

O mercado consumidor e os meios produtivos cresceram exponencialmente nesse período, estimulando o incremento do próprio mercado externo, afinal, é preciso vender o que é produzido, e muito raramente mercados locais são suficientes para absorver tudo que é gerado. Segundo a Organização Mundial do Comércio (OMC), de 1950 a 2020, o volume das trocas globais aumentou 274 vezes!

Então, o que aconteceu com o Brasil?

Ainda que alguns possam questionar a comparação, é impossível não a fazer. A China, no mesmo período, saiu de 0,9% de participação nas exportações globais e saltou para 13%. O que eles fizeram e nós não? As respostas para esse questionamento são tantas, que não caberiam neste livro. Ainda assim, exploraremos o que dá para ser feito, agora mesmo, por você e por sua empresa, para que façamos parte dessa gigantesca arena de negócios.

No momento em que me dedico a escrever este livro, temos a dura realidade da completa estagnação e até retração da economia brasileira. Chegamos a essa situação apesar de todos os esforços, em alguns momentos acertados, feitos ao longo de várias décadas. Já tentamos de tudo!

Mas ainda assim, eis então os resultados aos quais chegamos.

Ao olhar de forma detida, não tanto para a nossa situação atual, mas mais para o caminho que nos conduziu até aqui, chama-me a atenção que poucas vezes demos a real importância a um elemento fundamental, e que reúne, de fato, as possibilidades de nos fazer crescer e modificar essas difíceis circunstâncias, que é a internacionalização do país. Daí o título deste livro: *Munde-se*.

A baixa inserção do Brasil no cenário do comércio global vem de falhas estruturais de nossa organização, sejam as de caráter político, produtivo, de escoamento ou de infraestrutura, e de todo o aparato burocrático. E muito além de qualquer discurso demagógico, ou de qualquer leitura tendenciosa, os números estão aí para quem quiser ver.

---

[1] Acordo Geral sobre Tarifas e Comércio (*General Agreement on Tariffs and Trade*) foi um acordo internacional criado em 1947 que visava promover o comércio internacional e remover ou reduzir as barreiras comerciais.

O Brasil tem hoje cerca de 330 mil indústrias, de todos os tamanhos e espalhadas pelos mais diversos setores e atividades. Entretanto, mesmo com esse número, em primeira vista considerável, apenas 25 mil exportam seus produtos. E claro, se fizermos, em retrocesso, a análise do crescimento nacional, observaremos que nos últimos 30 anos esse número saltou de 13 mil para os atuais 25 mil, o que pode dar a entender que crescemos. No entanto, e não é preciso ser um gênio da matemática para concluir isso, esses números demonstram um crescimento anual inferior a 0,5%, o que é irrisório, para não dizer ridículo. No mesmo período, o mundo viu as exportações aumentarem 570%, enquanto o número de exportadores brasileiros aumentou somente 192%. Fica a constatação de que o mundo se integrou fortemente baseado em mais produção e muito mais negócios, enquanto nós fechamos concentrando nossas vendas no mercado local.

E esse número se torna ainda pior se você observar a velocidade com que evoluem os negócios ao redor do mundo. É tão alta, que, quando você terminar de ler esta introdução, US$50 milhões terão sido exportados por empresários e executivos como você. Isso representa um esforço contínuo, diário e ininterrupto, de homens e mulheres para convencer empresas estrangeiras a adquirirem seus produtos.

A prática de comércio entre países é tão antiga quanto a formatação das sociedades organizadas e tende a permanecer sem grandes alterações pelo mesmo tempo em que durarem as estruturas política, social e cultural de produção e consumo.

Não há, na aldeia global, um único país que seja inteiramente autossustentável, ou seja, que não precise de algo vindo de outro país, assim como também não há país que não tenha interesse em vender algum produto para outro.

É para fora que todos devemos olhar e direcionar nossos esforços, pois não há outra maneira de superarmos os imensos desafios à nossa frente. E o Brasil já "deita em berço esplêndido" há tempo demais!

A exportação de bens industriais é um processo que estimula praticamente todos os setores da economia e que está imune a crises. Repito: imune a crises. Quando digo isso em aulas de MBA ou em palestras, muitas vezes sou olhado com desconfiança. Mas baseio meu raciocínio no fato de que, apesar das crises de alcance internacional que assolaram o mundo algumas vezes aos longos dos últimos anos, o comércio global não parou.

Pode ter encolhido em alguns bilhões de dólares, mas seguiu com seus números superlativos. Analisando a série histórica fornecida pela OMC desde 1990, o volume global de comércio só caiu 5 vezes (1998, 2009, 2015, 2016 e 2020). Todas as quedas ficaram entre 1% e 13%. Exceção é o ano de 2009, que registrou 23% de encolhimento depois da crise financeira que assolou o planeta. Traduzindo tudo isso em negócios, significa que sempre haverá alguém em algum lugar do mundo disposto a fazer negócios. Animador, não?

Então por que não abraçamos essa causa como outros povos o fazem? Por que somos tão tímidos quando o assunto é a internacionalização dos negócios?

É fácil notar que países europeus basearam parte de suas estratégias de desenvolvimento no avanço do comércio internacional, e o mesmo vale para as nações asiáticas.

O que ocorre em relação ao Brasil?

Será o tamanho do nosso mercado doméstico? Será falta de informação? Serão os custos que temos aqui? Será a falta de apoio e de incentivo do governo? Será desconhecimento do que pode ser feito?

As respostas podem ser fracionadas e investigadas cada uma com suas peculiaridades, mas acredito que seja tudo isso, atuando em conjunto, e mais alguma coisa.

Discutir com empresários, executivos, estudantes e os que estão realmente interessados nesse assunto é sempre tarefa desafiadora, e mesmo com todos os anos de experiência prática nos negócios e outros tantos em salas de aula e treinamentos, organizar as ideias em uma forma concisa e ordenada é um exercício extenuante. Na concepção do projeto que viria a se tornar este livro, tive que olhar a nada desprezível literatura já produzida ao longo dos últimos anos. E sigo o mesmo caminho já trilhado por excelentes professores, colegas e estudiosos que deixaram suas marcas e suas impressões registradas em dezenas de livros já publicados.

Acredito que o conhecimento humano seja, de fato, análogo à construção de um prédio, e cabe àqueles que têm algum tipo de conhecimento fixar como sendo tijolos sua contribuição ao ensino, ao estudo e à prática. Entendo que agora, após anos de vivências e estudos, é a minha vez de contribuir.

Assim como você, também já tive em mãos diversos manuais de práticas operacionais, dicas gerenciais e outros voltados à estratégia empresarial. Mas tendo em mente a conjuntura de um ambiente global, em que múltiplos fatores se cruzam a todo momento, a dúvida sempre estava no melhor formato de apresentar o tema. Por isso, organizei este livro como se estivesse trabalhando na minha rotina diária, para poder traduzir em palavras os pontos de atenção, as linhas de pensamento, as ações a serem tomadas e os cuidados a serem observados.

O resultado é um livro para ser consumido por quem tem pouco tempo e muito o que fazer. Não exaurirei meu tempo — nem o seu — com assuntos que não contribuam para o negócio internacional em si.

Antes que possamos prosseguir, cabe uma explicação: este livro não é sobre comércio exterior. De quando em vez, até poderá dialogar com a realidade dos processos, a burocracia, os custos e procedimentos que formam essa teia que prende tanta gente. O que será apresentado ao longo das próximas páginas é um olhar para além da fronteira. O que motiva esse discurso são os negócios realizados lá fora.

Para que fique bem claro: nenhum empresário ou executivo convencerá um comprador internacional discorrendo sobre as maravilhas do nosso sistema integrado disso ou daquilo, nem se lamentando de que os procedimentos para exportar ou importar são complexos e geram custos. Arrisco até a dizer que esses discursos podem jogar contra e terminar por espantar um futuro parceiro de negócios.

Não estou desmerecendo o trabalho de milhares de profissionais que se dedicam todos os dias a fazer o Brasil funcionar aqui dentro! Tenho por todos um profundo e sincero respeito, mas vou por outros caminhos. E te convido a vir comigo!

Importante destacar que tudo que será apresentado foi desenhado tendo em mente um universo formado por empresas que exportam (ou pretendem exportar) produtos manufaturados (e não serviços) e de porte pequeno e médio. Deixo deliberadamente de fora as grandes multinacionais em função dos recursos que já têm e das estratégias já implantadas com sucesso ao longo do tempo e em diversos países. Se, apesar desse alerta, minhas ideias ajudarem essas empresas, ficarei de toda forma lisonjeado.

A QUEM SE DESTINA ESTE LIVRO?

Ele foi concebido para ser uma ferramenta prática voltada para empresários e executivos com autonomia na tomada de decisão. É importante fazer essa distinção, uma vez que grande parte das pequenas e médias empresas é dirigida pelos seus proprietários, mas também há muitas que, mesmo dentro de uma estrutura familiar, optaram pela profissionalização da gestão por meio da contratação de executivos para as mais diversas áreas da empresa.

Como dediquei os últimos trinta anos de minha vida à exportação — como executivo contratado por empresas médias —, sinto-me à vontade para dialogar diretamente com esse público. No entanto, isso não significa que essa leitura não sirva para estudantes ou profissionais em ascensão e, ainda, para todos os que tenham interesse e curiosidade no assunto.

Mas é claro que, assim como outras coisas da vida humana, também uma leitura só pode produzir bons resultados se chegar ao leitor no momento mais oportuno e fértil para ele; desta forma, proponho um pequeno exercício para que você mesmo possa rapidamente decidir se este será ou não um livro para você:

— Você, sua empresa e seus produtos já estão presentes em outros países?

— Pelo menos 30% do seu faturamento é gerado em moeda forte?

— Desfruta acesso a recursos baratos (aqui mesmo no Brasil) para produzir e vender no exterior aumentando sua competitividade?

— Tem clareza na hora de avaliar e selecionar mercados internacionais para começar a exportar?

— Está tranquilo em relação à gestão dos pagamentos internacionais e dos riscos envolvidos nas operações comerciais lá fora?

Se você respondeu "não" a pelo menos uma dessas perguntas, este livro será útil. Pode apostar nisso. Ainda que você, ao final da leitura ou ao longo dos próximos tempos, não consiga ou não queira exportar, posso garantir, pelos anos em que tenho me dedicado ao tema, quer seja em palestras ou na prática, que os temas que aqui trago serão lembrados e até mesmo considerados em seus negócios.

Assim, sem mais delongas, te desejo uma ótima leitura e, acima de tudo, sucesso nos negócios!

1 Os negócios internacionais do Brasil

O que veremos aqui?

Já passou do tempo de tratarmos o tema da inserção internacional com a maturidade que ele impõe. E o sucesso desse empreendimento ou melhor, dessa tomada de rumo, exige uma clara definição do que é tratado no âmbito internacional.

É preciso entender o papel do nosso país e de suas empresas na arena global. Mas esse entendimento não pode, sob risco de ser errôneo, ou incompleto, ser produzido de forma setorial, mas sim como um todo codependente.

Partiremos, desta maneira, pela análise dos eventos mais marcantes ocorridos nos últimos trinta anos, para vislumbrarmos de forma mais assertiva os reais impactos que tiveram no comportamento dos empresários brasileiros.

Se pudéssemos fazer um apanhado histórico, em linha reta, para definir o que aconteceu no país ao longo dessas três décadas, chegaríamos a: o país fechado por opção, já que passou por um processo de abertura econômica que resultou no país fechado por vocação. Com isso, temos nossa primeira pergunta: como entender as mudanças pelas quais o mundo passou e como isso afetou as exportações brasileiras?

Um breve histórico

Houve um tempo em que a orientação, doutrinária e prática, era substituir o produto importado pelo fabricado localmente. Era esse o reflexo de uma era em que fechar e proteger o mercado interno parecia fazer mais sentido do que se abrir para o mercado global insurgente.

Mas não foi apenas o Brasil que à época embarcou nesse entendimento. Países como México, Turquia, Argentina e outros na Ásia e na África apostaram que fechar as portas à oferta de itens importados poderia ser uma ótima maneira de desenvolver sua indústria local. Tal entendimento não é de todo errado, porque de fato propiciou que as indústrias nacionais pudessem fincar o pé confortavelmente para abastecer o mercado interno dos produtos de que ele tanto precisa, das mais diversas ordens e grandezas. Entretanto, é justamente nessa zona de conforto que residia o caráter perigoso dessa atitude, porque ao não ter que se preocupar, as empresas e seus gestores, com o sempre dinâmico e competitivo mercado internacional, limitaram-se a produzir apenas o suficiente, fixando-se mais no lucro do que no desenvolvimento e na implementação de novas tecnologias e técnicas de gerenciamentos, o que invariavelmente fez com que essas empresas estagnassem no tempo.

E se de um lado a estratégia protecionista produziu um inegável movimento de industrialização, por outro também produziu a acomodação tecnológica. Protegidas, as empresas instaladas nos países que adotaram a estratégia de substituição de importações não se viram forçadas pelo mercado a trabalhar intensamente para desenvolver novos produtos e serviços ou melhorar o que já era fabricado, com vistas a competir pelo desejo, pelo gosto e pela necessidade de seus possíveis compradores.

É preciso entender que o fator — o combustível para que qualquer ato humano se ponha em prática — é o receio que essa pessoa tenha de perder o que já foi conquistado ou de não conseguir galgar o espaço almejado. É muito comum que se diga, em especial no mercado financeiro, a expressão: "Tubarões já nascem nadando." Eu sei que essa expressão pode parecer um simples chavão utilizado por qualquer palestrante que queira passar alguma mensagem de inspiração, no entanto, vamos, por um breve momento, nos debruçar sobre isso: ora, um tubarão é conhecido primeiro por sua ferocidade, mas o que poucos sabem é que, por exemplo, sua própria formação genética o impede de ser diferente, porque se ele parar de nadar, morre. Ele está sempre em estado de caça, sempre alerta e sempre "na disputa", desde o útero da mãe, momento este em que precisa ou devorar seus irmãos ou ser por eles devorado, e, quando nasce, ou consegue fugir o mais rápido possível da área de caça de sua mãe, ou poderá por ela ser devorado. É isso que faz um tubarão ocupar o topo de sua cadeia alimentar: o eterno estado de disputa e de necessidade.

Assim, ao retirar de nosso empresariado a concorrência internacional, o que se viu foi um enorme avanço em relação à criação de novas empresas e ainda uma margem de lucro em um patamar que, se fosse em um cenário de disputa internacional, seria impossível de se alcançar. Era uma situação confortável, mas que se assentava em pilares frouxos. Hoje, ao observarmos o tamanho do parque industrial brasileiro, fica a nítida impressão de que o plano deu certo. Isso é valido para uma visão geral e não aprofundada, mas basta um mergulho para que se constate que a realidade é bem diferente do que mostra a superfície.

O mergulho

O Brasil completou no ano de 2020 seus trinta anos de abertura comercial, organizada e implantada de supetão pelo governo Collor, eleito em 1989. Devo salientar que, pior do que ficar fechado por cerca de trinta anos, é abrir de uma vez e sem um mínimo de preparo, de organização, de transição. Não é possível que alguém naquele governo realmente acreditasse que o Brasil fosse se modernizar simplesmente expondo sua indústria ao voraz apetite da concorrência global!

Há, ainda hoje, quem defenda que o tempo foi suficiente para a adaptação do mercado interno, mas sou forçado a dizer que isso não passa de uma falácia, ou desonestidade intelectual. E desculpe-me pela franqueza, mas não foi apenas o tempo que foi insuficiente, mas ainda sobreveio a completa ausência de uma organização, mínima que fosse, para que se pudesse equalizar as dinâmicas internacionais às dinâmicas nacionais, posto que suas diferenças sejam por natureza completamente distintas quanto aos padrões de qualidade, aos padrões de consumo por si mesmos, à distribuição, à produção, à tecnologia e até mesmo ao conhecimento técnico em áreas de gestão.

Entretanto, tendo agido o voluntarismo aliado à pressão para reverter um quadro econômico decrépito, fizeram com que não houvesse um planejamento e a abertura fosse feita de forma açodada. O resultado não poderia ser diferente do que foi visto e sentido, quase que de forma imediata, em diversos setores que se viram, subitamente, expostos à uma enxurrada de opções estrangeiras de melhor qualidade, maior variedade e, principalmente, menor preço. Têxteis, brinquedos, bicicletas, computadores, eletroeletrônicos são só alguns exemplos. Foi uma goleada a favor dos gringos, muito pior, em termos futebolísticos, do que o famoso 7 a 1 da Alemanha na Copa do mundo de 2014!

E, na sequência dos efeitos dessa abertura feita de qualquer maneira, ainda sobreveio o *deficit* dos profissionais brasileiros, nada acostumados ao ambiente feroz e voraz do mercado global. Por pelo menos duas gerações, eles haviam se acostumado e se ambientado em um cenário onde não havia a presença da duríssima cena internacional, então, quando houve a abertura, foram literalmente pegos desprevenidos, sem armas, incapazes de conter ou mesmo de disputar em paridade contra os jogadores internacionais, estes, sim, calejados ao longo de décadas de prática de mercado, viajados, acostumados a negociar pesado. Tudo muito diferente da realidade brasileira.

Mas então, o que faltou na ocasião? O que poderia ter sido feito?

Faltou o trabalho educacional. Faltou o condicionamento que se espera de alguém que lidará com os melhores do mundo, estes tendo sido moldados na tradição de séculos na arte de negociar e avançar sobre mercados e fronteiras.

É provável, na verdade, quase certo, que as diversas e mais profundas tradições que formaram a sociedade brasileira tenham também seu peso, mas o fato é que o brasileiro tem uma forma única de enxergar o mundo dos negócios e os negócios do mundo. E é preciso admitir que esse jeito particular está em desalinho com a prática internacional. Porque, e isto é uma verdade universal, quanto antes se descobre e se aceita um problema, suas características e seus resultados, mais rápido e de forma mais eficaz se poderá agir para a resolução prática do problema em si. Não há outro modo, além de encarar a situação posta, por mais dura e complexa que ela possa parecer, do que com a devida ótica da realidade pura.

E é esse jeito peculiar de entender o mercado que venho, ao longo dos anos, chamando de *Brazilian Business Mindset* (a mentalidade brasileira de negócios), que é o resultado de uma curiosa combinação de percepções acerca do mercado mundial e que tem como consequência o envio de uma sonora mensagem: "Este é o meu jeito de fazer negócios e pronto."

Quando comento isso em sala de aula ou em palestras, não raro surge um clima de descrença.

Será possível que sejamos assim tão diferentes?

Bom, vejamos: um exemplo simples é o processo de comunicação. O distanciamento do mundo ao qual o Brasil foi submetido contribuiu para que duas gerações não se esforçassem para falar um segundo idioma. Isso resultou em uma vergonhosa 59ª posição, de um ranqueamento de 100 que mede os países com maior fluência em inglês, publicado no ano de 2019, pela revista *CEOWorld*.[1]

E mais, segundo o Instituto de Pesquisa Data Popular,[2] em parceria com o *British Council*, somente 5% dos brasileiros afirmam que falam inglês. Desse total, somente 1% se considera fluente.

Esses dados são estatísticos, não são opinativos, estão no mundo independente da aceitação ou da negação deles, mas evidenciam, de forma óbvia, que parte da dificuldade de inserção do Brasil, ou de nossas empresas e profissionais no mercado externo, é também causada pela dificuldade básica de transmissão de ideias e de argumentos.

Além da dificuldade de se comunicar efetivamente no idioma dos negócios, os temas essenciais usados no mundo das importações e exportações são tratados de maneira bem ajustada ao padrão nacional ou àquele *Brazilian Business Mindset*.

Isso é o mesmo que dizer que, pelo fato de o Brasil ser autossuficiente — na produção e, principalmente, no consumo de uma série de produtos e serviços básicos —, há a compreensão, por parte dos empresários e gestores, de que tudo o que está lá fora, mesmo que seja considerado como relevante, seja visto como distante da nossa realidade. É como se a lupa que usamos para enxergar e compreender o mundo fosse feita de uma lente que transforma a imagem e a perspectiva internacionais em algo que deva caber na realidade nacional, e que, se não couber, então não serve.

---

[1] *CEOWorld Magazine*, 2019. Disponível em: <https://ceoworld.biz/2019/11/05/revealed-the-worlds-best-non-native-english-speaking-countries-2019/>.

[2] Disponível em: <http://datapopular.com.br/>.

Há então o caminho inverso do que realmente deveria ocorrer, e já ocorre nos países campeões de exportações, que é a adequação externa ao interno, e não a correta adequação interna para o externo.

Não há exagero quando faço essa leitura. E isso se revela no fato de o mercado internacional — na exportação — só passar a fazer sentido quando as coisas andarem muito mal aqui dentro, ou quando o dólar favorecer o raciocínio de ganho por meio da conversão básica e simplista.

São esses os primeiros fatores a impactar negativamente a criação de que seja elaborada uma estratégia séria de internacionalização dos negócios, pois essa precisaria ser baseada na criação de valor, na identidade da indústria nacional e no investimento permanente da marca "Brasil". É esse comportamento errático quanto ao real compromisso com o mercado externo que gera essa distorção de entendimento e de ação.

Como já disse, há pouco o país completou três décadas desde sua abertura ao comércio externo, e, ainda assim, todo esse tempo não foi suficiente para promover uma verdadeira e séria mudança de mentalidade quanto ao volume de negócios e ao dinheiro que circula na cena global de comércio. Lembro que ao longo dos primeiros anos da década de 1990, com o país ainda se acostumando com a nova realidade de contato mais franco com o meio internacional, havia, especialmente entre os profissionais da área, e até de certa parte de nossa indústria, uma expectativa de mudança trazida pelo contato cada vez mais frequente com o meio internacional.

Era a expectativa de que uma nova postura nacional fizesse surgir, em um curto período, uma nova casta de empresários e executivos de classe mundial, já preparada e modernizada, que poderia desbravar — com persistência e resiliência empreendedora — os novos mercados e as oportunidades surgidas em diferentes partes do mundo.

Essa esperança, ou esse sentimento, foi forte o suficiente para, por exemplo, fazer aumentar exponencialmente o número de cursos universitários dedicados ao Comércio Exterior e às Relações Internacionais. No entanto, hoje, após mais de 25 turmas completas formadas, não se vê absolutamente nenhum tipo de mudança substancial no perfil de nossos empreendedores, ou mesmo da mentalidade empreendedora nacional, que persiste em olhar e manter os olhos e ações fixos no mercado interno. E se 30 anos não foram suficientes para ter criado em nosso país essa mudança de atitude e de posicionamento, é difícil considerar que os próximos anos sejam outra coisa senão desalentadores.

Há alguns anos eu usei algumas horas livres do meu tempo para auxiliar uma empresa europeia a encontrar um fornecedor no Brasil. Era uma empresa com a qual eu mantinha uma longa parceria e que me ajudava com algumas exportações que eu fazia para a Holanda e para a Bélgica. Quando me pediram esse favor, eu não poderia negar. E, por fim, parecia de fato ser algo muito simples; especialmente para um brasileiro. Qual problema haveria nisso?

Um comprador holandês visitaria uma feira setorial no Brasil, e minha tarefa era tão somente servir como "ponte" diante de alguma eventual dificuldade surgida entre ele e as empresas brasileiras.

Como o setor era, e ainda é, tradicional na exportação, imaginei que minha presença seria de pouca necessidade. Tudo ia bem, até que a conversa chegou aos termos e às condições comerciais. E o que se seguiu foi de deixar os deuses do comércio internacional de cabelo em pé!

A expectativa do importador era a de negociar um pacote no qual a logística se combinasse com a condição de pagamento. No papel de comprador experiente, ele olhava para o máximo de conforto que pudesse encontrar, traduzido isso na entrega a ser realizada mais perto de casa e em um prazo de pagamento mais dilatado. Ele não fazia isso por considerar que os fornecedores brasileiros deveriam servir aos seus objetivos por qualquer razão, era simplesmente porque esses eram os termos com os quais estava acostumado. E por que mudar?

O importador solicitou uma condição de entrega que lhe garantisse mais conforto — exatamente como estava habituado, ou seja, no mínimo CIF.[3] E quanto ao pagamento, um prazo de noventa dias seria o ideal para começar. No entanto, recebeu dos possíveis fornecedores somente ofertas na base FOB,[4] combinados com pagamentos antecipados ou com cartas de crédito. Questionados se não poderiam melhorar e ampliar essas condições, todos os exportadores nacionais — sem exceção — disseram que não fariam. Era assim que trabalhavam e havia bastante gente lá fora que aceitava as regras, e pronto. Ou o comprador se adequava ou não comprava.

Mas nada expressa de forma tão nítida a postura do empreendedor brasileiro do que a explicação dada por eles para esse tipo de negociação, que não chegou a lugar algum. As opções adotadas pelo lado brasileiro se baseariam na preocupação de que teriam que pagar o frete marítimo à vista, mas receber o valor da operação somente dali a noventa dias. E que não teriam garantias de que realmente receberiam o valor da venda. É um argumento tão simplório, que chega mesmo a soar como legítimo e coerente; e que desafia a construção de um raciocínio mais sofisticado.

Pois esse pensamento, pouco estratégico, se justifica pelas preocupações demonstradas por eles, que evidenciam o aspecto tacanho e limitado, porque se preocupavam com o fato de que teriam de pagar pelo frete à vista, mas receber o valor da negociação somente dali a 90 ou 120 dias.

Todas essas reuniões se deram, é claro, no ritmo dos brasileiros, cheias de bom humor, mas sem muitas — ou até mesmo nenhuma, e seguramente insuficientes — disposições concretas e objetivas para que a coisa pudesse evoluir para algum lugar que fosse muito além de onde a vista pudesse alcançar.

Apesar de não poder, por honestidade intelectual, deixar de admitir que há certa coerência nesse tipo de postura, fato é que, após dois dias de trabalho e diversas reuniões infrutíferas do ponto de vista comercial, o resultado foi que o importador retornou para o velho continente sem que tivesse conseguido concluir um único acordo. Hoje,

---

3 Incoterm que significa *Cost Insurance and Freight* (Custo, Seguro e Frete), no qual o vendedor arca com todos os custos de transporte e seguro até o porto de destino.

4 Incoterm que significa *Free on Board* (Livre a Bordo), no qual o vendedor entrega a mercadoria no momento do embarque (quando ela transpõe a amurada do navio).

segue comprando dos espanhóis, dos turcos, dos indianos e sul-africanos, no mínimo na base CIF, mas na maioria das vezes na base DDP.[5] E mesmo que esse seja um exemplo restrito e pequeno, se comparado a todo mercado e a indústria nacional, é fato que esse caso significou uma perda a mais para o país, que deixou de fazer negócios e receber divisas em dólar.

Após esse episódio, fiquei muito mais curioso sobre essa prática — que parecia ser bem consolidada — nesse setor. Quem eram os parceiros comerciais internacionais que aceitavam um fluxo intenso de vendas na base FOB e ainda mandavam o pagamento na frente?

Descobri então que o mercado norte-americano era o principal destino, mas o perfil dos importadores era bem particular. Distribuidores altamente capitalizados que imprimiam um ritmo próprio à negociação. Não era preciso esperar os *traders* de exportação do Brasil visitá-los com amostras. Os interessados vinham ao Brasil, escolhiam seus produtos, analisavam as quantidades disponíveis e apresentavam o preço da transação. O pagamento antecipado era parte dessa estratégia para garantir o fornecimento, e a condição de entrega FOB era até conveniente, já que as negociações de frete internacional geravam resultados melhores se conduzidas lá fora.

Poucos anos após esse episódio, ao conversar com um empresário jordaniano, ouvi uma história similar. Entre surpreso e decepcionado, ele disse não entender a mentalidade brasileira diante das seguidas negativas em conseguir comprar na base CIF Aqaba.

Tendo então, por fim, se conformado com a condição FOB, ele iniciou suas negociações locais em busca da melhor condição de frete, quando, para sua surpresa absoluta, foi informado pelo exportador de que o frete estava sendo negociado aqui no Brasil. "Mas estou comprando FOB!", protestou o importador.

Após muito bate-boca entre eles, o frete foi finalmente negociado com um NVOCC[6] em Amã.[7] A lógica venceu o *non-sense*, ainda assim permanecia a pergunta que não pude responder: por que os exportadores brasileiros, mesmo vendendo na cômoda condição FOB, ainda insistiam em negociar o frete?

Essa curiosa atitude, ou seja, vender sem se envolver ou se preocupar com o mínimo aspecto que envolve a entrega no exterior (o frete internacional), é mais extensa do que se imagina. De cada dez exportações, estima-se que sete sejam feitas na base FOB. Esse número, mais que superlativo, é apontado pelos próprios órgãos oficiais ligados ao Comércio Exterior Brasileiro.

O outro lado da história é também intrigante. Até hoje me surpreendo com a vitalidade do segmento de cargas marítimas no Brasil. Pela postura adotada por sete entre dez exportadores, o setor deveria estar à míngua. Mas a situação não é essa.

---

5   Incoterm que significa *Delivery Duty Paid* (Entregue com Direito Pagos), no qual o vendedor se responsabiliza pela entrega no local de destino nomeado pelo importador com todas as despesas pagas.

6   *Non Vessel Operating Common Carrier* — uma empresa que é um carregador que não opera navios próprios.

7   Capital da Jordânia.

Então quem "compra" frete no Brasil?

Certamente, as importações têm uma boa contribuição nessa balança. De qualquer modo, fica a pergunta no ar e uma oportunidade de ouro: se nossas exportações se convertessem em CFR ou CIF, o volume de negócios de transporte e logística internacionais dispararia.

Reforço aqui que não tenho nada contra a venda FOB, no entanto, também não tenho nada em favor. É somente um dos tópicos a ser negociado, mas geralmente mostra um exportador acomodado, inseguro, sem condição (ou disposição) financeira de pagar pelo frete e pouco ou nada à vontade com as ferramentas de *trade finance*. Por outro lado, também pode ser opção do comprador.

Importante ressalvar que empresas com grandes volumes de importação dedicam especial atenção à logística e, muitas vezes, fecham acordos de frete diretamente com armadores para movimentações globais. Para eles, dessa forma, torna-se mais conveniente que o exportador brasileiro não os sirva com o frete, uma vez que suas tarifas tendem a ser bem mais competitivas. No entanto, são poucos os importadores que se posicionam dessa maneira. O que fica de alerta é o tratamento dado à logística internacional, que pode se converter em valor em uma negociação internacional. Não se trata mais de simplesmente oferecer somente produtos, mas de brindar clientes estrangeiros com serviços adicionais, criando, assim, uma espécie de elemento extra de competitividade. É preciso ter em mente que, ao assumir os custos de frete internacional, o exportador fará um desembolso financeiro que não é um presente oferecido ao importador. Esse valor deve estar considerado na precificação do item comercializado incluindo os custos financeiros decorrentes.

QUANTO SE GANHA LÁ FORA

Ainda dentro do raciocínio que avalia as vantagens e os desafios de ampliar os negócios pela via das vendas internacionais, é importante para este nosso estudo trazer a questão dos resultados.

Há em cada empreendedor brasileiro um sistema natural de defesas, dito e por vezes até entendido como uma espécie de "pé atrás", mas isso se explica pela inconstância da economia nacional, sacudida diversas vezes ao longo das últimas décadas por crises locais e internacionais. Esse sentimento de desconfiança geral tem suas explicações, e é preciso compreendê-las e somente criticá-las. Essa é uma das motivações deste livro.

Dentre todos os episódios dramáticos pelo qual a economia brasileira viveu, um dos mais traumáticos para o país — do ponto de vista econômico — foi o ciclo inflacionário. Ali se materializaram a total deterioração da capacidade de compra, confusões envolvendo cálculos de preço e as incertezas diante da impossibilidade de planejamento.

Foram tempo difíceis, não há como negar. Tamanha insegurança serviu para a criação de uma atitude voltada para a garantia do lucro no curto prazo, quase como se não houvesse amanhã. E os primeiros anos da década de 1990 foram especialmente relevantes nesse aspecto. Ali foram registrados índices de inflação de mais de 1.000% ao ano.

Como viver com isso? Como planejar lançamentos de produtos, investimentos, compras, políticas de venda e de crédito? Quase impossível.

A ordem era sobreviver até o próximo mês, garantindo um ganho real que pelo menos cobrisse o que a inflação comia; era uma época em que as incertezas criavam ou aumentavam o caráter imediatista da cultura comercial brasileira.

Em 1987, a inflação média mensal foi de 16%. No ano seguinte, pulou para 21%. Em 1989, bateu estratosféricos 30%. E isso era ao mês!

Quando vemos esses dados anualizados, temo que, de dezembro de 1988 a dezembro de 1989, a inflação acumulada registrou inacreditáveis 1.972%. É preciso ter fé, força de vontade e estômago de aço para produzir e vender em uma circunstância como essa, isso é inegável.

Até acredito que seja possível que alguém possa apresentar argumentos melhores sobre o impacto que essa carreira desabalada teve na formação do raciocínio do nosso empresariado, entretanto, preciso generalizar o pensamento devido às diferenças setoriais, e dos valores dos produtos praticados no mercado, o que também impacta na margem de lucro, mas a realidade é que a metade do valor bruto era devorado pela inflação galopante.

Isso significa que, dos 60% do preço bruto, sobraria algo em torno de 30%, valor este que deveria representar entre 20% e 15% líquidos no bolso. Esse raciocínio pode não ser preciso e demonstrar a realidade de todos os segmentos, mas o fato é que houve uma ancoragem de margem fixa na ordem de 30%. Obviamente, a abertura comercial fez com que, ao longo dos anos, esse patamar recuasse um pouco, mas persiste, como uma espécie de orientação geral que um negócio não seja interessante se não gerar um ganho naquele patamar de 20% ou 30%.

O desejo de obter a máxima rentabilidade possível em um negócio é soberano e deve ser plenamente respeitado, mas quando os negócios no mercado internacional se apresentam, é preciso mencionar em primeiríssimo lugar que a relação de ganho tem boa chance de ser diferente, se comparada àquilo a que se está habituado no mercado interno.

Em linhas gerais, a margem praticada nas exportações de manufaturados varia de 5% a 8%. Note que estou falando de média e de manufaturados em geral, ou seja, há variações aí. Mas essas variações dependerão de uma série de fatores relacionados à escassez, grau de inovação, percepção de valor, nível da concorrência, entre muitos outros.

É preciso esclarecer que a realidade internacional tem parecido pouco interessante a muitos empresários quando comparado ao local, sobretudo por conta dos cálculos de margem de lucro. Podemos culpar o mercado brasileiro por isso? Creio que não, mas o que presenciamos aqui é uma distorção no meio de tantas outras com as quais acabamos nos acostumando.

IMPORTAR É IMPORTANTE

Eu me lembro como se fosse hoje do meu primeiro curso na área de Comércio Exterior no final de 1987. Os termos mencionados se embaralhavam em uma profusão de siglas, e eu me sentia ao mesmo tempo perdido e fascinado. Cheguei a acreditar que não seria capaz de compreender toda aquela quantidade de regras e conexões. No entanto, uma coisa se fixou logo na minha mente, o nome de um documento: Anexo C, que é uma relação de produtos que não poderiam ser importados porque estavam temporariamente suspensos pelo governo. Naquela época, eu ainda não conhecia a Política de Substituição de Importações (PSI) e muito menos a maneira como era operacionalizada.

Tomando essa data e esse documento como base de raciocínio, procurarei explicar como as compras internacionais são encaradas no Brasil:

Corria o ano de 1979, e em uma noite gelada de junho, eu estava com minha família fazendo as compras do mês no supermercado Eldorado, na Rua Pamplona, em São Paulo. Duas coisas nunca mais saíram da minha memória: o tamanho do lustre que ficava logo no acesso da loja e uma sessão que ficava bem ao fundo. Estava claramente apartada do resto do ambiente e havia uma sinalização na parte superior onde se lia: IMPORTADOS. Ali estavam os produtos que não eram fabricados no país. Caros, diferentes, quase inacessíveis. Ao mesmo tempo, essa diferenciação de localização passava a ideia de algo proibido para menores. Muito similar ao que viria a acontecer uns dez anos depois, no auge das locadoras de vídeo, quando expunham seus títulos de sexo explícito em áreas reservadas, em geral nos fundos das lojas.

O Anexo C cobria somente uns 25% dos produtos da pauta de produtos que o país importava, mas cerca de 70% de todas as compras internacionais estavam sob controle ou dependiam de algum tipo de autorização para poder acontecer no Brasil. E assim o consumidor brasileiro tinha que se contentar com o que era produzido e oferecido localmente.

A PSI, apesar de ter possibilitado, em grande medida, o surgimento e o fortalecimento da indústria nacional, também estabeleceu uma série de abismos, tanto de ordem social quanto de ordem prática em relação a produtos importados no país, e isso foi profundamente evidenciado pelo que se seguiu após a reabertura.

Essa política, implantada no Brasil ainda na década de 1930, logo após a crise de 1929, não foi de todo ruim, entretanto, sua duração e principalmente a maneira como ele foi encerrada causaram, em longo prazo, mais danos que benesses.

O que se viu a partir de 1993 foi um movimento de fortalecimento das compras internacionais. Ocorre que o setor privado tem velocidade diferente da mentalidade estatal, ou seja, a atuação oficial, dos órgãos fiscalizadores e reguladores das atividades comerciais, não acompanhou a evolução e a marcha dos acontecimentos, e por algum tempo a importação parecia manter os velhos estigmas que a caracterizavam como sendo algo quase ilegal.

A face mais dura disso é o verdadeiro muro a ser escalado no momento de colocar um produto importado dentro do país. Começando pelos impostos, é claro. Muita gente não sabe, mas em meados dos anos 1980, a tarifa de importação média era de 60%. Nos primeiros três anos da abertura comercial, esse número já havia sido reduzido em 2/3 e caído para 13% em 2009.

Ainda que os procedimentos de importação tenham sido simplificados, o processo de internalizar um item estrangeiro no Brasil segue mais complicado, longo e caro que o movimento de exportação. A nova fase do país mexeu com a atitude compradora diante do mundo e também ajudou a redefinir o papel de vários atores da cadeia de serviços ligadas às operações internacionais.

AS CATEGORIAS DE IMPORTADORES

Preciso informar que a forma como organizarei os importadores em grupos não segue nenhum tipo de metodologia. É somente fruto da observação e de percepções pessoais, coletadas ao longo dos muitos anos de atividade em que pude notar os fatores motivadores em relação à seleção de fornecedores, às maneiras de se negociar e às atitudes tomadas ante às variações da economia.

1. Produtos populares

- São importadores focados em produtos de baixo valor e que garantem grande volume de negócios. Surfam a favorável onda do dólar baixo por anos, trazendo para o mercado brasileiro desde guarda-chuvas a brinquedos. Esses importadores se beneficiam da ampla disponibilidade e dos preços baixos.
- Se caracterizam, dentre outras coisas, pela imprecisão de avaliar a viabilidade de seus negócios.
- Têm limitada capacidade de comunicação com seus fornecedores, e muitas vezes essa interação é feita por meio de *trading companies*, que atuam como facilitadores do processo, especialmente dentro do Brasil.
- As negociações se baseiam em disputas por preços, e não há políticas de exclusividade.
- As condições de pagamento tendem a ser fixadas pelo vendedor e quase sempre forçam o comprador brasileiro a antecipar os valores envolvidos.
- No caso de haver algum tipo de suspensão no fornecimento, por qualquer uma das partes, não é difícil chegar a novos fornecedores.
- E os exportadores para esse grupo de importadores estão localizados, em sua maioria, na China.

Ou seja, são importadores de ocasião e que buscam itens que possam ser oferecidos a baixos preços para o mercado consumidor brasileiro.

2. Oportunidade

- Estes são aqueles importadores que se aproveitam de lacunas criadas por eventos pontuais ou que simplesmente tiveram uma visão mais acurada para eventuais chances que surgem de tempos em tempos. Foi o que se viu nas primeiras semanas da crise gerada pelo coronavírus no início de 2020, quando o mundo percebeu que não havia estoques suficientes de itens médicos, como luvas, máscaras, respiradores eletrônicos, entre outros. Houve gente que se mexeu rápido, garantindo bons negócios.

- Esse tipo de presença no mercado é marcado pela atuação pontual, que pode começar desta forma, mas depois evolui para relações mais permanentes.

Geralmente, são produtos que têm baixa necessidade de processos de homologação de fornecedores devido às necessidades surgidas. Dependem mais de tino comercial e de uma situação que se tenha imposto por algum acontecimento aleatório ou que seja de difícil predição.

3. Produtos complementares

- Trata-se de um relacionamento mais maduro e que pede um processo de seleção de fornecedores e produtos sofisticados. Afinal, os itens complementares poderão fazer parte de catálogos de forma permanente, e isso significa investimentos e ações de marketing e comunicação.

- No que se refere às condições comerciais e de pagamento, os termos tendem a ser mais flexíveis, frutos de negociações estruturadas lideradas por profissionais qualificados e estratégias definidas que apontam para médio e longo prazos.

- As empresas fornecedoras estão espalhadas por todo o mundo, e esses compradores se dispõem a olhar para além da China.

Em geral, são formados por aqueles fabricantes brasileiros que não são capazes de fornecer tudo aquilo que gostariam ou que seu público espera, quer seja por limitações tecnológicas ou por questões outras, como as de custo, e assim, para suprir uma demanda que não consegue por si mesmo dar conta, buscam esses produtos no mercado externo.

4. Matérias-primas e insumos

- Importadores desse grupo estabelecem conexões internacionais muito mais profundas do que acontece com o grupo "popular".

- Têm, por sua própria natureza, em geral de longo prazo, um rigoroso e metódico processo de escolha.

- No geral, não se observa troca de fornecedores com tanta rapidez como em outros casos, uma vez que isso pode impactar a *performance* dos produtos finais e também seu custeio.
- Tratam-se de opções estratégicas com riscos envolvidos que devem ser muito bem avaliados. Desde a vulnerabilidade da cadeia de suprimentos internacional até impactos cambiais, passando pelo papel da concorrência nacional e suas ações.

Como no caso dos produtos complementares, as condições comerciais tendem a ser mais flexíveis, assim como os termos de pagamento. E não é incomum que as relações comerciais entre os exportadores e importadores sejam regidas por contratos comerciais rígidos.

5. Bens de capital

- Trata-se da importação de maquinário ou produtos indispensáveis para a produção em si.
- Dependendo do item a ser trazido, o importador terá que esperar muito mais do que aquele que escolhe produtos no estoque do fornecedor.
- Os produtos, nesse caso, podem ser ajustados à necessidade específica do comprador.
- É geralmente marcado por um alto grau de customização.
- Têm um grau mais elevado de sofisticação quanto a serviços de logística, condições de pagamento, instalação do bem e capacitação operacional.

Quem importa máquinas geralmente tem uma percepção própria da relação com o fornecedor externo. A começar pelo tempo, pois se baseia diretamente na atividade em si, e não necessariamente na relação do importador com seu público consumidor final.

Pode ser que as categorias citadas não esgotem todo o universo importador no que se refere às motivações e atitudes tomadas diante das opções que o mundo oferece, mas arrisco dizer que algo em torno de 90% estejam aí abarcadas.

Consequências na maneira de fazer negócios

É pouco provável que importadores brasileiros, distribuídos pelos grupos citados, tenham comportamentos semelhantes diante dos fornecedores internacionais. Cada um desenvolve competências que servem para seus fins comerciais próprios.

Alguns conduzem negociações estruturadas, outros mal sabem quem são seus fornecedores. Uns conseguem prazos de pagamento, outros financiam a produção de quem nem mesmo precisa. Uns praticam *global sourcing*, outros têm olhos somente para a China. E assim o país chegou a 2019 com cerca de 48 mil importadores — o dobro do número de exportadores, que ajudaram a moldar o ambiente em que o Comércio Exterior Brasileiro se insere.

O processo de importação brasileiro é marcado por altos custos e precisa vencer o elevado e intrincado aparato burocrático. E isso é exatamente o oposto de como as coisas são operadas nos mercados de fora, em que o trabalho de *sourcing* e de negociação comercial é regido pela simplicidade e pela agilidade, porque se baseia no princípio de que, em uma relação comercial, o lado que tem mais força é o comprador, e não o vendedor.

Desta forma, ao combinar essa lógica simples com a quantidade de importadores e sua dura realidade baseada em processos e muita burocracia, o resultado é uma estrutura de prestação de serviços com alta expertise para as compras internacionais.

Não é raro que conversas entre exportadores e prestadores de serviços, com destaque para as consultorias aduaneiras e logísticas, mencionem o universo importador quando, na verdade, deveriam discutir o oposto. Quando perguntados sobre a composição de suas carteiras, prestadores de serviço respondem que a proporção é de cerca de 80% a 20% a favor das importações, o que evidencia uma parte da problemática nacional, em que se importa muito, mas se exporta menos do que se poderia (note que não estou tratando de aspectos quantitativos somente, uma vez que as *commodities* viram o jogo da balança comercial), já que na mentalidade nacional o foco é o mercado brasileiro. Em poucas palavras, compra-se no exterior para atender ao mercado local e não se vende lá fora, uma vez que o mercado nacional parece ser o destino natural e prioritário de tudo que é fabricado aqui. Fica uma estranha sensação de que o ambiente global de negócios existe somente para nos servir. Isso está errado? Talvez não. Mas garanto que poderia ser muito melhor.

Comércio exterior ou negócios internacionais?

O tratamento dispensado à dinâmica dos negócios internacionais gerou um ambiente normativo e regulatório que é, com triste frequência, confundido com as ações de internacionalização. Mas aqui é preciso fazer uma distinção: o que chamamos de Comércio Exterior Brasileiro (Comex) é um conjunto de leis, normas e regulações que orientam as ações internas decorrentes dos Negócios Internacionais (NI), ou seja, conduzir os negócios lá fora é uma coisa, mas trazê-los para dentro da realidade brasileira é outra totalmente diferente.

Não é minha intenção diminuir o valor do que se faz nos campos da logística, câmbio, ambiente aduaneiro, fiscal e tributário. Pelo contrário, todos esses profissionais dedicados, e que são heróis diante da confusão que o país conseguiu criar ao longo dos anos, merecem todo o respeito. É justamente em torno dessas atividades que se criou um ecossistema de prestação de serviços robusto, com um grande número de *players* espalhados por todo o país e cobrindo todas as etapas envolvidas nos processos de importação e exportação. São agentes de carga, armadores, companhias áreas, assessorias aduaneiras, especialistas em seguros, corretoras de câmbio, bancos, armazéns, transportadoras, entre outros.

O que vale mencionar é que essa massa crítica se desenvolveu de maneira muito mais rápida, por pura competência e mérito, do que os que estão envolvidos com os Negócios Internacionais, caracterizados por negociações que envolvem a compra, venda e outros modelos de cooperação comercial.

É preciso que se diga que os Negócios Internacionais tratam de um universo diferente do que é discutido no ambiente do Comex, pois o que é considerado como relevante dentro da estrutura brasileira na maior parte das vezes é tratado de forma bem diferente lá fora. Quem conduz as negociações no exterior deve ter conhecimento suficiente das regras do comércio exterior para não ir por um caminho que seja errado ou insuficiente. Logo, no caso de não ter essas informações, então que seja capaz de recorrer a alguém que as tenha.

Não se trata de debater as diferenças entre o alcance e a complexidade de tudo que envolve o Comércio Exterior e Negócios Internacionais sob a ótica da hierarquia, ou seja, quem é mais ou menos importante. Não há uma relação de superioridade por parte de quem opera no exterior em comparação aos que atuam aqui dentro. Só são diferentes porque habitam universos de regras e relacionamentos distintos. No Comex, quase 100% dos contatos e das tratativas acontecem no Brasil e em português. Ao passo que na outra ponta, dos Negócios Internacionais, quase tudo é discutido e conduzido em outro idioma, uma vez que as interfaces são realizadas, quase que obrigatoriamente, com elementos que não sejam brasileiros, ou lusófonos, que não falam português.

Os meandros do sistema brasileiro que ordenam e controlam nossas operações internacionais, fora ocasiões bem específicas, quase não são mencionados nas negociações internacionais. Isso não isenta qualquer *trader* ou profissional que atue no meio internacional do dever de saber o que é possível fazer ou não, porque não há nada pior do que fechar um negócio no exterior que não pode ser operacionalizado aqui dentro por questões legais ou outras quaisquer.

Não sou um especialista em Comex. Apenas 10% de minha carreira foram vividos nesse ambiente, e isso aconteceu bem nos primeiros anos, tão no princípio, que ainda vivi situações que hoje só existem nos museus ou na memória dos mais velhos. Peguei os últimos tempos da Cacex,[8] lidei diretamente com documentos que hoje estão 100% digitalizados, trabalhei com prestadores de serviço que mantinham equipes enormes de funcionários. Mas foi justamente isso que me ensinou a fazer as conexões tão importantes para o sucesso lá fora e me tornou um usuário exigente dos serviços oferecidos.

Conexões nada sutis
Por anos, repeti essa mesma ideia citada exposta para alunos de várias partes do Brasil. Algumas vezes notei que havia dificuldade em materializar o que eu dizia, por isso optei por desenhar um sistema de conexões onde tudo estivesse ligado de forma direta e objetiva, mas que ainda assim pudessem se aplicar em universos diferentes.

---

8   Carteira de Comércio Exterior do Banco do Brasil, instituída e regulamentada pelo Decreto n. 34.893, de 1954.

Notem no esquema a seguir que documentos e processos, comuns no ambiente do Comex, têm desdobramentos para muito além do que estamos acostumados a pensar

> Os Negócios Internacionais não são superiores às atividades do Comércio Exterior. Só são diferentes porque habitam universos de regras e relacionamentos distintos.

A Figura 1.1 foi uma das primeiras construções que criei para demonstrar a todas as partes envolvidas seu papel e de que maneira um mesmo tópico é trabalhado de forma diferente.

Diplomacia Empresarial
UNCTAD / Governos dos países envolvidos
Grupos de interesse / Sociedade empresarial organizada

Negócios Internacionais
Normas de Origem Preferenciais

Negócios Internacionais
SGP — Sistema Geral de Preferências

Comércio Exterior
Certificado de Origem — Form A

Figura 1.1 — Conectando o comércio exterior à diplomacia empresarial
Elaborada pelo autor.

Esse esquema pode ser lido e discutido de cima para baixo ou vice-versa. Em sala de aula, começo da parte inferior e vou subindo, então vejamos:

Um Certificado de Origem é um documento da maior importância para o ambiente do Comex, já que, ao atestar que o produto é originário de um determinado país, benefícios tributários podem estar a ele atrelados. Também pode haver requerimentos especiais diversos, que comprovem que a mercadoria foi realmente produzida naquele determinado país.

O Certificado de Origem *Form* A é o modelo utilizado para os produtos e países beneficiados pelo Sistema Geral de Preferências (SGP), que é um benefício criado em 1970 pela Junta de Comércio e Desenvolvimento da UNCTAD[9] no sentido de ajudar

---

9   BANCO DO BRASIL. *O Certificado de Origem Form "A" No Sgp.* c2021. Disponível em: <https://www.bb.com.br/docs/pub/dicex/dwn/SGP.pdf>. Acesso em: 22 mar. 2021.

os países mais pobres a acessar mercados de países ricos com incentivos, tais como: redução quase sempre a zero do Imposto de Importação e a opção de um formato unilateral, sem necessidade de reciprocidade. Mas não se preocupe, retornaremos a este tópico mais adiante.

- Na base da pirâmide invertida, temos a emissão de um *Form* A, que é um procedimento relativamente simples. Talvez o que consuma um pouco mais de tempo seja a necessária chancela do Banco do Brasil, nas hipóteses em que seja necessária. Estamos falando de um preenchimento e de uma sequência de ações locais, além dos custos envolvidos.

- Na parte superior da ilustração, aparece o SGP em si. Isso significa que as negociações internacionais estão se dando em torno do Sistema e dos benefícios e deveres dele decorrentes. Se o negociador brasileiro está conduzindo seus entendimentos com um importador localizado em um país que é outorgante do Sistema, e se ambos sabem que o produto em questão é elegível pelas regras vigentes, então existirá um acordo em torno desse ponto específico. O importador desfrutará o benefício tributário que fará com que o Imposto de Importação seja reduzido a zero. Independentemente do nível tarifário válido para aquele item, qualquer redução nesse campo é um ganho e costuma ser valorizado por qualquer importador consciente.

- Ao subir mais um degrau, chegamos às Normas de Origem Preferenciais. Aqui o que se espera do negociador internacional é que ele saiba quem são os países outorgantes, quais produtos são elegíveis, como localizar as listas de cada SGP, como iniciar um eventual processo de obtenção do benefício e como interpretar as regras em busca de vantagens adicionais, como o salto tarifário, atrelado à cooperação no campo industrial.

- Finalmente, no último campo encontramos o ambiente onde se discutem temas que relaciono à Diplomacia Empresarial e à Cooperação Internacional. Aqui o que está em jogo é o papel dos governos dos países envolvidos, tanto no lado outorgante, como no do beneficiário, e das forças motrizes que orientam os trabalhos oficiais. Um produto não será incluído na lista sem que haja um movimento de acesso, por parte dos países pobres, e uma análise e ponderação, por parte dos outorgantes. Quando digo que países estarão negociando suas posições é preciso reforçar que governos não são capazes de atuar sem um direcionamento. E essa orientação vem das partes interessadas, ou seja, das empresas. O conceito de Diplomacia Empresarial se constrói em torno do trabalho organizado dos diversos representantes da sociedade empresarial a fim de indicarem suas prioridades aos governos que negociarão em seu nome.

Neste exemplo, o objetivo foi mostrar como um tema tipicamente da alçada do Comércio Exterior — o tratamento dado a um Certificado de Origem, pode ser discutido de maneiras diversas em mesas diferentes e com outras interações. Assim, a distinção entre Comex e Negócios Internacionais se apresenta na sua plenitude.

Como esse livro é voltado para quem se dedica ou pretende se dedicar à expansão internacional, o foco de todas as abordagens recairá sobre tópicos ligados às dinâmicas externas de negócio. As interações com o *modus operandi* nacional estarão como pano de fundo em praticamente todas as abordagens, deixando claro o respeito que tenho pelos profissionais e por tudo que fazem todos os dias.

Para reforçar o que foi apresentado, é possível fazer um exercício semelhante com o Conhecimento de Embarque Marítimo, também conhecido como B/L (*Bill of Lading*). A ilustração a seguir (Figura 1.2) mostra como um documento bastante manuseado, mencionado e conhecido por todos pode ter seu papel e sua importância alçados a outros patamares. Trata-se do mesmo documento, mas visto e entendido a partir de perspectivas diferentes:

Diplomacia Empresarial
Convenção de Hamburgo — 1958

Negócios Internacionais
Título de crédito / Fato gerador para negociação de prazos de pagamento

Negócios Internacionais
Comprovante de embarque

Comércio Exterior
Conhecimento de embarque marítimo

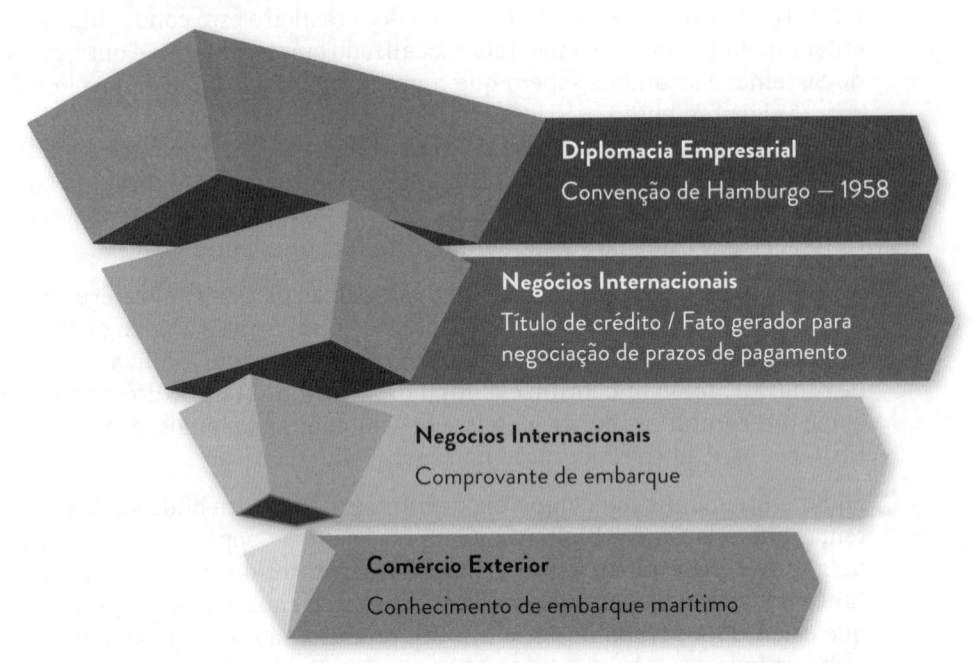

Figura 1.2 — Conectando um documento de embarque à cooperação internacional
Elaborada pelo autor.

Talvez o B/L seja mais reconhecido como sendo o documento que todos esperam logo após o embarque. Ele é a prova de que a mercadoria está a bordo, e, com isso, uma série de ações é liberada. Ao mesmo tempo, o B/L é cercado de regras e cuidados próprios em função de seus desdobramentos comerciais e operacionais, desde o número de originais ao preenchimento de campos e nomes que ali constarão.

Nenhuma informação de um B/L está ali posta gratuitamente, pois é por meio dessas informações que são estabelecidas as responsabilidades, os deveres, o direito à posse e muito mais. Tudo em um simples e único documento. Na minha opinião, estamos diante do mais importante e crucial documento do comércio internacional.

- Na base da segunda pirâmide (Figura 1.2), o B/L está ligado às regras de emissão, o tempo envolvido, os potenciais fatores limitantes para que seja liberado, o manuseio, os envios para o exterior — para que possa cumprir seu papel principal, que é permitir que a parte compradora tome posse da mercadoria, e por aí vai. Acredito que até hoje poucos tenham se dado conta da quantidade de olhares que estão em torno do B/L, desde seu nascimento até o momento em que ele, depois de utilizado para os trâmites legais e operacionais no destino, é finalmente arquivado.

- Um degrau acima, o B/L aparece como comprovante de embarque usado em negociações comerciais, que se desdobram na forma de contratos e acordos comerciais. Também significa que diversas cláusulas referentes à Carta de Crédito possam ser cumpridas. O mesmo vale para o universo dos seguros de carga.

- Para muitos, ter esse documento emitido significa receber parte ou a totalidade de um pagamento internacional, uma vez que a data de emissão também é usada para a contagem de tempo para quem optou por pagamento a prazo. Estabelece o início da contagem dos prazos para o cumprimento de cláusulas contidas nas Carta de Crédito.[10] Aqui vale uma reflexão: os mercadores estão correndo pelo mundo há séculos, e hoje é simples o entendimento de que todos sejam regidos e orientados pela mesma noção de tempo, mas nem sempre foi assim. Havia sérias diferenças na contagem do tempo, tanto das horas de um dia quanto dos dias da semana, e isso impactava diretamente o trabalho dos *traders*. Foi somente com o avanço do conhecimento, e por meio da cooperação contínua e dos aprimoramentos trazidos pela tecnologia, que os relógios foram sincronizados e hoje temos um só sistema. Ainda assim, existem fatos diferentes sobre os quais o tempo pode ser contado, como a data do recebimento de um pagamento, o final da produção, a prontidão da carga no depósito, o dia em que ela desembarcou no porto de destino ou quando foi inspecionada. Todas existem e podem ser usadas de alguma maneira no dia a dia dos negócios, mas sempre existe a possibilidade de uma leitura equivocada ou influenciada por elementos externos, como algo que tenha acontecido naquele dia, segundo o importador ou exportador, para que a comprovação seja colocada em dúvida. Não se trata de desonestidade, é somente uma dúvida natural. Ainda que o mundo dos negócios seja feito de cooperação contínua, sempre haverá os que se aproveitam da boa-fé, e o B/L é o único documento que cumpre o papel de ser a data reconhecida por todos os lados dessa incrível engrenagem que é o sistema mundial de comércio, daí vem sua fundamental importância.

---

10 Modalidade de pagamento internacional.

⊃ Finalmente, é preciso mencionar que toda essa ordenação em torno de um simples documento tem um embasamento que é respeitado em quase todo o mundo, que são as Regras de Hamburgo de 1978.[11] Elas estabelecem um conjunto de disposições que devem reger o transporte marítimo de mercadorias. Esse conjunto está atrelado a outras convenções internacionais anteriores e pode ser lido e usado em coordenação com outras regras que estão ligadas à UNCITRAL (Comissão das Nações Unidas para o Direito Comercial Internacional). Poucos são os que sabem, mas o Brasil nunca absorveu essas normativas internacionais em seu ordenamento jurídico, embora na prática exista um respeito aos princípios dessas regras, mais por convenção do que por recepção normativa.

Esses exemplos todos constituem apenas um fragmento do rol de diferenciações que existem entre o Comex e os Negócios Internacionais, mas acredito que sejam suficientes para se construir uma linha de raciocínio que possa nos ajudar a entender o modelo vigente no *mainstream* nacional e de uma forma mais objetiva propor possíveis soluções, ou melhor, propor soluções que sejam possíveis.

O padrão nacional

Muito se fala, aqui e ali, sobre o excesso de burocracia nacional. O tema é recorrente desde frequentadores de botequins a formandos de diversas áreas, ou seja, não é um tema desconhecido de ninguém!

E aqui preciso abrir um parêntese, porque a burocracia, originalmente, foi pensada justamente para agilizar os processos, setorizar os departamentos e deixar previamente prontos os documentos necessários para uma atividade qualquer.

Assim, o problema não é necessariamente a burocracia, mas sim o excesso dela, porque esse excesso gera o que chamamos de entulho burocrático, que por sua vez possibilita o surgimento e mantém as chamadas alternativas, ou atalhos, ou o "jeitinho", que acaba aumentando ainda mais o aparato burocrático. Tem dúvida?

Então tente explicar nosso sistema de liberação aduaneira (entre nós chamada, não à toa, de desembaraço), sobretudo o da importação, para um empreendedor norte-americano, por exemplo.

Nosso sistema de procedimentos aduaneiros gravita em torno de um ambiente repleto de necessidades de idas e vindas, carimbos (reais ou virtuais), comprovações mil e autorizações infindáveis, ao passo que somente por meio do respeito às leis e à observância às normas é que se criam soluções práticas e efetivas. No entanto, o que se verifica no Brasil é que são justamente os escopos legal e normativo que se transformam no foco de discussões em torno do qual se discute a realização ou não dos negócios internacionais do país. Ora, se é a lei que dá o tom da cadência dos negócios, e não um mero instrumento de fiscalização e ordenação, então esse sistema tem um problema muito grave!

---

11 Conjunto de regras que regem a remessa internacional de mercadorias, resultante da Convenção Internacional das Nações Unidas sobre o Transporte Marítimo de Mercadorias. Disponível em: <https://bit.ly/3iRwcnS>. Acessado em: 27 jul. 2021.

E esse também se configura como sendo um forte objetivo desta obra aqui apresentada, pois se nada for feito, as regras do Comércio Exterior Brasileiro seguirão sendo colocadas à frente do desenvolvimento do pensamento de negócios voltado à prática internacional. Esse raciocínio deve se apoiar em outro pilar para que o Brasil possa esperar dias melhores, tranquilos, lucrativos e práticos no futuro: a educação. O ensino dedicado aos temas relacionados ao tema desse trabalho é prova que as coisas poderiam ir por um caminho melhor. Muito melhor.

Todos os anos, centenas de faculdades particulares — as públicas, por alguma razão que vale ser investigada, não se interessam pelo tema — formam milhares de novos profissionais de Comércio Exterior. Melhor dizendo, alguns profissionais e muitos aspirantes.

Essa seria somente mais uma conclusão — um tanto óbvia, em se tratando de formação profissional no Brasil — não fosse esse um setor tão sensível à saúde do país. A capacidade de absorção de novos profissionais por parte das empresas que atuam no mercado internacional (destaque para a efetiva atuação lá fora) é muito pequena, e ao que tudo indica, não deve aumentar muito nos próximos tempos. Processos de internacionalização ainda são vistos como "apêndices" nas estratégias empresariais brasileiras, ou são percebidos como elaborados e complexos demais.

Para completar o triste quadro de formação técnica, as estruturas de ensino existentes não estão ajustadas às necessidades do mercado, e isso vale para a quase totalidade das escolas espalhadas pelo país.

A formação típica de um aluno de Comércio Exterior induz os futuros profissionais a esperar por um ambiente exclusivamente "operacional". Volto a defender que não há nada contra a opção que qualquer profissional faça na direção dessa área de atuação. Ela é nobre, necessária e merece respeito de todos os atores que estão no jogo internacional. O que não é possível manter é uma duvidosa vocação entranhada na estrutura educacional de não formar futuros negociadores de classe mundial. Uma das explicações para esse fenômeno é o perfil dos docentes envolvidos no tema. Não tiro o valor dos que transmitem seu conhecimento no campo operacional, mas deixo um alerta para a ausência de professores com experiência e conhecimento suficientes para estender o ensino para um patamar mais avançado — como o que defendemos aqui.

É preciso entender, é claro, que esse é um problema sistêmico que acaba se retroalimentando, porque, vejamos, se o mercado brasileiro não valoriza esse tipo de profissional, e muito menos ainda sabe como tratar o tema dos negócios internacionais, é óbvio que os profissionais da área se qualificarão e se desenvolverão apenas naquilo que precisam para trabalhar. Está relacionado ao campo de visão futura que seus olhos alcançam. Se não houver alguém para apresentar diferentes cenários e possibilidades mais desafiadoras, poucos terão capacidade de fazer isso por conta própria. A falta de traquejo nos negócios conduzidos fora do país reduz quase a zero o número de professores, facilitadores, influenciadores e qualquer outra categoria que traga para a sala de aula a perspectiva global. Entra ano, sai ano, e temos as mesmas discussões costurando aulas e se solidificando nas grades curriculares. Tópicos desnecessários? De maneira alguma! O ponto é: isso é suficiente? Definitivamente, não. O fato é que a área de Comércio Exterior, tão importante para o crescimento e fortalecimento da economia nacional, é tratada apenas como apêndice do curso de Administração de Empresas.

Se aqui faço recair uma pesada crítica à maneira como o ensino do Comércio Exterior é estruturado e conduzido, não há como não olhar para o que se passa na formação em Relações Internacionais. Como sou internacionalista de formação acadêmica e atuei como professor de alguns cursos, sinto-me muito à vontade em torno do assunto. Deixei uma carreira militar para abraçar outra que traz igualmente em seu cerne a observância às normas e o olhar estratégico. A formação em Relações Internacionais — no início focada no campo diplomático, por meio do brilhante curso oferecido pela UNB (Universidade de Brasília) — se democratizou e se espalhou pelo país, especialmente a partir de meados da década de 1990. Exatamente como no caso anterior, não me cabe qualquer análise ou crítica à linha adotada pelos muitos cursos oferecidos, mas sim ao que eles não entregam. Cortando detalhes e indo direto ao ponto, os internacionalistas não estudam os Negócios Internacionais da maneira que o país tanto precisa. O que é ensinado nas instituições de ensino é outra coisa. O que meu contato com instituições de ensino do país, seja como professor ou palestrante, me mostrou é um foco nos temas relacionados à segurança nacional sob a perspectiva do poder bélico. A Teoria Realista parece onipresente nas salas de aula, deixando quase nenhum espaço para as discussões em torno dos negócios.

Nesse ponto, chegamos a uma encruzilhada. De um lado, a formação em Comércio Exterior com sua vocação para as necessidades internas, de outro, Relações Internacionais com a sua falta de atenção ao mundo dos negócios privados.

Ao transferir essa constatação para a estrutura organizacional das empresas exportadoras, vamos ver que a base operacional é ocupada por profissionais que têm formação e/ou orientação para a execução de tarefas típicas do Comex.

No comando das empresas, e dou destaque aqui para as pequenas e médias, estão empresários com boa formação acadêmica em diferentes áreas, enquanto o andar intermediário (nível gerencial) é crítico porque deve haver uma separação nítida de quem faz o quê. Ainda que se conte com um só profissional, é preciso que suas atividades encampem dois caminhos: os negócios lá fora e como fazer com que eles funcionem aqui dentro.

Ocorre no Brasil um processo que chamo de *engenharização* na área do comércio internacional, e antes que os narizes se torçam, devo esclarecer que nada tenho contra os profissionais de engenharia, entretanto, é preciso apontar o óbvio, e por mais que esses profissionais supram uma determinada demanda, não foram preparados para a arena global de negócios, e por mais competentes que possam ser, é um fato que só ocupam essas posições intermediárias pela falta de profissionais diretamente treinados e preparados para assumir essas funções. É antes um sintoma do problema do que seu causador.

Ao olhar um pouco mais de perto esse fenômeno, é possível notar que o motor desse processo, a empresa privada internacionalizada ou em processo de internacionalização, tem uma necessidade premente: resultado. E não dispõe de tempo! Então o imediatismo aliado à pouca prática internacional — características clássicas do meio empresarial nacional — cria um ambiente favorável à área de Exatas ao mesmo tempo em que se distancia do pensamento e das atitudes típicas da área de Humanas.

É claro que, inserido nessa realidade, de pressa por resultados, muitas vezes as empresas acabam buscando justamente uma visão que seja mais compatível com o perfil de um engenheiro. Essas são as realidades do nosso empresariado. Não há como fugir, e também não pretendo neste livro esquivar-me de analisar os fatos como eles se apresentam, de forma crua e objetiva, como deve ser.

Há muito tempo que existe certa disputa entre as áreas de Humanas e Exatas, não apenas nos campos ideológicos, mas principalmente no que se refere às suas competências e consequentes aplicações práticas. Mas existe uma ideia bastante arraigada na cultura brasileira de que o pensamento na área de Humanas é subjetivo, superficial e de difícil mensuração. Já os profissionais de Exatas ficam com o oposto. Insisto que a culpa não é do cartesianismo e do raciocínio lógico. É, sim, dos que lidam com o papel do homem na sociedade, as relações políticas, econômicas e sociais entre diferentes países.

Não faz muito tempo, ouvi que uma profissional da área Bioquímica havia recusado uma oportunidade profissional em vendas internacionais. Até aí, nada de mais. O que chamou a atenção foi sua explicação: "Não vejo qualquer desafio intelectual nessa área." Durante uma conversa informal com um alto executivo internacional de uma grande empresa, ouvi que "não há diferença entre fazer negócio no Brasil e em qualquer outro país do mundo", "é tudo um grande mercado", sentenciou o engenheiro civil, que nunca atuou na área e que era gestor comercial. É assim que se marcha para trás!

Percebamos o descolamento que essas compreensões reproduzem acerca do cenário, primeiro interno e depois global. A formação do pensamento internacional voltado para os negócios no Brasil se encontra sem rumo!

Não há identificação das necessidades, porque acreditamos que não há necessidade de se ocupar com o que acontece lá fora, não há dedicação acadêmica, não há real vontade política. Temos um caminhão de oportunidades olhando à frente e um treminhão de coisas mal resolvidas quando miramos atrás.

Obsessão com as vendas?

Talvez sim. No final do dia, todo o mundo olha para o faturamento. É assim que mantemos a lojinha funcionando e bem das pernas, o lucro é o que move, se não o mundo, seguramente qualquer mercado, e disso todo e qualquer comerciante, de agora ou de há mil anos, soube e sabe.

A importação e a exportação geram tipos de trabalho que são diametralmente opostos no Brasil, mas não deveria ser assim, pois, na prática, compõem aquele emaranhado de aparatos burocráticos ao qual me referia na seção anterior, que criam verdadeiros nós górdios[12] para qualquer um que não esteja habituado a essa situação, isto é, também o que compõe o "Custo Brasil" do qual falaremos um pouco agora, vejamos:

Para importar, grosso modo e sem tirar o mérito dos processos de seleção de fornecedores e *sourcing*, basta ter o dinheiro, primeiro para pagar o fornecedor, dependendo da categoria de importador, é claro (lembra-se de minhas observações no início do capítulo?), e depois pagar a maçaroca tributária nacional. Perceba que não falo necessariamente dos valores dos impostos, e sim da quantidade de recolhimentos. Enfim, pagar pelos serviços prestados.

Ao se costurar tudo isso, temos o *modus operandi* em torno do qual se desenvolveram métodos de trabalho que consomem, por sua mera existência, ou melhor, pela sua artificial necessidade, cerca de 95% do esforço importador.

Agora, mudando de lado da rua, na exportação, é o oposto. Noventa por cento do trabalho está lá fora, no enorme desafio de convencer alguém a comprar daqui e depois — e aí é que se encontra talvez o maior desafio — fazer com que siga comprando. É como se diz no meio dos *traders* brasileiros experientes: vender no exterior é fácil; difícil é manter o ritmo de vendas ao longo do tempo. O trabalho interno para fazer com que a carga chegue lá fora é bem mais tranquilo, e os custos ainda são menores.

Percebeu a diferença?

Notou onde se gasta mais talento em cada um dos casos? Como sempre digo, para que um importador aprenda a usar as mesmas técnicas na exportação, basta aplicar tudo com sinal trocado.

O melhor dos mundos é quando um país e as empresas ali localizadas conseguem equilibrar os dois movimentos — importação e exportação. Por isso é que se chama de balança comercial, porque se trata de uma questão de equilíbrio entre os dois lados, o que, na verdade, qualquer dona de casa sabe fazer, claro, ressalvadas as proporções.

Se o número resultante da diferença entre exportações e importações gera o saldo da balança comercial de um país, o somatório dos dois movimentos resulta na corrente de comércio. Países com movimentos robustos de compras e vendas internacionais (em relação ao seu PIB) revelam maturidade empresarial, ambiente saudável de negócios, regras internas claras e estratégia industrial firme. Quando as vendas superam as compras, temos superávit. Quando as importações são superiores às exportações, o resultado é considerado negativo, e aí temos o déficit na balança comercial.

---

12 Nó górdio. Conta-se que, segundo a Mitologia Grega, o rei Górdio, da região da Frígia e pai do rei Midas, havia, ao fim de seu reinado, estabelecido um nó feito de cordas entrelaçadas na sua carroça real, e que quem conseguisse desatar o tal nó, se tornaria rei, não apenas da Frígia, mas de toda a Ásia. Por séculos, o nó teria permanecido sem que ninguém tivesse, ou a coragem de tentar desatá-lo ou a competência de fazê-lo. Somente no ano de 334 a.C. é que Alexandre III da Macedônia, cognominado O Grande, em sua campanha de conquista, após um longo período de reflexão frente ao nó, por fim retirou sua espada e com um único e decisivo golpe cortou o nó em dois, desfazendo, assim, o nó górdio. "Cortar o nó górdio" diz-se quando alguém resolve uma situação complexa com um movimento inesperado e definitivo.

Há uma grande controvérsia sobre se uma economia saudável deve exportar mais do que importar. Não vamos por esse caminho. Foquemos o caso do Brasil e sua relação com suas políticas desenvolvimentistas. Ainda uma economia de perfil agrário e exportando somente produtos primários, o Brasil assistiu, durante as décadas de 1940 e 1950, a implantação de indústrias de base que viriam a se tornar o mais importante pilar da industrialização dos anos seguintes.

A adoção do modelo de substituição de importações, que descrevemos um pouco antes no início deste capítulo, fez com que muitas multinacionais se instalassem por aqui. Esse foi o caminho adotado pelo Brasil ao longo de quase quarenta anos.

Quando a economia foi aberta, em 1990, o número de empresas importadoras aumentou exponencialmente em poucos anos, ao passo que o número de exportadores praticamente se manteve inalterado.

As últimas duas décadas assistiram também ao crescimento da oferta asiática de produtos (muitas vezes sustentada por fatores de competitividade duvidosos). Tudo isso junto — acrescido dos altos custos nacionais e a falta de política industrial definida — fez com que a indústria brasileira sofresse com a entrada dos importados. Alguns setores conseguiram reagir e se reinventar. Outros sucumbiram. Não é correto culpar exclusivamente o empresariado nacional por esse delicado momento, pois, depois de tanto tempo mantidos apartados do mundo (protegidos contra importações e sem ter que exportar para viver), é natural que muitos estivessem despreparados para a incrível agressividade internacional, mas a produção brasileira foi atropelada por outras mais baratas, melhores e mais rápidas. Por inércia, conveniência ou estratégia, abraçamos o produto estrangeiro competitivo e abundante.

A corrida para a Ásia foi geral e encantou muitos. De governantes que chamavam a incrível capacidade de produção de "grande supermercado" a empresários que, como era de se esperar, pensaram exclusivamente com o bolso. A conta foi simples de fazer: por que motivo seguir lutando para produzir aqui, sendo obrigado a lidar com péssima infraestrutura, altos custos, falta de mão de obra especializada e legislação trabalhista ameaçadora, se lá fora tudo isso já havia sido equacionado? Então fechamos aqui e migramos para lá. Simples assim. Desse movimento, alegremente adotado pelos brasileiros ao longo de duas décadas, a palavra desindustrialização passou a ser repetida na mesma intensidade em que era negada e colocada em xeque por autoridades, estudiosos e especialistas.

No momento em que a importação assume o papel de solução, a exportação se apresenta como pilar do desenvolvimento, uma vez que, comprovadamente, é capaz de gerar movimentos virtuosos na economia de qualquer país, especialmente se focada na indústria.

Estimular o processo produtivo significa criar reações em cadeia que incluem qualificação de mão de obra, eficiência na gestão de custos, qualidade, marketing, finanças etc. O investimento produtivo traz consigo as indústrias de apoio e uma atenção especial às matérias-primas. E, ao final, há faturamento em moeda forte, redução de riscos (por concentração no mercado local), melhoria na imagem da empresa (junto a bancos, por exemplo), possibilidade de redução de instabilidade de fluxo de caixa ligada à sazonalidade e chance de blindagem contra variações cambiais (quando combinadas as exportações e as importações). Faltou algo? Sim. Sempre tem algo mais de positivo quando falamos de exportações. Se assim não fosse, não haveria esforços em escala global.

Um exemplo que vivi de perto foi no *International Trade Centre*. Trata-se de uma agência multilateral que tem seu mandato vinculado à OMC. No ano de 2007, fui convidado (o único da América do Sul) para um processo seletivo que contrataria cinco consultores (um por continente) para desenhar estratégias de estímulo às exportações de micro, pequenas e médias empresas.

Foi uma semana de debates intensos, para os quais tive o privilégio de disputar uma das vagas com mais dezenove profissionais de altíssimo nível. Não fui selecionado, mas o que vi e ouvi serviu para consolidar a crença absoluta na exportação como um dos melhores caminhos para o desenvolvimento.

Um dos documentos que estudei, preparado para o governo de Uganda, apresentava uma estratégia nacional exportadora que se baseava em:

- **Aumento da oferta de empregos como consequência do aumento da atividade exportadora.**
- **Redução da pobreza como consequência direta das oportunidades das exportações.**
- **Estímulo à atitude exportadora alinhado com as políticas de sustentabilidade e de respeito a tradições culturais.**
- **Redução das desigualdades de gênero por meio do estímulo ao empreendedorismo feminino.**

Fica claro pelos apontamentos desse documento o grau de importância que, para quaisquer países do mundo, assume o comércio externo, os negócios internacionais, porque não se trata apenas de gerar receitas e de receber dividendos em moeda forte, mas sim da própria possibilidade de alavancar o país e sua população, o que pode ser chamado, sem qualquer receio, de círculo virtuoso gerado pelos negócios internacionais.

Esses quatro elementos preparados para o governo de Uganda apontam que os negócios internacionais se interligam a diversas questões fundamentais — que, se bem tratadas, podem e, invariavelmente, geram os resultados, não apenas financeiros, como, e principalmente, sociais que qualquer país sério almeja. Mas também não são possíveis de serem alcançados sem que haja uma correta — séria e desprovida de qualquer preconceito — análise propositiva de um plano de ação claro, ordenado e cadenciado.

Talento para (finalmente) avançar

A situação de 2020 espalhou incertezas por todo o planeta, e a palavra crise voltou ao topo dos noticiários e passou a fazer parte, com toda força, do cotidiano das pessoas, quer seja devido à situação pandêmica ou pelas dificuldades econômicas ocasionadas por ela.

Entre o pânico e a vontade de sobreviver, alguns perceberam que exportar pode ser bom e lucrativo. Os que já estavam na atividade colheram os dividendos, e quem não estava pensou em começar logo. Todos, no entanto, notaram a necessidade da inteligência exportadora em suas estruturas organizacionais.

Há duas maneiras de se beneficiar do acesso aos dados e das informações resultantes dessa inteligência: contratação de mão de obra especializada ou aproveitamento da já existente. A primeira passa pela complexa dicotomia formada pela falta de profissionais qualificados e as tímidas remunerações oferecidas. A segunda alternativa é prática, barata, rápida e eficiente, certo? Errado.

Deslocar colaboradores de outras áreas para tentar fazer comércio internacional é um convite ao fracasso. Todos saem perdendo. O profissional não desenvolve um trabalho concreto pela incapacidade de lidar com uma estrutura complexa e tende a se frustrar em muito pouco tempo. Clientes internacionais se irritam e podem mesmo se afastar da empresa, por conta de fatores como dificuldade de comunicação, falta de domínio das práticas do negócio, entre outros.

Deixo aqui um exemplo que presenciei há muitos anos e que serve para demonstrar a forma como o desapontamento continua desenhando uma espiral descendente:

Uma grande e tradicional empresa alçou à posição de gerente de Exportação um colaborador com mais de 25 anos de bons serviços prestados à organização. Ação louvável, não fosse por seu passado laboral — um *job rotation* pelos departamentos financeiro, marketing e vendas. Ocorre que essa respeitável empresa havia começado a exportar havia somente quatro anos! A conclusão é a de que esse novo *trader* nunca havia lidado com o mercado mundial. Pelo menos não naquela empresa.

Sua experiência e trânsito internacionais se limitavam às férias em lugares bem conhecidos entre as Américas do Sul e do Norte! E sua expertise técnica estava abaixo de qualquer avaliação, e mesmo seus conhecimentos de geopolítica e geoeconomia eram rudimentares. O resultado não tardou, e após derrapar nas negociações internacionais, ignorando aspectos básicos da estratégia exportadora, começou a imprimir seu jeito provinciano de fazer negócios.

Equipe interna desmotivada, clientes insatisfeitos e um tremendo risco para o futuro. As vendas se mantiveram muito mais por conta do aquecimento da demanda do que por excelência de serviços do lado exportador.

Há anos lembro de ter recebido um número, que não consigo comprovar por absoluta falta de dados, o de que os *traders* (profissionais de venda e compra especializados em desenvolver negócios internacionais) eram cerca de três mil no Brasil. Correndo por fora há outros tantos que atuam na área, mas são egressos dos mais variados setores e decerto trazem na bagagem sua experiência... local! Não tenho dúvidas de que, apesar da precariedade na formação acadêmica e técnica, existem entre eles muitos bons profissionais e que se esforçam na tarefa de internacionalizar as empresas e produtos brasileiros.

Mas seria essa situação uma típica tentativa de pensar localmente e atuar globalmente? Ou atuar localmente e tentar replicar no âmbito global?

Alguns até se arriscam em idiomas que não sejam o português. Outros conseguem se localizar no mapa-múndi, mas realmente muito poucos são aqueles que sabem conduzir a empresa e seus negócios por esse mar agitado que é o mercado global.

Sou forçado, caro leitor, a apelar para uma imagem extrema de forma a produzir o seu entendimento de maneira imagética: você deixaria seu filho enfermo aos cuidados de um "médico" sem experiência e formação comprovada em sua área? Tenho certeza de que não. Então por que isso acontece com os negócios internacionais das empresas?

Certa feita, um conhecido me confidenciou uma situação que considero extrema, e trago-a aqui para um breve relato. A empresa onde trabalhava tinha cerca de 60% de sua produção sendo faturada para o mercado externo, e nenhum dos principais executivos tinha qualquer vivência com negócios internacionais. Foram aprendendo no dia a dia. Um dos principais executivos do setor de logística chegou a expressar que estava agregando muito com aquela oportunidade de aprender na prática.

Acredito que esse relato não se limite a essa empresa, e na verdade arrisco dizer que isso pode ser mais traduzido como sendo a regra do que a exceção que a justifica. Mas então fica o questionamento: será que é assim que evoluiremos como exportadores?

Claro que não desconsidero a importância da prática, entretanto, há que se saber que o conhecimento prático, pela própria natureza, pressupõe uma série de erros que acabam por concluir-se em acertos, e é esse o problema, porque o mercado internacional é composto, no cenário externo, por gente capaz e que acumula uma grande gama de conhecimentos teóricos, o que reduz a incidência do erro. Logo, é razoável pensar que por meio da prática, pela lógica de erros e acertos, se estará aprendendo e desenvolvendo um conhecimento, entretanto, é indispensável saber que a base conceitual reduz a chance do erro no mesmo passo em que aumenta a probabilidade do acerto, e isso se traduz por aumento orgânico de competitividade.

A empresa nacional perante o mercado externo

Medir o peso e a importância do Brasil no mercado externo não é das tarefas mais simples. Ao mesmo tempo em que somos percebidos, reconhecidos e respeitados como potência fornecedora de matérias-primas indispensáveis para o funcionamento do mundo, somos pouco relevantes como atores no que diz respeito à indústria.

Essa posição nem sempre foi a realidade nacional, houve até um momento em que se podia verificar a inversão nos volumes dessas duas categorias de valor agregado. Em 2001, metade das exportações brasileiras era de produtos manufaturados. Os itens básicos corresponderam a 21%. Em 2019, os produtos manufaturados despencaram para 35%, e os básicos saltaram para 53%.

Melhoramos muito no agronegócio e nas *commodities* minerais ou pioramos muito na indústria?

Penso que a resposta mais adequada seja: os dois; e vale a pena mostrar o caminho trilhado pelas nossas vendas mundo afora. Analisando os últimos 20 anos e trazendo a China para dentro do raciocínio (afinal, foi o país que representou o fator de desequilíbrio); em 2001, o total exportado pelo Brasil foi de US$58 bilhões, dos quais a

China comprou US$2,3 bilhões, ou seja, 4%. Duas décadas depois, o total exportado pelo Brasil foi de US$225 bilhões, mas agora a China nos comprou US$65 bilhões, algo perto de 30% de tudo que vendemos para fora. Uma bela evolução, não é mesmo?

Esse aumento de importância da China como parceiro comercial coincide com o incrível desenvolvimento de seu parque industrial. É natural que para manter toda aquela força manufatureira a pleno vapor — e ainda alimentar uma população gigante — exista um apetite voraz por toda sorte de matérias-primas.

O fluxo comercial com a China foi marcado por venda de itens básicos e compra de manufaturados. Isso contribuiu fortemente para um (ainda que negado) processo de desindustrialização, que fez pender o eixo comercial do país, não apenas no sentido de vendermos mais itens básicos, mas também na redução da quantidade de locais para os quais antes vendíamos.

Os números são claros. Naquela época, o mercado norte-americano consumia 24% do total de nossas exportações, hoje essa participação caiu para 13%. No caso da Europa, a mudança foi similar, saímos de 27% para 16% em 2019. E na região onde deveríamos liderar (América do Sul), por sermos a maior potência industrial, as exportações despencaram de 18% para 12%.

Uma forma de avaliar a força do Brasil lá fora é avaliar o tamanho e a potência de sua infantaria. Quem é o exportador brasileiro? Quantos são? São pequenos, médios ou grandes? As respostas a essas perguntas são importantes para constatar o presente, mas também para moldar o futuro.

Por conta da tamanha incerteza que cerca o momento em que escrevo este texto, em 2020, só me resta usar uma informação que se aproxima da realidade. O Brasil conta com um expressivo número de empresas registradas (cerca de 12 milhões). Sei bem que dentro desse número há organizações que não cabem na nossa análise e em nosso raciocínio, mas não importa. O propósito é mostrar a dimensão do que considero o pensamento empresarial, não importando se trata-se de uma gigante produtora de papel ou um pequeno comércio de doces em um município no interior do país.

Ao aplicar o filtro da produção, chegaremos a cerca de 330 mil indústrias. Uma bela capacidade produtiva. É a partir desse número que os fatos se tornam preocupantes. O batalhão empresarial que enfrenta os desafios internacionais é formado por cerca de 25 mil exportadores e de algo em torno de 47 mil importadores. Não me arriscarei a escrever ou tentar acertar as centenas e dezenas por conta dos muitos entrantes e dos que abandonam a atividade diariamente. Deixemos esses números como ordem de grandeza somente.

O perfil exportador brasileiro se baseia em um pequeno grupo de grandes empresas que responde por cerca de 90% de tudo que é vendido lá fora. Esse grupo é compacto e formado por cerca de 250 nomes. Assumindo que o Brasil contava com cerca de 25 mil empresas exportadoras em 2019, há um grupo de 24.750 empresas de diferentes portes também se esforçando no mercado internacional. Tenho uma atenção especial pelas empresas de menor porte, pois as grandes dispõem de recursos e conseguem se virar por conta própria. Utilizando como base o trabalho elaborado pelo Sebrae em

2018,[13] que fotografou de forma detalhada o papel e a importância das MPMEs (Micro, Pequenas e Médias Empresas) nas contas externas do país, as micro somavam 3.856, enquanto as pequenas somaram 5.007, e as médias, 6.565. Pequeno, esse grupo é o que mais deveria demandar atenção em termos de políticas de incentivo, educação continuada e ações de apoio por parte dos governos em suas diferentes instâncias.

Antes de seguirmos adiante, deixo uma última reflexão. Desde Stefan Zweig, autor do livro *Brasil, um país do futuro?*[14] (publicado em 1941), vivemos a ansiedade de que as coisas não estão bem hoje, mas logo se ajeitarão e teremos tempos melhores à frente. Ao longo das últimas décadas, o país viveu momentos em que todos, absolutamente todos, acreditavam que o voo para o futuro brilhante finalmente decolaria. Mas as crises vieram e se foram, assim como as oportunidades. O eixo geoestratégico mudou, o eixo produtivo também, o mercado cresceu, e o Brasil ficou exatamente no mesmo lugar.

Faltou um olhar para fora, uma estratégia baseada na conquista de mercados internacionais que forçaria um enorme movimento produtivo que, por sua vez, obrigaria a indústria a operar dentro de padrões mais elevados de processos e produto. Para isso, precisaria de mão de obra mais qualificada tecnicamente, que seria trazida diretamente de boas escolas. A vontade produtora muito possivelmente não se limitaria à tecnologia existente no país, e é possível que fosse buscar o que há de melhor lá fora. Insatisfeitos e com apetite de negócios, empresários pressionariam cada vez mais as estruturas governamentais para que as negociações oficiais lutassem por posições mais vantajosas para o país que, aproveitando de sua localização geográfica, facilmente seria um polo abastecedor para os vizinhos da região.

Tal redirecionamento tenderia a despertar o interesse de produtores estrangeiros que miram não somente o gigante mercado brasileiro, mas também os vizinhos. E assim teríamos um fluxo de investimento produtivo de alta qualidade. Percebendo esse caminho virtuoso, a estrutura política e econômica daria prioridade para uma completa reformulação na infraestrutura. No entanto, essas agora não passam de conjecturas especulativas; se tudo isso tivesse acontecido, o país não seguiria se lamentando ou buscando desculpas para o atoleiro em que se meteu.

Uma das possibilidades de reverter esse jogo é começar a jogá-lo com seriedade, foco, disciplina e responsabilidade, e é a essa tarefa que dedicarei os próximos capítulos.

---

13 Sebrae 2018, Perfil das ME e EPP. Disponível em: <https://www.sebrae.com.br/Sebrae/Portal%20Sebrae/UFs/RO/Anexos/Perfil%20das%20ME%20e%20EPP%20-%2004%202018.pdf>.

14 Stefan Zweig, austríaco de família judaica, fugiu da barbárie nazista para o Brasil durante os anos de 1941 e 1942. Cunhou o termo relacionado ao país como sendo o "país do futuro", depois largamente adotado pelos governos de regime militar.

2

Pense seu produto
(e a comunicação dele)

O que veremos aqui?

Exportar o que é produzido ou produzir o que será exportado?

Não é possível avançar sem tratar de certos dilemas. O produto pode ser vítima de políticas protecionistas? O que o futuro guarda para a maneira como estamos acostumados a encarar produção e consumo?

É sobre o produto que se alicerça a expansão internacional. E nele, que pode ser um bem de consumo ou um serviço, que incidirá, na prática, a competição de mercado. É ele que será posto à prova. Então é preciso pensar nesse produto como o que ele é em sua essência, um partícipe de toda uma cadeia produtiva, que não trata apenas da produção ipso facto do item em si, mas que começa desde a organização física de uma fábrica, seus mecanismos de manufatura e de distribuição, até a dinâmica de tempo que ele levará para chegar ao consumidor final.

Só por meio desse raciocínio amplo é que se pode tratar de seu produto com a dimensão necessária para poder explorar os pontos fortes para entrar no mercado ao qual se destina, e mais, se pode verificar seus aspectos fracos, de forma a estar pronto para defendê-los.

Onde estão, você e seu produto?

Depois de olhar para o mundo e sentir que sua empresa e seu produto podem ter espaço ao lado de tantos outros jogadores, é preciso começar o raciocínio da base, ou seja, dar atenção para o que está dentro de casa. Esse olhar interno é amplo e inclui, entre outros tópicos, logística, finanças, equipe comercial, marketing, qualidade, P&D, entre outros.

Pode ser que uma empresa pequena ou média não tenha essas áreas constituídas e estruturadas, mas isso não impede que se discutam os temas a elas relacionados. Para que você não se perca logo de saída, minha sugestão é começar pelo produto, pois é ele que será o personagem principal dessa aventura. É sobre ele que se começa a estruturar a estratégia de inserção internacional. Se você não tem admiração pelo produto e não acredita que terá sucesso, é melhor nem começar essa jornada que temos pela frente. Isso porque, salvo raras exceções, o que você tem em mãos não é inédito. É quase certo que alguém mais ao redor do mundo também produza e venda o mesmo (ou algo bem parecido) que você!

Então, quem compraria isso em outros países, e por quê?

É a primeira pergunta que geralmente é feita, e não deixa de estar correta. No entanto, eu aconselho sempre inverter o polo desse questionamento e passá-lo do investigativo para o propositivo: vamos trabalhar para encontrar clientes para esse produto.

Pode parecer uma troca simples, mas o efeito que ela gera em relação à postura é essencial para o sucesso de qualquer expansão internacional de algum negócio. Porque veja que não estamos mais trabalhando na dúvida, mas na certeza do angariamento de mercado, a questão de que se trata é da forma de fazer o produto ser consumido, e não se será consumido. Essa modificação propositiva conduz a um novo enquadramento de atitude, que é, na verdade, a base da competição desse mercado.

Ao longo de todos esses anos, tanto nas incontáveis viagens promovendo produtos brasileiros quanto elaborando aulas ou escrevendo artigos, questionei-me se haveria uma fórmula para determinar se um produto tem mais ou menos chances de sucesso no exterior. A resposta é não. Não depende só do produto, mas do momento em que é ofertado, da necessidade do comprador, do perfil da concorrência, entre outros fatores.

Infelizmente, não há uma fórmula previamente definida e que possa ser replicada para calcular o potencial de exportação de um produto. Será uma combinação de análises, reflexões, comparações e pesquisas.

Costumo usar um método simples, baseado em filtros que vou aplicando no momento em que sou confrontado com desafios como o seu, que segura este livro com uma mão enquanto olha o produto que gostaria de ver sendo exportado.

Esses filtros são compostos por perguntas que faço a mim mesmo e aos profissionais de outras áreas que estão ao meu lado. Há anos uso a expressão "baixa complexidade" no meu dia a dia. Quanto maior a simplicidade envolvida no caso, mais dinâmico, rápido e barato será o trabalho de colocar um produto lá fora.

ESTABELECENDO OS FILTROS

- Dinâmica de aquisição e uso de matérias-primas.
- Processo produtivo em toda sua extensão e custos.
- Embalagem.
- Capacidade do cliente final no destino de entender o produto e utilizá-lo sem maiores esforços.
- Validade do produto.
- Necessidade de serviços de pós-venda ou assistência técnica.

Esses são alguns dos questionamentos que faço, logo de cara, quando estou estudando e preparando um produto para o mercado internacional. É claro que existem outros tantos, em especial os voltados às especificidades de cada produto, mas se acalme, tudo a seu tempo. Estes são os primeiros passos que damos na direção desse conhecimento imprescindível, o que é o seu produto e onde ele se encaixa no mundo.

Antes de qualquer coisa, desmistifique a ideia de que a complexidade do produto seja fator impeditivo para a exportação. Não é. Ela só exigirá que nos preparemos mais, e essa preparação pode demandar profissionais especializados, revisão de processos, adaptações generalizadas, custos adicionais e algum tempo a mais. Enfim, recursos deverão ser alocados para o projeto, saiba disso e se prepare para isso.

A preparação, e isso não é apenas quando o assunto for negócios internacionais, mas para qualquer passo que for dar na vida pessoal, mas principalmente na empresarial, é a chave do sucesso e corresponde, sem dúvida, a pelo menos 60% de todo o trabalho.

Mas toda preparação e adequação terá um custo e um investimento, de capital, recursos humanos e de tempo. Por isso vale a pena avaliar se isso faz sentido para sua estratégia. Porque, antes mesmo de avaliar seu produto, é necessário avaliar a si próprio, e quando digo avaliar a si próprio, não estou dizendo necessariamente para avaliar-se enquanto indivíduo — apesar de que também isso tem lá suas utilidades. Mas digo sobre sua empresa, a pessoa jurídica. Porque é necessário, até para saber com certeza qual é seu alcance e para definir quais serão os recursos e esforços necessários para alçar seu produto no mercado internacional, ter plena ciência de todos os aspectos tributários, fiscais e enquadramentos (diante da complexa estrutura brasileira). Nada mais frustrante do que estar diante de grandes oportunidades internacionais e não poder desfrutá-las por questões ligadas ao ecossistema empresarial nacional, sempre rico em limitações, exigências, regras, burocracias. Não se iluda; se há um lugar no mundo onde a palavra "não" é repetida à exaustão quando o assunto é atividade empresarial, esse lugar é o Brasil.

Os recursos de uma empresa, em especial as pequenas e médias, no geral, são limitados, por isso uma dica geral é: mantenha o foco na simplicidade ou na menor complexidade possível. Não permita que um pensamento comum, e profundamente equivocado, venha à mente: só os grandes conseguem ter sucesso lá fora. Errado!

O DESAFIO DA QUALIDADE

Todas as vezes em que se discute a possibilidade de venda de um produto brasileiro no exterior, é comum que surja o pensamento bastante difundido em nossa população de que é preciso ter alta qualidade para poder disputar mercados lá fora.

Mas será mesmo que isso representa de alguma maneira a verdade? Ou melhor, do que estamos falando quando pensamos em qualidade?

O ponto-chave dos mercados internacionais é justamente o fato de serem compostos por populações não homogêneas. São diferentes não apenas os costumes, mas também em relação a gostos, padrões de consumo, poder de compra, entre tantos outros.

Vale uma discussão honesta sobre essa afirmação. Considero esse ponto de vista relativo e espero que minha opinião ajude você nessa fase. Consideremos:

A palavra "qualidade" tende a nos escravizar e nos intimidar. Não é para menos. Como a economia brasileira esteve fechada durante muito tempo, o mundo andou mais rápido e criou soluções melhores, mais ágeis e, principalmente, mais baratas. Mas isso não nos tira do jogo. De maneira alguma!

Há produtos de alta qualidade sendo disponibilizados por aí, mas que são oferecidos a valores proporcionalmente altos. Se forem produzidos em países com custos locais elevados (como é o caso dos países desenvolvidos e ricos, que passarei a chamar de centrais), importadores podem se afastar dessa opção por conta do preço, que tende a refletir os impactos dos custos de produção. Nessa hora, um produto com menos requinte tecnológico, menor custo de manufatura ou que tenha acesso a matérias-primas mais baratas pode ser a escolha do comprador. O que é relevante aqui é que o produto alternativo cumpra sua função de modo similar.

Não estou dizendo para se baixar o nível de qualidade, não se trata disso essencialmente. Trata-se de aproveitar as peculiaridades, primeiro de nossa situação geoeconômica, e depois das singularidades dos vários mercados consumidores possíveis para nossos produtos.

Existem destinos mais e menos exigentes ao redor do mundo. E deve haver oferta para todos eles!

O segredo é conhecer bem o seu próprio produto, o da concorrência e saber abordar os mercados corretos. Ou seja, a questão da qualidade é antes um saber se posicionar corretamente em relação à utilidade desse produto específico para o mercado em que se pretende ofertá-lo.

> Lembre-se: o que é considerado de baixa qualidade em um mercado pode ser perfeitamente aceitável em outro.

Então vamos nos afastar do fantasma da alta qualidade como condição para estar no jogo global, pois é só uma questão de entender profundamente o que se produz (sob todos os ângulos possíveis) em comparação ao que acontece no mundo. E para isso é preciso dominar o exercício de análise. No entanto, esse conceito que você adotará de qualidade ajustável não significa entregar algo que não funciona. Isso é falta de honestidade. O produto deve cumprir com seu propósito!

De volta à lista que fiz antes, vamos ampliar o olhar para cada aspecto.

Dinâmica de aquisição e uso de matérias-primas
Estar bem resolvido com as matérias-primas e com os insumos é um dos pontos fundamentais do domínio do processo de produção. É a base de tudo!

Sobre elas, as matérias-primas, é preciso considerar eventuais sazonalidades, falhas no fornecimento, tempo de resposta, disponibilidade global e local. Também faz toda a diferença a origem, ou seja, se é nacional ou importada. Em geral, o fornecimento local tende a ser mais simples do que o importado, mas não dá para generalizar.

O impacto de custo também pode vir de algum desses fatores de forma isolada ou combinada. Existe uma excessiva (ainda que justificada) atenção aos preços e às comparações entre opções nacionais e importadas que costumam dominar as decisões. Mas deve-se ponderar o raciocínio lembrando de variações cambiais, valor da logística internacional e o próprio sistema brasileiro de tributação de importação — que é perverso (com seus impostos em cascata) e faz com que as chances de que um produto nacional atinja um valor superior ao praticado externamente aumentem significativamente.

Processo produtivo em toda sua extensão e seus custos
Vale a pena destacar que muito raramente você exportará seu produto tal qual ele é produzido e comercializado no Brasil.

Não há uma fonte exata para o número, mas o que se diz é que cerca de 98% de tudo que é comercializado no mundo têm que passar por algum tipo de ajuste ou alteração, indo desde tamanho, embalagem e cor, até ingredientes e prazos validade.

Como os esforços exportadores tendem a render quantidades modestas nas primeiras fases, é esperado que os famosos *setups* de produção aconteçam com certa frequência. O fato de a equipe de produção ter que parar para fabricar um lote especificamente para a exportação — muitas vezes pequeno — pode gerar reações adversas entre os profissionais que atuam nessa área.

O custo de produção não determina seu sucesso lá fora. Se assim fosse, os jatos comerciais não seriam vendidos nunca! Sei que a frase pode parecer esdrúxula, mas é preciso explicitar essa visão. O importante é saber se seu custo cabe em uma política de precificação que não destoe da realidade praticada no mercado. O segredo é dominar seus números e conhecer profundamente (ou tanto quanto possível) os números de sua concorrência (nacional, no país de destino e dos exportadores de outros países). Acredite em mim, isso será muito útil nas negociações internacionais que você terá pela frente.

Um dos caminhos mais duros em qualquer negociação internacional é a árida disputa em torno dos preços. Se você não está à vontade com o tema (lembro e insisto que custo de produção não significa preço e preço não significa valor), recomendo atenção imediata ao tema.

A capacidade produtiva é importante e vem logo a seguir. Digo isso porque há empresas que estão com suas vendas no mercado interno consumindo quase 100% de sua capacidade nominal. Um posicionamento lá fora significa estar preparado para responder às demandas que surgem conforme as abordagens avançam. Sabe a história de cutucar a onça com vara curta? É exatamente isso. Faça bem as contas para estar seguro do volume que será oferecido e para quem. Não há nada pior do que provocar o mercado, criar altas expectativas e depois alegar que "o mercado local está demandante" e por conta disso recuar diante de negociações em torno das quantidades. Isso tem alto poder de danificar o nome de sua empresa e do país também!

> **PENSE A RESPEITO!**
>
> 1. Se você opera com capacidade ociosa menor que 20%, o melhor é estar preparado para abrir mão de uma parte das vendas locais ou avaliar os recursos necessários para aumentar a produção (mais um turno, equipamentos etc.).
>
> 2. Se você opera com capacidade ociosa entre 20% e 40%, os adicionais de venda internacionais serão muito bem-vindos.
>
> Em qualquer um dos casos, é preciso estar atento à relação entre as vendas nacionais e o que será destinado ao mercado internacional.

Embalagem

A embalagem, de maneira bem simples, serve a três propósitos básicos: proteger, promover e servir como instrumento de manuseio.

Começando de fora para dentro: o transporte internacional e os manuseios exigirão cuidados especiais de sua parte. Para esse fim, o que vale é a integridade física da mercadoria. Independente do meio de transporte escolhido, o produto será movimentado, ficará armazenado por diferentes períodos de tempo e exposto a variações de temperatura e umidade. Os embarques marítimos, que respondem por quase 90% de tudo que circula pelo mundo, são dominados pelos contêineres. Note que essa discussão não se aplica a cargas a granel ou àquelas de dimensões que não se ajustam à capacidade física de um contêiner (e que serão colocadas diretamente nos porões das embarcações). Como a análise está sendo feita em torno dos contêineres, é bom mencionar que a bordo de um navio a temperatura interna de uma dessas caixas de metal pode chegar a 80°C por vários dias, além de grandes variações de umidade e o próprio movimento durante o trajeto. Pense em seu produto sendo submetido a essas condições e já comece a avaliar como ele estará ao chegar no destino.

> Lembre-se: apesar de grandes e estáveis, navios de carga também são atingidos por tempestades e ondas com tamanho e força suficientes para causar estragos.

A embalagem também cumpre o papel de chamar a atenção, informar e seduzir o possível comprador, é ele seu objetivo! E se seu produto for destinado ao consumidor final, disputará espaço nas gôndolas ao lado de tantos outros. Nesse caso, os cuidados são ainda maiores. Aqui vale a opinião de especialistas para nomes usados, pronúncia, significados, cores, quantidades, tamanho, peso e mais uma longa lista de aspectos. Não economize na hora de "vestir" seu produto para a grande festa do mercado internacional! Chame alguém que realmente entenda do assunto, uma vez que isso pode significar o sucesso ou o fracasso de seu trabalho.

Para produtos que são enviados para empresas (indústrias, por exemplo), o foco recai sobre manuseio em escala industrial, adequação às exigências locais, resistência dos materiais usados, restrições locais, sistemas de marcação e identificação, entre outros.

Capacidade do cliente final no destino de entender o produto e utilizá-lo sem maiores esforços

Há produtos de uso universal e onde não há possibilidade de haver dificuldade por parte de clientes estrangeiros. Abrir um pequeno pote de café solúvel não apresenta qualquer desafio. No entanto, a montagem de um móvel, a instalação de um chuveiro elétrico ou a preparação de alguns alimentos podem gerar situações de dúvida nas mãos de consumidores ao redor do mundo. Nesse caso, entram em cena os recursos para explicar e simplificar o uso do produto, por meio de manuais de instrução, vídeos explicativos e instruções no rótulo, mas o importante aqui é que se possa estabelecer algum nível de comunicação entre seu produto e o consumidor final; não importa se no local onde foi produzido seja um item usual em que nove entre dez pessoas sabem ao menos o que fazer a princípio. Saiba que as culturas são diferentes, e isso implica dizer que, ainda que para você seja um processo quase intuitivo, por exemplo, cozinhar uma panela de arroz, para um consumidor norte-americano, para o qual esse alimento não compõe a base de alimentação, desvendar o processo de cozimento pode significar um problema quase insolúvel.

Não tenha uma ideia preconcebida acerca do conhecimento e do desconhecimento sobre qualquer coisa de seu consumidor final.

Esse tipo de desafio, que às vezes é negligenciado por parte dos exportadores brasileiros, está atrelado às diferenças naturais que costuram nossa convivência no planeta. Por sinal, esse é um dos pontos onde a discussão em torno da cultura deixa o idioma, a religião e o vestuário de lado e se aprofunda por detalhes menos explorados. Para realçar esse importante aspecto, é preciso usar alguns exemplos tipicamente brasileiros, como foi com o arroz, e falaremos um pouco mais sobre isso.

Consideremos os populares chuveiros elétricos. Embora poucos saibam, o produto é um desenvolvimento brasileiro e é exportado para diversos países há muitos anos. No entanto, um item relativamente simples para nós gera uma série de situações no exterior. Comecemos pela natureza do produto. Ele é um sistema elétrico que esquenta a água em poucos segundos. Nem sempre a combinação de água e eletricidade sobre sua cabeça é facilmente aceita como segura! Muita gente mundo afora ainda preferirá outras maneiras de aquecer seu banho. Outro fator que pode ser limitante é a instalação do produto, pois as casas no Brasil, em sua maioria, já são construídas prevendo a instalação de chuveiros elétricos, ou seja, a fiação já está embutida na parede, tornando a vida de todos muito mais fácil. Até onde pude pesquisar, isso não acontece exatamente dessa forma mundo afora.

Saindo do banho quente e indo para uma comida igualmente quente, chegamos ao consagrado pão de queijo — ah, os mineiros que não me julguem muito, pois bem sei o quanto esse produto lhes é quisto. Simples e saboroso, o eterno par do cafezinho não faz o sucesso que poderia no mercado externo. Infelizmente. Começando pela logística. Enviar o produto já no formato final, como estamos habituados a comprar no supermercado — em bolinhas congeladas —, faz o frete internacional subir exponencialmente (*contêineres* refrigerados custam muito). Além disso, a cadeia logística do lado de lá deve estar toda preparada para seguir com as devidas temperaturas baixas. Só por esse aspecto, o custo no exterior tenderá a ser bem superior, podendo fazer com que o preço final ao consumidor o afaste de nossa iguaria. Assumindo que tudo que apresentei até agora funcione — e pode funcionar! —, existe ainda o desafio do preparo. Reconheço que é muito simples. Há diferentes tipos de aquecimento que podem ser usados, e estamos bem familiarizados com a textura, o sabor e a aparência do pão de queijo. Sabemos muito bem o que é, então sabemos como ele deve estar ao ser preparado, mas esse conhecimento inexiste para alguém que não esteja habituado com esse alimento. Acredite, isso é um desafio real, e pude comprovar isso na prática. Negociando em um país da América do Sul, fiquei sabendo de uma cadeia de varejo que trabalhou para levar nossos pães de queijo para o mercado. Não funcionou. O produto não gerou o efeito de aparência e sabor com que estamos acostumados aqui, e o público, ainda incipiente, se afastou dele.

Não tome isso tudo que foi descrito como desencorajador. Só peço que pense muito no assunto e mais uma vez siga a dica: quanto mais simples, melhor!

Validade do produto

Nem tudo que é produzido e comercializado indica uma data de validade na embalagem, mas esse aspecto pode guardar surpresas também. Se seu produto tiver regras em torno da validade no Brasil, é bem provável que isso se repita no exterior. Não de forma literalmente igual, uma vez que isso é uma prerrogativa local (ainda que guiada por aspectos técnicos quase universais).

Por exemplo: a validade de um alimento processado lácteo tende a ser parecida ao redor do mundo. Assim, recomendo fortemente que qualquer item que tenha validade abaixo de seis meses seja tratado com bastante atenção e cuidado. A explicação para isso é simples. Começa por uma questão geográfica. Estamos literalmente fora das grandes rotas de comércio — que respondem alegremente por cerca de 90% dos US$20 trilhões comercializados anualmente. Tudo isso acontece entre três regiões do mundo: América do Norte, Europa e Ásia. É nesse momento que a localização no globo faz toda a diferença.

Estamos um pouco mais ao sul e nos contentamos com meros 1% de toda essa festa comercial. Junte à localização geográfica o perfil de nossos portos. Todos pequenos, velhos, ineficientes e caros. Os navios de transporte de carga internacional que nos servem são, na melhor das hipóteses, menores e menos eficientes do que aqueles que navegam entre os portos mais movimentados do mundo. O resultado é uma soma de fretes mais caros e viagens mais longas. Todo esse raciocínio traz para a mesa de discussão um conceito que será explorado em qualquer mesa de negociação do mundo: tempo de resposta, representando na fórmula a seguir:

> Tempo de resposta = Tempo de produção + Tempo de logística brasileira + Logística internacional + Tempo de logística no destino

O tempo de resposta pode não ter nada a ver com a validade de seu produto. Assumirei que uma determinada peça de vestuário feminino não tenha validade, mas ainda assim esse assunto tem força para fazer uma negociação internacional ficar mais complexa. Na maior parte dos casos, importadores comparam os tempos de resposta oferecidos por fornecedores estrangeiros aos fabricantes locais, e dependendo da dinâmica de vendas, sazonalidade e complexidade geográfica e logística, é melhor ficar com que é fabricado em casa mesmo. Aplicando esse raciocínio a itens com validade menor que seis meses, o que se apresenta é um tremendo desafio. Fica meu conselho: estude com afinco o produto que está sendo negociado, a realidade logística brasileira, o mercado alvo e a localização da concorrência.

Durante anos, negociei produtos brasileiros com tempo de produção médio de 25 dias. Ao ser perguntado pelo importador europeu sobre quando o item estaria sendo entregue, minha resposta era implacável: em torno de 70 dias. Não me preocupava com uma conta exata. Naquela altura da negociação, o comprador ainda avaliava o impacto de ter um fornecedor brasileiro — os grandes números eram suficientes para sustentar a conversa. Ou não.

Em certas fases da negociação, é importante ter uma ordem de grandeza na ponta da língua, porque é ela que norteará a discussão. Se alguém tivesse dúvida, a matemática era: 25 dias de produção + 10 dias para a logística do lado brasileiro + 20 dias de transporte marítimo + 10 dias de logística completa no destino = 65 dias. Acrescentamos 5 dias de reserva (as operações internacionais não são uma ciência exata) e temos um retrato realista da nossa capacidade de servir.

Sou frequentemente questionado se isso não é um problema. Assim como o tema qualidade, o tempo de resposta também é relativo. Já houve situações em que o preço superou essa dificuldade. Há compradores focados em preço e dispostos a pagar menos por algo, ainda que demore mais a chegar.

A melhor saída para que essa situação não se torne uma eterna cobrança em torno da demora na entrega está na programação de embarque ao longo de determinados prazos. Embarques regulares fazem com esse desconforto seja bastante reduzido. Costumo dizer que o primeiro embarque demora e parece demorar realmente 70 dias. Os seguintes, não. Com base em uma programação regular de embarques, de tempos em tempos, chegará uma carga do distante Brasil.

Para facilitar sua vida, criei um quadro bem simples (Figura 2.1) que ajuda a calcular o tempo de viagem marítima a partir do Brasil. É importante destacar que essa informação pode se tornar obsoleta diante dos avanços da logística; é somente um quadro referencial para um raciocínio estratégico. As equipes logísticas devem validar essa informação!

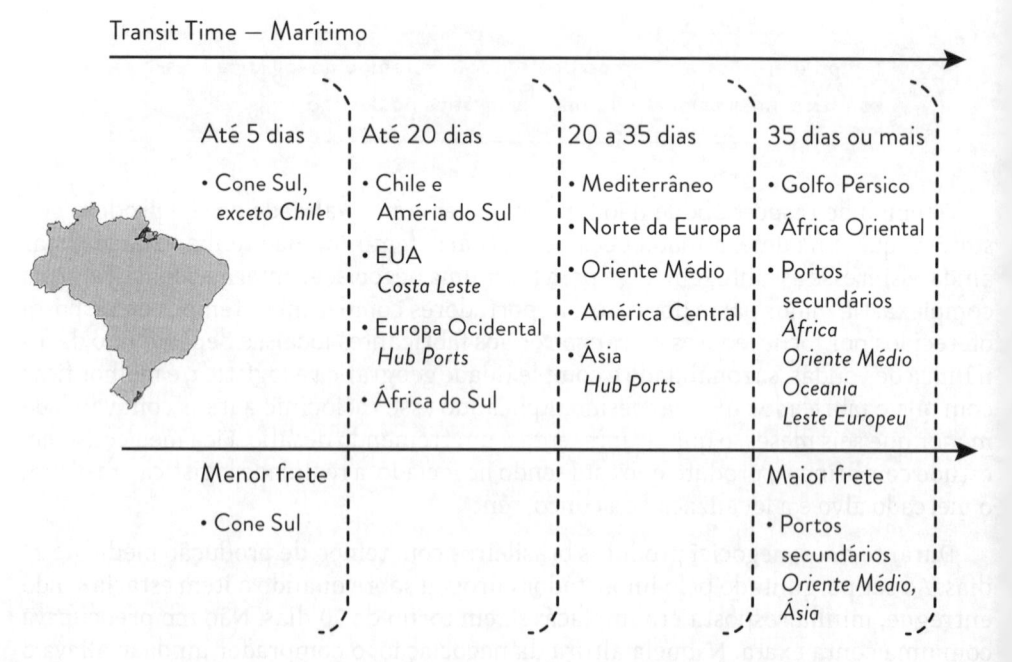

Transit Time — Marítimo

Até 5 dias	Até 20 dias	20 a 35 dias	35 dias ou mais
• Cone Sul, exceto Chile	• Chile e América do Sul	• Mediterrâneo	• Golfo Pérsico
	• EUA Costa Leste	• Norte da Europa	• África Oriental
	• Europa Ocidental Hub Ports	• Oriente Médio	• Portos secundários África Oriente Médio Oceania Leste Europeu
	• África do Sul	• América Central	
		• Ásia Hub Ports	

Menor frete			Maior frete
• Cone Sul			• Portos secundários Oriente Médio, Ásia

Figura 2.1 — Tempo médio de viagem marítima a partir do Brasil
Elaborada pelo autor.

Há alternativas para driblar as eventuais armadilhas do tempo de resposta, e elas estão por toda parte. Um ótimo exemplo são as frutas transportadas de locais distantes para serem degustadas mundo afora poucas horas ou dias depois. Ou as rosas colombianas, que são vendidas no Dia dos Namorados nos Estados Unidos e que são enviadas por modal aéreo pouco depois de terem sido colhidas. Há muitos outros exemplos que mostram que profundos estudos logísticos, total domínio dos hábitos no país de consumo e uso intenso de recursos podem fazer com que tudo funcione muito bem.

Em paralelo à validade está o tempo de uso do produto. Já ouviu falar em obsolescência programada? Pois é, aqui está uma longa discussão que gerará polêmica ao longo dos próximos anos.

Todo produto tem sua vida útil. Alguns duram mais, outros menos. Há segmentos industriais que tratam do assunto com obstinação porque a reposição ou a recompra é fundamental para o sucesso. Assim sendo, nessa lógica, o produto deve quebrar, apresentar defeito ou diminuir sua funcionalidade, e em oposição a esse conceito de obsolescência programada, surge a preocupação ambiental, e a cada dia mais a sustentabilidade tem se tornado fator agregador de valor. Essa é uma nova realidade que não me parece que retrocederá e muito menos diminuirá nos próximos anos. Ao contrário, figura-se como sendo a próxima etapa basilar do futuro dos negócios mundiais.

Ainda que a palavra seja aplicada de forma oceânica nos dias de hoje, vale a pena encaixá-la no que se refere à longevidade dos produtos que produzimos, compramos, consumimos e descartamos. À princípio, entregar um produto que acabará, quebrará ou deixará de funcionar perfeitamente é algo que parece razoável e lógico para qualquer um de nós. Mas vale ter em mente que vivemos tempos pouco usuais, onde o que era a regra passa a ser questionado. Assistimos o surgimento de novos valores, comportamentos e hábitos que terminam por impulsionar e moldar novas formas de consumo. O capitalismo está sempre em processo de mutação.

Pode ser que demore, pode ser que não, mas o fato é que há uma mudança em gestação, e ela se refletirá na maneira como produtos são vistos, avaliados e consumidos. Roupas serão usadas e reusadas em ciclos maiores, passando de mão em mão. Algo parecido com o que conhecemos no setor automobilístico. Se as peças de vestuário terão uma vida mais longa, a fim de atender a várias pessoas durante um arco maior de tempo, é natural que devam ser mais duráveis.

Quando penso no assunto, me vem à cabeça produtos da antiga União Soviética. Cresci nos anos 1970 ouvindo que eram itens mais duráveis, ainda que nem sempre dotados do visual mais atrativo. Já no final dos anos 1980, com o fim do império soviético, estava em uma feira de antiguidades e encontrei uma banca repleta de itens da antiga URSS, quase tudo de uso militar, mas lembro de ter visto câmeras fotográficas e relógios de pulso. O vendedor era um simpático ucraniano que adorava contar as histórias de cada peça em um português um pouco enrolado, mas facilmente compreensível.

Ele se orgulhava da robustez do que estava ali exposto. Eram os primeiros anos de minha carreira como executivo do mercado internacional, e esse conceito de "coisas feitas para durar" nunca mais saiu de minha cabeça. Até porque as palavras de meu pai — e de novo me remeto aos hoje longínquos meados nos anos 1970 — me ensinavam que no Japão os produtos não eram enviados para o conserto quando se quebravam. Eram simplesmente jogados fora. Por vezes me imaginei conseguindo viajar até o Japão somente para fazer uma ronda pelos lixos domésticos e conseguir aparelhos que não mais funcionavam e consertá-los no Brasil.

Tudo contribuiu para formar o pensamento curioso em torno do tema que agora compartilho com você. Mas de que forma isso que foi descrito se combina para um posicionamento adequado diante do mercado internacional? A resposta passa pela convergência de todos os fatores aplicados às novas demandas.

Um segmento no qual estive envolvido foi crucial para ajudar a formatar meu pensamento em torno do tema. A indústria de revestimentos têxteis para pisos pode ser dividida e classificada em diversas tecnologias, matérias-primas e aplicações. Por anos, trabalhei em uma empresa que contava com diferentes tecnologias para a produção de tapetes e carpetes.

Levando comigo uma enorme quantidade de amostras, rodei diversos países apresentando o que podíamos fazer e sendo comparado a uma imensidão de concorrentes. Com frequência, ouvi que meu produto era inferior ao que o cliente buscava, mas também encontrei gente que buscava algo um pouco, digamos, pior do que eu oferecia.

Interessante como não nos damos conta dessas sutis — e às vezes nem tanto — diferenças entre produtos. Para mim, um carpete era só um carpete. Lembro, mais uma vez retornando aos anos 1970, da importância de um carpete com espessura de seis milímetros no apartamento onde morava com minha família em São Paulo.

Apesar do prédio antigo, o apartamento foi inteiramente redecorado, e o taco de madeira desapareceu de vez. Entrava em cena um carpete que era bege, confortável e — principalmente — muito agradável nos dias frios do inverno paulistano. De todas as benfeitorias feitas, essa foi a que mais me marcou. Um quarto de século depois, eu estava exportando aquele produto da mesma marca!

Dos produtos que tive a oportunidade de colocar no mercado internacional, os tapetes e carpetes foram os que mais deixaram marcas e trouxeram lições. As alternativas que eu podia oferecer para hotéis, cassinos, bancos, escritórios e residências iam do padrão mais simples ao mais sofisticado. O que eu ainda não havia notado à época é que havia um produto ainda mais simples!

Sabe a forração que todos vemos e pisamos nas feiras de negócios? É isso. Existe uma ampla gama de aplicações para esse item, além do uso institucional quase descartável. E há um público considerável também. Andando pela Colômbia, enquanto negociava a abertura de um canal de comercialização para meus produtos, encontrei uma indústria que tinha interesse em fazer negócios não só comprando do Brasil, mas também exportando suas forrações para cá. Como a fábrica para quem trabalhava não dispunha desse tipo de item, percebi que poderia nascer uma cooperação comercial e aprofundei a conversa.

A quantidade de cores e gramaturas era impressionante. No meio de tantas opções, me deparei com um joguinho de amostras que estavam organizadas e que a marca era "Brasil". Curioso, perguntei ao empresário por que aquela linha levava o nome de meu país. Meio sem graça, mas com ironia, ele respondeu que era o produto mais sem consistência que ele tinha... Até hoje não sei se era somente uma brincadeira ou não, mas fato é que aquela frase me marcou por anos e foi fundamental na tentativa de entender o complexo jogo de interesses entre indústrias de diferentes países, apoiado muitas vezes em percepções equivocadas e conceitos preestabelecidos. No fim, as negociações não progrediram.

Necessidade de serviços de pós-venda ou assistência técnica

Difícil haver um produto que não tenha potencial para gerar uma consulta pós-venda. Até itens básicos e sem qualquer requinte tecnológico como as *commodities* minerais envolvem questionamentos envolvendo peso, pureza, entre outros.

Produtos manufaturados elevam essa questão a um nível maior ainda. E nas fases iniciais do relacionamento formado com o comprador no exterior, haverá muita necessidade de cognição para esclarecimentos de dúvidas sobre formato, uso, aplicação, tamanho, preparo, peso, montagem, descarte, entre outros. E é natural e saudável que assim seja. Mostra curiosidade, atenção e dedicação. E ter uma equipe ou um profissional com capacidade de realizar esse atendimento de forma completa, ágil e eficiente é um fator de competitividade. Tenha certeza disso.

Já prestar serviços de assistência técnica no exterior faz a complexidade das vendas internacionais subir exponencialmente. As alternativas mais comuns passam por capacitar técnicos no destino (que podem estar na estrutura de seu importador ou não), manter equipe própria no exterior, arcar com o ônus do descarte e da reposição. Os casos de reparo no Brasil, por meio de reimportação, são raros e caros.

Quando adaptar?

É preciso saber que dificilmente seu produto circulará no exterior seguindo a mesma dinâmica com que funciona aqui dentro, e que o processo de adaptação, não raro, gera necessidade de ajustes, pois movimentará diversas áreas da empresa. Não se engane, é certo que esse trabalho de adaptação causará uma gigantesca dose de trabalho, e este trará algum estresse.

Mas e esse costuma ser o maior erro dos empresários, não se deve deixar o desespero tomar conta e, para tentar acelerar o processo, realizar investimentos vultosos nas fases iniciais do projeto. Não se esqueça: a regra é a de que seus recursos sempre devem ser encarados como sendo limitados e, por isso, devem ser — sempre — usados de maneira racional e otimizada. É preciso sentir o mercado, medir a temperatura e avaliar o que já existe. Trajetórias alheias, sejam elas de sucesso ou não, contribuem muito para futuras tomadas de decisão.

Um dos caminhos mais acessíveis, justamente por ser mais barato e simples, para testar o mercado é se utilizar do ambiente em que você já esteja inserido e do qual já conhece bem o funcionamento, ou seja, seu próprio mercado interno. Diversas soluções internacionais sofisticadas começaram a partir de trabalhos desenvolvidos dentro de casa.

O Brasil é hoje um país francamente importador, e chegam mercadorias de várias partes do mundo, então não é difícil encontrar possíveis concorrentes para seu produto, talvez até mesmo no bairro onde sua operação esteja instalada. Isso é ótimo porque te fornece um microcosmos da arena global de negócios.

Lembre-se de que, apesar de o Brasil ser considerado um *player* de pouca relevância nos negócios globais, é sim tido como um país com boa qualidade produtiva e, o que é mais importante para você, é um dos maiores mercados consumidores do planeta, ou seja, é relevante o que aqui é consumido, por isso não se sinta envergonhado de apresentar no exterior resultados do que funciona aqui dentro. Esteja certo de que será ouvido com bastante atenção.

Uma vez feitas suas apresentações, as reações darão o tom das alterações que você deve conduzir no produto. Ouça, pondere, observe, aceite críticas e sugestões. Compre produtos da concorrência, pergunte e colete opiniões. A curiosidade segue sendo a mãe do conhecimento, e, de qualquer maneira, quem manda é o mercado. Esqueça seus gostos pessoais e esteja aberto e atento ao que agrada o seu cliente.

Recordo de casos em que acreditava que um produto precisaria de muitas adaptações para ser aceito em outros países, e, para minha surpresa, os compradores relativizaram e aceitaram versões "brasileiras" do que mostrei, sem maiores problemas. As soluções que eu apresentava, a funcionalidade do produto, o momento em que ele chegava, o preço, tudo isso tinha peso suficiente para reduzir a necessidade de modificações. A flexibilidade por parte dos compradores é crucial nesse momento. Muita gente experiente mundo afora entende que adaptação de produtos em processos produtivos significa inclusão de novos itens no portfólio, e isso cria uma série de discussões internas — nem sempre fáceis de conduzir. Pergunte a qualquer gerente de produção o que ele acha de ter que lidar com diversos *setups* em suas linhas. Sem falar na velocidade de introdução no mercado internacional. Experiências vitoriosas, ainda que em outros países, ajudam a estabelecer estratégias mais focadas e efetivas. Diante isso, não é raro encontrar distribuidores em vários países que trabalham em prol de um novo produto importado tal qual ele existe e é comercializado hoje. É mais prático, e como disse, funcionar aqui dentro acaba sendo um diferencial positivo na hora de vender lá fora.

LIÇÕES DA VIDA REAL: TALVEZ O SEGUNDO MAIOR ERRO DE MARKETING DO SÉCULO XX

Por muitos anos, contei essa passagem em sala de aula, mas nunca incluí os detalhes nos materiais que enviava aos alunos. Passados tantos anos, sinto que as lições são muitas e contribuirão para o sucesso de outros profissionais.

Se sou discreto em relação aos nomes de empresas e seus produtos ao longo deste livro, neste caso, precisarei ser explícito.

O ano era 1998, e eu liderava o projeto de exportação da empresa Têxtil Tabacow — um dos grandes nomes do segmento de revestimentos para solo (tapetes e carpetes). A empresa era dona de um parque industrial sólido e diversificado (para os padrões da época no Brasil). Apesar de ser de administração familiar, a empresa vivia um momento de profissionalização, e foi nesse ambiente que desembarquei na imensa fábrica localizada no bairro do Tatuapé, em São Paulo, no segundo semestre de 1997. O trabalho era objetivamente simples: fazer as exportações crescerem.

O segmento de tapetes e carpetes é particularmente desafiador pela dinâmica tecnológica envolvida; uso das matérias-primas (que resultam em diferentes níveis de qualidade); aspectos culturais e de preferências dos consumidores. Um tabuleiro rico e complexo.

Conforme o trabalho avançava, desafios surgiam de onde menos eu esperava. A questão da marca e tudo que se relacionava a ela em termos de atratividade para o consumidor final rondava minha tarefa diária de convencer os clientes no exterior a comprar cada vez mais tapetes do Brasil. Não que o nome da empresa fosse ruim ou difícil de ser pronunciado em outros idiomas. Longe disso. Eu mesmo nutria simpatia pela grafia — talvez por questão de memória afetiva, já que a marca era muito forte nos anos 1970 — e não sentia problemas em conduzir negociações no exterior.

O que surgiu foi, na realidade, um desejo de melhorar o que estava sendo feito. A ideia nasceu durante um voo entre duas capitais da América do Sul — a memória pode me trair, mas tenho quase certeza de que ocorreu entre Lima e Bogotá. Eu estava tomando minhas notas em um caderno e comecei a mexer nas letras que formavam o nome Tabacow. O mundo estava às portas do novo século, e eu sentia que era preciso inovar! A internet dava seus primeiros passos e havia uma sensação de modernidade em todo canto. Entusiasmado com esse ambiente, concentrei-me em fazer alguma coisa com a marca de modo a deixá-la mais moderna, compacta, atemporal e global. O que me pareceu mais sensato foi o caminho da sigla. As vogais me davam a sensação de algo muito latino e orgânico. Eu queria um som e uma grafia mais dura e metálica (até hoje não sei de onde vieram essas ideias todas).

Rapidamente eliminei as letras "A" e "O" do nome. Ficou TBCW. Sigla de quatro letras me remetia às rádios norte-americanas e fazia com que a pronúncia ficasse alongada demais. A saída foi eliminar o "W". O resultado foi TBC. Achei ótimo! Estava com cara de século XXI e caía bem, tanto em inglês quanto em espanhol.

Sem ter a mínima experiência e conhecimento em campanhas de marketing, mas levado somente pela empolgação, resolvi que as três letras ficariam soltas e perdidas no meio de uma etiqueta — os tapetes têm, na base, etiquetas que contêm as informações básicas do produto, como instruções de manutenção, dimensões, modelo, nome do fabricante, entre outras informações. Era preciso passar a mensagem completa, para formar uma dupla de ataque poderosa com a nova marca, e escalei a palavra rugs (tradução em inglês para tapetes) e testei a sonoridade em voz baixa, simulando meus discursos de venda, e o resultado foi bom. Mas era preciso uma frase de efeito, com potência, para contar um mínimo de história e criar um certo envolvimento entre a marca e o consumidor.

Sendo a empresa tradicional, e como estava comemorando sete décadas de existência, escrevi quase de uma só tacada: the art of being unique since 1930 (a arte de ser único desde 1930). Havia encontrado. Não ia mexer mais naquilo. Estava ótimo. Agora era hora de cuidar do visual.

Em uma época na qual a internet era nascente, a presença, a venda e a comunicação estabelecidas pela mídia impressa eram bem maiores do que conhecemos hoje. E como era possível explorar a comunicação por meio da etiqueta de cada tapete, imaginei que o mesmo visual deveria estar em todas as partes. Como a sigla TBC era a mais pura tradução da modernidade, deveria ter suas letras metalizadas, em contraste com o fundo que seria um mapa-múndi do século XVIII ou XIX, no tradicional tom sépia. As letras da frase de impacto estariam graciosamente na parte inferior em letras de mão, em estilo clássico. Pura elegância.

Olhando hoje para essa incursão na criação de marketing, chego a ter vergonha, mas aquilo me parecia a combinação perfeita de elementos.

Todo esse processo durou pouco mais de uma hora, e ao aterrissar no destino, eu já tinha tudo pronto em um pedaço de papel. Só faltava uma tarefa: convencer a empresa a aceitar minha sugestão.

Ainda conduzida por membros das famílias que criaram o negócio setenta anos antes, a postura diante da marca era conservadora. Nada de errado nisso. Minha proposta de mexer na marca que celebrava sete décadas não foi aceita de imediato. Até hoje me pergunto como saí de uma sala onde acontecia uma reunião da diretoria com a aprovação para meu plano.

Os trabalhos começaram logo, e em pouco tempo nascia a marca TBC. Recursos importantes foram movimentados, e o trabalho final impressionava pela riqueza das imagens e contrastes de cores. Um detalhe, no entanto, estava lá, marcando presença: a marca Tabacow não saiu totalmente do novo conceito que eu havia criado. Ela permaneceu soberana e imponente — ainda que no rodapé da arte.

> Milhares de folders e etiquetas foram impressas. Agora era só sair em campo e vender. Aqueles eram tempos de muitos deslocamentos internacionais. Os traders gastavam muita sola de sapato, andando com malas pesadas e cheias de amostras. Eu me sentia um típico mercador do século XIV voltando do Oriente cheio de tecidos e especiarias.
>
> Fiz meu trabalho da maneira como estava bem acostumado: visitas; explicações; comparações com a concorrência; ajustes de cores e desenhos; longas discussões sobre condições comerciais; amostras e catálogos. O tempo foi passando, e as vendas não aconteciam. Havia cobranças e perguntas internas, é claro. Algum tempo depois, voltei ao campo para tentar entender o que (não) acontecia. A resposta veio durante uma reunião com um potencial distribuidor em Lima. Elogiou o trabalho e a iniciativa, mas então me olhou de frente e perguntou se eu sabia o que significava TBC. Expliquei o óbvio (uma adaptação da marca original). Ele sorriu e simplesmente disse que as três letras significavam... tuberculose! Lembro de ter sentido a cabeça girar um pouco e o estômago dar uma leve contorcida. Não tenho ideia da expressão que estava estampada em meu rosto, mas eu me sentia derrotado. Se a sigla significava uma doença no Peru, com certeza o mesmo deveria acontecer nos outros países da região. E talvez até em inglês! O desespero tomou conta e entrei em pânico. Não via a hora de voltar para o Brasil e — sim — apresentar a situação para a empresa e esperar pelo pior.
>
> Na semana seguinte, expliquei tudo e me preparei para a saraivada de críticas. Dava a demissão como certa. No final, houve mais do que justificadas reclamações, o projeto da nova marca foi desativado e, para meu total espanto, permaneci na empresa!

É claro que não podemos nos considerar como sendo infalíveis o tempo todo, não desconheço isso, e hoje vejo, com pesar, que a métrica que rege a vida humana, em especial na juventude, é a sensação ou a vontade de nunca errar — até certo ponto isso é, sim, uma característica positiva, mas só quando vem acompanhada de um senso de realidade, porque erros acontecem e não são o que te definirão, mas sim como você lidará com os eventuais erros e, principalmente, com as lições que tirará deles.

As lições que tiro desse caso (espero que sirvam para você): muito cuidado com marcas, sons, cores e tudo que estiver relacionado a isso. Não é brincadeira, e o trabalho de marketing — apesar de saber que hoje o termo é usado a torto e a direito, é muito mais elaborado do que simplesmente ter uma boa ideia, porque há implicações geográficas, sociais, de costumes e até políticas. O meu exemplo gerou uma perda financeira por conta do tempo que os profissionais envolvidos dedicaram, impressões de material gráfico etc. Não foi nada que afetasse o resultado do negócio, mas poderia ter sido pior.

Quando apresento esse caso em sala de aula, e sou forçado a refletir sobre ele, alivio o peso de meu erro ao lembrar que não havia a facilidade de consultas como temos hoje por meio da internet — oh, sim, entre os anos de 1996 e 1998 já havia navegação *online*, mas os resultados daquele tempo não podem ser comparados ao que temos hoje no que diz respeito à volume de informação. O *Google* havia acabado de nascer, e eu costumava usar o *Northern Light* e, algumas vezes, o *Altavista*. O fato é que não me ocorreu — e a ninguém da área de marketing da empresa — fazer a pesquisa em cima do que a sigla TBC significava, em especial nas áreas geográficas em que estávamos presentes. Alguns telefonemas para clientes teriam ajudado. Outro atenuante foi o fato de que até empresas grandes e estruturadas também incorrem em erros dessa natureza.

O caso citado confirma que não só o produto, mas também a marca tem um peso fundamental na gestão internacional. Mais do que a sonoridade, a dificuldade de pronúncia e as possíveis interpretações equivocadas, existe a proteção à marca em si.

É bom saber que o custo de registro de marca por país não é muito elevado, mas caso haja a necessidade de fazer isso em diversos locais, o recurso necessário será maior. A lógica diz que o tema é importante, mas é preciso bom senso. Se você está começando a exportar uma linha de produtos que tem uma marca com potencial de sucesso, é preciso estar atento, pois a probabilidade de que ela seja registrada por outra empresa ou pessoa é menor no início da operação comercial, mas conforme sua presença aumente, a aceitação do produto cresça e as vendas subam, é sinal que está tudo caminhando para o sucesso, e é em algum momento dessa curva ascendente que o exportador brasileiro deve atuar para proteger sua marca.

Não é preciso contratar escritórios especializados no exterior. Há diversas empresas brasileiras que prestam serviços de alta qualidade e que farão essa atividade sem maiores problemas.

Depois de ter usado o exemplo do pão de queijo, me volto para outro campeão nacional que não desfruta o sucesso que poderia ter no mercado internacional: a cachaça! Apesar do esforço realizado ao longo dos anos, ainda considero que os volumes movimentados são pequenos diante do potencial do produto.

Quando menciono esse caso, não é raro que cheguem exemplos esparsos de exportações do nosso destilado, e parabenizo o que tem sido considerado um sucesso, mas ainda há muito mais para ser trabalhado. Bebidas quentes têm um potencial gigante no exterior, mas são desafiadoras.

Os destilados acabam sendo relacionados aos países de origem, e para que isso funcione, é preciso grande esforço de promoção e que não nasce da noite para o dia. Os melhores exemplos são o *whisky* (Escócia), *bourbon* (Estados Unidos), *pisco* (Peru), *Tequila* (México), *gin* (Inglaterra), *rum* (Jamaica e outros países da região), *vodca* (Rússia). Todas essas bebidas, e note que não falo de marca, construíram uma sólida presença internacional ao longo de décadas, suportadas e estimuladas por empresas, entidades de classe e governos. Será que a experiência da cachaça tem sido positiva a ponto de podermos projetar um futuro semelhante aos exemplos citados? Eu realmente me arrisco a dizer que não. Houve esforços pontuais ao longo dos últimos vinte anos, mas que não lograram sucesso, apesar dos recursos alocados e da cobertura dada pela imprensa especializada. Isso não quer dizer que não se encontrem marcas de cachaça mundo afora; não é isso. O reconhecimento do produto por parte do público consumidor e, ato contínuo, dos distribuidores e canais de varejo é desproporcional ao potencial que a bebida tem ao lado de suas colegas mencionadas.

NEOPROTECIONISMO

No momento em que este livro é escrito — entre os anos de 2020 e 2021 —, o protecionismo dá sinais de que está voltando com tudo. Não se espante; é comum como resultado de qualquer crise de escala global. Se pensarmos nele como uma forma que governos encontram para preservar indústrias estratégicas, setores mais vulneráveis e, em última instância, parte da economia do país, empregos e segurança social, é um processo natural e até compreensível.

Apesar de todas as justificativas, o assunto gera incertezas generalizadas no resto do ambiente global de negócios. Fica no ar de que forma ele virá nos afetar a todos e por quanto tempo. Em uma época de tantas dúvidas, qualquer indicação do que vem pela frente tem alta probabilidade de erro, mas é preciso, ao menos, criar cenários, do contrário faremos uma navegação totalmente às escuras. O futuro, no mundo dos negócios, não pode ser antecipado com precisão deixando para os que vivem a sua realidade somente a chance de se posicionar da melhor forma possível diante do que se aproxima. De que forma? Não há outro caminho a não ser a criação de cenários que representem o que pode ou deve vir a ocorrer. O processo de construção de cenários é uma das disciplinas mais sofisticadas e será construído sobre a memória do que já ocorreu e a compreensão do que acontece, de modo a permitir que futuros sejam projetados.

Lembre-se de que nós temos, ao contrário dos navegantes e comerciantes internacionais do passado, toda a história do que já aconteceu e foi registrado a nosso favor, e isso não é pouca coisa!

Ainda pensando sobre o aumento do protecionismo, somente entre os anos de 2018 e 2019, a OMC identificou que o nível de ações de barreiras comerciais havia sido quase quatro vezes mais alta do que a verificada no ano de 2012. Agora, imaginemos o que pode acontecer no período pós-crise de 2020!

Grandes choques ao longo do século passado deixaram um rastro de posturas protecionistas em diversos países. A justificativa é quase sempre a mesma: cuidar das empresas locais, especialmente contra a entrada de produtos importados.

A crise de 2020 afetou negativamente uma parte do parque produtivo mundial e ainda jogou no chão um percentual importante do fluxo mundial de comércio. Diante da possibilidade de estar diante de um futuro com aparência de terra arrasada, governos (independentemente de suas orientações à esquerda ou à direita) cuidam para que o desastre não seja ainda maior. Esse é o ponto de partida para que sejam tomadas ações visando a manutenção da atividade econômica em níveis minimamente saudáveis.

A primeira medida protecionista é a boa e velha "torneira" da tributação de entrada que todo produto estrangeiro sofre ao chegar a uma nova fronteira. Entra em campo o imposto de importação, e a rapidez com que governos podem aumentar esse tributo e o alto poder de fogo que ele carrega fazem com que essa seja a parte mais visível do *iceberg* protecionista, no entanto, é somente a ponta de lança.

Ainda que estejamos discutindo "produto" neste capítulo, é possível encontrar atitudes protecionistas por aqui também, como as restrições que podem surgir por meio do que se convencionou chamar de Barreiras Não Tarifárias (BNT). Isso se traduz em ações tais como suspensão de importações, estabelecimento de cotas, imposição de condições sanitárias ou fitossanitárias, regras para embalagem e rotulagem que fogem à normalidade, endurecimento das normas e do ambiente regulatório, entre outras muitas. As possibilidades de países criarem barreiras ao comércio são inúmeras, e é quase impossível determinar a profundidade e a extensão de cada uma, individualmente ou em grupo. O que é possível fazer são leituras das diversas indústrias espalhadas ao redor do mundo e, a partir daí, entender os movimentos que poderão vir.

Em geral, segmentos produtivos mais frágeis localizados em países com maior índice de vulnerabilidade são os palpites certeiros, mas não devemos nos surpreender que mesmo economias centrais e maduras optem por ações de obstrução ao comércio em algum momento.

Durante um seminário nos primeiros meses da crise de 2020, fui perguntado se haveria discriminação contra produtos chineses a partir daquele momento. Como todos sabemos, a China teve papel central durante a pandemia. Não só com relação à doença em si; desde a origem à vacinação, mas principalmente no que se refere à sua capacidade industrial e a recuperação econômica. Não acredito em tratamento discriminatório quando o assunto é a relação do consumidor com produtos de prateleira — salvo em questões de forte apelo emocional coletivo (como o que aconteceu com as restrições aos itens dinamarqueses[1] no varejo em alguns países com forte presença muçulmana em 2005). O que deve ocorrer é uma combinação de fatores.

Com quase dois anos desde o início da pandemia, o consumidor brasileiro não restringiu qualquer compra de produtos de origem chinesa. O que deverá ocorrer é uma mudança na maneira como as cadeias de suprimento são estabelecidas: o trabalho de *procurement* deve ser ainda mais profissionalizado, de modo a evitar alta concentração de compras em uma só origem (nesse caso, a China). Mas será possível fazer isso? Ainda existe produção fora de lá? Sim, existe. Apesar de que, em alguns casos, a concentração seja extrema, como no caso do grupo de produtos formados por computadores, telefones celulares e lâmpadas LED, dos quais, só no ano de 2020, cerca de 90% foram consumidos mundo afora com a origem *"made in China"*. E não adianta fazer cara feia, essa é a realidade para esses segmentos, e ainda levará alguns anos até que outros produtores consigam rivalizar com os chineses.

---

1   Jornais dinamarqueses publicaram caricaturas nas quais o profeta Maomé estava diretamente ligado a explosivos, fazendo uma conexão direta entre a religião muçulmana e atos terroristas. A reação foi imediata em diversos países com forte presença muçulmana, e produtos de marcas de origem dinamarquesas foram boicotados.

BARREIRAS NÃO TARIFÁRIAS

Estas estarão por toda parte, e são, bem dizer, as piores, porque comumente são disfarçadas de ações para proteger o consumidor de ameaças contra sua integridade física, além de outras alegações, que podem ser, em muitos casos, legítimas; em outras, no entanto, são duvidosas.

Na ânsia de salvaguardar os interesses e garantir a sobrevivência das empresas locais, países passarão a adotar padrões visando dificultar a entrada dos produtos estrangeiros, principalmente se aproveitando do clima de preocupação com a saúde alcançado na crise de 2020, o que, por sua vez, fará ser menos complicado elaborar e implementar tais medidas. Restrições que irão de ingredientes na indústria de alimentos à presença de elementos químicos em produtos de uso diário. Para entender bem a questão e não ser pego de surpresa, o melhor é explorar cada subcategoria de forma distinta e analisar em detalhes suas possíveis implicações.

Medidas sanitárias e fitossanitárias

Medidas sanitárias e fitossanitárias podem ser definidas como tudo que se aplica à proteção do ser humano e à fauna e à flora (locais). Se dão por meio de controles que visam barrar a entrada e a disseminação de pestes e doenças (no caso dos vegetais); e contaminantes, toxinas ou organismos causadores de doenças vindos em alimentos, bebidas ou rações (no caso da proteção ao ser humano). Um levantamento recente da UNCTAD[2] mostrou que um universo de 92 países, distribuídos por todos os continentes, tinha um conjunto de inacreditáveis 29.719 medidas de caráter sanitário ou fitossanitário! Uma média de 323 medidas por país, o que por si só demonstra a importância de se olhar de forma detalhada para essas medidas que podem representar um entrave frontal na hora de vender no mercado externo.

Estabelecimento de quotas

São limites para a entrada de produtos importados e podem atingir os fornecedores do mundo todo ou de países específicos.

Quando aplicadas de forma global, não há espaço para quantidades adicionais — além do que indica a quota. Por outro lado, quando se trata de limitação dirigida a um país, é comum haver permissão para importações adicionais.

Em princípio, essa prática não deveria existir, já que é vedada pelas regras da OMC, mas sua adoção é adotada sob caráter de exceção.

Licenciamento de importação não automático

Aqui estamos a tratar de procedimentos administrativos necessários para que um importador possa seguir com sua operação.

Em termos práticos, significa pedir autorização ao governo para fazer uma compra internacional — quando o licenciamento não for automático. Isso significa que o fluxo administrativo no país de destino pode sofrer com prazos mais dilatados, ou seja, há

---

2 Conferência das Nações Unidas sobre Comércio e Desenvolvimento, criada em 1964 em Genebra pela Assembleia Geral das Nações Unidas.

risco real de potenciais atrasos para que os embarques ocorram. Note que a dinâmica normal de uma operação internacional é que, após a conclusão da negociação, ocorram a produção e o subsequente embarque do produto. Não poder embarcar a mercadoria porque o comprador ainda está esperando autorização de seu governo pode gerar consequências financeiras, comerciais e logísticas para o exportador. Evitar esse tipo de dor de cabeça não é nada complicado; basta que o assunto faça parte do *checklist* de quem estiver à frente da negociação. Não há nenhum problema em perguntar ao importador se o licenciamento de importação existe, se é automático ou não e, no caso de haver, quantos dias são necessários para que o processo aconteça de maneira positiva.

Impostos aplicados à exportação e outras restrições à saída de produtos nacionais

Em geral, não se tributam as vendas internacionais. Existe um consenso de que as receitas geradas pelas exportações têm um forte impacto positivo nas economias de qualquer país. Desta forma, o tratamento tributário conferido aos produtos que deixam os países para serem consumidos em outros é muito mais leve, quando não inexistente, do que os importados ou os que são fabricados e consumidos localmente, mas essa regra pode ser quebrada em casos extremos. Nesse caso, a lógica está por trás de tudo.

Cobrar imposto para exportar carrega uma mensagem: o produto em questão não deveria sair do país. E por quê? Há diferentes razões para uma situação como essa. Risco de desabastecimento local é o mais comum, mas também controles de preço, equilíbrio de oferta e mesmo decisões políticas. De volta aos efeitos gerados pela pandemia do coronavírus no ano de 2020, o Brasil testemunhou, durante alguns meses, uma verdadeira corrida atrás de itens ligados à higienização. O álcool em gel desapareceu das prateleiras, uma vez que a indústria foi pega de surpresa por um consumo atípico e grande. Não foi só no Brasil; diversos países enfrentaram a mesma situação, e sabendo da capacidade industrial que dispomos, não foram poucas as consultas para adquirir o álcool nacional. Não houve cobrança de impostos sobre essas exportações, mas essa é uma circunstância em que se enquadraria. Em suma, tributar as exportações é uma decisão federal no sentido de regular a saída de produtos nacionais em situações bem específicas. Não é a regra.

No caso dos produtos que estavam ligados à prevenção e ao combate do coronavírus, o que se observou ao longo de meses foi um aumento no controle, com eventuais restrições e atrasos, nos processos relacionados às exportações. Passadas as primeiras semanas com a natural adequação da produção à demanda, as regras foram afrouxadas e os fluxos comerciais voltaram à normalidade.

GEOESTRATÉGIA PRODUTIVA

Em termos de produtos *Made in China*, o que deverá acontecer em termos de reposicionamento global é uma mudança baseada em um plano audacioso chamado *One Belt One Road* (OBOR), que fica mais fácil de ser compreendido como a nova Rota da Seda.

O conceito é de fácil explicação e complicada execução: a China está deslocando sua produção em direção à Ásia Central e, de lá, para a Europa. O que será movido para esses novos destinos serão os itens mais intensivos em mão de obra e de custo mais baixo. O que durante muitos anos ficou identificado como sendo tipicamente chinês. É curioso e importante estar ciente desse movimento das placas tectônicas do comércio global, ainda que ele não tenha nada de inovador. Algo mais ou menos parecido já havia acontecido antes. No final dos anos 1980, o mundo foi surpreendido com produtos extremamente competitivos vindos de países asiáticos. Eram economias compactas, ágeis e fortemente voltadas para a expansão internacional. Eram os Tigres Asiáticos, que em sua primeira onda colocaram nomes como Hong Kong, Taiwan, Coreia e Cingapura em alta. O que se viu na sequência foi a entrada de novos nomes nesse clube (Tailândia, Filipinas, Indonésia e Vietnã). A movimentação se deu, entre outras razões, por questões de custos de produção. Lição clara: o capital produtivo está sempre em busca de locais convenientes para se instalar. A China desempenhou esse papel com precisão por anos e agora revê sua estratégia estimulada por razões que vão das mais imediatas, como a redução da competitividade externa e o acesso a matérias-primas, até questões ambientais e o foco na indústria de alta tecnologia (que continuarão no território chinês). O que é hoje identificado como sendo de baixa qualidade e baixo preço será manufaturado em países que receberão investimentos produtivos a partir de Pequim ao longo da década de 2020.

Ainda que dotada de plena capacidade de produção, com vastos recursos financeiros e reconhecida como provedora em escala global, a expansão chinesa deve encontrar resistências. A crise de 2020 afetou os planos OBOR, já que diversos países ao longo da rota ficaram sem condições de honrar os compromissos assumidos com a China a partir de 2013, quando o projeto começou. O que se espera é que a recuperação progressiva da economia mundial alivie essa situação e uma "fronteira" chinesa se aproxime cada vez mais do Ocidente.

Pensando de maneira estratégica, um país como o Brasil tem obrigação de usar suas vantagens competitivas a fim de melhorar sua posição na arena global de negócios. Primeiro, usando a diversidade de seu parque industrial. Segundo, aproveitando sua posição geográfica para funcionar como fornecedor natural dos mercados da América do Sul. Isso vale para itens inteiramente fabricados ou para arranjos produtivos criativos como montagem de produtos a partir de componentes estrangeiros.

Para isso, é preciso rever objetivos, desenhar novos planos de voo e se apresentar para o jogo. Não dá para esperar que isso venha pronto na forma de um pacote de incentivos. Não acontecerá. O meio empresarial tem que liderar essa missão.

A IMPRESSÃO 3D

Quando a crise de 2020 chegar a seu final, acredito que nada mexerá tanto com o comércio global quanto a impressão 3D, que até aquele momento vinha sendo tratada de forma incidental.

A popularização da nova tecnologia em si já estava em curso, a ponto de, em alguns países, ter uma dessas em casa já era quase uma realidade acessível. De milhares de dólares, o preço caiu vertiginosamente para algumas centenas em um curto espaço de tempo. É claro que a capacidade de impressão, seja no tamanho, seja na quantidade e variedade de matérias-primas, é proporcional ao seu valor, mas o relevante a se pensar aqui é que essa maneira de produzir, cada vez mais acessível, redefinirá o conceito de mobilidade, hábito de compra, estratégias de venda e, principalmente, o fluxo de mercadorias pelo mundo.

A revolução que vem por aí é ampla. Não acontecerá somente na ponta, naqueles consumidores que imprimirão o produto em casa. Começa na produção que hoje pressupõe o uso de uma ou mais matérias-primas. Historicamente, elas são tratadas, derretidas, mescladas, combinadas, cozidas, soldadas, entre muitos outros processos existentes. Além do produto final, todo esse trabalho gera resíduos e desperdícios. Alguns serão reaproveitados, outros, descartados. E chegamos ao dilema que assombra e traz dúvidas: é possível seguir aumentando a produção, atendendo a cada vez mais consumidores sem criar ainda mais problemas para o meio ambiente? Como equacionar tudo isso?

É bem possível que parte dessas respostas esteja nos modelos de produção trazidos pela impressão 3D, porque seria impensável pensarmos que esse tipo de tecnologia se estagnará no atual patamar. Usando matérias-primas pré-selecionadas que serão usadas de maneira precisa no processo produtivo, me arrisco a dizer que a geração de resíduos tenderá a zero em um prazo não muito longo.

Meu primeiro contato com a tecnologia e as possibilidades decorrentes dela foi em 1997, quando assistia ao filme *A Outra Face* (*Face Off*),[3] do diretor John Woo, no qual um policial e um criminoso preso tem seus rostos trocados para que a polícia possa evitar um crime. É possível ver (obviamente por meio de muitas trucagens) uma impressora 3D em plena ação criando partes do corpo humano. É claro que essa digressão se trata de um filme, e, assim sendo, de uma obra criada, inventada pela imaginação de seus criadores, entretanto, é preciso termos em mente que as obras de ficção são também uma espécie de termômetro do avanço científico, pois espelham as tecnologias que estão a surgir naquele momento em que a obra tenha sido pensada. Na vida real, a indústria da impressão 3D teve que partir de algo menos complexo, mas evoluiu rapidamente.

Pouco antes da década de 2020, a tecnologia já estava presente em peças para a indústria automobilística, aeroespacial, maquinário industrial, componentes eletrônicos e próteses dentárias e ortopédicas. Esses itens corresponderam a cerca de 80% do total de aplicações no ano de 2017, segundo o relatório *3D printing: A Threat to Global Trade*, produzido pelo ING Bank.[4]

As principais vantagens apontadas pelo estudo, em especial relacionadas aos segmentos mencionados, passam por redução no custo de produção, menor nível de estoques, redução ou eliminação do uso de maquinário para processos intermediários de produção e velocidade de adaptação dos produtos.

---

3   Filme de ação e ficção científica protagonizado por Nicolas Cage e John Travolta em que as personagens trocam de rosto e de identidade.

4   ING Bank é um grupo de investimentos e seguros holandês. Disponível em: <https://think.ing.com/reports/3d-printing-a-threat-to-global-trade>.

Como essa maravilha não estará democraticamente disponível no curto prazo, já que ainda há um caminho pela frente até que tudo isso seja incorporado à rotina industrial e comercial, a impressão 3D será um marco na história econômica moderna, mas os desafios à frente são grandes. A tecnologia das impressoras em si tem muito para evoluir em termos de capacidade e velocidade antes de poder causar um dano real à indústria convencional.

O reflexo mais visível para a implantação imediata dessa tecnologia é seu custo. Outro fator que tira velocidade da novíssima tecnologia são as matérias-primas envolvidas. Até 2019, os itens eram agrupados de acordo com as "famílias" de produtos (plástico, resina, metal, fibra de carbono, grafite e papel).

É possível que essas transformações se deem em momentos distintos, pois de fato se configura como sendo talvez a maior ruptura que já vivenciamos em relação aos meios de produção, do mesmo tamanho e importância quanto foram as revoluções industriais dos séculos XVII a XIX. Em um primeiro momento, a indústria se dividirá em dois grupos: os dedicados à manufatura 3D, e os tradicionais. O número de produtos totalmente possíveis de serem impressos crescerá aos poucos, principalmente puxados pela fabricação de partes e peças de alta complexidade, baixa escala de produção e de alto valor percebido.

O que causará um terremoto no comércio internacional é que os bens não serão mais produzidos e embarcados. A transação comercial será por comunicação eletrônica (da mesma maneira que usamos e-mails, telefones e redes sociais). Os pagamentos estarão vinculados a um sistema de desbloqueio duplos, ou seja, o arquivo é enviado (ou disponibilizado na nuvem), e, quando for acessado, o pagamento é liberado. A partir daí, as duas partes estarão livres para usufruir a transação comercial. Um lado tem o recurso financeiro pronto para ser utilizado, e o outro, o produto (ainda na forma de um arquivo) que poderá ser impresso e se materializar. De uma tacada serão eliminados os trabalhos físicos de produção, logística no país de origem, uso de embalagem, transporte internacional (e seus efeitos como as emissões geradas) e os processos na chegada ao destino. Todos os equipamentos da cadeia virarão sucata, e os profissionais envolvidos podem procurar algo melhor para fazer. Isso é o futuro, e ele chegará, a questão não é tentar se desvencilhar dele, mas sim estar preparado.

O arco de tempo estimado pelos especialistas envolvidos no tema é o de que em 2040, 38% do comércio internacional de produtos tenham desaparecido. Essa projeção só é válida para um mundo rodando normalmente (em termos de capacidade de investimento no setor), o que não parece ser factível depois da confusão generalizada na economia mundial iniciada em 2020. Um segundo cenário, esse mais ajustado aos tempos difíceis, aposta que 20% do comércio mundial deixará de ser físico e migrará para a impressão 3D por volta de 2050. Pode parecer um tempo relativamente longo para que nos preocupemos, no entanto, sob perspectivas econômicas e organizacionais, ou seja, para que os setores da indústria se organizem de forma a absorver essas mudanças tão profundas, 30 anos é o mesmo que um piscar de olhos. É muito pouco tempo, e é preciso se preparar.

OPORTUNIDADES DO BEM

Uma maneira inteligente e engajada de se livrar da mesmice na hora de avançar em direção ao mundo é blindar o produto com argumentos que possam ser apresentados ao mercado de forma a se alinhar com valores positivos e universais. É aquela velha história de que hoje ouvimos muito falar sobre disponibilizar ao mercado um "propósito". É exatamente isso.

O século XXI vem assistindo a uma verdadeira guinada em direção a aspectos e valores que não eram percebidos e muito menos valorizados no passado. Mais e mais consumidores passam a considerar temas ligados à sustentabilidade, e não apenas do ponto de vista ambiental, mas de maneira mais ampla, enquanto qualidade de vida e desenvolvimento pessoal. O que era uma discussão sem maior importância hoje é levado a sério por todos os realmente interessados em se ligar ao novo consumidor, porque isso tem o condão de figurar como sendo um elemento definidor no processo de compra efetiva de um ou outro produto.

É fato que tudo tem limite, e o mundo tal qual o conhecemos hoje também tem os seus. A partir dos anos 1980, a produção industrial aumentou apoiada pela ordenação mundial ditada pelo GATT (substituído em 1995 pela Organização Mundial do Comércio), que segue promovendo um ambiente multilateral de comércio com menos barreiras, mas nada que possa ser comparado ao que aconteceria na década de 1990. Estimulada pela nova configuração global na qual o capitalismo aparece como o caminho mais viável para o futuro dos países — em clara oposição às economias de planejamento centralizado —, a capacidade produtiva aumentou exponencialmente. Com os novos ares capitalistas se espalhando pelo outro lado da cortina de ferro, o que se viu claramente foi uma corrida para que toda essa produção fosse devidamente vendida ou escoada.

Onde houver espaço para crescer, é natural que a indústria esteja lá pronta para ocupar e "tomar de assalto" qualquer oportunidade; é a comprovação de que a visão de produção e consumo proposta pelo capitalismo venceu a disputa e se impôs. A regra é a de que, quanto mais se produz, mais se vende, e quanto mais se estimulam as vendas, maior é a necessidade de produzir. Na base sempre estão as necessidades dos seres humanos, ávidos por gastar, ter, consumir. Uma busca por satisfação, no sentido mais amplo da palavra, que está na base de um PIB global da ordem de US$90 noventa trilhões.

O tempo passou, e no final dos anos 1990, a China começou a assumir o papel principal de manufatura do mundo. O uso de matérias-primas foi intensificado e acelerado e fez com que o ritmo de toda a cadeia produtiva e consumo ganhasse mais agilidade. Essa vertigem de produção e acesso logo começou a mostrar o esgotamento do próprio modo de funcionamento da estrutura, o que fez surgir uma nova gama de alternativas, amplamente voltadas para os valores ambientais, éticos e sustentáveis, como reciclagem, reaproveitamento, reúso, economia circular e critérios para uso de matérias-primas, consumo consciente, comércio justo e muitos outros. Esse é o novo ritmo advindo justamente dos excessos vivido nas últimas décadas pelo vitorioso sistema de produção e consumo vigente.

ÂNCORA CULTURAL

É comum ouvir, quando levanto o tema da cultura como sendo um importante aspecto a ser considerado para a elaboração de estratégias para o comércio global, dúvidas sobre a real importância da cultura nesse segmento. Muitos acreditam que os aspectos culturais não sejam relevantes, entretanto, têm função fundamental porque é por meio deles, em seus usos cotidianos, que se definirão padrões de consumo de um ou outro mercado. É claro que, para discorrermos sobre todas as implicações da cultura sobre o comércio global, precisaríamos de um outro livro inteiro somente sobre esse tema.

Mas nos limitaremos ao que é relevante para este capítulo: produtos carregam cultura de seus países de origem? Sim! Não só dos países onde nasceram, mas também podem surfar em temas e valores que são considerados universais.

Uma maneira de orientar o pensamento de quem faz a gestão internacional é lidar com a expressão "ancoragem cultural". Isso significa que há produtos ou famílias de produtos que têm importância maior no que se refere a valores, restrições, preferências, crenças e atitudes. Um conjunto robusto disso significa que em um país, região ou mesmo cidade, consumidores observarão e tomarão decisões com base em algum tipo de julgamento, que pode não ter nada a ver com as especificações técnicas e de uso do produto em si. Obviamente, isso variará muito de país para país, mas é preciso estar atento.

A relevância dos aspectos culturais na gestão de produtos começa pelo grau de industrialização, ou seja, quanto mais básico for o item a ser negociado, menor a ancoragem cultural. Disso, o melhor exemplo são as *commodities* minerais, afinal, ninguém dúvida de que na compra ou na venda de minérios de ferro e itens semelhantes ainda haja pessoas que se importem com os valores da empresa ou do país de origem ou de destino. Com todo o respeito ao setor, não creio que o minério de ferro brasileiro será escrutinado, considerado e avaliado da mesma forma que um item de moda praia ou uma rapadura, porque estes são produtos que vão diretamente para as mãos do consumidor carregando uma carga de história que deverá ser contada por meio da embalagem, do hábito consolidado de consumo ou de informações transmitidas por outros meios.

O auge do atual ciclo de globalização se revelou por meio de um erro de percepção. Espalhou-se a ideia de que o espírito de livre circulação de pessoas dos anos 1990, aliado ao cada vez mais intenso fluxo comercial entre os países e apoiado pela comunicação instantânea, estava criando uma nova era de integração mundial. Um novo tempo em que as diferenças naturais entre povos tenderiam a sofrer um achatamento.

Durante esses anos, tomei o risco de avaliar esse movimento como de continuada convergência quanto aos gostos, comportamentos e preferências. Uma simples, mas concreta, reflexão vem das experiências vividas por um profissional que atuava na linha de frente do comércio mundial. Nos primeiros anos da década de 2000, eu me deslocava pelo mundo e, dependendo do local onde me encontrasse, poderia não afirmar em que país estava. Hotéis, aeroportos, shoppings, TV por assinatura, restaurantes, salas de reunião e comportamento dos executivos, tudo estava convergindo rapidamente para uma padronização e renunciando a traços particulares em função de algo bem maior.

Mas o processo de globalização não se deu apenas entre as os indivíduos. Também os produtos foram induzidos para esse caminho, mas para estes houve desafios maiores. O refrigerante mais conhecido do mundo, com a mesma marca, a mesma cor e o mesmo formato, tem sabores sutilmente diferentes pelo mundo. Assim como cadeias de alimentação *fast food*, que, apesar de comercializarem os mesmos produtos em todas as partes, tinham de adequar seus produtos para melhor atender aos desejos do consumidor específico daquela região ou país. Note que é justamente no esforço imenso de buscar uma padronização dos produtos que surge a necessidade de compreender as sutilezas locais. Lembra-se da frase "pense global e aja local"? É aqui que ela se materializa.

Questionado se esses produtos, mesmo que modificados para melhor adequação aos mercados específicos, se tratavam de itens globais, sempre defendi que não. As marcas sim, se tornaram mundiais, mas os produtos não. Mas então surge a pergunta: haveria um grupo de produtos efetivamente globais?

A resposta me surgiu em um *duty free shop* de um aeroporto qualquer em algum país por onde eu andava a fazer negócios (nesse ambiente específico, é praticamente impossível determinar em que país você se encontra). Observei que os perfumes oferecidos eram os mesmos que qualquer passageiro encontraria em outros aeroportos mundo afora. O padrão *duty free* passou a simbolizar, nas minhas análises, o produto global. Roupas, cosméticos, bebidas, acessórios de moda e eletrônicos, todos preparados e oferecidos em uma linguagem única de embalagem (e funcionalidades) para cidadãos com as mesmas necessidades a serem satisfeitas. As lojinhas de aeroporto se transformaram em uma versão reduzida e *clean* da globalização que deu certo, mas essa afirmação não fica de pé além da porta de saída desses espaços de compra. O mundo continua sendo diverso.

Ainda nessa linha temporal, os atentados às torres gêmeas nos Estados Unidos, em 2001, e as manifestações de 2003 em oposição às ações de diversos países contra o Iraque (indicado como o centro propagador do terror à época) chegaram muito perto de minhas rotas como *trader*. Fui vítima da desconfiança — justificada — por parte de policiais norte-americanos apenas três meses depois do 11 de Setembro. Embarcar em voos comerciais dentro do território norte-americano era um desafio permanente à paciência e exigia compreensão diante de uma sociedade profundamente traumatizada e de um mundo perplexo diante de fatos tão marcantes. Dois anos depois, estava nas ruas de Paris vendo os protestos contra a invasão ao Iraque, capitaneada pelos Estados Unidos e apoiada pelos países da coalizão que foi criada para organizar a força tarefa em combate ao terror (como se isso fosse possível de maneira tão imediata). A padronização cultural mostrava uma rachadura impossível de ser disfarçada, e era através dela que fluía uma maneira esperta de fazer negócios internacionais. Tempos de ouvir, perceber, compreender e fazer ajustes culturais. Não só no produto, mas na postura e nas atitudes diante do mercado.

Alguém disse, no total entusiasmo causado pelos efeitos mais positivos e perceptíveis da globalização, que os muros que separavam países haviam caído. Não! Acredito que eles só ficaram mais baixos a ponto de cada um poder olhar por cima, contemplar o que há do outro lado e constatar que ainda somos diferentes, e isso conta muito.

LIÇÕES DA VIDA REAL: EMBALAGENS BEM ACOMODADAS

O caso

Uma das tarefas mais complexas que tive no mundo da exportação foi vender produtos químicos para clientes alemães. O desafio não estava no nível de exigência, adequação de produtos ou algo assim. O problema era a presença de dois concorrentes locais. Muita negociação, trabalhos prévios à minha gestão (bem executados) e fatores de mercado favoráveis fizeram com que a concorrência entre brasileiros e os fabricantes locais se tornasse acirrada.

Na ansiedade de buscar o maior nível de competitividade possível, tratávamos de otimizar o que estivesse ao nosso alcance.

O transporte de produtos químicos pode ser caro e sensível — dependendo de diversos fatores técnicos. Se há algum risco envolvido, isso é automaticamente transformado em custo que impacta o frete internacional de maneira direta. Assim acontecia com minhas operações.

Criatividade acima de tudo

Qualquer manual básico de logística recomenda que a carga tenha o melhor aproveitamento de espaço útil no momento do transporte. Em poucas palavras: o contêiner não deve seguir viagem com espaço sobrando. O produto sob minha responsabilidade era embalado em tambores, e a estufagem (ato de carregar) do contêiner já contava com trabalhos extras de manuseio, uma vez que os tambores de 85kg eram acomodados sem uso de pallets (fica aqui registrado meu agradecimento a todos os que trabalharam tão duramente nessa pesada operação). A primeira fileira de tambores era relativamente fácil de ser embarcada. O desafio começava para valer na hora de montar a segunda camada vertical. Isso feito, ainda sobravam uns bons 60cm ou 70cm livres na parte superior do contêiner. E por que não usar esse espaço para preencher com mais carga? Bom para todos! E de fato ali entravam mais uns tantos tambores, só que deitados. Assim foi feito, e os embarques se seguiram por meses, até que um dia recebi um telefonema da equipe de aduana do lado alemão (eu fazia questão de exportar na base DDP — Delivery Duty Paid, incoterm no qual o exportador se responsabiliza pela entrega da carga na porta do comprado — com tudo pago!) informando que um contêiner havia sido selecionado para inspeção. Era algo relativamente comum naquela realidade de produtos químicos, e achei que se tratava de um procedimento de rotina; de tempos em tempos, cargas são selecionadas para checagens diversas. Engano! O que aconteceu na sequência rendeu muita dor de cabeça. O que eu não sabia — e tampouco a equipe de logística que trabalhava comigo — era que uma eventual terceira camada de tambores não podia estar na posição horizontal. Isso era válido para a natureza daquela carga e estava claramente contra o

Código Marítimo Internacional para Cargas Perigosas, que é a norma vigente para transporte marítimo de cargas perigosas.

Reconhecemos o erro, aleguei total falta de conhecimento do tema, aceitamos a bronca e nos comprometemos a não mais repetir aquilo. Em questão de horas, o pesado custo do frete internacional, que ocupa lugar de destaque na precificação, puxou para cima os custos envolvidos e empurrou para baixo os resultados da operação.

A solução inicial

Era uma equação simples. No final do dia, deveríamos transportar mais produto dentro do mesmo contêiner. Se não era possível mexer no tamanho do contêiner (já eram usados os high cubic — que são mais altos), então vamos mexer na dimensão dos tambores. Fácil. De 85kg, passaram para cerca de 100kg a 105kg e ganharam alguns centímetros de altura. A estufagem era feita com as duas fileiras, e o espaço útil na parte superior era mínimo. Tudo parecia resolvido. Só parecia.

A solução do caso (final quase feliz)

A União Europeia é conhecida por seus rigorosos padrões de proteção à saúde dos trabalhadores em geral. A criativa saída encontrada (aumentar o tamanho do tambor) esbarrou na etapa seguinte do processo, ou seja, no manuseio depois de desembarcada a carga. Não só no ato de retirar tudo do contêiner, mas também nas atividades dentro das fábricas. O novo tambor era grande, pesado e muito difícil de ser manuseado. Diante dos protestos generalizados de clientes, não houve alternativa senão voltar ao modelo anterior e assumir o impacto de custo de frete.

3
Defina sua estratégia

O que veremos aqui?

Em uma visão aprofundada de futuro, o sucesso passará pelo conhecimento e uso de algo que já existe hoje e que está à disposição de qualquer um. Diante de tempos desafiadores e instáveis, quais as diferenças entre atuar de forma planejada ou reagir diante das situações?

O comércio internacional não deve ser encarado como sendo uma guerra, no sentido mais amplo da palavra, mas invariavelmente conduzirá aqueles que dele fazem parte para um cenário repleto de disputas, observações, análises de oponentes, avaliação dos recursos disponíveis e, principalmente, muito trabalho para atingir o objetivo final.

Trabalhar em cima de pontos mais críticos faz com que o tempo — recurso sempre escasso, seja usado de forma produtiva e racional. Para isso, sugeriremos uma maneira simples de elencar o que é mais importante para o sucesso de sua estratégia de ação.

Há diversas palavras no meio empresarial que, por um ou outro motivo, acabaram sendo tão erroneamente utilizadas, que hoje geram mais dúvidas do que direcionamentos específicos. Dentre elas, destaco a "estratégia", que é entendida de diversas formas, mas que, na realidade, se trata puramente de uma visão temporal de posicionamento. Estratégia é se colocar temporalmente em uma perspectiva futura de acontecimentos e tomar determinadas atitudes que possam beneficiar ou reduzir os impactos naturalmente aleatórios do mercado.

Estratégia se refere ao longo prazo, mas não significa que seja rígida ou imutável. Essa é uma percepção que já ficou para trás. Mais incertos os tempos, mais ajustável a estratégia deve ser. Flexibilidade é a palavra de ordem quando da execução de uma estratégia, pois é a capacidade de se ajustar às adversidades e aos problemas que surgem na fase executória do que foi estipulado e firmado. Seria maravilhoso que todas nossas estratégias, quando fossem executadas, surtissem os exatos efeitos que havíamos antes conjecturado ou mesmo tencionado, mas não é assim que se dão as coisas. Na verdade, na execução, que é o próximo e mais natural passo da estratégia, o que existe é a necessidade de ir se adequando à realidade que sempre nos presenteia com desafios não previstos ou então negligenciados.

Sabemos muito bem que o conceito do que significam as expressões "longo" ou "curto prazo" podem variar de pessoa para pessoa e de cultura para cultura; é o ponto de observação que muda essa percepção. Para alguns, são 10 anos, enquanto para outros, 5. Há países onde esse espaço de tempo pode ser ainda mais amplo, chegando a 50 anos, como ocorre com governos e seus planejamentos voltados ao desenvolvimento ou outras áreas. Em um dos mais interessantes casos empresariais, o Grupo Matsushita, responsável pela marca Panasonic, lançou em 1932 uma declaração na qual apresentava um plano de 250 anos![1] Então, para que possamos nos alinhar em relação ao nosso ambiente empresarial e de negócios, deixo a sugestão de pensar em prazos de cinco anos. Se você acredita que isso é demasiado, não há problema. O que realmente importante aqui é a maneira como a estratégia deverá ser pensada e tratada.

Interessante notar que o termo "estratégia" tem em sua origem terminológica o *strátagos*[2] da Grécia Antiga, que era a pessoa responsável por antever os possíveis acontecimentos militares que poderiam acontecer no evento bélico com outras cidades, por isso, para nosso melhor entendimento, sugiro uma abordagem mais simples e mais direta para definir o termo "estratégia" como sendo a capacidade de definir e coordenar ações em diferentes áreas para alcançar um objetivo predeterminado.

É preciso ter em mente que a estratégia é executada por meio de um conjunto de ações e que, por isso, envolve muito trabalho. Antes de essas ações serem pensadas e colocadas em prática, é preciso ter algo maior por trás. Uma estratégia deve nascer de uma percepção mais ampla, ou seja, de uma visão estratégica. Ela apontará para onde a organização quer estar dali a algum tempo. O caminho a ser tomado é que será a estratégia propriamente dita.

---

1   Esse caso curioso pode ser acessado através do link <https://www.panasonic.com/global/corporate/history/chronicle/1932.html>.

2   O termo hoje, em tradução literal, pode ser entendido como General. Dentre os mais famosos, destacam-se os atenienses: Temístocles; Aristides e Alcibíades.

Para que uma estratégia funcione de maneira eficaz, é preciso ter a noção do ponto atual, ou do ponto de partida. Quer dizer, antes de pensar para onde deseja ir, é necessário que você tenha a plena e correta definição de onde você se encontra no momento da formulação da estratégia. Essa é a linha mestra do pensamento estratégico.

Trazer a estratégia para a realidade do mercado internacional pode fazer com que o processo seja bem simples. Veja este exemplo: se hoje a empresa está com todos seus negócios concentrados no Brasil, é possível pensar que sua visão estratégica seja garantir que parte do seu faturamento seja oriundo do mercado externo. Uma estratégia aplicada nesse caso pode indicar que, em cinco anos, pelo menos 20% do faturamento precisam ser oriundos de vendas internacionais e que o foco da expansão será a região do Cone Sul. A estratégia como deve ser: simples, concisa, tangível, objetiva e, preferencialmente, alcançável.

Há décadas nossa economia insiste que só o território nacional é suficiente para garantir o sucesso; que o mercado local se basta. Isso significa uma alta concentração de ovos em uma cesta só. Como as mãos que seguram essa cesta são, infelizmente, inseguras e incapazes de fazer isso de forma eficiente, a cesta cai de tempos em tempos, e todos os ovos se quebram. A queda da cesta no chão são as renitentes crises econômicas que atravessamos ao longo dos anos. E como os negócios estão TODOS concentrados em um único mercado (o local), a possibilidade do desastre está sempre por perto.

Diversificação é a resposta nesse caso. Trabalhar para que uma parte do resultado venha de mercados externos, garantindo receita em moeda forte (uma vez que, na extrema maioria dos casos, as transações com o exterior são feitas em moedas como dólar e euro). As dúvidas sobre qual é o percentual ideal de faturamento em moeda estrangeira a ser perseguido são normais e para o que não existem regras, mas há indicações preconcebidas nesse sentido. Gosto de pensar que pelo menos 25% da receita de uma empresa deve estar vinculada às vendas externas. Isso corresponde a um quarto da entrada de recursos da empresa e é um percentual desafiador para uma boa parte delas, mas não deve causar desânimo. Ao contrário, penso que deva servir como objetivo a ser perseguido ao longo do tempo e que, como mostram as experiências de muitas empresas, será alcançado de forma progressiva. Sinto, mas é muito raro e pouco provável que se registre uma taxa de sucesso em que a organização saia do zero e alcance um percentual como esse que proponho em um curto espaço de tempo. E sei que você deve estar, neste exato momento, se questionando sobre em quanto tempo isso pode acontecer. Não há regras, mas posso assegurar que é um trabalho de anos, e não de meses. Voltaremos ao tema mais adiante.

ESTRATÉGIA GOVERNAMENTAL

Ainda que todos os governos que nosso país teve ao longo de décadas tenham demonstrado vivo interesse no aumento do volume de exportações, nenhum deles foi capaz de estruturar seu próprio trabalho para garantir um mínimo de condições aos empresários.

Tenho usado uma figura de linguagem bem simples para explicar os papéis do governo e dos empresários no desafio de internacionalizar a economia do Brasil. Vejamos: para se alcançar o comércio mundial, precisamos trilhar uma larga estrada, bem sinalizada e bem pavimentada com serviços de apoio espalhados ao longo de sua extensão. Além de providenciar essas condições, é preciso anunciar que a tal estrada existe e estimular que ela seja utilizada, ou de nada nos servirá o esforço, sob o risco de se transformar em um verdadeiro elefante branco. Esse é o papel oficial, o papel que cabe aos governos: prover e manter a estrada. Às empresas cabe dirigir por ela levando seus produtos e serviços. Simples assim. É uma divisão natural de tarefas, mas que não tem acontecido por total falta de planejamento, comunicação e entendimento. Nossas estradas são poucas, as que existem estão em péssimas condições de uso e seguem para destinos que a grande maioria dos empresários nem sabe onde fica. Não existe uma comunicação estimulante e efetiva para usá-las, e são poucos, muito poucos, os que dirigem por elas.

Desde a redemocratização do país, no final dos anos 1980, e até antes, as décadas foram se sucedendo, e, com elas, os governos, de esquerda e direita, e nenhum avanço significativo foi registrado que não fossem apenas escassas diretivas no sentido de manutenção, e não de recriação ou ampliação das estradas que nos levam ao mercado mundial.

Sucessivos governos ao longo das últimas décadas não se fizeram presentes com o que deveriam prover, ou seja, foram incapazes de cuidar da infraestrutura, no mais amplo sentido, que estará diretamente ligada ao esforço da internacionalização. A experiência já nos ensinou que o setor oficial sabe e reconhece a importância da inserção do país na arena global de negócios, mas o que deve ser feito soa trabalhoso, gigantesco e de longuíssimo prazo. Nada compatível com as preocupações eleitoreiras de curto prazo que dominam tudo que está relacionado à máquina pública. Os empresários, por sua vez, não avançam, alegando dificuldades em todos os aspectos possíveis — conforme veremos mais adiante. A síntese a que chego é a de que os dois lados precisam ajustar seu *mindset* com urgência, alinhando-os a uma rota que vá em direção às fronteiras, e não na contramão. Abusando mais uma vez do mesmo sentido figurado, mas que ilustra tão bem o que está sendo dito aqui, a estrada que conduz nosso país ao ambiente global de negócios precisa estar livre, mas também é fundamental que seus usuários estejam dispostos a transitar por ela.

Não pense que governos devem cuidar exclusivamente da infraestrutura para assegurar seu firme compromisso com a internacionalização. Seria muito simplista e bastaria acesso franco a recursos. Não, tudo isso é muito material e, digo, relativamente simples de ser equacionado. Há essência nesse processo também, e ela se traduz, de maneira mais premente, na forma como países buscam acesso a outros mercados. Não que governos saiam exportando produtos através de suas próprias *trading companies*, como já ocorreu no Brasil há décadas; o que ocorre na prática são os acordos comerciais nos quais são discutidos os termos que determinarão o comércio executado pelo meio empresarial. Voltaremos ao assunto um pouco mais à frente.

ESTRATÉGIA EMPRESARIAL

A presença brasileira no exterior é lembrada uma vez por mês quando é noticiado o saldo da balança comercial. Por conta do perfil de nossas vendas, é dado o devido (e merecido) destaque para o agronegócio, e o assunto se encerra aí. Outro momento que gera algum interesse dos órgãos de comunicação é quando o câmbio faz com que a moeda nacional perca valor diante do dólar norte-americano. Um punhado de empresários é entrevistado e repete a mesma história de que agora é um bom momento para vender para o exterior.

Essa mesma história, do começo ao fim, está equivocada porque mencionar somente as vendas de *commodities* empobrece, distorce e afunila o discurso; e câmbio é tratado por muitos como elemento único de competitividade — quando deveria ser apenas mais um dos muitos à disposição de qualquer homem ou mulher de negócios. Essa insistência no discurso pobre e míope compõe o quadro em que surge um país que não tem uma estratégia para seu papel no mundo. Nem mesmo uma visão estratégica que aponte para o longo prazo. Para retratar a situação presente, o que se constata é que o Brasil, dentro de um período histórico, estava na hora certa com o produto certo na mão, ou seja, sua imensa base de matérias-primas de que muita gente precisa aí fora. Impulsionado por uma forte demanda por esses itens, o movimento acontece quase que por vontade alheia. Daí é só surfar nos números cada vez maiores. Obviamente existiu um trabalho bem-feito no país para fazer com que um grupo de *commodities*, no caso os itens ligados ao agronegócio, seja referência mundial e para que a imensa capacidade de extração mineral seja capaz de abastecer tantos países, mas é preciso muito mais do que isso. A indústria e os serviços não podem ficar para trás.

Tenho a percepção de que esse é o país do "ou". Indústria "ou" agronegócio. Mercado interno "ou" mercado externo. Que tal mudarmos a chave para o "e"? Façamos tudo ao mesmo tempo e já! Não há um minuto a perder.

Existem correntes de pensamento bem estruturadas e dignas de todo respeito por sua profundidade intelectual e base conceitual que defendem que o Brasil deve seguir dando foco ao que faz de melhor. Se somos donos de uma estrutura que nos faz referência global no fornecimento de alimentos (a grande maioria sem processamento, é bom lembrar), ótimo. Mas é preciso ter em mente que essa opção de comércio é baseada em fatores que merecem atenção e cuidados especiais. O primeiro deles, e, acredito, mais relevante, é a relação de valor e determinação de preços. Balizadas pelas cotações das bolsas internacionais, as *commodities* são compradas por experientes operadores do mercado, fazendo com que o saudável exercício de negociação praticamente não exista. Se observarmos mais de perto a cadeia do agronegócio, veremos muitos produtores que abastecem cooperativas ou empresas gigantescas que se ocupam das negociações internacionais de fornecimento. Diria que a base do negócio é democrática e o topo se concentra em poucos e poderosos atores que terminam por representar todo um país no meio internacional. Tremenda distorção.

O país é proibido de exportar suas imensas reservas de minérios? Claro que não, mas se apoiar nisso é um erro estratégico dos grandes. A transformação dessas matérias--primas pouparia o país de situações, no mínimo, estranhas, como a ocorrida com a ferrovia Norte-Sul em 2012, que, há quase quarenta anos sendo construída, sofreu inúmeros reveses ao longo dos anos. Mas o mais bizarro aconteceu quando se pararam as obras por falta de trilhos. O que pouca gente sabia à época é que esse item era importado da China, apesar de o Brasil ser um dos maiores produtores de minério de ferro do planeta.[3] Em julho de 2012, a Valec, empresa estatal responsável pelas ferrovias, abriu edital para a importação de cerca de 100 mil toneladas de trilhos para serem usados na obra. Nessa época, o país já arrastava um jejum de 15 anos sem produção local de trilhos; a CSN (Companhia Siderúrgica Nacional) havia desativado seu laminador em 1996. Para quem ainda tem dúvidas sobre a relação de valor agregado em nossa particular forma de pensar, a tonelada do trilho importado custava, em 2012, cerca de US$850. A tonelada do minério de ferro, que mandamos daqui para a China para que lá sejam fabricados os trilhos, custava US$150 somente. Por falta de iniciativa industrial, vendemos matéria-prima barata e compramos produtos finais quase seis vezes mais caros.

LIÇÕES DA VIDA REAL

A voz da experiência: há alguns anos, fui contratado por uma empresa de café para desenhar e executar um plano de expansão internacional. Tradicional no mercado, a empresa operava exclusivamente com café verde (cru) e abastecia essencialmente o mercado nacional. Somente quando o dólar estava favorável é que a empresa procurava trading companies do setor para vender o melhor de sua produção para chegar ao mercado externo. E assim viveu por décadas. Até que a terceira geração entrou em cena trazendo o questionamento e promovendo mudanças. Por que não processar os grãos e oferecer o café já no formato torrado ou moído? Por que não oferecer os cafés mais bem classificados aos mercados que valorizam esses produtos? Por que não assumir o controle da comercialização identificando distribuidores ao redor do mundo, aproximando-se dos consumidores finais? Por que não brindar os clientes no exterior com uma logística que faça com que o produto chegue em sua porta? Por que não desenvolver uma comunicação de produto que valorize a origem brasileira e a qualidade do café nacional? Por que não mudar o status quo?

Todas essas perguntas seguem sem resposta. Meu trabalho durou pouco. Elaborar o plano é somente parte do negócio e é relativamente fácil, mas colocar para funcionar tudo que foi desenhado é outra coisa. Mais do que dúvidas, notei que havia questionamentos repletos de desconfianças. A frase que parecia sempre estar no ar era: "para que devemos fazer isso se sempre fizemos de outra forma?" Eram perguntas tão simples, que algumas vezes minhas respostas pareciam não fazer sentido. Assim como no caso dos trilhos da ferrovia Norte-Sul, o café sai do país na forma mais básica e, muitas vezes, volta processado de algum país industrializado, mas o que mais chama a atenção é vender algo sem beneficiamento, sendo que há muito valor envolvido nisso. Será essa a estratégia correta? Na

---

3 Disponível em: <https://valor.globo.com/brasil/noticia/2012/07/12/valec-publica-edital-para-a-compra-de--97-mil-toneladas-de-trilhos.ghtml>.

verdade, não há certa ou errada, mas aquela que mais se ajusta aos objetivos que foram traçados. Compreendi muito bem o que buscavam e entreguei o melhor que tinha. Os conceitos foram todos desenhados e apresentados, e, aos poucos, as ações iam sendo materializadas, e junto delas, questionamentos, dúvidas, desconfianças e movimentos contrários. O objetivo que o projeto carregava significava uma mudança profunda na estrutura da empresa, desde a produção às finanças. Aos poucos fui sendo apresentado aos profissionais que lidavam com os processos tradicionais. Consultores são dotados de paciência, flexibilidade e uma dose extra de persuasão, e usei todos os recursos que minha posição exigia e que estavam ao meu alcance. Não deu certo. A empolgação inicial foi dando lugar à sensação de que as coisas não progrediam e isso alimentava o desânimo dos crentes e trazia o sorriso de canto de boca dos que "sempre disseram que não daria certo". Como a exportação pode levar meses — em geral, cerca de um ano — para decolar, o tempo potencializa os recursos já consumidos, aumentando o desconforto. O sentimento de imediatismo do Brazilian Business Mindset se apresenta de corpo inteiro em situações como essa. O trabalho de exportação do produto processado foi suspenso, e a empresa seguiu exportando seu café na forma básica, como sempre fez. Nada mudou.

Revivendo o caso anos depois, fica claro que o projeto não andou por conta da combinação entre conflito de gerações (e de pensamentos), incapacidade de executar mudanças necessárias para esse tipo de trabalho e, no fundo, um desejo de manter as coisas no mesmo jeito com que vêm dando certo há décadas. O novo assusta e faz com que se busque a segurança daquilo em que há certeza de que funciona. Mais uma boa iniciativa ficou pelo caminho, e junto com ela, a chance de ver um produto ser comercializado com real agregação de valor.

Um profundo ajuste estratégico deveria acontecer simultaneamente nas duas esferas. No patamar governamental, tudo passa por uma nova postura diante do mundo. Uma atitude de nação que age como comerciante, que cresce para fora, e não para dentro, que mantenha atenção às necessidades de seu mercado local, mas que não despreze seu papel como ator no meio de tantos países ao redor do mundo.

No meio empresarial, a mudança de *mindset* é ainda mais urgente. Além de servir aos seus próprios objetivos, também é a principal força motriz para influenciar o nível governamental, posto que, via de regra, o governo, ou melhor, a atuação estatal só se modifica por meio da pressão ou do posicionamento civil.

O viés internacional dentro do pensamento de negócios brasileiro é formado pela oportunidade, e o fator determinante é o excludente, ou seja, se não deu certo aqui dentro, talvez funcione lá fora (no caso do encolhimento do mercado local). Se o câmbio é favorável, então é mais interessante vender em dólares e contabilizar mais reais no caixa. Trata-se de movimentos esporádicos, moldados por elementos externos e que não se mantêm, porque essas circunstâncias são passageiras e baseadas em ciclos que estão na essência do comportamento econômico. Há algo de errado nesse tipo de comportamento? Não necessariamente. Mas também não há nada de positivo sob o ponto de vista da imagem que se pretende construir no ambiente global de negócios.

No estágio de integração e interdependência em que o mundo se encontra, a maneira como os brasileiros se apresentam é notada como errática, prejudicando a formação de alianças mais duradouras. Imaginemos por um segundo que você, enquanto chefe de família e responsável por fazer as compras do mês, se depare com um fornecedor que, além de ter um dos melhores produtos, ainda o vende muito mais barato do que seus concorrentes. Ótimo, não é mesmo? Agora imagine que esse fornecedor só venda quando lhe pareça melhor, e não de forma contínua. A situação já deixou de ser tão interessante, porque não há como prever a vontade desse fornecedor, e de uma hora para outra ele poderá simplesmente desparecer, o que certamente fará com que você tenha de redefinir seus hábitos de compra, buscando e selecionando novos fornecedores, sendo obrigado a adquirir um produto inferior e, talvez, por um preço muito mais elevado. É exatamente esse o comportamento que brasileiros transmitem para negociadores internacionais.

Inserir um país no jogo dos negócios está intimamente ligado ao significado da internacionalização em si. O pensamento acadêmico é muito claro ao tratar do assunto: internacionalização não pode ser confundida com exportação. A empresa tem que investir em algo que seja considerado produtivo lá fora para ser considerada internacionalizada, seja em uma unidade fabril, seja em um centro de distribuição ou mesmo em um escritório de vendas localizado em qualquer lugar fora do Brasil. Apesar da força dessa linha de pensamento, há autores que defendem que, quando uma empresa tem parte de seu faturamento ligada ao mercado externo, ela já está fazendo parte do processo de internacionalização.

Gosto muito dessa maneira de enxergar as coisas. Até porque, mais uma vez, estamos diante do conflito entre o "ou" e o "e". A relação de venda para o exterior não deve estar em oposição ao investimento produtivo lá fora, pois em muitos casos eles estão ligados de maneira intrínseca. A história mostra e comprova que as vendas externas são o caminho natural para se conhecer o mercado antes da aposta na produção no exterior. Gostaria de conhecer pelo menos uma empresa do seleto clube das internacionalizadas (segundo os conceitos tradicionais) que não tenha usado a experiência gerada pelas exportações como forma de amadurecer sua posição antes do investimento produtivo. Posso dizer até que a internacionalização da produção seja, de certa forma, consequência da exposição internacional do produto que foi manufaturado aqui e vendido no exterior.

Ao analisar o destino de um bem após a produção no exterior, é possível notar que existem duas possibilidades: a venda no mercado próprio local (no país "hospedeiro" do investimento) e as exportações realizadas a partir dali para terceiros países. Difícil acreditar que alguém invista em qualquer país do mundo somente para abastecer essa praça, ignorando as enormes possibilidades que o mundo oferece. A conquista de novos mercados está na raiz desse tipo de decisão, mas se você pensou na China, sou obrigado a concordar.

O EXEMPLO DA CHINA

A análise quantitativa básica dominou as estratégias empresariais por quase trinta anos, e, quando o assunto é números, difícil não lembrar do território chinês. Para desfrutar o volume de negócios em um mercado que superava um bilhão de habitantes, a lógica imposta pelo governo do país asiático apontava para mover a produção para o território chinês, fazer movimentações complexas como *joint ventures* com empresas locais e ser associado do governo chinês em última instância.

Naturalmente, esse processo foi capitaneado por empresas que contavam com condições para realizar um movimento de tamanha envergadura e — acima de tudo — que fossem do interesse da parte chinesa. Esse tipo de jogo não é para pequenos e médios empreendedores, pois a régua é muito mais alta, mas podemos, ainda assim, tirar lições e reflexões.

Diante da expectativa de acessar o maior mercado do mundo, muita gente foi atrás e entrou verdadeiramente, transferindo unidades produtivas para a China e obtendo resultados que devem ser analisados com bastante cuidado e isenção.

A transferência de tecnologia acabou se revelando um ponto de alta preocupação. A moeda de troca é fácil de ser identificada em algum momento da negociação: quer desembarcar na China para vender em um mercado com mais de um bilhão de habitantes? Seja bem-vindo, mas sua presença deve ser acompanhada do "como fazer". Fica a pergunta no ar: quanto vale o conhecimento? Transferir conhecimento dessa forma é uma estratégia adequada?

Um fator que me parece mais ajustado à realidade empresarial ampla é se o deslocamento do movimento produtivo em direção à Ásia significou um esvaziamento proporcional em outras regiões. A altíssima concentração de produção em um único país representa algum tipo de risco? Se você ler essa pergunta ainda na esteira do furacão Covid-19, a resposta deverá ser sim. Ainda veremos desdobramentos de tudo o que aconteceu em 2020 e como isso ajudará empresas do mundo inteiro ao longo dos anos.

Embora eu seja um devoto da exportação, não viro as costas para as diferentes maneiras de avançar por meio de novos formatos. Se existe algum interesse em trabalhar os mercados externos além das vendas a partir do Brasil, fica a seguir o caminho que é citado em toda a literatura especializada.

- *Primeiro você vende* — Esse é o modelo de saída, ou seja, são as exportações a partir do país de fabricação do bem.
- *Você vende e também distribui* — Além de exportar, você organiza a distribuição no exterior (por meio de investimento próprio ou de parcerias locais).
- *Você produz lá fora* — A produção se move para o exterior.
- *Alguém produz para você ou em seu nome* — Um ou mais parceiros no exterior tem tanto interesse no seu produto e/ou marca, que se cria o desejo de bancar a produção local e lhe pagar por isso.

Essa sequência é obrigatória? Não é, mas ela representa a lógica na evolução das ações e a resposta do mercado. Importante dizer que não há escolha mais certa do que a outra. Ninguém é obrigado a avançar nesse raciocínio, caso não deseje. É uma decisão da empresa e deve refletir suas opções estratégicas.

O modelo consagrado de internacionalização via investimentos produtivos traz desafios. Existe um altíssimo coeficiente de complexidade na manutenção da cadeia produtiva no exterior devido à obrigação de ser envolvido com uma longa lista de atores, leis, normas e procedimentos locais. É preciso encarar um caminhão de diferenças: cultura local, legislações, padrões contábeis, tributos, padrões de comportamento corporativo e muito mais. Ao mesmo tempo, a exportação a partir do Brasil — quando feita de forma profissional —, inspira os mesmos cuidados, dependendo da maneira como será conduzida pelo exportador. Para quem vende em condições sofisticadas de entrega, usando e abusando das logísticas integradas a fim de brindar o importador com serviços, além do próprio produto, a responsabilidade é igualmente grande.

É possível notar um certo entusiasmo com o fato de transferir a produção para o exterior, seja na forma de começar uma fábrica do zero (*green field*), seja por meio de arranjos de cooperação (*joint ventures*) para organizar a produção localmente. Apesar de reconhecer esse movimento como ousado, e que prova maturidade e disposição para avançar no tabuleiro, levanto dúvidas sobre o momento de colocar isso em prática.

Há poucos dias, acompanhava uma palestra de um empreendedor do setor de cosméticos. A empresa alcançou projeção internacional em tempo recorde — cerca de seis anos — e consumidores de quarenta países já podiam comprar os produtos fabricados aqui no Brasil. A certa altura, o empresário mencionou que estava se preparando para produzir no exterior — mais especificamente, no Oriente Médio. Essa é a estratégia adotada pela empresa, e é possível aprender com ela. Não temos acesso a todos os fatores que direcionaram o empresário a desenhar essa estratégia, mas é possível pensar em atendimento mais rápido, fatores de produção mais competitivos ou mesmo a imagem que será transmitida ao mercado. Ainda que louvável e digna de admiração, a empreitada é repleta de desafios. Não é para qualquer um.

Esse exemplo remete a uma discussão que tive várias vezes em sala de aula. Deixando de lado o rigor da definição sobre o que é ser internacionalizado ou não, apresento três empresas com trajetórias diferentes. Todas são nacionais e atuam em seus segmentos há muitos anos. Como são representativas de seus setores, não mencionarei a linha de produtos que fabricam, para evitar que sejam facilmente identificadas.

A primeira empresa faz parte da cadeia do plástico e optou pelo mercado internacional ainda nos anos 1980. Apesar de fazer operações de exportação, houve o movimento de instalação de fábricas em outros países. Considerando as exportações a partir do Brasil, e desses países, os produtos chegam a um total de quarenta destinos.

O segundo exemplo é do setor alimentício. A empresa processa o item no Brasil e também optou pelos mercados estrangeiros ainda nos anos 1970. Com um forte apelo de marketing, o produto é comercializado em cerca de sessenta países, sempre com embarques a partir do Brasil. Não há qualquer operação no exterior. Tudo é feito daqui.

A terceira empresa atua na área de utilidades domésticas, tem a produção totalmente concentrada no Brasil e mantém diversos centros de distribuição no exterior. Apesar de esses locais somente garantirem a capilaridade e o pronto atendimento no mercado onde estão instalados, a empresa consegue chegar a quase cem países de maneira regular.

A pergunta que faço e que sempre gera longas discussões é: qual delas é a mais internacionalizada? A que encara os desafios de estender o processo produtivo para outros países? A que encara o complicadíssimo ambiente de negócios brasileiro e consegue se manter no mercado internacional de maneira constante? Ou a que mantém a produção aqui e investe pesado na distribuição no exterior?

Se o olhar recair sobre a quantidade de mercados alcançados, não há dúvida de que a resposta será a empresa número três. Note que ela fez algum tipo de investimento no exterior, que fosse menos complexo que um processo de manufatura, mas que também envolve responsabilidade de contratação de serviços, algum tipo de remuneração, entre outros.

PLANEJAR OU REAGIR?

Todo o mundo já estudou ou ouviu falar que é melhor prevenir do que remediar. É uma frase comum no dia a dia de qualquer pessoa, mas, trazendo-a para o mundo dos negócios, significa que é melhor planejar do que reagir, certo? Nem sempre.

Planejar significa olhar para a frente e buscar um futuro que seja alcançável para seu negócio. Não é um exercício dos mais simples, basicamente porque há vários futuros possíveis, e ainda que não seja possível prevê-los, podem-se criar cenários com diversos níveis de probabilidades. Gosto de pensar que o conhecimento do passado e a consciência do presente contribuem para visualizações de futuros. Entretanto, em momentos de crise ou rupturas paradigmáticas como as que vemos hoje, tudo isso vai por terra, e para quem vive no Brasil, esse tempo de incertezas e instabilidades se traduz em uma estranha sensação de sufocamento e ansiedade.

Como este sempre foi apontado como o país do futuro, a gente acaba se perguntando quando o futuro chegará.

Prever ou se antecipar em relação ao futuro pode ser uma ótima alternativa para desenhar uma estratégia e dedicar tempo à sua implantação, mas será que a estratégia baseada na reação, sem planejamento, pode dar certo? Pode sim.

Cenários diversos e adversos

Vamos direto ao ponto. O Brasil, incluindo governo, empresas e empresários, não se planejou para uma inserção internacional robusta. O país negligencia o mercado global há décadas, e não será possível reverter tanto atraso em tão pouco tempo. Como a crise de 2020 chegou de supetão, sem aviso, um dos poucos caminhos possíveis é a reação.

Algumas pessoas se tornam mais criativas quando colocadas sob extrema pressão ou diante de eventos perturbadores e frustrantes. É como se um mecanismo interno começasse a funcionar e o módulo "reaja" fosse acionado.

Vamos nos ater um pouco sobre esse módulo reativo, ou primitivo. Sabe-se desde sempre que não se deve acuar um bicho selvagem, porque, quando ele é acuado, sem perspectiva de conseguir escapar, é capaz de adquirir uma força e uma alta dose de agressividade. Isso é comum em toda a natureza, e não apenas na vida selvagem, porque é o mecanismo de defesa instintivo fugir da morte. É por esse mesmo motivo que é tão comum nos depararmos com histórias de grandes empresários que começaram suas carreiras não apenas do nada, mas do completo e absoluto fim do poço, porque, quando não há escape, quando não há rota de fuga que seja viável, só resta o combate até o fim ou a reação instantânea.

Gosto muito de lembrar um episódio real da vida de Júlio César, formalmente o último ditador da república romana, em sua guerra civil contra o general Pompeu, pois demonstra o tipo de raciocínio que estou pregando. Pompeu estava com um exército superior em número de três para um para soldados a pé, e sete para um para a cavalaria. Ele perseguia César pelas terras áridas da Grécia por dias, e sempre se recusava a oferecer uma batalha decisiva, isso porque seu exército estava bem abastecido de forragem para os animais, comida e água para os homens, enquanto o exército de César passava fome a ponto de comerem os animais de carga.

A certa altura, pressionado pelo Senado, o general Pompeu decidiu finalmente oferecer uma batalha decisiva, com emprego de todas as forças. César rapidamente aceitou o combate, igualmente dispondo nos campos de Paleofarsália a totalidade de suas forças, e quando perguntado por um de seus capitães se seria sensato aceitar a batalha contra um exército maior, mais bem alimentado e mais descansado, César respondeu: "Ora, esse é exatamente o melhor momento para aceitar uma batalha decisiva. Para meus homens, é vencer ou morrer, não há outra alternativa. Já os homens de Pompeu, bom, esses têm outras opções." A batalha que se seguiu até hoje consta nos manuais bélicos e significou uma das mais surpreendentes vitórias de Júlio César, e é essa a base do raciocínio ao qual me refiro.

Basear a estratégia internacional na reação demandará uma imensa capacidade de desprendimento em relação a conceitos consagrados. Competências terão de ser rapidamente aprendidas, ao mesmo tempo que habilidades de profissionais serão colocadas à prova. Um tempo de exceção exige homens e mulheres excepcionais.

Um exemplo, ainda que simples, foi notado durante os primeiros tempos da crise de 2020, quando o vírus começou a causar os terremotos na economia mundial. Em questão de semanas, o álcool em gel desapareceu das prateleiras. Houve um momento de incerteza por parte dos fabricantes, com falta de embalagem e matérias-primas. Empresas do setor químico converteram linhas de produção a fim de disponibilizar álcool em gel em poucos dias. Como o fenômeno não era só no Brasil, criaram-se reais possibilidades de abastecimento internacional a partir do Brasil. Bem, isso em teoria. Na prática, o que se viu foi muita empolgação pelo lado empresarial, mas pouca efetivação. Não custa lembrar que, na exportação, não basta ter um produto na mão e uma ideia na cabeça. Para começar, é preciso ter clientes, logística, finanças e mais um monte de outras coisas prontas para funcionar. Esse é o desafio maior da estratégia baseada na reação e não no planejamento quando aplicada à expansão internacional.

Outro caso ilustrativo é o da Boeing, gigante do setor aéreo que voou durante quase trinta anos nos céus azuis do transporte de longa distância com a maior aeronave de passageiros até então construída: o modelo 747, também conhecido como Jumbo. O avião começou a operar em 1970 e dominou os ares durante as décadas de 1970, 1980 e 1990.

A nova rival de peso, Airbus (depois de anos de briga acirrada com a Mcdonnel Douglas), decidiu entrar na disputa das aeronaves para grandes distâncias. A década de 1990 começou com o anúncio de um projeto mais do que ambicioso: colocar no ar, literalmente, um avião com o dobro da capacidade de um 747! Nascia o "superjumbo" A380, uma fortaleza voadora de dois andares e números superlativos.

Por essa a Boeing não esperava. A gigante norte-americana estava sendo desafiada de forma frontal no terreno que dominava. E ela não havia se planejado para criar uma aeronave ainda maior do que o seu 747. A estratégia foi de reação, e o que se viu foi surpreendente. A Boeing não dobrou a aposta. Nem mesmo tentou igualar. Na verdade, ela reduziu! Enquanto um A380 poderia carregar até 800 passageiros, a aposta da Boeing levaria, no máximo 440. O novo Boeing 787 *Dreamliner* nascia com uma proposta de maior eficiência, economia e conforto.

A jogada da Boeing foi de altíssimo risco, mas conseguiu dividir o mercado, uma vez que os dois aviões alcançavam as mesmas distâncias transcontinentais. A lista de inovações e benefícios anunciados no projeto 787 gerava vantagens imediatas para os clientes da Boeing, ou seja, as companhias aéreas. Se o gigante da Airbus acenava com uma proposta de movimentar mais passageiros de uma vez, a concorrente dizia que faria isso com menos passageiros, mas com mais conforto e economia. A reação da Boeing, ainda que ousada, parecia fazer sentido e dar resultado. Nesse momento, é importante ir para a segunda página. Qualquer estratégia deve ser executada de maneira eficiente.

Para fazer frente a uma ameaça daquela proporção, a Boeing optou por um pacote de inovações. Dos materiais usados na fuselagem à terceirização quase total na fabricação e montagem da aeronave, a empresa norte-americana se movimentou para garantir que seu avião menor teria mais sucesso que o gigante europeu. E foi nesse ponto que os problemas apareceram. O mais crítico estava na decisão arriscada de nomear fabricantes ao redor do mundo para a fabricação de áreas inteiras do avião. Não deu certo. Terceirização internacional radical é algo novo para os padrões da indústria, e surgiram problemas. Atrasos e problemas generalizados de qualidade elevaram os custos e obrigaram a Boeing a postergar o lançamento várias vezes. A coisa ficou tão ruim, que a empresa foi obrigada a comprar alguns fabricantes contratados para impor seu padrão de qualidade e evitar que eles fossem à falência, deixando todo o mundo na mão.

Era um exemplo de estratégia de reação inovadora com implantação falha. Para fechar essa história, vem o pior. Diversos aviões apresentaram defeitos na parte elétrica em pleno voo. Baterias de íons de lítio simplesmente derretiam a 30 mil pés de altitude, e isso não estava no roteiro. Entre os anos de 2012 e 2013, a frota inteira de 787 esteve no chão até que uma solução fosse encontrada. Você nem precisa dizer que seu negócio não se compara ao descrito. Eu sei perfeitamente disso, mas as lições que esse caso nos deixa são fabulosas.

Outra situação que vale a pena mencionar, e de onde tiramos boas lições, é a da Coca Cola na década de 1980. Às vésperas de completar 100 anos, a empresa tomou uma decisão estratégica baseada na reação. A coisa começou uns poucos anos antes, quando a super-rival Pepsi iniciou uma série de testes cegos em que o consumidor era convidado a beber os dois refrigerantes sem saber qual era qual e indicar aquele que mais o agradava.

Os resultados surpreenderam a todos: uma goleada a favor da Pepsi. Para uma empresa tão orgulhosa do seu produto e marca, aquilo era uma derrota e tanto. Era preciso fazer algo, e a estratégia foi baseada na reação a um ataque de grandes proporções. Nunca a Coca havia sido tão desafiada. A saída encontrada foi mexer na sagrada e protegida fórmula original do refrigerante de cor preta. E assim foi feito. No dia 23 de abril de 1985, a Coca Cola anunciava o lançamento da *New Coke*, um produto que em nada lembrava o sabor clássico da primeira versão. Era uma tentativa de se aproximar da Pepsi. Deu tudo errado.

Os consumidores norte-americanos odiaram o produto e protestaram. Menos de seis meses depois, o projeto era deixado de lado, e a Coca assumiu seu erro trazendo de volta a velha e conhecida fórmula.

Não quero transmitir a ideia de que estratégias baseadas na reação sejam mais fracas ou sujeitas a erro do que as planejadas. Até porque existem incontáveis exemplos de sucesso em qualquer situação, mas é preciso saber que, para funcionarem, é preciso sim, como César em Farsália, ter um exército experiente e ter uma boa liderança.

UM MODELO QUE PODE SER ÚTIL NO DESENHO DA ESTRATÉGIA

Entre os anos 1996 e 2000, fui desafiado ao máximo em termos de expansão de negócios. Foram os anos dedicados à indústria têxtil, tão dinâmica quanto difícil. Eram tempos complicados devido às pressões dos novos entrantes internacionais, que faziam com que a defasagem da indústria nacional ficasse mais visível.

O mundo estava sendo chacoalhado por turbulências no formato de crises financeiras internacionais como a da Ásia (1997) e da Rússia (1998). O governo Fernando Henrique Cardoso se reelegeu em 1998 usando o discurso de uma suposta blindagem da (ainda) recém-nascida moeda que havia tirado o país de anos de inflação. O câmbio estava controlado na forma de teto e piso. Vale sempre lembrar que sua estratégia funcionou, mas, em janeiro do ano seguinte, os balizadores que seguravam o câmbio foram retirados, e a moeda norte-americana passou a flutuar livremente. Em menos de trinta dias, o dólar sai de R$1,20 e vai a R$1,98. Em mais alguns dias, chegaria a R$2,10. Imagine o impacto nas contas de quem estava com suas importações em alto mar. Quem não se lembra de cargas sendo abandonadas nos portos por incapacidade de pagamento dos impostos e demais custos de importação por parte das empresas brasileiras?

No período de quatro anos, assumi a gestão de exportação de duas empresas do mesmo setor e com perfis similares. Em ambos os casos, eu precisava lidar com algum tipo de trabalho já iniciado. Não era o caso de empresas que estavam na estaca zero de vendas internacionais. Já havia algo em que eu me apoiar e, na prática, isso é bom e ruim ao mesmo tempo. O lado bom é que algumas lições de casa já estão feitas. O ambiente relacionado ao comércio exterior brasileiro, como o ecossistema dos prestadores de serviço funciona, e o ambiente interno, envolvendo diversas áreas, reconhecia as movimentações internacionais, do ponto de vista do financeiro, do marketing, do desenvolvimento de produtos, da qualidade e da logística.

O lado desafiador estava em não mexer no que está funcionando bem e desenvolver algo novo em pouquíssimo tempo. É isso que se espera de um gestor internacional. O que aconteceu vale a pena ser compartilhado.

Corria o ano de 1998, e eu vivia a total frustração em relação às minhas intenções de tentar um avanço em direção a um dos mercados mais desafiadores: a Rússia. Desde o início dos anos 1990, com o fim da União Soviética, eu impunha um desafio a mim mesmo: exportar de maneira regular para a Rússia, e no ano de 1997 eu até havia estabelecido alguns contatos iniciais, mas a crise do rublo jogou tudo por água abaixo. As exportações para outros países seguiam seu ritmo, mas a diretoria queria mais. Havia produto, tecnologia, marca e tradição (local), e era necessário decolar.

Comecei a trabalhar em cima do que eu considerava relevante para que a visão estratégica que eu havia trazido para o projeto fosse colocado em prática. Já que eu contava com uma série de pontos positivos, pareceu-me lógico mensurar se eles estavam calibrados de acordo com minhas necessidades e meus planos. A estratégia deveria mostrar prioridades para que chegássemos em algum ponto. O que eu tinha em mãos? Quais aspectos eram mais críticos para o sucesso do projeto? Havia necessidade de ajuste ou melhoria em algum deles?

Foi com isso em mente que criei uma matriz de criticidade (Figura 3.1) que me ajudasse a pavimentar o trabalho que estava sendo colocado em prática, avaliando de forma ponderada e equilibrada cada item que compunha a execução da estratégia. Eu tinha condições de distribuir o tempo e fazer com que áreas correlatas convergissem para o projeto. A figura a seguir mostra a matriz desenvolvida no final dos anos 1990.

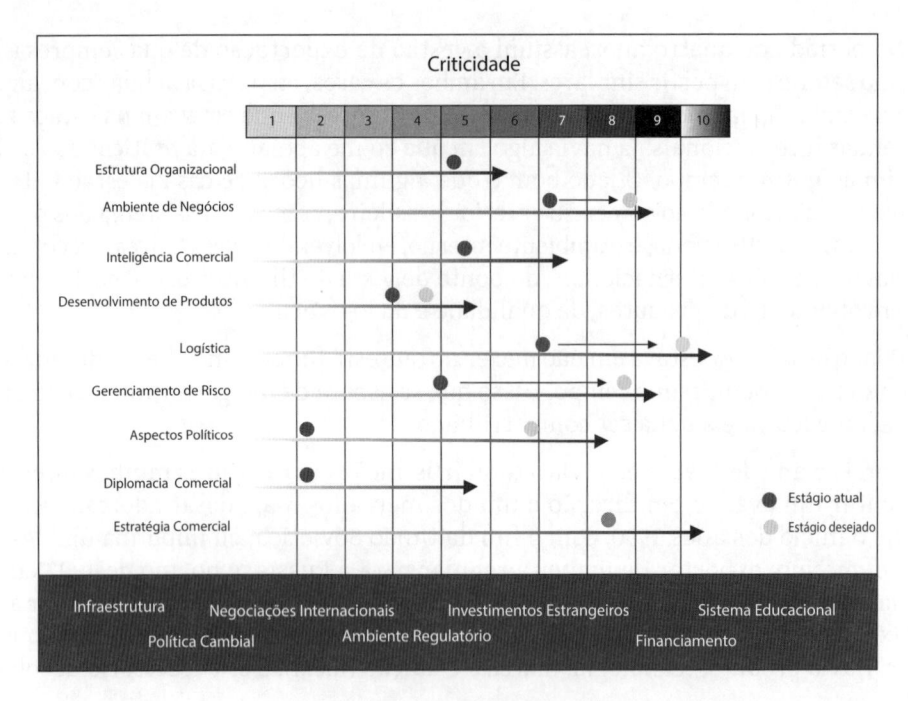

Figura 3.1 — Matriz de criticidade
Elaborada pelo autor.

Do lado esquerdo (Figura 3.2), na forma de coluna, estão os aspectos cruciais para a estratégia. Eles refletiam minhas preocupações da época — e já se vão mais de vinte anos, mas isso não significa que não possam ser criticadas, questionadas e revisadas.

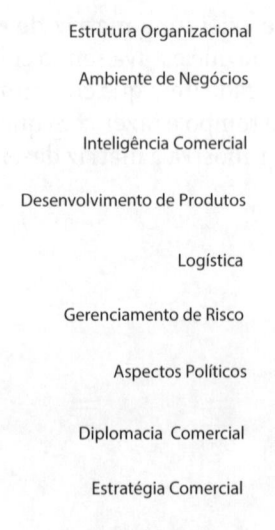

Figura 3.2 — Aspectos críticos para a estratégia
Elaborada pelo autor.

Houve um esforço no sentido de isolar o que trazia valor para o negócio internacional partindo do ambiente interno da própria empresa e chegando às franjas do Governo Federal. Essa lista não esgota o que pode ser avaliado em uma matriz desse tipo, mas me arrisco a dizer que ela engloba a maioria dos pontos de atenção aos quais um gestor deve atentar.

Avançando sobre a graduação de criticidade, que varia de 1 a 10, aparece uma seta que mostra o quanto aquele item é relevante para o negócio (Figura 3.3). Aqui está um ponto de muita atenção. O responsável pela expansão internacional deve ter consciência de que quase tudo é importante, mas dependendo do produto, segmento de atuação e perfil da empresa, algo será mais relevante e merecerá mais atenção. É uma questão de capacidade de dosagem na hora de ministrar o remédio, e da mesma maneira que um médico faz, é preciso se atentar e tomar muito cuidado na hora de fazer o diagnóstico, porque é ele quem indicará a posologia da ação a ser adotada.

Criticidade

	1	2	3	4	5	6	7	8	9	10
Estrutura Organizacional					●	→				
Ambiente de Negócios							●	→	○	

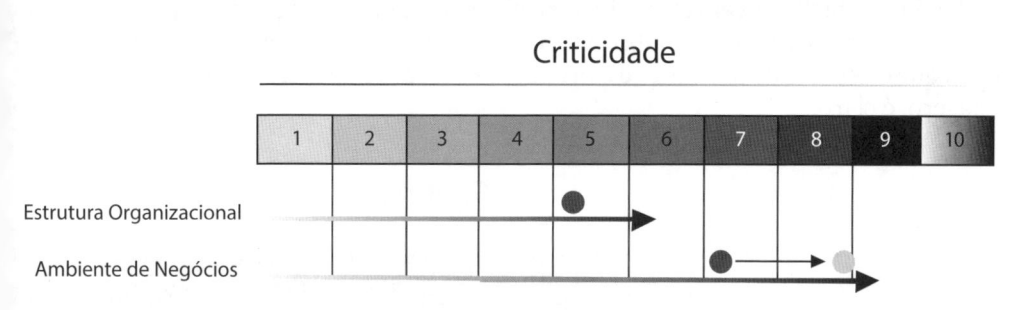

Figura 3.3 — Níveis de criticidade
Elaborada pelo autor.

Acima de cada seta, há duas esferas. A mais escura mostra o momento da empresa no que se refere àquele aspecto, enquanto a esfera mais clara mostra o estágio desejável, que, se não for de excelência, seja próximo a isso. Entre as duas esferas está uma seta que representa a intensidade e a velocidade das ações. Quanto maior a seta, mais necessário é perseguir aquele aperfeiçoamento.

Na parte inferior da figura está o "chão" (Figura 3.4), a base que suporta todo o trabalho da parte de cima, que é dever da empresa e de ninguém mais. Por outro lado, o alicerce representado logo abaixo das setas é dever absoluto do Estado e apenas dele.

Infraestrutura	Negociações Internacionais	Investimentos Estrangeiros	Sistema Educacional
Política Cambial	Ambiente Regulatório		Financiamento

Figura 3.4 — A base do trabalho que é dever do governo
Elaborada pelo autor.

ENTENDENDO OS ASPECTOS CRÍTICOS

Estrutura organizacional — começo sempre o raciocínio olhando os talentos profissionais que estão no time. Os negócios internacionais exigem um trabalho intenso e que não raro envolve quase toda a organização.

A compreensão e a flexibilidade compõem a base do relacionamento entre os executivos da área internacional e os outros profissionais.

Diferenças na produção, expedição, compras, custeio, finanças, controle de qualidade, P&D e marketing aparecem rapidamente. Demandas que nascem do ambiente de negócios global podem parecer tolas (se não forem devidamente explicadas e incorporadas à rotina da organização), complicadas, contraproducentes e desnecessárias. Fica desde já a dica para todo e qualquer gestor de mercado internacional: seja um hábil negociador.

Será mais fácil convencer um inflexível comprador estrangeiro do que persuadir alguns colegas brasileiros. Lembro-me da frase que muito ouvi ao longo dos anos que dizia que o gerente de produção é o predador natural do gerente de exportação. Será? Exagero, é claro.

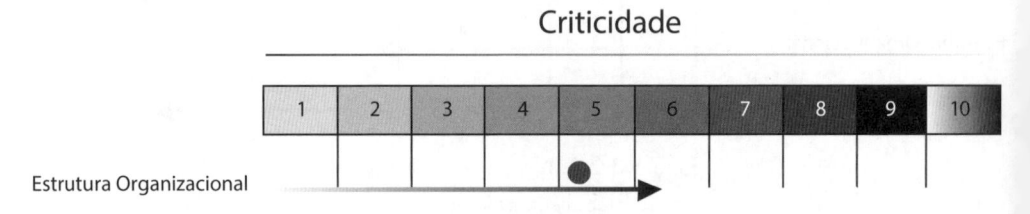

Figura 3.5 — Estrutura organizacional
Elaborada pelo autor.

No exemplo apresentado (Figura 3.5), note que classifiquei esse item como sendo de grau 6 (de um total de 10), e essa não superestimação do item foi feita tomando-se por base a estrutura da empresa, o segmento ao qual pertence, a cultura organizacional e o dinamismo produtivo e de abastecimento. Mas não significa que pudesse ser negligenciada ou não coubesse algum ponto de melhoria. Note que começo a matriz sem indicar uma necessidade de melhoria. Marquei a bolinha escura, mas não indiquei a mais clara, já que meu diagnóstico foi o de que a situação estava sob controle e eu deveria dedicar tempo e esforço a outros temas.

Não consigo me lembrar de todas as discussões sobre papéis a serem desempenhados nas estruturas organizacionais na quais estive envolvido ao longo dos últimos trinta anos, mas de uma maneira geral, posso dizer que, para explicar a alguns membros de meu time sua importância, passei a usar uma figura simples, mas rica em interpretações e que se encaixa na realidade da maior parte dos negócios. Várias vezes entreguei a imagem a seguir (Figura 3.6) — em que se vê uma carruagem com um condutor, cavalos e dois homens atirando na parte de trás.

Pedia para que o profissional indicasse quem ele era no desenho e, se possível, quem eram as outras partes da ilustração e quem se encaixava em cada uma. É um exercício curioso porque as respostas variam muito de pessoa para pessoa. A minha interpretação passa pelo papel dos cavalos, a quem atribuo a tarefa da área comercial. Afinal, é ela quem gera o movimento da composição.

O condutor, logo acima dos cavalos e com as rédeas nas mãos, é o gestor. A carruagem em si é a empresa como um todo. As rodas são todas as áreas ligadas à logística da empresa, e os dois homens na retaguarda, que têm o trabalho de proteger a todos, podem ser a representação de áreas como P&D (sempre trabalhando para garantir que os produtos estejam afinados com o mercado e um passo à frente da concorrência) e marketing, finanças ou qualquer outra que, com sua excelência, ajude o projeto no sentido de evitar a aproximação do "inimigo". Essa é somente uma das muitas interpretações possíveis. Tenho certeza que você elaborará algo diferente.

Figura 3.6 — O papel de cada um
Fonte: canstockphoto.[4]

Ambiente de negócios

A melhor definição que conheço para identificar o ambiente de negócios é que este seja o somatório de tudo aquilo que pode afetar a qualidade dos negócios que serão realizados e sobre os quais não tenho controle.

A matriz apresentada aqui é real e foi feita entre os anos de 1999 e 2000. O que está ali reflete a realidade do momento, direcionado para o segmento de revestimentos têxteis para o solo. A configuração do ambiente de negócios passava por questões estruturais, como papel da concorrência (brasileira — no destino internacional), estrutura tributária, aspectos culturais, tecnologias envolvidas, economia e mais alguns. Nunca havia me passado pela cabeça que exportar tapetes e carpetes fosse tão complexo. Não tive qualquer dúvida em dar quase nota máxima a esse tópico (Figura 3.7). Avaliei que a maneira como a empresa se encaixava no ambiente de negócios, como lidava com essa miscelânea toda não estava mal, mas eu precisava de mais para atingir meus objetivos. Note que dei uma nota 7 para o estado de coisas do momento, mas cravei que a melhoria só viria com uma nota 9.

---

4 <https://www.canstockphoto.com.br/cowboy-32502380.html>.

Criticidade

Ambiente de Negócios

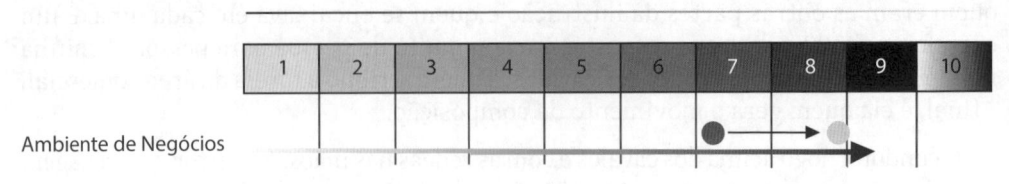

Figura 3.7 — Ambiente de negócios
Elaborada pelo autor.

Inteligência comercial

Gosto de pensar que a melhor definição para inteligência é a capacidade de encontrar soluções criativas, executáveis e razoáveis para problemas que nos afligem. O mercado internacional não é um problema; é uma combinação de desafios que só se tornarão um problema a depender de quem os estiver gerindo ou enfrentando.

A inteligência comercial pode ser sintetizada na capacidade de selecionar, coletar e analisar dados e informações que sirvam de base para futuras tomadas de decisão que contribuirão para alcançar objetivos previamente definidos. Apresentar um conceito é simples, o desafio maior está na transposição para a prática, uma vez que é frequente a dispersão de dados e informação através de diferentes áreas.

Nada pode ser desperdiçado, desde a vivência de um operador de máquina, que trabalhou na concorrência, à observação do CEO que visitou uma feira internacional e depois jantou com um potencial fornecedor. Todas essas impressões, memórias e opiniões têm um valor de altíssima possibilidade de agregação.

Obviamente que isso não retira a importância dos acessos a relatórios de mercado, assinaturas de publicações especializadas, compras de dados e muito mais. Ter um sistema de inteligência funcionando faz com que a tomada de decisão seja mais assertiva, e o que diagnostiquei nesse exemplo (Figura 3.8) foi que o tema era relevante, resultando em uma seta que alcançou a nota 7 em termos de criticidade, e a empresa dispunha de um razoável sistema de inteligência. Cabia melhorias, sem dúvidas, mas entendi que havia outras coisas prioritárias e não incluí a segunda seta nesse caso.

Criticidade

Inteligência Comercial

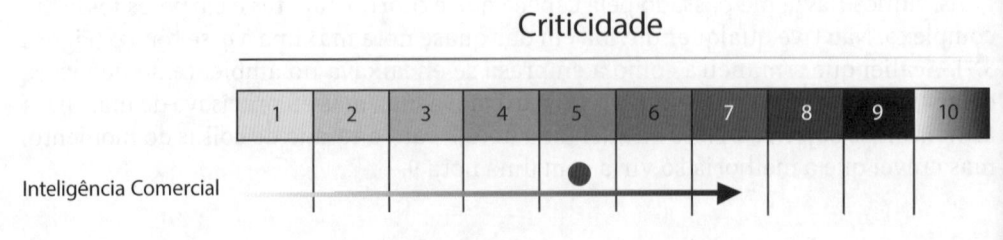

Figura 3.8 — Inteligência comercial
Elaborada pelo autor.

Desenvolvimento de produtos

Um dos momentos de maior ansiedade quando o assunto é a exportação — e trataremos disso a fundo mais à frente — é a necessidade de ter de se mexer em um produto, o que pode gerar inesperadas consequências, tanto as positivas quanto as negativas.

A realidade é que pouca gente gosta de mexer no que já está consagrado e caminhando bem. Por outro lado, o mercado internacional raramente aceita o produto exatamente como ele é produzido e comercializado no país de origem. Não que isso represente uma postura típica, mas é onde fica muito claro para qualquer operador dos negócios globais que realmente somos diferentes, não importa o que se diga em favor das consequências da globalização. Na minha opinião, esse é o pilar principal da estratégia exportadora. No entanto, veja que a indicação de criticidade feita à época foi nota 5. Isso quer dizer que dei menos atenção ao assunto? Ou que ele era menos importante à época? Não.

O que indiquei foi somente o que constatava: a linha de produtos estava bem adequada à proposta que estava à minha frente. Havia trabalho, mas era menos intenso do que outros tópicos. A avaliação da situação e das melhorias a serem alcançadas mostrava que não havia um grande hiato a ponto de pedir ações imediatas.

Criticidade

Desenvolvimento de Produtos

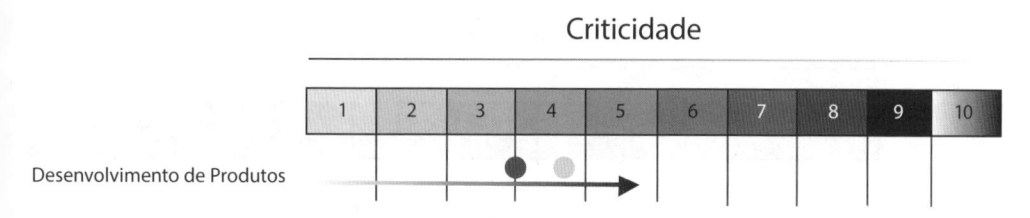

Figura 3.9 — Desenvolvimento de produtos
Elaborada pelo autor.

Logística

A logística é sempre uma pedra angular de qualquer pensamento estratégico, quer seja para suprir o mercado interno, quer seja voltado ao comércio externo. É preciso tratar esse assunto com profundidade e cuidado, pois a logística está para a gestão comercial como o transporte está para o processo de venda, ou seja, ela é mais ampla do que pode parecer e envolve uma gigantesca gama de preparações.

Não se limita aos meios de transporte e vai desde o manuseio na origem até a entrega no cliente. Seja você o responsável ou não, a criticidade é sempre alta. Ao pé da letra, a logística significa todo o sistema responsável por prover recursos e informações para a execução de todas as atividades da empresa. Se aplica a quase tudo.

A origem da palavra remete ao cálculo e ao raciocínio, mas para a proposta deste livro, manteremos o olhar e o alcance da logística sobre as etapas de armazenagem e transporte da mercadoria.

O que trago, apesar de não exaurir o tema, dada sua natural complexidade, é a visão prática de um gestor do mercado. Pessoalmente, gosto de tratar o assunto com um foco claro sobre a entrega internacional. Isso porque no comércio internacional haverá obrigatoriamente uma etapa da negociação que versará sobre quem se responsabiliza pelo trajeto entre a saída da fábrica do exportador e a chegada no destino final.

Desde o início de minha carreira profissional, notei que o conforto tem um peso muito grande na decisão dos compradores internacionais. Dá trabalho comprar algo em outro país e ainda organizar o transporte para trazer a mercadoria; é mais prático se o exportador se ocupar dessa tarefa, e isso pode se configurar como sendo, inclusive, uma forma de desempate em uma situação de disputa. Vantagem competitiva colocada na mesa de negociação. Cada vez mais importadores de todas as partes do mundo optam por adquirir mercadorias em condições nas quais o frete internacional já esteja incluído no preço.

Tão logo notei que isso tinha uma recepção muito positiva entre os importadores, passei a investir tempo e esforço em fazer da logística internacional um poderoso diferencial a meu favor. Por isso a seta de criticidade sobre o tema foi posta no nível 10 (Figura 3.10).

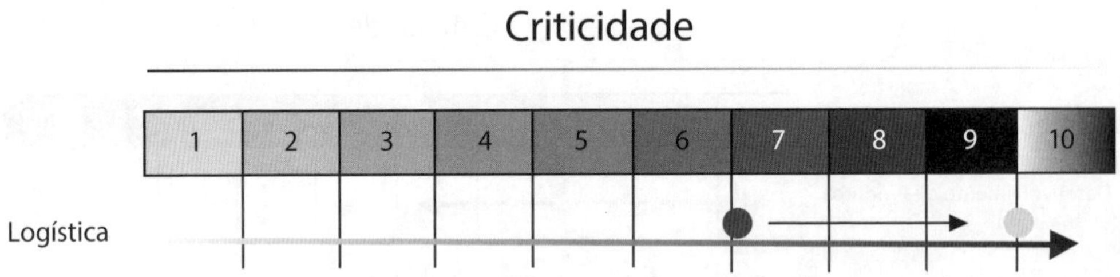

Criticidade

Logística

Figura 3.10 — Logística
Elaborada pelo autor.

Estima-se que mais de 67% das vendas nacionais sejam efetuadas sob a condição de entrega FOB. Quando é aceito o termo CFR ou CIF, não é incomum que os exportadores brasileiros também queiram negociar o frete, o que torna nossos produtos e, principalmente, nosso poder de negociação um fator de fraqueza, e não de força. Por razões diversas, os fretes internacionais negociados com empresas brasileiras — que fazem a intermediação junto aos transportadores (sejam armadores ou companhia aéreas) — ficam mais caros do que negociações similares conduzidas no exterior.

Nessa época, comecei a exportar da base DDP (*Delivery Duty Paid*) para os Estados Unidos. Eu me encarregava de tudo até a chegada no armazém do comprador, literalmente na porta do cliente. O produto já saía com código de barras ajustado para a leitura nas lojas norte-americanas. A embalagem já era carregada no *contêiner*, de modo a sair dele no destino e ir direto para o ponto de venda (se assim o importador quisesse).

Tudo isso gerava um esforço enorme do lado exportador, além de custos e um alto consumo de tempo, mas as despesas eram calculadas e incluídas no preço. Você pode pensar que isso encarecia o produto. De maneira alguma. Muitos desses custos seriam assumidos pelo importador, e o que fiz, na prática, foi assumir essa responsabilidade para oferecer mais serviços ao meu cliente. E funcionou à perfeição. No entanto, fica o alerta de que é preciso ter segurança do que se oferece a fim de que seja traduzido em valor, e não somente na representação numérica e na velha disputa de preços. O sucesso nessa área depende da completa compreensão do que está em jogo!

Fica a poderosa dica válida para o mercado global: mais do que vender um produto, é preciso entregar serviços. No mercado externo, o número de serviços oferecidos — e percebidos — pelos clientes é muito reduzido em relação ao mercado interno. Esse fato decorre das distâncias entre compradores e vendedores e pelo fato de estarmos sempre tratando de países distintos.

Da mesma maneira que adaptações de produto já não são mais percebidas como diferenciais, as condições de entrega também não o são. E quem aposta no modelo "vendo e o comprador que venha buscar" acaba por perder em competitividade. É preciso avançar na responsabilidade (aceitando o peso dos custos) da entrega.

Em países como Estados Unidos e outros tantos localizados na Europa Ocidental, condições como CFR ou CIF perdem competitividade quando comparadas com logísticas integradas como DAP (*Delivery at Place*) e DDP (*Delivery Duty Paid*), que oferecem alto conforto aos importadores. Nessas condições, o exportador assume uma enorme carga de responsabilidade, já que é responsável pela entrega na porta de seu cliente no exterior. Isso significa lidar com operações logísticas, tributos, regras aduaneiras, sistemas de pagamento, contratação de serviços diversos em outros países.

Naturalmente, estamos falando de operações complexas e que envolvem algum custo, mas que são apreciadas no mercado e servem para mostrar o grau de maturidade do fornecedor. Recomenda-se extremo cuidado na avaliação dos destinos a serem privilegiados por essa forma de entrega. Também é necessário que a equipe técnica brasileira seja capacitada para desenvolver essas alternativas logísticas.

GERENCIAMENTO DE RISCO

Assim como a logística, a gestão do risco pode ser amplamente entendida e usada, afinal, as incertezas permeiam todas as etapas do negócio. Através dos anos, tratei de separar as muitas possibilidades de que algo não viesse a sair como planejado ou esperado. Isso é risco. É incerteza. É a chance de que a coisa saia diferente no final.

Mas essa aleatoriedade não é necessariamente ruim. A imprevisibilidade também pode resultar positiva. Nossa tradição de negócios estabelece uma conexão direta entre a palavra incerteza ou risco, com um evento negativo e que trará consequências ruins, quando na verdade, fato é que não há bola de cristal e é impossível prever o futuro. Certo? Certo.

O que é possível é usar todas as ferramentas que estão ao alcance de QUALQUER UM para estimar a possibilidade de que algo possa acontecer de forma distinta ao originalmente imaginado ou projetado. Além das ferramentas, conta muito a capacidade do executivo de lidar com essas situações. A equilibrada combinação entre conhecimento e experiência terá um papel decisivo nesse quesito.

Minha intenção quando coloquei o gerenciamento de risco na matriz era tudo que se relacionava ao pagamento internacional, então isolei de forma proposital essa fatia da gestão de risco porque ela estaria exclusivamente sob minha responsabilidade — bem, nunca é tão exclusiva assim, afinal, há os responsáveis pelas áreas de recebimento e crédito e a própria direção da empresa. No final do dia, o ideal é que decisões mais delicadas sejam tomadas em conjunto.

O que acontece na maior parte dos casos é um conhecimento bastante limitado em relação ao tema, especialmente quando aplicado à realidade internacional, por isso o gestor deve dominar o assunto. O que aparece nessa avaliação é que deixei claro a criticidade do tema, atribuindo quase nota máxima (Figura 3.11), e também o momento em que a empresa se encontrava, ao indicar com a segunda esfera e acrescentar a seta, indiquei a mim mesmo que esse seria um dos maiores desafios naquela gestão. Voltaremos ao assunto em detalhes no Capítulo 5.

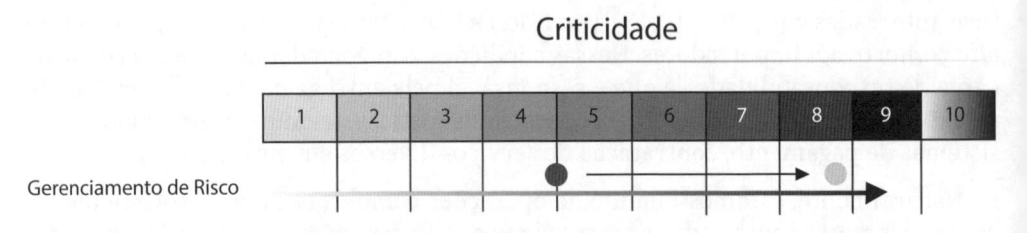

Figura 3.11 — Gerenciamento de risco
Elaborada pelo autor.

ASPECTOS POLÍTICOS

Um de meus maiores desafios ao longo dos anos foi tentar mostrar que a competitividade brasileira no exterior não deve estar ancorada (exclusivamente) na taxa de câmbio. Essa palavra — que tira o sono de tanta gente no Brasil — se traduz em uma realidade palpável e é formada por camadas que vão se superpondo de acordo com as ações do gestor e a disponibilidade dos recursos. Nada deve ser deixado de lado e cada centavo conta. É o meu conceito de competitividade construída.

Governos fazem parte de uma das camadas de maior importância e que é comumente deixada de lado por muitos operadores do mercado. Não, não estou falando da política como estamos todos acostumados a ouvir, ver e conviver. É acima disso, e que deveria ter alguma conexão com o ambiente político nacional como conhecemos. Infelizmente, impera o desinteresse por parte dos empresários e, de igual maneira, da classe política. As razões dessa ausência são profundas e não cabem no dinamismo com que este livro foi idealizado, mas é mais do necessário uma profunda reflexão sobre o assunto, de modo que, em um futuro não muito distante, não precisemos lamentar esse vácuo de iniciativas.

Decisões governamentais afetam a vida das empresas de maneira intensa, podendo causar pesado impacto na estratégia comercial, e isso se observa particularmente na importação. O melhor exemplo — ainda vivo na memória de todos os brasileiros — foi a decisão da abertura econômica do país em 1990. De uma só tacada, o governo desmontou de vez a estratégia de substituição de importações e forçou as empresas nacionais a competir de igual para igual com o mundo. Foi uma decisão de aspecto econômico, mas que deveria ter sido ponderada pelas forças políticas e não o foi; contribuindo para a formação de todo o atual cenário que descrevemos sobre a mentalidade de nosso empresariado.

Na exportação, ocorre o mesmo, mas os efeitos são sentidos de outra maneira. A perda de competitividade pode ser uma consequência da baixa participação do país nas negociações internacionais. Isso se traduz de forma complexa, já que nos força a pensar como importadores. Vejamos:

Cada vez que se exporta um produto, do outro lado há alguém que o importa, e invariavelmente entrará em cena a figura do imposto de importação. Essa tarifa talvez seja a única que pode ser considerada como efetivamente global. Todos os países do mundo têm, na figura desse imposto, um instrumento que serve tanto para regular o fluxo de entrada de mercadorias estrangeiras quanto para contribuir com a arrecadação. O que um operador do mercado global precisa ter em mente é que o imposto de importação existe em todos os mercados e para todos os produtos. Isso é fato. O que varia é o percentual aplicado a cada produto. Em muitos casos, o imposto é zero. Em outros, pode chegar a 100% ou até mais. O Sistema Multilateral de Comércio, estabelecido após a Segunda Guerra Mundial dentro do espírito de alinhamento global e correção de distorções promovidos pelo GATT, previu que qualquer vantagem, favor, imunidade ou preferência oferecida por um país a outro deve ser automaticamente estendido a todos os outros países sem distinção. Está é a chamada Cláusula da Nação Mais Favorecida, claramente mencionada no Artigo I[5] do texto original do GATT de 1947. Se as regras do comércio mundial estipulam tão claramente que não pode haver tratamento preferencial em favor de um ou mais países, qual é a justificativa, função e objetivo dos acordos comerciais bi ou multilaterais? O que parece ser uma contradição, na verdade, é a possibilidade de uma exceção à regra. Os Acordos Regionais de Comércio (ARCs) são as exceções autorizadas pela OMC para que os países-membros daquele acordo possam definir regras mais favoráveis entre si. Ainda que existam inúmeras possibilidades de cooperação e vantagens entre países que optam por se associar, um dos aspectos mais importantes para a dinâmica dos negócios é a vantagem tributária; e aí o imposto de importação ganha importância absoluta.

É sobre esse imposto que os efeitos imediatos dos acordos governamentais recairão. Acordos negociados entre governos tendem a levar esse imposto para baixo; na grande maioria, tendendo a zero. Importadores, dessa forma, perceberão que há mais

---

5 Disponível em: <https://www.fd.unl.pt/docentes_docs/ma/LTF_MA_26142.pdf>. Acesso em: 2 jul. 2021.

vantagens (imaginando que estamos diante de condições iguais de preço e frete) em comprar de países para os quais a incidência tributária seja menor. Por isso, o negociador não pode se limitar a observar os acordos negociados entre o Brasil e o país com o qual se pretende negociar. É preciso também compreender o que se passa entre esse país alvo e o resto do mundo. Parece um trabalho complexo? Sim, é mesmo. Mas necessário para os que atuam buscando excelência nos negócios.

Meu diagnóstico sobre esse aspecto (Figura 3.12) destaca que havia muito a ser estudado para descobrir ganhos de competitividade via acesso a mercados baseados em acordos comerciais. Não encontrei quase nada a esse respeito na empresa. O trabalho estava todo por ser feito. As consultas em si não eram o maior dos problemas; o desafio eram as ações a serem tomadas dali por diante. Ainda que de extrema relevância, isso podia esperar um pouco; dessa forma, as esferas se posicionam distantes uma da outra, mas não há seta entre elas.

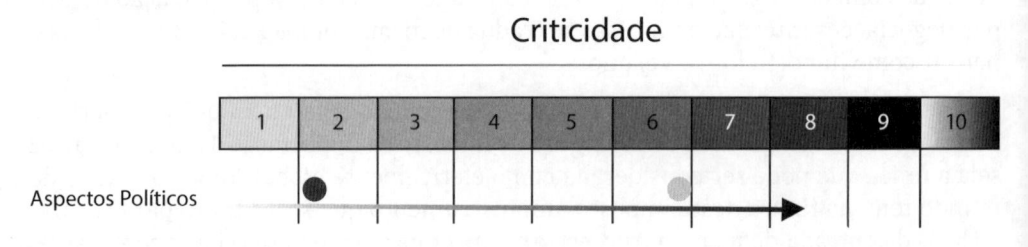

Figura 3.12 — Aspectos políticos
Elaborada pelo autor.

DIPLOMACIA COMERCIAL

Pois bem, construamos uma imagem mental para descrever os conceitos que passarei a explicar agora: pense em um animal exótico, que não exista no mundo real, ou que pelo menos não se tenha notícia em seu cotidiano. É assim que esse assunto era percebido no final dos anos 1990 no ambiente corporativo das empresas médias brasileiras. Digo isso porque as multinacionais estrangeiras dominam o tema há bastante tempo. Não é à toa que são multinacionais e se instalaram no Brasil, pois para elas, esse assunto nunca passa em branco.

Este tópico depende da capacidade analítica do gestor, que deve saber onde está o dado e a informação. Deve saber ler, interpretar, calcular e avaliar o grau de impacto dos aspectos políticos que vimos anteriormente, mas na hora da ação entra a diplomacia comercial (também chamada de empresarial ou corporativa).

É a capacidade da empresa de agir em defesa de seus interesses, seja sozinha ou em grupo. O foco é perceber todos os atores que estão em volta da empresa e lidar com eles, de forma ativa, para garantir a plena defesa dos interesses da corporação. É um tema sofisticado, mas que deve ser incorporado ao dia a dia dos negócios brasileiros.

Dificuldade para visualizar uma aplicação prática? Vamos lá. As medidas de defesa comercial que o Brasil vem adotando ao longo dos anos para impedir que produtos estrangeiros destruam a indústria local são frutos da diplomacia comercial. Note que não estou afirmando que todos os produtos importados destroem a indústria nacional, mas há situações nas quais isso é uma duríssima realidade.

Quem convencerá os *stakeholders* é a gestão que se encarregar do assunto no campo da diplomacia comercial. Você pensou em *lobby*, não é mesmo? Pois saiba que não há qualquer problema nisso, mas acontece que o Brasil criminalizou a palavra e o trabalho, por isso, para não polemizar, nomearemos o trabalho como defesa de interesses. A experiência me mostrou que sempre há muito o que fazer aqui.

Sei bem que é possível que a mera menção à palavra "diplomacia" possa ter feito você pensar nos profissionais saídos do Itamaraty, logo, esclareço que existe sim um paralelo. Forçada a negociar em mesas cada vez mais complexas, a diplomacia confirma sua habilidade nos campos econômico e comercial. No entanto, a comunicação com a esfera privada, onde estão os setores interessados, ainda é escassa — consequência natural da acelerada mudança no jogo do poder mundial? Certamente.

O resultado é um descompasso entre as negociações comerciais internacionais, realizadas na esfera política e os impactos nas negociações mercantis internacionais, conduzidas pelo setor privado. Esse hiato tem que acabar. Voltaremos ao tema mais adiante, e você verá as aplicações práticas e quanto isso pode representar de ganho efetivo de competitividade.

No caso prático mostrado aqui, o que notei à época foi que o tema, quando trazido para a realidade do segmento, era simples no âmbito regulatório internacional. Tapetes e carpetes são produtos de baixa complexidade e risco. As restrições impostas pela dinâmica envolvendo capacidade produtiva, zonas de consumo e ações desleais não eram substanciais. Mas isso não impedia a empresa de desfrutar algum tipo de vantagem, e isso se referia ao acesso a mercados. Ali, sim, havia algo a ser feito.

Ninguém na organização dominava o assunto ou havia avaliado os ganhos que poderiam ser trazidos para o negócio, por isso minha classificação de quase zero — representado pela esfera escura (Figura 3.13). Prioridade? Não naquele momento, em que havia na estrutura coisas mais urgentes pela frente.

Criticidade

Diplomacia Comercial | 1 | 2 | 3 | 4 | 5 | 6 | 7 | 8 | 9 | 10

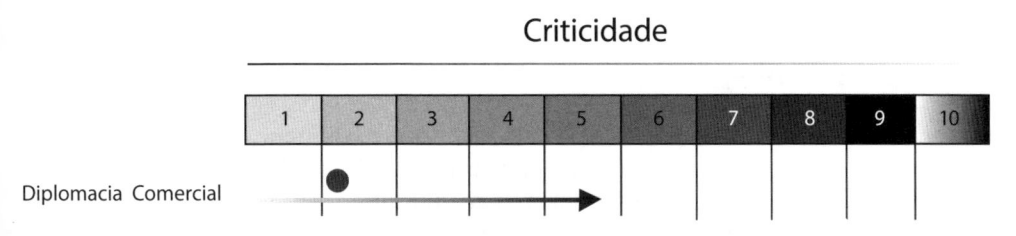

Figura 3.13 — Diplomacia comercial
Elaborada pelo autor.

ESTRATÉGIA COMERCIAL

Este último tópico trata da capacidade da empresa de organizar e aplicar, de forma ordenada e orientada, os fundamentos anteriores, ou seja, trata-se do item de maior importância.

Na maioria dos casos, o responsável pelo planejamento e pela execução desse pilar é o departamento comercial — muitas vezes chamado de departamento de exportação ou comércio exterior. O segredo aqui é fazer isso de forma profundamente coordenada com as outras áreas e respeitando a estratégia da empresa, e não só o que se refere à internacionalização.

É onde entra o senso de equilíbrio entre o interno e o externo, que obriga o gestor a um esforço de integração que evite rusgas e rupturas, e onde a conjunção "ou", que indica alternância, deve permear as discussões em torno da internacionalização de empresa e de produtos.

A competência do gestor em não permitir que essas rupturas aconteçam se revela na capacidade de atuar trazendo a conjunção coordenativa "e" como adição *sine qua non*, por meio da qual se atingirá a excelência baseada no convívio harmônico dos mercados interno e externo. A estratégia comercial naturalmente vai além desse clima de apaziguamento interno e se estende às margens de contribuição, do posicionamento diante da concorrência, da presença territorial e muito mais. Não há dúvida de que esse quesito mereça nota máxima na matriz de criticidade, não é mesmo? Mas, na análise de nosso caso, o diagnóstico que fiz mostrava que as coisas estavam avançadas e sob controle (Figura 3.14), o que tornou minha gestão muito mais fácil.

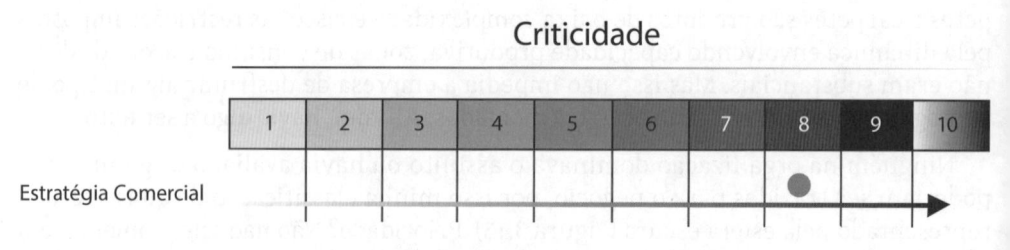

Figura 3.14 — Estratégia comercial
Elaborada pelo autor.

A BASE DE TUDO

Não se trata de transferência de culpa pelo resultado não alcançado, muito menos de afirmar que o governo é o responsável por tudo no campo da internacionalização, mas importa saber onde ele é necessário. O que indiquei, nesse caso, é tão somente a parte mais visível do *iceberg* (Figura 3.15), justamente porque esses tópicos não podem ser entregues à iniciativa privada. Nesse jogo de xadrez, extremamente intrincado, cada um entra com o que sabe fazer de melhor e que é sua atribuição. Na matriz que apresento aqui, não cabe uma nota a esse bloco. Prefiro assentar todos os tópicos anteriores sobre essa base e avaliar o que acontece em termos de problemas e soluções. E por se tratar de assunto vasto e de muita complexidade, para não perdemos o foco atual, deixarei para esmiuçar o papel governamental mais adiante neste livro.

Infraestrutura	Negociações Internacionais	Investimentos Estrangeiros	Sistema Educacional
Política Cambial	Ambiente Regulatório		Financiamento

Figura 3.15 — A base de tudo
Elaborada pelo autor.

Essa matriz traduz a estratégia da empresa para o plano de internacionalização? Não. Todo esse trabalho é uma avaliação que identifica e classifica o que é mais crítico para o sucesso da estratégia. Você pode lembrar das ferramentas SWOT (*Strengths, Weaknesses, Opportunities and Threats*) e PESTEL (*Political, Economic, Social, Technological, Enviromental and Legal*) e onde elas entram nessa história. Existe uma relação de complementaridade entre as duas. A primeira funciona a partir da combinação de perspectiva interna e externa, ao passo que a segunda analisa com profundidade o ambiente externo (o que está fora da empresa). A matriz de criticidade que compartilho aqui deve ser usada, como sugestão, de forma conjugada com as duas.

Com a visão estratégica apontando de forma clara onde a empresa está (ou de que forma estará) no futuro, o resultado das avaliações acima definirá a melhor estratégia a ser adotada, ou seja, o caminho a ser trilhado.

Você notou que não mencionei aqui aspectos operacionais tais como registros, licenças, processos aduaneiros, práticas cambiais, questões tributárias, entre outros. Pois bem, não o fiz porque meu interesse está na evolução internacional e considerei as ações locais e ligadas ao comércio exterior brasileiro como sendo de suporte à estratégia. Os temas operacionais entrarão em cena quando a estratégia for se desdobrando em ações táticas e operacionais propriamente ditas.

PERSPECTIVAS ATÉ 2030...

Não é que eu pretenda parecer um futurólogo ou qualquer coisa que o valha, mas também não é preciso ser um gênio para saber que dias muito duros estão à frente! A vida neste planeta segue evoluindo, mas por caminhos que nem sempre compreendemos em um primeiro momento, e a possibilidade de que eventos novos surjam a qualquer momento trazem tremenda insegurança, curiosidade e expectativa. Não dá para negar que vivemos tempos excitantes, ainda que complexos.

Se este capítulo é dedicado à estratégia e se o arco de tempo tende a se estender, pensar onde estaremos em cinco, oito ou dez anos é de alta importância para o futuro dos negócios. A crise de 2020 pegou tanto o mundo dos negócios como os negócios do mundo de frente. Muito mais do que na crise de 2008, o comércio internacional deu sinais de que sua integração (ou interdependência) releva fragilidades. É nesse momento que muita gente pode pensar que manter seus negócios dentro das fronteiras de seus países é mais indicado do que avançar por mares desconhecidos do mundo. Nada sábia essa opção. Crises vêm e vão. O que aconteceu em 2020 pode se repetir mais à frente, com mais ou menos intensidade.

Ainda que os piores prognósticos se cumpram e crises mais fortes se abatam sobre o planeta, é preciso saber que o mundo não deixará de buscar fornecedores internacionais. As operações de importação e exportação seguirão, apesar de todos os estragos causados por guerras, pandemias, disputas ideológicas, crises econômicas e outros cataclismos. Não tenha qualquer dúvida sobre isso. O século XXI será duro como pedra, e, até mesmo por isso, esse é a hora de sacudir a poeira dos antigos modelos de negócio, porque, lembre-se: quanto mais difícil é o momento, mais se exigem pessoas capazes. Em suma, se o futuro será duro e desafiador, os profissionais deverão estar à altura.

Dei os exemplos da Boeing e da Coca Cola de forma proposital, porque, no primeiro caso, estavam em jogo projetos de lançamentos que levam, no mínimo, uma década, e no segundo caso, a reação também durou uma década, mas por razões ligadas à natureza da empresa e sua cultura, e não por conta do produto em si. De toda sorte, tratavam-se de duas empresas gigantes, de dimensões globais, e que, por isso mesmo, se movem devagar. A instabilidade extrema que surgiu a partir da crise de 2020, a meu ver, favorece os pequenos e médios negócios, totalmente capazes de movimentos dinâmicos.

Quando penso no mercado brasileiro, vejo um gigante dócil e de extrema simplicidade no que se refere à preferência do consumidor. Sejamos honestos; não é tão difícil agradar o brasileiro. Essa percepção é a mesma de milhares de empresas ao redor do mundo que adorariam estar presentes aqui com seus produtos.

Isso me faz pensar nas muitas possibilidades de parcerias entre empresas brasileiras e estrangeiras no caminho de desenvolver negócios de ganhos mútuos. Que tal aproveitar a localização e a importância regional para atuar como base de fornecimento para a América do Sul? Ou o fato de contarmos com um parque industrial robusto e atrair investimentos com o objetivo de subir alguns degraus no nível de desenvolvimento de produtos, onde o resultado seria, além do acesso ao mercado brasileiro, também a expansão internacional?

A crise de 2020 atingiu o sistema global de comércio como nunca antes. E ao completar exatos trinta anos, o clima de mundialização dos mercados — tal como conhecíamos até março de 2020 — sofreu um abalo tão forte, que será preciso tempo, paciência, criatividade e muito trabalho para ser recomposto.

Ninguém estava preparado para isso. Nem mesmo o mais visionário dos futurólogos poderia prever que algo dessa magnitude viesse a acontecer, muito menos quando. Prova disso está no relatório *Global Risk Report*,[6 e 7] publicado todos os anos pelo Fórum Econômico Mundial. A edição 2020, elaborada e concluída em 2019, apontava os prin-

---

6   Global Risk Report 2020. Disponível em: <https://www.weforum.org/reports/the-global-risks-report-2020>.

7   Global Risk Report 2021. Disponível em: <https://www.weforum.org/reports/the-global-risks-report-2021>.

cipais elementos de risco a serem observados por quem vive no planeta Terra e tem interesses mais ou menos globais. Os principais fatores a serem observados estão organizados em uma tradicional matriz de risco que combina probabilidade e impacto.

O relatório distribui os eventos que podem causar dor de cabeça aos seres humanos por grupos (meio ambiente, econômico, social, tecnológico e geopolítico), cada um marcado de forma a facilitar a visualização e a compreensão. A edição 2020 mostra essa matriz desde 2007, e, ao olhar de longe, é possível notar a predominância de determinados temas.

Entre os anos de 2007 e 2008, o risco de algo dar errado com a economia estava presente, mas não havia nem indicação de que a bolha imobiliária nos Estados Unidos fosse estourar e arrastar o mundo inteiro para uma crise como não se via desde a depressão de 1929. O gráfico da publicação destaca os temas relacionados à geopolítica global e à pandemia. Já o ano de 2009 marca a predominância dos temas econômicos na preocupação do mundo, mas, a partir de 2010, a atenção recaiu sobre o meio ambiente, quando passaram a entrar na discussão as mudanças climáticas, os desastres naturais, a perda de biodiversidade, entre outros.

Usando um recurso simples de buscar palavras, fui atrás de qualquer coisa relacionada a vírus, pandemia e doenças infecciosas e encontrei no relatório menos de dez referências a essas palavras! Em suma: nem mesmo os especialistas dedicados ao monitoramento de todos os fatores de risco em escala global podiam antecipar o que o coronavírus faria com o mundo, ao menos não de forma assertiva a ponto de influenciar medidas que pudessem, de forma antecipada, preparar os atores e os mercados para a eventualidade prática.

Deixando de lado a turbulência causada pela pandemia, é hora de pensar a integração global e ela se traduz, para os que estão ou pretendem estar nos negócios internacionais, por meio dos acordos comerciais. O número de acordos firmados entre países é talvez a maneira mais simples de se medir o avanço do comércio mundial a partir do início dos anos 1990. O gráfico seguir[8] mostra a explosão de ARCs a partir dessa data (Figura 3.16). Foi como se todo o mundo resolvesse fazer negócios com todo o mundo. Esse clima positivo refletiu bem a crença no mercado com a postura liberal e voltado às trocas internacionais. Entretanto, o Brasil ficou afastado desse dinamismo por falta de orientação estratégica governamental temperado com uma postura empresarial voltada para o mercado local.

---

8   Nota: Notificações de RTAs: bens, serviços e acessos a um RTA são contados separadamente. As linhas cumulativas mostram o número de RTAs/notificações atualmente em vigor. Fonte: Secretariado da OMC. Disponível em: <https://rtais.wto.org/UI/charts.aspx>. Acesso em: 8 ago. 2021.

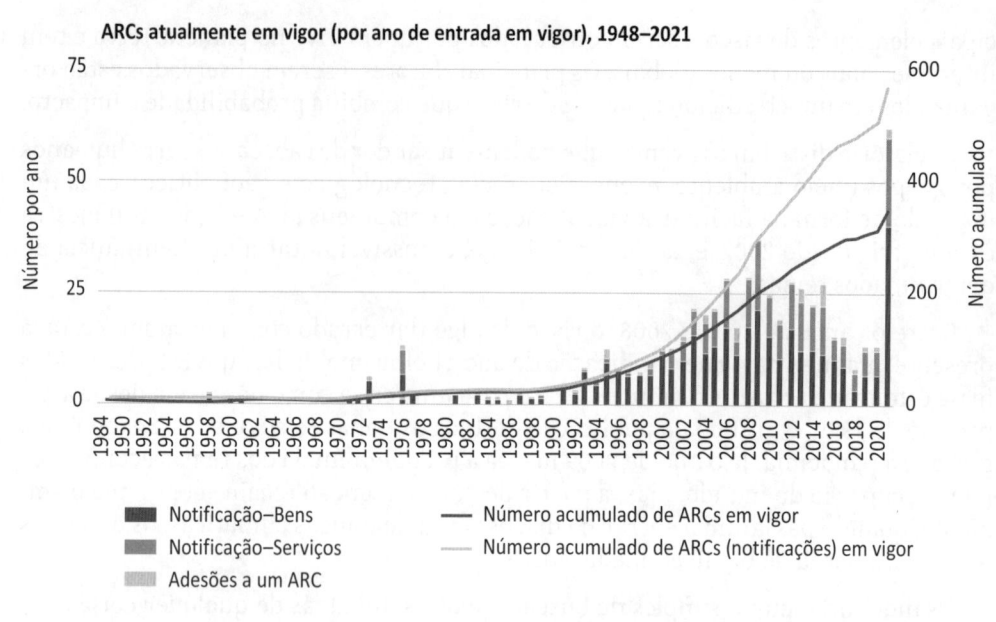

ARCs atualmente em vigor (por ano de entrada em vigor), 1948–2021

- Notificação–Bens
- Notificação–Serviços
- Adesões a um ARC
- Número acumulado de ARCs em vigor
- Número acumulado de ARCs (notificações) em vigor

Figura 3.16 — Evolução dos acordos regionais do comércio
Fonte: Organização Mundial do Comércio.

Todos esses arranjos entre países de todo o planeta — mais de 200 — não serão desmontados de uma hora para outra e se tornarão uma opção comercial confortável para quase todos os países e suas empresas. O Brasil conta com uma base modesta de acordos firmados, e, sejamos objetivos, esse quadro não se reverterá no curto prazo. Não é assim que funciona, infelizmente. Durante os anos de 2019 e 2020, houve uma comunicação intensa destacando o sucesso no acordo de livre-comércio com a União Europeia, que estava sendo negociado há anos. Ainda assim, isso não quer dizer que esse acordo será colocado em funcionamento no curto prazo. Há muitos obstáculos a serem transpostos, e isso poderá levar outros tantos anos.

O distanciamento do Brasil em relação à verdadeira integração global se mostra no número de acordos comerciais em vigor. No momento em que este livro é escrito, os dados da Organização Mundial do Comércio mostram que o Brasil participa de 9 acordos comerciais; enquanto o Chile participa de 29; o Peru, de 18; e a maior parte dos países europeus participa de 44. É com isso que o meio empresarial terá que jogar ao longo dos próximos tempos.

4
Avalie o ambiente competitivo

O que veremos aqui?

Sabendo-se que compreender as muitas variáveis que formam o tabuleiro em que o jogo dos negócios é disputado é um componente fundamental para o desenvolvimento de um desempenho superior, é preciso trazer à discussão elementos que possam ampliar a análise para a realidade existente no Brasil, onde a competitividade é basicamente regulada pela taxa de câmbio, ora mais baixa, ora mais alta.

É preciso ter os questionamentos certos em mente a fim de encontrar respostas que sejam úteis para as inúmeras tomadas de decisão que serão colocadas à frente durante o processo de busca de mercados internacionais. Na prática, isso significa esforçar-se para não apenas estar no papel do exportador, mas dar à volta em direção ao outro lado da mesa e ser capaz de perceber o que está em jogo na visão do importador.

Ao ser capaz de fazer isso, você perceberá que são muitos os pontos de atenção existentes entre a visão de quem vende e a percepção de quem compra, que é, em última análise, do que tratará este capítulo.

Uma das muitas maneiras de representarmos visualmente o cenário global de negócios talvez seja reconstruir a antiga imagem das arenas de combates entre gladiadores, de onde apenas alguns poucos saiam vivos e onde o combate se caracterizava pela ausência de paridade de armas.

É claro que essa formulação imagética é apenas ilustrativa, ninguém morrerá efetivamente no mercado externo, mas a atuação no mercado externo pode, sim, definir a vida ou a morte de uma empresa, dependendo da atitude e do grau de preparação de que ela disponha.

É fundamental entender que se trata de um terreno de constantes disputas, e como em todos os campos dos negócios, o sucesso passa necessariamente pela correta leitura e preparação do terreno e das condições em que serão travados esses embates. Os mais preparados se sairão melhor.

Fazer tudo isso no meio internacional de negócios não é das tarefas mais simples, posto que dados, informações e análises não estão disponíveis em um único lugar para serem consultados. Não há manuais, até porque, se houvessem, precisariam ser atualizados de instante a instante e de situação em situação.

A sugestão é começar com um olhar a partir de dentro e avançar em direção ao mercado internacional. Conforme a vista for buscando áreas de alcance mais avançados, as variáveis irão naturalmente se agrupando, como se fossem ondas (Figura 4.1).

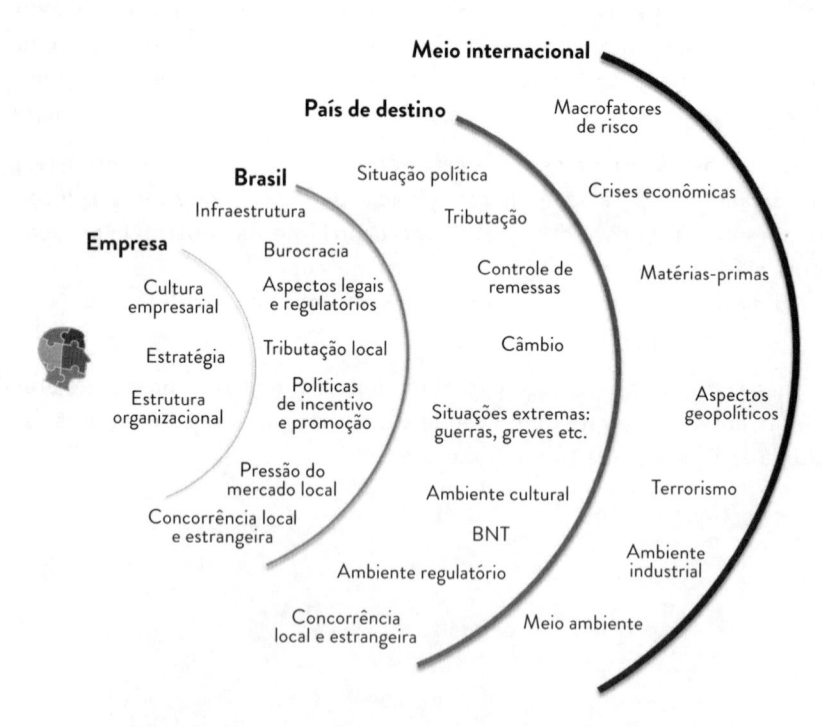

Figura 4.1 — Primeiras percepções do ambiente
Elaborada pelo autor.

A figura mostra quatro ondas (Empresa, Brasil, País de Destino e Meio Internacional), e entre cada uma estão diversos itens que têm importância e que, portanto, devem ser observadas com cuidado e atenção por parte do executivo que estará encarregado do projeto de internacionalização. Essa ilustração apresenta elementos que me foram familiares ao longo dos anos e refletem a realidade que vivi. Isso não significa que não existam tantas outras ou que as que aqui estejam representadas reflitam a realidade de todos no mercado. É claro que não. Use o que está representado como um exemplo.

Gosto de começar pelo ambiente da própria empresa, já que, se a orientação não estiver bem resolvida, dificilmente o restante do trabalho fluirá da maneira adequada. Por isso, dentro da primeira onda, a Empresa, destaco a cultura empresarial, a estratégia e a estrutura organizacional. Aqui é possível medir o real interesse e a dedicação da empresa ao projeto de internacionalização em si, e não é esperado que esteja tudo rigorosamente alinhado, mas sim que haja um olhar favorável à internacionalização.

A segunda onda inclui os tópicos mais caros à realidade do país de origem, nesse caso, o Brasil. Nela está indicado o que deve ser observado, como aspectos tributários e regulatórios, a importância da infraestrutura, o peso da burocracia e eventuais políticas de incentivo. Note que existe a assinatura do governo nesses casos. É preciso também olhar para a concorrência local e estrangeira e entender as pressões feitas pelo mercado consumidor. O gestor deve estar atento a tudo o mais que possa representar alguma vantagem ou obstáculo para a implantação da estratégia.

Na sequência, vem a terceira onda, País de Destino, que reúne os elementos que considero os mais importantes para o dia a dia dos negócios. Ali estão os detalhes que podem ser avaliados a fim de ajustar a estratégia, bem como a concorrência local e o ambiente cultural, além de características que fazem parte da realidade do país, como eventuais controles de remessas, situação política, ambiente regulatório, entre outros.

Finalmente, correndo por fora estão os tópicos de alcance global, que é o Meio Internacional, que podem determinar novos comportamentos da indústria em função da escassez de matérias-primas, por exemplo. Ou turbulências geopolíticas que possam potencializar o terrorismo e que venham a afetar a cadeia de suprimentos, gerando altas generalizadas no custo do transporte marítimo.

UM POUCO DE MÉTODO

Analisar o ambiente externo significa estudar antes de entrar. Mas esse estudar é possível de ser feito de diferentes formas, e nos aventurar em cada uma delas não seria possível apenas em um livro, mas quando penso em um ambiente competitivo, me vem à mente o quanto consigo ser atraente aos olhos dos compradores, e é por isso que nos ateremos a esse método.

Nem sempre esse aprendizado é conseguido somente a partir dos predicados que fazem parte de minha apresentação como fornecedor. Para começar, é necessário ter o conhecimento de que um ponto positivo pode facilmente se transformar em algo negativo quando posto na arena global de negócios, especialmente quando submetido à comparação com outros fornecedores ou em decorrência de situações estruturais que favoreçam um país em detrimento de outro. Dessa forma, fica a sugestão de trabalhar de forma simples e objetiva, estruturada em cima de fatos já solidificados, que todos possam acessar e tirar suas próprias conclusões.

Visão geral do campo
Desde os tempos remotos, todo estrategista sabe que, ao se chegar em campo da batalha novo, a primeira coisa a ser feita é buscar por um terreno elevado, de forma a ter uma visão ampliada do teatro onde se darão os movimentos. Em nosso caso, essa visão geral começa pela identificação dos grandes países fornecedores de um determinado item, assim como quem são os grandes países compradores.

Não estou afirmando que isso servirá como critério determinante no futuro, mas ajudará a entender algumas forças de mercado. Existe uma forte possibilidade de que um país líder no abastecimento de um item tenha, em função de sua importância, contribuído para estabelecer os parâmetros de qualidade, de medida, de peso e muitos outros.

Recordo que durante meus anos na indústria têxtil, tive a oportunidade de lidar com duas tecnologias diferentes para aplicações distintas. A primeira era a dos tapetes decorativos feitos em teares do tipo Jacquard. A segunda era dos carpetes manufaturados, feitos também em teares, mas do tipo Tufting.

Os teares Jacquard são capazes de reproduzir intrincados desenhos, com detalhes mínimos, usando fios de diversas cores. É assim que são produzidos os tapetes que se inspiram nos tradicionais modelos persas. Por outro lado, a tecnologia Tufting é perfeita para fabricar peças de uma só cor, exatamente o tipo de produto que buscamos para cobrir uma superfície inteira de um apartamento, de um grande salão ou algo assim. Nesse teatro de operações, quem lidera a inteligência, a produção e a comercialização dos teares Jacquard são países europeus, enquanto a tecnologia Tufting é dominada pelos norte-americanos. Essa cisão tecnológica foi de grande valia para me auxiliar na compreensão das dinâmicas de mercado e visão geral dos negócios.

Então temos a primeira fase de observação, que é conhecer o caminho da tecnologia, com seus pontos originários e destinatários, ou seja, quem figura no jogo como os maiores importadores e exportadores. Isso lhe dará as impressões que permitirão saber onde você mesmo se encontra, fator que pode ser crucial na hora de estabelecer alguma estratégia de colocação.

Importante saber que qualquer avaliação de ambiente de negócios passará necessariamente pela dicotomia entre os aspectos quantitativos e os qualitativos. Na visão quantitativa, aparecerão os números que comprovam uma pergunta inicial, que, nesse caso, podemos usar como exemplo: quem são os dez maiores exportadores e importadores.

Caso a pesquisa esteja buscando quem são todos os países que importam determinado item — de preferência em ordem decrescente —, ainda estaremos no terreno quantitativo. Já no que tange às leituras qualitativas, estas permitem compreender os detalhes das informações obtidas, pois vão além da simples medição. O que se busca aqui é a compreensão do produto e da natureza dos negócios em si, se valendo de impressões, avaliações e opiniões. Não existe conflito entre as duas formas de pesquisar e analisar. Na verdade, as duas se complementam e serão úteis de formas diferentes, dependendo do tipo de negócio em que a empresa esteja envolvida.

Mais do que explicar, bom é poder ver e testar. Uma das melhores formas para obter a primeiríssima visão de cima, que insisto em chamar de dinâmica global dos negócios, é o Trade Map.[1] Trata-se de uma ferramenta que ajuda na compreensão e estruturação dos mercados mundiais, desenvolvida pelo ITC (International Trade Centre), que é uma agência multilateral com mandato conjunto com a OMC e ONU por meio da UNCTAD. O acesso é gratuito, e basta um simples cadastro para que qualquer possa ter acesso a todos os dados que estejam lá.

Vamos usar o produto "mel" como um exemplo simples para que você tenha acesso aos primeiros resultados. A seguir (Figura 4.2) está a tela inicial da ferramenta já depois do acesso ter sido feito.

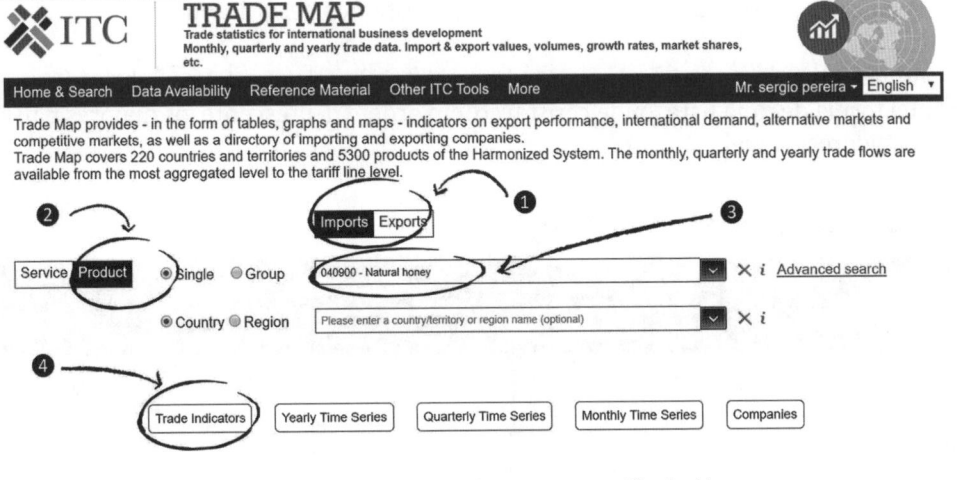

Figura 4.2 — Conhecendo o acesso ao Trade Map
Fonte: Trade Map.

---

1 Trade Map. Disponível em: <https://www.trademap.org/Index.aspx>.

Essa é a tela inicial da ferramenta e é onde você indicará os parâmetros que devem nortear sua pesquisa. Como qualquer pesquisa a ser feita, a qualidade dos resultados, se serão ou não satisfatórios, dependerá mais dos parâmetros iniciais, ou seja, das bases norteadoras da busca, do que o interesse ou a pergunta a ser respondida. Para que tudo fique mais claro, indiquei a seguir os números que aparecem na figura anterior.

❶ Há duas possibilidades aqui: *Imports* e *Exports*. Elas correspondem ao que você está buscando. Se quer ter uma leitura do movimento importador do produto, marque *Imports*.

❷ O próximo passo é escolher entre produtos ou serviços. Há duas opções: *Service* e *Product*. Como estamos buscando dados e informações sobre mel, então marcamos *Product*.

❸ Agora é preciso preencher o produto com o código do Sistema Harmonizado (são os seis primeiros dígitos da NCM do produto). No caso do mel, basta escrever 040900. As chances de erro aqui são reduzidas, porque o sistema autocompleta o que está sendo digitado, e, ao terminar de escrever o código, você verá a descrição do item.

❹ Agora basta ir até as opções da esquerda, que aparecem logo abaixo, e clicar em *Trade Indicators*. Essa alternativa significa a visualização geral de todos os países que importam o item que estamos pesquisando.

Ao ter passado por essas quatro etapas iniciais, uma nova tela se abrirá (Figura 4.3) na forma de uma lista, onde constarão, em ordem decrescente, os maiores países importadores de mel.

Figura 4.3 — Acessando a lista dos maiores importadores de mel
Fonte: Trade Map.

Para melhor visualizar o que a página mostra, ampliaremos a imagem (Figura 4.4).

HS8	Importers	Value imported in 2019 (USD thousand) ▼	Trade balance in 2019 (USD thousand)	Quantity imported in 2019	Quantity Unit
	World	2,011,281	-20,365	665,306	Tons
⊞	United States of America	430,080	-406,770	188,882	Tons
⊞	Germany	249,612	-118,121	81,021	Tons
⊞	Japan	144,524	-144,248	44,788	Tons
⊞	France	118,391	-88,411	32,769	Tons
⊞	United Kingdom	110,138	-80,172	48,643	Tons
⊞	China	84,901	150,413	4,962	Tons
⊞	Italy	82,667	-54,870	24,650	Tons
⊞	Saudi Arabia	72,990	-63,052	17,918	Tons
⊞	Belgium	65,103	-998	24,817	Tons
⊞	Poland	61,775	-18,617	29,637	Tons
⊞	Spain	58,402	33,732	26,804	Tons
⊞	Netherlands	53,906	-34,446	15,367	Tons
⊞	Australia	36,121	1,533	4,784	Tons
⊞	Switzerland	36,089	-31,164	8,193	Tons
⊞	Canada	34,209	7,110	6,584	Tons
⊞	Austria	25,819	-8,690	6,595	Tons
⊞	Sweden	23,232	-21,767	5,164	Tons
	United Arab Emirates	22,735	-21,932	4,703	Tons

Figura 4.4 — A lista dos maiores importadores (detalhe)
Fonte: Trade Map.

A reprodução anterior é a parte esquerda da tela, onde estão as informações referentes aos volumes de importação do produto "mel". A coluna *Importers* mostra os países importadores do item pesquisado, saindo do maior para o menor. As colunas à direita indicam o Valor Importado em 2019 (em milhares de US$) *[Value imported in 2019 (USD thousand)]*, a Balança Comercial em 2019 (em milhares de US$) *[Trade balance in 2019 (USD thousand)]* e a Quantidade Importada em 2019 *[Quantity imported in 2019 (USD Thousand)]*.

Note que a primeira linha logo acima do maior importador (Estados Unidos) se refere aos números totais transacionados no mundo (*World*).

O que podemos retirar dessa simples navegação é:

a. Em 2019, as importações mundiais de mel somaram US$2 bilhões.
b. Desse total, os Estados Unidos importaram US$430 milhões.
c. A quantidade importada pelos Estados Unidos foi de 188 mil toneladas.
d. Os maiores países importadores na sequência são: Alemanha, Japão, França, Reino Unido, China e assim por diante.
e. Os dez maiores importadores compraram 70% de tudo que foi exportado em 2019.

Tudo isso talvez não signifique muito em uma primeira olhada, mas é o início da avaliação do macroambiente comercial que envolve o mel natural e sua participação nas compras internacionais.

O lado direito da tela tem mais algumas colunas com informações adicionais.

É preciso dizer que os dados mencionados nesse site são coletados junto aos órgãos ligados ao comércio internacional de todos os países que fazem parte das Nações Unidas. Isso faz com que esses números reflitam, minimamente, a realidade das trocas internacionais.

Continuando nossa análise da Tabela 7 (Figura 4.5), indo para a direita, encontramos mais sete colunas com informações importantes para um processo de análise. Vamos a elas:

HS6	Importers	Value imported in 2019 (USD thousand)	Trade balance in 2019 (USD thousand)	Quantity imported in 2019	Quantity Unit	Unit value (USD/unit)	Annual growth in value between 2015-2019 (%)	Annual growth in quantity between 2015-2019 (%)	Annual growth in value between 2018-2019 (%)	Share in world imports (%)	Average distance of supplying countries (km)	Concentration of supplying countries	Average tariff (estimated) applied by the country (%)
	World	2.011.281	-20.385	665.306	Tons	3.023	-2	1	-11	100	6.386	0.06	
	United States of America	430.080	-406.770	188.882	Tons	2.277	-5	3	-14	21.4	9.957	0.13	0.3
	Germany	249.612	-118.121	81.021	Tons	3.081	-5	-2	-19	12.4	6.557	0.08	5.8
	Japan	144.524	-144.248	44.788	Tons	3.227	3	3	-1	7.2	6.542	0.28	19.7
	France	118.391	-88.411	32.769	Tons	3.613	-2	-1	-8	5.9	3.076	0.11	5.8
	United Kingdom	110.138	-80.172	48.643	Tons	2.264	-3	5	-14	5.5	9.757	0.22	5.8
	China	84.901	150.413	4.962	Tons	17.110	2	-10	21	4.2	9.333	0.52	17.7
	Italy	82.667	-54.870	24.650	Tons	3.354	3	3	-16	4.1	2.261	0.22	5.8
	Saudi Arabia	72.990	-63.052	17.918	Tons	4.074	12	7	-5	3.6	5.138	0.11	4.6
	Belgium	65.103	-998	24.817	Tons	2.623	-6	-6	-11	3.2	5.371	0.12	5.8
	Poland	61.775	-18.617	29.637	Tons	2.084	8	8	-1	3.1	3.848	0.22	5.8
	Spain	58.402	33.732	26.804	Tons	2.179	-4	-3	-15	2.9	4.877	0.11	5.8
	Netherlands	53.906	-34.446	15.367	Tons	3.508	4	0	-17	2.7	1.935	0.22	5.8
	Australia	36.121	1.533	4.784	Tons	7.550	-7	-15	-31	1.8	4.002	0.63	0
	Switzerland	30.089	-31.164	8.193	Tons	4.405	0	0	-9	1.8	4.482	0.18	3.9
	Canada	34.209	7.110	6.584	Tons	5.195	1	-4	19	1.7	10.969	0.2	0
	Austria	25.819	-8.690	6.595	Tons	3.915	-2	-3	-11	1.3	3.487	0.13	5.8
	Sweden	23.232	-21.767	5.164	Tons	4.499	7	5	-5	1.2	1.257	0.24	5.8
	United Arab Emirates	22.735	-21.932	4.703	Tons	4.834	-1	5	1	1.1	4.549	0.12	4.6

Figura 4.5 — Examinando o lado direito da tabela
Fonte: Trade Map.

A seguir estão as colunas vistas de perto e com indicações de cada uma (Figura 4.6) para facilitar os comentários e as explicações.

① Annual growth in value between 2015-2019 (%)	② Annual growth in quantity between 2015-2019 (%)	③ Annual growth in value between 2018-2019 (%)	④ Share in world imports (%)	⑤ Average distance of supplying countries (km)	⑥ Concentration of supplying countries	⑦ Average tariff (estimated) applied by the country (%)
-2	1	-11	100	6,386	0.06	
-5	3	-14	21.4	9,967	0.13	0.3
-5	-2	-19	12.4	6,557	0.08	5.8
3	3	-1	7.2	6,542	0.28	19.7
-2	-1	-8	5.9	3,076	0.11	5.8
-3	5	-14	5.5	9,757	0.22	5.8
2	-10	21	4.2	9,333	0.52	17.7
3	3	-18	4.1	2,261	0.22	5.8
12	7	-5	3.6	5,138	0.11	4.6
-6	-6	-11	3.2	5,371	0.12	5.8
8	8	-1	3.1	3,848	0.22	5.8
-4	-3	-15	2.9	4,877	0.11	5.8
4	0	-17	2.7	1,935	0.22	5.8
-7	-15	-31	1.8	4,002	0.63	0
0	0	-9	1.8	4,482	0.18	3.9
1	-4	19	1.7	10,969	0.2	0
-2	-3	-11	1.3	3,487	0.13	5.8
7	5	-5	1.2	1,257	0.24	5.8
-1	5	1	1.1	4,549	0.12	4.6

Figura 4.6 – Colunas (detalhe)
Fonte: Trade Map.

❶ Crescimento anual em valor entre os anos de 2015 e 2019 (%) (*Annual growth in value between 2015-2019 (%)*). Essa leitura ajuda a compreender se existe interesse crescente por parte das empresas localizadas naquele país em produtos estrangeiros, ou seja, a demanda pelos importados foi positiva no período. Também pode revelar uma queda na capacidade da indústria local de fornecer em seu próprio país. Considero como mais relevante, no entanto, conseguir observar o comportamento das importações no acumulado dos últimos cinco anos.

❷ Crescimento anual em quantidade entre os anos de 2015 e 2019 % (*Annual growth in quantity between 2015-2019 (%)*). Aqui a atenção se volta aos volumes que foram importados pelos países. Como no caso anterior, o intervalo de tempo é o mesmo, e assim é possível ter uma ideia do que aconteceu nos últimos quatro anos. Comparar essa coluna com a anterior de forma cuidadosa pode revelar o valor (e não o preço) atribuído a um produto de origem específica. Imagine um aumento modesto na quantidade — proporcionalmente menor do que na coluna de valor. Uma primeira interpretação diz que foi importada uma quantidade menor, mas gastando mais para fazer isso. Explicações, nesse caso, podem ser: a) fornecedores são os mesmos, mas conseguiram aumentar o valor de seus produtos; b) há uma movimentação de fornecedores onde nomes novos ofereceram produtos de maior valor; c) os produtos daquele país de origem podem ter se beneficiado de algum tipo de instabilidade de fornecimento, ou seja, outros países podem ter saído do negócio ou mesmo podem ter sido vítimas de limitações internas (pragas, foco no mercado interno, entre outras).

❸ Crescimento anual em valor entre os anos de 2018 e 2019 (%) *(Annual growth in value between 2018-2019 (%))*. Índice que é calculado usando-se os mesmos parâmetros e a mesma metodologia do item ❶, mas aplicado somente a um intervalo de tempo de dois anos. É uma leitura útil porque ajuda a identificar eventos que tenham ocorrido mais recentemente.

❹ Participação das importações do país no total (%) *(Share in world imports (%))*. Indica, de forma bem prática, o peso de um país no volume mundial de importação.

❺ Distância média dos fornecedores (km) *(Average distance of supplying countries (km))*. Alguns considerarão essa informação mais relevante do que outros. Note que a distância física (ou geográfica) não significa necessariamente distância logística — como veremos no próximo capítulo —, uma vez que o sistema de transporte pode fazer com que o mais distante não seja necessariamente o mais lento ou mais caro. Ainda assim, essa coluna pode contribuir para fins de localização no globo.

❻ Concentração de países fornecedores *(Concentration of supplying countries)*. Mede o peso e a importância dos fornecedores sobre um determinado mercado. Quanto maior esse valor, maior concentração. Quanto menor, mais dispersas são as fontes de fornecimento, ou seja, estão mais espalhadas ao redor do mundo. Isso pode ser interpretado como um grau de democratização do mercado. O governo dos Estados Unidos usa essa metodologia (índice *Herfindahl*) para fazer triagens em casos de ações antitruste.

❼ Tarifa média (estimada) aplicada pelo país (%) *(Average tariff (estimated) applied by the country (%))*. Informação sutil, útil e que inspira cuidado na leitura e na interpretação. Tarifa média se refere diretamente ao imposto de importação, esse ilustre subestimado componente na avaliação da competitividade internacional e que discutimos há pouco. É o imposto global por excelência, ou seja, todos os países fazem uso dele para fins arrecadatórios ou para regular ou proteger seus mercados contra ameaças externas. A existência do imposto data de século I a.C., e seu registro mais antigo está na localidade de Palmira,[2] no território Sírio. O importante aqui é ter um primeiro acesso ao imposto cobrado por aquele país para o item que está sendo analisado. Note que esse imposto é válido para todos os países-membros da OMC, salvo exceções (que devem ser pesquisadas com cuidado). O conceito de Nação Mais Favorecida diz que não haverá tratamento tarifário discriminatório, ou seja, um imposto aplicado a um país deverá ser válido para todos os outros signatários. Uma das exceções mais fáceis de serem identificadas são as válidas dentro do que chamaremos de blocos econômicos — Acordos Regionais de Comércio. O nível dessa tarifa "de entrada" pode dizer muito sobre o país — o que debateremos de forma mais aprofundada no Capítulo 6. Negociar internacionalmente é, acima de tudo, exercitar a empatia comercial, ou seja, sair da posição de exportador e tentar entender a realidade do importador, pensar como ele pensa, calcular o que ele calcula. Aqui é preciso atenção redobrada, uma vez que esse imposto pode ser alterado (para cima ou para baixo) por governos de todos os países conforme acharem necessário. Basta lembrar a ação da presidente Dilma Rousseff em maio de 2012, quando, de uma só vez, cerca de 100 produtos tiveram seus impostos de importação aumentados para patamares de até 30%. A decisão não foi implantada de imediato. Havia sido acordada 8 meses antes, mas existem casos mundo afora em que esse intervalo de tempo pode ser bem menor. O que aparece nessa tela do Trade Map deve ser entendido e usado como um guia para entrar no universo formado por posturas oficiais de proteção, peso da indústria local, grau de competitividade local e nível de sensibilidade daquele produto para o país em questão. Números que relevam muito. É uma verdadeira aula de negócios e que pode ajudar o pensamento estratégico de qualquer um.

---

2 Importante centro comercial entre Ásia e Europa devido à sua localização estratégica. Entreposto comercial que serviu desde aos babilônios, passando por persas, gregos, árabes e, por fim, aos romanos. Famosa pela rainha Zenóbia, esposa de Odenato, que chegou a desafiar o poder central pelo trono romano no tumultuado século III d.C., derrotada pelo imperador Aureliano em 273, quando a cidade passou a declinar sensivelmente. A cidade voltou aos noticiários entre 2015 e 2017, quando terroristas do grupo ISIS destruíram alguns de seus sítios arqueológicos por meio de dinamites. O referido imposto trata da arrecadação imperial de Roma, que mantinha na cidade importantes entrepostos comerciais.

Exatamente no meio da tabela está uma coluna que pode gerar erros de interpretação e que merece um destaque especial (Figura 4.7).

HS6	Importers	Value imported in 2019 (USD thousand)	Trade balance in 2019 (USD thousand)	Quantity imported in 2019	Quantity Unit	Unit value (USD/unit)	Annual growth in value between 2015-2019 (%)	Annual growth in quantity between 2015-2019 (%)	Annual growth in value between 2018-2019 (%)	Share in world imports (%)	Average distance of supplying countries (km)	Concentration of supplying countries	Average tariff (estimated) applied by the country (%)
	World	2,011,281	-20,365	665,306	Tons	3,023	-2	1	-11	100	6,388	0.06	
	United States of America	430,080	-406,770	188,882	Tons	2,277	-5	3	-14	21.4	9,967	0.13	0.3
	Germany	249,612	-118,121	81,021	Tons	3,061	-5	-2	-19	12.4	6,557	0.08	5.8
	Japan	144,524	-144,248	44,788	Tons	3,227	3	3	-1	7.2	6,542	0.28	19.7
	France	118,391	-88,411	32,769	Tons	3,613	-2	-1	-8	5.9	3,076	0.11	5.8
	United Kingdom	110,138	-80,172	48,643	Tons	2,264	-3	5	-14	5.5	9,757	0.22	5.8
	China	84,901	150,413	4,962	Tons	17,110	2	-10	21	4.2	9,333	0.52	17.7
	Italy	82,667	-54,870	24,650	Tons	3,354	3	3	-16	4.1	2,261	0.22	5.8
	Saudi Arabia	72,990	-63,052	17,918	Tons	4,074	12	7	-5	3.6	5,138	0.11	4.0
	Belgium	65,103	-998	24,817	Tons	2,623	-6	-8	-11	3.2	5,371	0.12	5.8
	Poland	61,775	-18,617	29,637	Tons	2,084	8	6	-1	3.1	3,848	0.22	5.8
	Spain	58,402	33,732	26,804	Tons	2,179	-4	-3	-15	2.9	4,877	0.11	5.8
	Netherlands	53,906	-34,446	15,367	Tons	3,508	4	0	-17	2.7	1,935	0.22	5.8
	Australia	36,121	1,533	4,784	Tons	7,550	-7	-15	-31	1.8	4,002	0.63	0
	Switzerland	36,089	-31,164	8,193	Tons	4,405	0	0	-9	1.8	4,482	0.16	3.9
	Canada	34,209	7,110	6,584	Tons	5,196	1	-4	19	1.7	10,969	0.2	0
	Austria	25,819	-8,690	6,595	Tons	3,915	-2	-3	-11	1.3	3,487	0.13	5.8
	Sweden	23,232	-21,767	5,164	Tons	4,499	7	5	-5	1.2	1,257	0.24	5.8
	United Arab Emirates	22,735	-21,932	4,703	Tons	4,834	-1	5	1	1.1	4,549	0.12	4.6

Figura 4.7 — Coluna do valor unitário
Fonte: Trade Map.

A coluna está identificada como Valor Unitário. Alguém pode pensar que se trata do preço médio por unidade. Não é bem assim! Ali está representado o valor importado dividido pela quantidade declarada e que pode gerar uma ideia de valor transacionado, mas não deve ser considerado como preço unitário. Esses valores podem ser usados em busca de coerência. Desvios muito grandes (para mais ou para menos) podem ser alvo de uma análise mais aprofundada. Pode estar ali, por exemplo, um produto *premium* que é fabricado exclusivamente em um determinado país.

Até esse momento, a navegação na ferramenta aconteceu em uma só página e de onde foi possível retirar dados e informações referentes aos mercados que importam o produto que usamos como exemplo, o mel. Não que esse acesso seja suficiente para determinar que países serão os mais indicados para servirem como alvo, mas é fato que em pouquíssimo tempo você está diante de um grupo de dados que ajuda, e muito, na compreensão do tabuleiro global de negócios. Tudo de forma simples e sem custo.

CONCORRENTES BRASILEIROS QUE EXPORTAM

A análise concorrencial é uma das mais poderosas ferramentas para avaliar a real competitividade de uma empresa no ambiente global. Mas de qual tipo de concorrência estamos falando?

Por uma questão de praticidade, comece por quem está mais próximo, ou seja, a competição interna. No Brasil, você encontrará produtores de itens similares ao seu que se encaixam em duas categorias: os que exportam e os que só vendem aqui dentro. Os que exportam serão sua maior fonte de aprendizado, pois essas empresas terão ricas histórias para contar — tenham tido sucesso lá fora ou não.

Infelizmente, no Brasil, o acesso a dados continua sendo um dos maiores desafios para se realizar algum tipo de análise nesse segmento. Historicamente, o que fica à disposição são dados que ajudam, mas sofrem de fortes limitações. Entretanto, é possível fazer consultas online sem a necessidade de qualquer cadastro, login ou custos. No momento em que este livro é escrito, uma das fontes oficiais de dados referentes ao comércio externo do Brasil é o Comex Stat.[3] Trata-se de mais uma ferramenta que se propõe a disponibilizar dados para suportar os trabalhos de inteligência e análise dos que se aventuram nos negócios internacionais. O banco de dados começa em 1997 e vai até um mês antes do momento da consulta. O detalhamento resulta nos valores exportados por: a) país de destino; b) blocos econômicos; c) estado exportador; d) classificação do produto (por NCM sistema harmonizado (SH6, SH4, Capítulo e Seção); e) classificação por grandes categorias econômicas. Tudo muito útil, mas se você pretende vincular esses dados a uma empresa especificamente, não conseguirá de imediato. Outra funcionalidade do site é a pesquisa por município. Se você tiver a sorte de saber onde está localizado seu concorrente, se souber exatamente a posição tarifária do item que ele exporta e se ele for a única empresa daquele município que produz ou comercializa aquele produto, o resultado permitirá que você saiba para quais países ele exporta, os volumes e os valores envolvidos. Do contrário, a leitura não ficará completa.

Outra fonte que pode ser usada para saber mais da sua concorrência nacional é um site nacional concebido para divulgar as empresas brasileiras para os potenciais compradores internacionais. A versão em português tem o nome de Vitrine do Exportador.[4] Na versão em inglês, se chama *Brazilian Exporters*. Com uma navegação bastante simples, é possível fazer consultas para bens e serviços, e digitando a NCM do produto, é possível visualizar de imediato quem são os exportadores daquele item.

Para quais países esses produtos foram ou ainda são enviados?

Existe uma alta concentração de vendas internacionais em poucos mercados. Cerca de 80% de tudo que o Brasil exporta estão concentrados em apenas 15 países. Conhecer os caminhos que outras empresas já trilharam pode gerar dois comportamentos distintos: o primeiro é aproveitar a experiência prévia, que certamente contribuiu para apresentar o Brasil como fornecedor; o segundo é fazer o trajeto inverso e procurar por locais novos.

Admito que é uma questão controversa o fato de brasileiros já terem passado pelo mercado (ou ainda estarem lá) à medida que isso pode ser bom ou ruim. O lado bom é que o mercado já teve contato com o *Brazilian Business Mindset*, ou seja, o nosso jeito particular de fazer negócios. Essa afirmação surpreende? Então prepare-se, pois, apesar de o país gozar de uma imagem bastante positiva mundo afora, e brasileiros serem recebidos com sorrisos em todas as partes, quando o assunto são os negócios, a coisa muda completamente de figura. Somos vistos como sendo incapazes de cumprir prazos, lentos nas respostas, evasivos, informais (mas hierárquicos) e pouco comprometidos com ações de longo prazo. Isso é somente uma parte de um pacote muito maior de avaliações feitas de maneira explícita ou de forma mais reservada.

---

3   Disponível em: <http://comexstat.mdic.gov.br/pt/home>.

4   Disponível em: <http://www.vitrinedoexportador.gov.br/bens/ve/br>.

Esse contato prévio de empresas brasileiras pode deixar você com espaço para melhorias sensíveis ou mesmo obrigar a reabrir portas que já se encontrem fechadas. Mas como nem só de experiências ruins nossa trajetória é formada, existem histórias de altíssima performance de empresas brasileiras atuando no exterior, e seguir esses líderes é sempre desafiador e inspirador.

De qualquer forma, é necessário estarmos preparados, porque não é raro encontrar pegadas ruins de brasileiros que erraram feio. Nesse caso, é preciso avaliar o tamanho do dano causado e seguir como der, mas atuando de forma a limpar a imagem que, de princípio, eles porventura possam ter de nós. Na intensa discussão entre o que mais tem relevância em um processo de inteligência comercial, se as análises quantitativas ou as qualitativas, afirmo que as últimas devem ser valorizadas, e se alguém tem dúvidas sobre como e quando se transformam em realidade, este é o melhor exemplo. Sobre isso, um caso emblemático me ocorre. No início da década dos anos 2000, eu estava tentando voltar a fazer negócios com uma empresa francesa, pois o histórico indicava que havia sido um cliente regular entre os anos de 1985 e 1997, mas havia abandonado a relação comercial optando por um novo fornecedor.

Após alguns contatos por telefone e e-mail (sempre muito frios e distantes), agendei uma conversa pessoal durante uma viagem minha ao continente europeu. Comecei minha abordagem seguindo a linha que adotei ao longo dos anos: criar uma boa impressão pessoal, valorizar o produto, valorizar a empresa e finalmente defender nosso país. Tudo isso dentro de um espaço de tempo não muito longo, mas evitando parecer apressado demais.

Depois de algum tempo, ele pediu a palavra e puxou uma enorme pasta amarela que estava em um canto da mesa. Abriu e começou a apresentar cópias de mensagens eletrônicas antigas (telex e fax inclusive), quase todas informando que nossa empresa não poderia seguir fornecendo (em função do reaquecimento do mercado brasileiro) ou que os preços seriam reajustados nos próximos dias (por diversas alegações). Em suma: havia ali um longo histórico de comportamento muito peculiar e muito identificado com a prática brasileira, ou seja, pouca vontade de negociar, alterações inesperadas das regras do jogo e pouca disposição para compor bons acordos. Tentei de tudo para convencer aquele executivo de que as coisas haviam mudado. De nada adiantou. Nós nos despedimos de maneira cordial e ainda pedi que, caso ele viesse a reconsiderar sua decisão, estaria à sua disposição para retomas as conversas. Depois de semanas na expectativa, dei o caso por encerrado. Essa situação é curiosa porque fui vítima de uma experiência anterior (negativa) que minha própria empresa havia criado!

Analisando essa abordagem pela perspectiva do produto, acredito que é sempre vantajoso chegar depois de alguém. Os esforços iniciais já foram feitos, e se a aproximação anterior tiver sido bem-feita, excelente. É uma questão de dar continuidade e aperfeiçoar. Se a experiência anterior não foi boa, está aí uma chance de fazê-lo. Se fizeram um trabalho bem executado, é hora de suar a camisa para melhorar ainda mais.

A análise da concorrência internacional

Você deve ter notado que o Trade Map é uma fonte bastante interessante por conta da abrangência, organização dos dados, elaboração de informação, facilidade de navegação e custo. Há quem espere atualizações mais ágeis, mas considero suficiente o que é oferecido, até porque é preciso lembrar que os dados são compilados em escala global e oferecidos da mesma forma. As imagens que você viu anteriormente foram acessadas em abril de 2020 e já havia os números fechados de 2019.

No entanto, o sistema apresenta suas limitações, como o fato de não ser possível vincular os volumes importados aos nomes dos exportadores. O melhor caminho para conseguir esse tipo de informação é adquiri-la por meio de fontes especializadas. Não é nada difícil encontrar empresas que oferecem relatórios que são gerados a partir de dados de aduanas ou manifestos de embarque. Os primeiros podem sofrer por conta das limitações impostas pelos governos locais. Os relatórios criados a partir de dados de embarque são mais comuns e bastante úteis. Dali será possível tirar informações importantes, como o nome do exportador, do importador, quantidades embarcadas, descrição detalhada das mercadorias, entre outras. Só não terá o preço praticado na operação (uma vez que eles não aparecem necessariamente em conhecimentos de embarque). Esses tipos de relatório costumam custar em torno de US$2 mil ao ano. O ideal é que se discuta com a empresa fornecedora o alcance do que será entregue antes de fechar uma compra, por meio de uma amostra.

Além dos relatórios que são enviados mensalmente, é possível fazer assinaturas de empresas que disponibilizam dados em plataformas digitais que dão acesso às importações de outros países — que permitem maior visualização de dados —, fazendo que os exportadores apareçam nos relatórios. A partir daí, existe a possibilidade de fazer um cruzamento de dados.

Sei que essa lógica cai por terra se esse país pesquisado pela via da importação não compra do Brasil, então, para tentar evitar isso, a sugestão é simples: é fácil acessar as exportações brasileiras por posição tarifária e país de destino, e dependendo da classificação fiscal de seu produto, há uma boa chance de usar isso para refinar a pesquisa. Pareceu complicado? Não é. É só um exercício de lógica, organização, paciência e busca permanente por dados e informações.

Outro caminho que pode ser usado são os dados secundários preparados por órgãos de fomento de governos estrangeiros. São relatórios elaborados para auxiliar associados ou empresas de um determinado setor a desbravar os mercados internacionais. Algumas dessas publicações estão disponíveis de forma gratuita na internet e, ainda que tenham sido preparadas algum tempo antes, servem de poderosa fonte.

Outra dica é pensar em termos de associativismo. A quase totalidade dos segmentos produtivos está organizada em torno de entidades de classe, e essas entidades (associações de produtores, sindicatos patronais etc.) costumam ter profissionais ou departamentos inteiros dedicados à internacionalização de seus associados. Muitas dessas informações são de livre acesso. É uma questão de curiosidade, investigação, lógica e persistência.

Para quem dispõe de tempo e recursos, as feiras internacionais também servem a esse propósito investigativo. Não, não é preciso embarcar para expor em uma feira. Comparecer como visitante é uma ótima chance de observar brasileiros que atuam lá fora e, também, os muitos exportadores internacionais, além de ser uma boa oportunidade para vê-los em plena ação de venda. Ali, a concorrência estará com seus produtos, serviços, equipes de venda e, principalmente, seus clientes! No entanto, é preciso ser criterioso na escolha de quais feiras visitar. São mais de 20 mil por ano ao redor do mundo, mas nem todas são efetivamente internacionais e representativas. Há grande quantidade de eventos locais e bastante específicos, por isso o melhor é focar as feiras que são consideradas referência de seus setores.

Saber que uma empresa está faturando em moeda forte me faz ir atrás de que maneira ela comunica isso. Sim, a exportação traz um glamour quase impossível de disfarçar. E não é para menos. Talvez você se lembre de que, por muitos anos, marcas nacionais estampavam orgulhosamente a menção "Tipo Exportação" em suas embalagens ou comunicações de marketing. A mensagem enviada para os consumidores era: pode comprar porque tenho qualidade suficiente para ser aceito no exigente mercado internacional.

Os sistemas de tributação internos dos países selecionados como alvos da estratégia de expansão também podem jogar mais um elemento sobre a avaliação da sua competitividade. A Índia, por exemplo, tem um sistema de impostos e taxas que, de certa maneira, chega a parecer com o do Brasil (são vários recolhimentos e incidem em cascata), e depois de pagar toda essa carga tributária, pode ser bem mais fácil ficar com o produto fabricado localmente. Esse tipo de avaliação de competitividade, de maior complexidade, funciona melhor com o auxílio de um profissional do próprio país de destino, que pode ser um prestador de serviço na área aduaneira ou até mesmo o importador. Antes que você se preocupe com o fato de, diante da necessidade de conhecer como as coisas acontecem no mundo, pedir ajuda ao próprio cliente no exterior, fique tranquilo. Existe o consenso entre todos os negociadores globais de que é impossível conhecer todas as regras de todos os países aplicáveis a todos os produtos. O esforço de venda deve ser entendido como um trabalho de cooperação comercial em que todos saem ganhando. Em três décadas de atuação global, não me recordo de ter tido qualquer problema ao questionar um cliente (ou potencial) sobre informações locais que ajudam a melhorar as condições de negociação. Alguns defenderão que esse tipo de inteligência não é obrigação do exportador; que basta o fato de dispor do produto para que a dinâmica de negociação caminhe de forma natural. Talvez realmente não seja obrigação de quem vende saber o que acontece no país de quem compra, mas negocia bem melhor quem tem mais dados e informação.

Proteção que afeta a competitividade

Uma das variáveis mais importantes para este capítulo está no país de destino e já é conhecido nosso: o já mencionado imposto de importação. Como já mencionei, considero esse tributo como o único realmente global, ou seja, todos os países têm e fazem uso dele para controlar a entrada de produtos estrangeiros e para contribuir com a arrecadação.

Por sua natureza e seu impacto, é possível dizer que um imposto de importação alto pode determinar a viabilidade de presença de itens estrangeiros em um determinado país — especialmente quando houver a competição com a produção local. Por essa natureza ampla e pela importância que governos dão ao assunto, é preciso tratar essa variável com toda atenção.

De maneira bem generalizada, é certo afirmar que economias mais desenvolvidas e maduras praticam níveis tarifários mais baixos. Países em desenvolvimento tarifam suas importações em patamares um pouco mais elevados, enquanto países menos favorecidos têm uma tendência a taxar mais pesadamente os bens importados. É preciso muito, mas muito cuidado nesse assunto. Primeiro porque tarifas de importação de até 5% não se configuram, no meu entendimento, em uma barreira de entrada. Quando esse número sobe até 13%, uma luz de alerta deve ser ligada. Níveis acima disso indicam que existe uma intenção por trás do percentual e que a vida do exportador será mais difícil.

O mais importante para quem opera no mercado é lembrar que cada produto tem uma realidade diferente e deve ser pesquisado de forma individualizada. Uma economia frágil e fechada pode, para um determinado item ou grupo de itens, praticar uma tarifação bastante baixa, de modo a não atrapalhar a entrada em seu território; produtos estrangeiros são bem-vindos a fim de manter o nível de atendimento à sua população. Isso se dá pela combinação de demanda pelo produto e pela baixa produção (ou ausência) local. No sentido oposto, uma economia aberta também pode ser restritiva com níveis tarifários altíssimos. Nesse caso, em geral, isso se deve à pressão de produtores locais que clamam por proteção oficial.

Ainda no campo dos desafios de entrada ligados ao impacto tarifário, existe um perigo de que poucos se dão conta: as medidas de defesa comercial. Não confunda essa expressão com protecionismo. São coisas diferentes.

Protecionismo são medidas oficiais para proteger a economia, ou um setor dela, por meio de criação de barreiras diversas que interferem na dinâmica natural dos negócios. Já as medidas de defesa comercial existem para proteger produtores locais contra práticas desleais de comércio e ações de estímulo à competitividade promovidas por governos (em princípio, proibidas). São somente três, visam corrigir distorções e valem para o mundo inteiro: direitos *antidumping*, medidas compensatórias e cláusulas de salvaguarda. Em todos os casos, são cobrados adicionais sobre o imposto de importação, e isso acaba onerando o custo de seu produto no país de destino.

O grau de utilização dessas medidas reflete o estado da industrialização do país e quão organizados são os empresários locais.

> Direitos antidumping visam corrigir um tratamento desleal praticado no comércio, ou seja, o exportador que vende seu produto em determinado mercado abaixo do preço que pratica no seu país de origem. Isso é deslealdade e é patrocinada, via de regra, por uma empresa.
>
> No caso das medidas compensatórias, quem entra em cena é o subsídio — que é o apoio oficial a uma empresa ou setor da economia de modo a gerar competitividade de maneira artificial, por parte do governo.
>
> Já nas cláusulas de salvaguarda, não há nada de errado com o lado vendedor. Trata-se tão somente da indústria de um país que não consegue ser competitiva e se manter saudável diante da entrada de produtos importados.
>
> Note que são três situações diferentes, mas em todas o objetivo é a defesa da indústria local e quem é punido é o produto estrangeiro, que acaba sendo sobretaxado.

O antídoto contra o impacto tarifário — seja ele grande ou pequeno — são os acordos que visam reduzir ou zerar o imposto de importação, obtidos por meio dos blocos econômicos. Lembre-se de que, pelas regras da OMC, os impostos de importação são válidos para todos os países, sem discriminação ou vantagem. Assim, se o Brasil opta por taxar o mel de abelhas em 50%, todos os importadores nacionais terão que recolher esse percentual no momento do desembaraço, não importando a origem do produto. Esse é o princípio geral, mas se for originário de um país com quem o Brasil mantenha um acordo comercial, existe a possibilidade de o tributo ser muito menor ou mesmo ser zero.

Competitividade internacional sob a perspectiva brasileira
A questão de nossa competitividade é um tema recorrente e que leva a debates intensos e muitas conclusões incompletas, tanto nas discussões empresariais quanto nos espaços acadêmicos ou políticos, e a melhor maneira para identificar nossa posição competitiva é estabelecermos comparações corretas de preços entre um item fabricado localmente a um similar importado. Em grande parte dos casos, perdemos feio.

Entender por que tudo aqui custa tão caro é uma tarefa gigantesca que vai da análise dos custos de produção, passando por tributação, condições de infraestrutura e chegando às margens de lucro aplicadas por aqui. Esse acúmulo de fatores jogando contra a lógica resulta em distorções aplicáveis à realidade do mercado interno e da exportação também. Pagamos muito mais caro por quase tudo que é fabricado aqui mesmo ou que vem de fora, quando comparado com o que acontece em outros países. Ainda está viva na nossa memória a inacreditável conta feita à época do lançamento de um modelo de videogame há alguns anos. Com valor sugerido de venda ao público no

Brasil, era possível viajar aos Estados Unidos em uma quinta-feira (em classe turística, é claro), comprar o aparelho lá fora e ainda passar o fim de semana antes de retornar ao Brasil para trabalhar na segunda-feira.

A competitividade internacional não pode ser sintetizada pela taxa de dólar favorável; esse é um dos maiores erros de percepção empresarial na hora de pensar a expansão para fora do país. É preciso muito cuidado ao tratar a falta de competitividade culpando exclusivamente o conjunto de fatores que formam o custo Brasil (e que se tornou o vilão número um do país). A competitividade é composta de fatores externos — contra os quais o empresário pouco ou nada pode fazer para mudar — e internos, com os quais ele deve lidar de forma diária. Esse último é área de domínio da empresa e de seus gestores, ou seja, aqui há muito para ser feito.

Em um país sem tradição comercial, fechado e com pouco conhecimento técnico, atrelar a competitividade ao câmbio é um exercício natural, diário e consumado. Da imprensa aos empresários, o mundo se torna atraente quando o dólar sobe em relação à moeda nacional. Simples assim. Pena que esse pensamento simplista seja absolutamente equivocado. Já parou para pensar que depender do câmbio é estar atrelado a um fator externo, controlado por forças de mercado muito além da gestão da empresa? É como sair para navegar e estar à mercê dos ventos que sopram no mar aberto. As flutuações da moeda têm seu peso e sua importância, mas fazem parte de algo maior.

Tudo que está relacionado às condições gerais brasileiras deve ser encarado como democrático; à medida que se afeta você, também atinge seu vizinho, bem como a todos os que estejam localizados no Brasil. De norte a sul, os impostos são os mesmos (não estou considerando aqui variações entre estados), bem como a infraestrutura (ou a falta dela), o acesso ao crédito e o custo de mão de obra. Todos nós, em especial os que empreendem, têm conhecimento sobre todos esses fatores, mas mesmo com todos esses percalços é possível, sim, se tornar competitivo a ponto de ganhar a preferência de um cliente internacional.

Uma vez que a infraestrutura, a carga tributária, o posicionamento geográfico e a incapacidade governamental de atuar não podem ser modificados no curto prazo, o que resta é focar o que é possível. Nesse ponto, é preciso fazer uma distinção entre *ser* competitivo e *estar* competitivo.

Ser competitivo está ligado ao que é mais firme e não muda com facilidade; contar com abundância de profissionais qualificados (exploraremos esse tema em mais profundidade logo adiante), existência de política industrial coerente, clareza na estratégia oficial de internacionalização (papel do governo), infraestrutura em condições de excelência. Tudo isso demora a ser construído, e a desvantagem não consegue ser eliminada da conta com rapidez. O ***estar*** competitivo dirige-se a condições temporárias, ou seja, é possível desenvolver no curto prazo e com recursos próprios.

A maneira mais simples de identificar o que pode ser feito é olhar toda a cadeia, desde a matéria-prima até o recebimento do pagamento internacional pela exportação realizada. Cada etapa deve ser esmiuçada a fim de tirar daí ganhos que, somados, ajudem a compor um valor competitivo e que traga resultados satisfatórios para o negócio.

As matérias-primas e os insumos têm papel crucial, uma vez que a carga tributária desses itens não deve penalizar o preço de exportação. O ideal, nesse caso, é olhar com cuidado as quantidades e quanto representa em custo cada um dos itens que farão parte do produto final. Para evitar que os temidos tributos nacionais contaminem a competitividade internacional, fica a recomendação de que as ferramentas de desoneração sejam estudadas tanto para os produtos importados como para os de origem nacional. Trata-se de um trabalho técnico e cuidadoso que deve ser conduzido por profissionais especializados.

Deixando essa perspectiva interna, é hora de olhar para fora, para a relação com os potenciais clientes dentro do ambiente de negócios. Você perceberá que existe um desdobramento natural de temas que contribuem para que uma exportação aconteça e sempre há como intervir fazendo com que as coisas fiquem mais atrativas sob os olhos de quem compra, ou seja, que sua empresa e produto sejam percebidos como mais competitivos do que os concorrentes. Darei um exemplo: combinar condições de pagamento com o melhor uso da logística internacional contribui muito para criar uma "blindagem" de serviços com altíssima percepção de valor ao produto. Dessa forma, os custos gerados pelo frete internacional e pela forma de pagamento serão perfeitamente absorvidos pelos preços (mais altos) que os clientes pagarão.

Em um ambiente em que os custos baixos estão diretamente ligados às grandes quantidades produzidas (uma equação lógica que a China usa muito bem), pode haver espaço para movimentações das quais a flexibilidade venha fazer a diferença. Tive a sorte e o privilégio de trabalhar em empresas médias que eram rápidas e flexíveis no desenvolvimento de produtos, que, quando comparados aos números superlativos que os produtores chineses exigem, a opção brasileira acabava chamando a atenção, e entrávamos no jogo em boas condições de competir.

Uma política comercial desenhada especificamente para o mercado externo será útil nessa hora. O raciocínio já começa na precificação: em vez de usar o tradicional método baseado no "desmonte" do preço do mercado interno (retirando impostos, margem e tudo que se refere ao ambiente brasileiro) para ser "remontado" (agregando a embalagem, custos referentes à exportação e margem esperada), proponho algo diferente. Que tal começar a partir do custo de produção e agregar o valor da oportunidade? A maneira de fazer isso não é complicada, basta evitar a ancoragem logo de saída.

Ao calcular o preço de exportação usando o primeiro método, o executivo indicará a margem de lucro esperada ou desejada e, assim, determinará um preço, mas sair em campo com esse valor debaixo do braço, já previamente calculado, pode representar o fim do projeto logo de cara. Imaginando que a margem desejada tenha sido de 15% (metade das expectativas normais válidas para negócios no mercado brasileiro), o preço pode ter ficado mais alto do que aquele praticado no mercado que está sendo abordado. Diante de um valor que esteja fora do que se espera, um comprador pode simplesmente descartar a opção brasileira? É o fim da negociação? Obviamente não, mas a coisa já começa com uma desnecessária disputa em torno de uma redução de preço.

A ancoragem é uma zona de valor em que o preço anunciado ficará preso, e ainda que possa ser movido, não espere muita coisa. A ideia da "gordura" embutida nos preços e que pode ser queimada durante a negociação é perigosa, afinal, esses percentuais não podem ser muito elevados, sob o risco de passar uma mensagem de que se está tirando vantagem da situação. O ideal é que essa ancoragem seja a mais precisa possível.

Como fazer isso? Basta começar os cálculos a partir do preço praticado no mercado de destino e voltar retirando os percentuais usualmente aplicados em cada elo da cadeia de fornecimento (varejo, distribuidores, impacto de custos de importação etc.) até chegar na porta do exportador. Aí basta comparar os dois valores, e quanto maior for a diferença a favor do preço internacional, ou seja, quanto maior ele for em relação ao custo de produção nacional, maiores as possibilidades de um bom resultado. Esse é o valor da oportunidade. Tenha em mente que nem tudo é vendido pelos mesmos preços e pelas mesmas condições diferentes em diferentes países. Pesquisando de maneira estruturada você pode se deparar com a positiva surpresa de ver que o produto brasileiro é tão competitivo em determinado mercado que permita uma precificação agressiva a ponto de chamar a atenção dos compradores.

Montar esse raciocínio não é difícil, o desafio está na obtenção dos números, desde o preço praticado na ponta até estimar quanto cada elo da cadeia de fornecimento ganha na operação. Entra em cena nessa hora a artilharia pesada da inteligência de mercado.

Já é bem conhecida nossa autocrítica em relação ao Brasil — somos ácidos e bastante realistas em relação às nossas dificuldades históricas. Nada contra isso, mas é importante entender como fazer com que essa autocrítica não contamine nosso comportamento diante do desafio de expandir negócios além das fronteiras.

Não é preciso mentir lá fora ou para o comprador estrangeiros colocando o Brasil como um exemplo soberbo de ambiente de negócios e referência de competitividade; isso soaria falso. O interessante é ter a capacidade de ressaltar os aspectos positivos que dizem respeito ao negócio em si. É desnecessário abrir o dicionário de mazelas internas indo de A a Z, todos têm consciência de nossos problemas, e ao negociador basta se limitar ao que está sendo discutido e negociado. Não há país perfeito, e o que se espera é que o clima de cooperação contínua, que marca as trocas internacionais, seja possível de ser alcançado. Andar pelo mundo negociando produtos brasileiros é uma experiência que guarda surpresas, pois muita gente aí fora reconhece que, apesar dos muitos problemas, há coisas bastante positivas sobre o Brasil, e é aí que devemos trabalhar. Enumerarei alguns desses aspectos positivos, que foram retirados de um trabalho considerado como referência no assunto, o *Global Competitiveness Report*.[5]

O Relatório de Competitividade Global é uma publicação que permite conhecer o mundo inteiro pelas métricas e pelos parâmetros adotados há anos pelo Fórum Econômico Mundial — que é também o responsável pelo relatório. No índice de competitividade da edição de 2019, de um total de 141 países, o Brasil ficou classificado na posição 71, ladeado de países mais pobres e menores (Jordânia e Armênia estão mais

---

[5] Global Competitiveness Report 2019. Disponível em: <https://www.weforum.org/reports/global-competitiveness-report-2019>.

bem posicionados). Apesar de estar entre as 10 maiores economias do mundo, o grau de competitividade brasileiro é baixo, mas é preciso cuidado na hora de ler e interpretar esses relatórios. Tomar a lista nas mãos e ler o ranking não significa afirmar que fazer negócios na Jordânia ou na Armênia seja melhor que no Brasil, não se trata de uma análise tão simples assim. O fato é que são aplicados critérios quantitativos e qualitativos para a elaboração de um ranking, e por essa razão é preciso ler tudo dentro de forma contextualizada.

Apesar de sua posição fraca, é possível notar que o Brasil tem aspectos positivos e que despertam interesse. Veja alguns exemplos, que foram retirados da mesma publicação:

a. Tamanho do mercado: quase uma unanimidade na perspectiva de quem está fora e quer entrar. O país não é uma China ou Índia, mas contar com uma população total de mais de 200 milhões de habitantes estimula muitas contas de consumo.

b. Capacidade industrial: somos donos de um parque potente e diversificado. Estude esse aspecto e o apresente sempre que possível. Ter musculatura industrial significa que o empresariado lida com matérias-primas, bens de capital, além de tantas outras facetas que emolduram a vida empresarial produtiva.

c. Dinamismo e eficiência tecnológica no mercado financeiro: o país é reconhecido há anos pelos avanços nesse segmento; todos conhecemos a eficiência de nosso sistema bancário.

d. País jovem, dinâmico e empreendedor.

e. Apesar dos desafios, o Brasil é um país onde o ambiente democrático sobrevive e as instituições funcionam.

f. Apesar da violência social, não há terrorismo na mesma escala em que a grande maioria dos países desenvolvidos.

g. Cultura tolerante e homogênea (nos aspectos que mais importam aos negócios), apesar da dimensão do país.

Avaliações de competitividade podem ser úteis para ajudar na condução das negociações, mas é bom estar preparado para objeções diversas. Não faltarão compradores que farão um tremendo esforço para lembrar os muitos problemas do Brasil, e é nesse momento que o exportador tem que saber absorver o golpe e contra-atacar com verdades que nem sempre são divulgadas.

Lembro que, no final da década de 2010, a sigla BRIC[6] tomava o mundo de assalto enquanto eu tentava tomar outra parte do mundo com meus produtos. Com exceção da Rússia, eu competia frontalmente contra produtos oriundos da Índia e da China. Eram meus anos na indústria química e, por diversas vezes, apresentei um argumento simples: dos quatro países em questão, qual deles oferecia o melhor ambiente legal e regulatório para a produção de itens químicos perigosos? Não demorava muito para que todos chegassem à conclusão de que o pacote Brasil era mais atraente do que o formado pelas outras iniciais da sigla. Se fosse discorrer e analisar o que era conversado nessa época, precisaria de quase um capítulo inteiro desse livro — o que não é meu objetivo (ainda que o tópico se justifique plenamente) — para mostrar como nosso país despertava maior interesse que os outros. Como eu trabalhava para uma empresa grande e renomada, era muito mais fácil fazer com que esse pacote ficasse a favor do Brasil.

CONHECENDO OUTROS PAÍSES — VIAJAR OU NÃO VIAJAR?

Ao abordar esse tópico, tenho em mente duas perspectivas de conhecimento advindas das viagens internacionais. A primeira é a experiência de estar no país e capturar detalhes e impressões que nos ajudam na compreensão das necessidades locais, em que as visitas aos pontos de venda e fábricas podem revelar informações que não são transmitidas por relatórios e não ficam disponíveis nas buscas da internet.

A proximidade física é também um elemento que ajuda na construção de relações com os clientes, pois, por mais que a comunicação eletrônica tenha avançado e se tornando rápida, precisa e barata, nada substitui a experiência presencial. É preciso lembrar que negócios são feitos por pessoas. Ainda que muitas empresas e compradores se apoiem em mecanismos de compra automatizados para tomar decisões com base em comparação de respostas, há detalhes que devem ser discutidos. Essas conversas podem ser conduzidas à distância sem o menor problema, mas o olho no olho ainda ajuda bastante. Obviamente, quem diz isso é um *trader* formado na escola clássica, em uma época em que a comunicação eletrônica havia deixado as pesadas e barulhentas máquinas de telex e se transformado no moderníssimo fax (fac-símile). Tecnologias à parte, o fato é que as negociações conduzidas presencialmente são tremendamente mais ricas e cheias de possibilidades do que suas versões eletrônicas. Se você é um gestor comercial atuante e acostumado com o mercado interno brasileiro, entende o que quero dizer por estar na rua, na frente do cliente. Por outro lado, seria negligência minha ignorar que a crise de saúde que assolou o mundo em 2020 trouxe uma nova forma de encarar as reuniões presenciais. Por absoluta força da necessidade, nos vimos forçados a substituir o aperto de mãos e os abraços (quando a cultura permite) pela frieza das telas dos computadores. E parece que percebemos que, sim, é possível conduzir negociações internacionais nesse novo mundo moderno e cheio de cuidados e desconfianças.

---

6 Termo cunhado em 2001 pelo Goldman Sachs, usado para se referir aos grandes países emergentes, Brasil, Rússia, Índia e China, vindo o BRIC a se tornar, anos mais tarde, um grupo econômico, juntamente à África do Sul, alterando a sigla para BRICS. Mais informações em: <http://brics2019.itamaraty.gov.br/sobre-o-brics/o-que-e-o-brics>.

Outro fator importante a se mencionar é a questão do custo das viagens de negócios. Não é preciso mencionar que há uma tremenda diferença entre os custos envolvidos nos deslocamentos dentro do Brasil e fora dele, certo? O Brasil é um país continental, e o que se cobra aqui em termos de tarifas não é exatamente justo e acessível, apesar de ter havido momentos em que a oferta de serviços e o momento da economia fizeram com que tivéssemos a (falsa) percepção de que estávamos em um lugar de custos racionais de deslocamento. Pena que durou pouco, mesmo assim podemos afirmar, categoricamente, que as viagens nacionais são mais baratas que as internacionais. Manter uma força de vendas internacional em movimento custará mais do que o time nacional.

Deixo uma mensagem que é fácil de registrar, embora dura de ser aceita: vendas são vendas, não importa onde ocorram; muito embora as vendas realizadas no exterior sejam mais complexas e devam, por essa razão, ser tratadas de forma especial. Isso significa dizer que os profissionais não devem ser privados da secular rotina de estar no campo visitando seus clientes de forma regular.

Volto a reforçar que a única dúvida que pode surgir em torno da questão das negociações presenciais é o novo padrão de comportamento ao qual o mundo precisou se adaptar, forçadamente, a partir da pandemia de 2020, pois tudo isso foi colocado contra a parede. Restrições de deslocamento, pânico diante de contaminações, políticas draconianas de visita e reuniões impostas pelas empresas, custos elevados de viagens decorrentes do ambiente criado, além do real risco de contaminação pelo temido vírus. Esses fatores acabaram forçando que apresentações passassem a ser feitas a distância. O lado bom disso é o efeito global das restrições, cenário este em que todos os *traders* foram afetados e exportadores do mundo inteiro tiveram, a ainda têm, que se adaptar à nova realidade.

FATOR CHINA E O MITO DA MÃO DE OBRA BARATA PARA SEMPRE

Afirmo que falar sobre ter mão de obra barata eternamente é um mito, porque ouvi muito, ao longo dos anos recentes, que a competitividade chinesa seria uma espécie de fonte inesgotável de riqueza e prosperidade para o resto do mundo, sempre com base no fato de que todos os trabalhadores lá dormiam sob as bancadas de trabalho, não se alimentavam adequadamente, não tinham férias, recebiam salários baixos e não desfrutavam qualquer direito trabalhista. Não há como negar que essa situação realmente existiu durante anos (e que talvez ainda exista) e que contribuiu para que o país participasse como ator principal nas trocas globais. A ingenuidade está na crença que isso duraria para sempre.

Um observador mais atento poderia comparar o que acontecia na China com o fenômeno dos Tigres Asiáticos — tão discutido na última parte dos anos 1980. Alguém consegue reconhecer hoje a Coreia do Sul como um país de custos baixos para a fabricação de itens populares e baratos? Ou mesmo Taiwan? Obviamente a China não pode ser confrontada com essas nações menores em território, recursos e população. Não seria justo. Mas estava claro que as coisas mudariam. Estava claro que o modelo chinês evoluiria e se transformaria em função do aumento de salários, da maior qualificação do parque industrial, dos custos de produção crescentes, do esgotamento dos recursos naturais, entre outros fatores (de forma muito parecida com o que aconteceu com os Tigres Asiáticos). Era uma questão de tempo somente, e só não viu quem não quis.

O que deve permanecer na China, em especial após a crise do coronavírus, é a indústria 4.0, ou aquilo que se convencionou chamar de indústria 4.0 no início da década de 2020. A substituição do modelo quase escravagista chinês pelo ponto mais alto da eficiência e da automação não acontecerá em um ou dois anos. Esse processo será paulatino, e o que se verá é uma substituição no perfil de produção conforme a nova Rota da Seda for sendo pavimentada em direção ao mundo ocidental.

A subida nos valores das horas trabalhadas na China já me chamava a atenção há exatos 10 anos. Recordo que estava preparando uma aula sobre competitividade internacional por volta de 2011 e acessei o *International Labor Comparisons*,[7] um site do governo norte-americano que está dentro do *U.S. Bureau of Statistics*. O valor pago a um trabalhador chinês urbano em 2002 era de US$0,95 por hora, e em 2009, o mesmo trabalhador já ganhava US$2,85 por hora. Os cálculos apontam para um amento de 3 vezes nos 10 anos seguintes.

Em um futuro não muito distante, associar o *made in China* à preços baratos soará muito estranho.

LIÇÕES DA VIDA REAL: PEGANDO PESADO NA EUROPA

O caso

Na mesma época em que as exportações de produtos químicos avançavam na Europa, as alterações feitas da embalagem após o mal-entendido no porto alemão geraram uma nova situação. As normas europeias de ergonomia e saúde no trabalho eram e são bastante restritivas. A opção que apresentamos aos clientes de aumentar o tamanho dos tambores e, consequentemente, o peso de cada um não teve sucesso imediato.

Uma alternativa que surgiu foi a de enviar o mesmo produto embalado em caixas de 20 quilos cada. Esse tipo de embalagem, no entanto, não era a melhor opção do ponto de vista de fabricação, pois o custo aumentava de forma exponencial, e a produtividade ia ladeira abaixo. A fim de tentar manter a competitividade por meio de uma embalagem que era mais favorável no lado brasileiro, mas que

---

7   Disponível em: <https://www.bls.gov/fls/>.

também poderia representar um ganho de produtividade na visão do cliente, é que comecei a buscar pelo elemento que faltava nesse roteiro, e a resposta estava em uma maneira de auxiliar o trabalhador europeu no manuseio dos tambores.

E se nós fornecêssemos esse equipamento sem custo algum? A ideia me pareceu brilhante, e passei a pesquisar aqui no Brasil qual instrumento seria adequado para essa situação. Cheguei a algo bastante simples, que se chamava entornador de tambores, que nada mais era do que um pequeno carrinho no qual os tambores eram acomodados, presos e depois virados. Mais simples que isso, impossível. Localizei dois fabricantes no Brasil, e o custo de cada equipamento era baixo diante da solução que traria.

Meu plano era atrelar o envio gratuito do entornador a uma quantidade mínima comprada e baseada em uma programação anual fechada com o cliente. Com a solução embaixo do braço, voltei ao território europeu para negociar isso junto aos clientes, afinal, esse era o tipo de tema que não dava para tratar a distância; era preciso ouvir profissionais de produção, segurança, controle de qualidade etc. A recepção foi boa, e a coisa fazia sentido: ao entornar 90 quilos dentro de um mixer de uma vez, ganhava-se produtividade, em comparação ao trabalho de abrir quatro caixas de 20 quilos cada. O que surgiu nesse momento foi algo relacionado à segurança. Os entornadores eram de ferro e poderia haver risco de produzir faíscas durante a operação. Sendo o produto altamente inflamável, esse tipo de evento não teria bons resultados.

Produzir esses equipamentos simples de forma mais segura era uma opção? Sim, mas o projeto não avançou.

Essa solução foi apresentada em países como Itália, França, Suécia, Finlândia, Dinamarca e Alemanha. O entornador, conhecido no mundo como tilting machine, não trazia qualquer caráter inovador na sua existência ou utilização, e só não havia sido aplicado ainda em um setor produtivo específico na Europa porque não havia necessidade até aquele momento. Em função de um produto que não se encaixava perfeitamente às necessidades locais, uma solução foi apresentada de modo a não modificar o produto em si, mas sim a maneira como era manuseado.

5

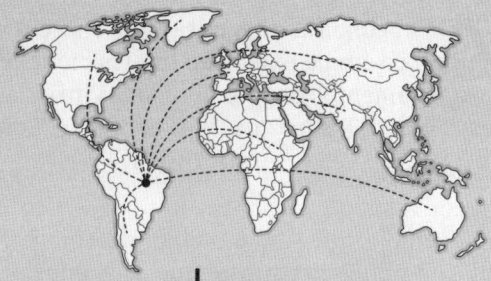

Selecione os mercados

O que veremos aqui?

"Apesar de tudo, à medida que avançamos para a terra desconhecida do amanhã, é melhor ter um mapa geral e incompleto, sujeito a revisões, do que não ter mapa nenhum."

Assim escreveu Alvin Toffler, futurólogo e escritor norte-americano, em seu livro *Powershift: as mudanças do poder*, lançado em 2003. O mesmo vale para a decisão, sempre difícil, sobre para onde ir na hora da expansão internacional.

Existem fatores, números, percepções e experiência alheias que influenciam a todos nesse momento. Entretanto, é preciso ir além e examinar o mapa-múndi com o olhar profissional e cuidadoso. Você verá que as possibilidades de análise aumentarão na mesma proporção que o número de países ou regiões com potencial para receber seu produto. O Brasil enfrenta uma alta concentração em termos de mercados internacionais (como destinos das exportações), e aumentar essa visão geral não implica em deixar de lado esses mercados já conhecidos, mas sim em ampliar o leque de opções. No entanto, para que os resultados possam compensar, é preciso método, curiosidade e empenho na busca de dados e informações.

As primeiras perguntas que surgem na cabeça de qualquer um que inicia um projeto de expansão internacional e que primeiro nos encanta, enche o pensamento com possibilidades infindas e logo nos aterroriza é: diante de tantas possibilidades, para qual país exportar? Por onde começar?

Nem tudo é "preto e branco" no processo de identificação, seleção e priorização de mercados. Não é porque um país é rico, em termos de seu PIB ou renda *per capta*, por exemplo, que será o melhor destino para suas vendas. O fato de ele ser mais populoso tampouco garante que as vendas serão maiores, regulares e lucrativas. Uso esses exemplos porque é comum que sejam apontados como fatores de decisão em processos de seleção de mercado, e isso é um tremendo erro. A tarefa de pilotar a expansão internacional dos negócios é estimulante, mas exige uma capacidade analítica do executivo à frente do projeto que vá além dos fatores macroeconômicos que estão democraticamente disponíveis em qualquer pesquisa online. Se análises desse porte fossem definidas e respondidas por esse tipo de pesquisa, o trabalho de um profissional especializado em mercados internacionais seria facilmente substituído. Olhar o mundo como potencial destino e candidato a parceiro de negócios é uma das tarefas mais estimulantes dentro do universo de um gestor de negócios globais.

No entanto, em momentos de incerteza, esse trabalho pode ir da euforia à frustração em pouco tempo. As consequências da crise que começou em 2020 tendem a se arrastar por anos, fazendo com que inúmeras apostas não se concretizem e que surjam surpresas de forma repentina. Ainda na fase bem inicial da crise, fui procurado várias vezes para falar sobre previsões e cenários. O que fazer e onde fazer? Tarefa ingrata, porque tudo estava no começo, e a cada hora chegavam estudos, artigos, palpites, impressões e muitos chutes. Lembro-me de que adotei o caminho da lógica, que me parecia mais óbvio, ou seja, vislumbrar pilares sobre os quais eu poderia arriscar minha opinião.

Por algum tempo, foquei minhas observações nas quantidades transacionadas. Obviamente, um tombo estava logo à frente, afinal, o mundo parou e tudo freou junto a partir da redução drástica do consumo. Essa era uma certeza. No entanto, dessa observação, o que veio foi uma outra verdade: o mundo não deixará de comprar e de consumir. Outra verdade que me ocorreu à época do pânico global foi a de que o dinheiro não desaparece; ele simplesmente muda de mãos e pode permanecer um tempo guardado. O desafio é saber quem ficou ou está com o dinheiro e quando ele estará de volta ao tabuleiro.

Haverá, sim, como não poderia ser diferente, muitos deslocamentos em relação à demanda e à oferta. Empresas desaparecerão. Consumidores reduzirão os valores em suas compras. Não é pouca coisa, e por mais que a crise de 2020 tenha gerado expectativas (e resultados) extremos, é preciso não esquecer de que necessidades humanas deverão ser satisfeitas. Máquinas ainda precisarão ser lubrificadas, indústrias, providas, e insumos e mercadorias ainda precisarão ser transportados.

Por mais brilhante que possa ser a administração interna de um país, não há no mundo uma única nação que seja autossuficiente (que não precise importar algo) e não há país que não tenha interesse (e capacidade) de exportar algo. Essas avaliações simples sempre me encheram de alegria e esperança, e procurei transmitir isso aos que me viam e ouviam, especialmente naqueles primeiros momentos, em que a incerteza gerava preocupação e medo.

Os mercados internacionais não devem ser tratados como algo monolítico diante de nossos olhos. Encarar um país rico como um destino favorável somente porque seus dados macroeconômicos são superiores à grande parte do mundo é apostar na ingenuidade. É preciso olhar sob o verniz.

Na prática, isso significa que não há país rico que não tenha pobreza interna e não há país pobre que não tenha abastados de todos os gêneros, ou seja, não são os dados macroeconômicos que determinam o tipo de produto ou mesmo a capacidade consumerista de um país, mas um trabalho de observação e pesquisa mais profundo que busque entender as necessidades a serem supridas; e saber ajustar-se a esses públicos é que é o verdadeiro estado da arte da seleção de mercados.

Se até antes da crise de 2020 a tarefa de selecionar mercados já era delicada, imagine depois do verdadeiro vendaval que varreu o planeta. Esses matizes se tornaram ainda mais sutis e mais difíceis de serem interpretados.

Lembro-me de que uma ex-aluna, que havia participado de uma palestra que ministrei sobre o futuro dos mercados mundiais após a crise de 2020, me escreveu alguns dias depois dessa apresentação fazendo uma pergunta sobre mudança de eixo no que se refere à localização produtiva no mundo. Há anos eu explorava o tema em sala de aula e por diversas vezes me colocava na posição de pretenso futurólogo amador com foco na geoestratégia comercial global. Minhas palavras às vezes pareciam fazer todo sentido; outras vezes, pareciam devaneios. O fato é que antecipar qualquer coisa que se refira ao mercado global é arriscado e incerto, mas é necessário tentar.

A partir de meados da primeira década deste século, me tornei obsessivamente atento à flexibilidade e à velocidade que as pequenas e médias empresas poderiam usar em seu favor na hora de avançar sobre o mercado internacional. De que maneira é possível seguir adiante com sucesso, mesmo que rodeado de números grandiosos e ameaçadores? Mais do que uma alternativa de negócios, o que trago agora é uma certeza pessoal e profissional.

A totalidade das notícias veiculadas mostra os desastres em grande escala. O pensamento empresarial que navega logo atrás repete a mesma perspectiva, ou seja, fala-se das grandes empresas e de seus números superlativos, fazendo parecer que a realidade de todos esteja ali representada. São quase irrelevantes as menções às pequenas e às médias iniciativas empresariais.

Conduzindo uma sessão de análise de mercados ao vivo pela internet, fui brindado com uma pergunta. O empresário questionava se teria vantagem competitiva no mercado internacional ao optar pelo embarque de carga consolidada (aquela em que uma carga não consegue encher um contêiner completo e acaba compartilhando espaço com outras mercadorias que seguem para o mesmo destino). Gostaria de ganhar uma moedinha para cada vez que ouvi ou me deparei com esse questionamento. Vamos desmontar percepções equivocadas e trazer o assunto para o objetivo deste capítulo.

Na linguagem do comércio internacional, a opção de usar contêineres carregados com a carga de um único exportador é conhecida como FCL (*full container loaded*). Isso vale para todos os tipos de contêineres disponíveis no mercado. Para simplificar, podemos chamar isso de contêiner cheio. Simples assim. Quando isso não for possível, vamos para o embarque usando parcialmente o contêiner, ou seja, a carga será transportada com outras. Nesse caso, a linguagem do mercado é o LCL (*less than a container loaded*).

Vamos examinar a dúvida do empresário ao mencionar essa alternativa de embarque consolidado. O FCL é mais competitivo do que o LCL? Sim. Em termos de valor de frete efetivamente pago, o impacto financeiro pela unidade de produto transportada (kg, m², número de peças etc.) é menor.

O trabalho envolvido em uma operação de um contêiner dedicado a um só exportador é menor do que é preciso ser feito para juntar as cargas de dois ou mais exportadores, e isso se refletirá no valor cobrado do exportador. Mas note que o fato de ter um custo unitário mais elevado do que um FCL não torna a operação menos competitiva. Ela onerará uma parte do longo processo de custos associados à operação, e isso pode ser compensado em outra. Nada de mais.

Trouxe essa breve discussão envolvendo o frete internacional aplicado à realidade de quem não consegue encher um *contêiner* para fazer uma exportação para mostrar que o mesmo raciocínio pode (e de certa forma deve) ser aplicado à seleção de mercados. Nenhuma variável deve ser desconsiderada, mas os critérios devem se ajustar à realidade da empresa que pretende exportar. Vejamos:

Para poder montar um trabalho de expansão internacional de negócios, é preciso conhecer o mínimo do próprio mundo. Durante muitos anos, citei um exemplo em sala de aula que gerava risos e muitos comentários jocosos sobre o grau de ignorância (no sentido de ignorar mesmo) em relação à capacidade de localização geográfica. A coisa começou logo depois da invasão norte-americana ao Iraque em 2003. Uma das muitas pesquisas de opinião feitas por jornais norte-americanos revelou que a grande maioria dos estadunidenses não conseguia localizar o Iraque no mapa. Mas o que mais chamava a atenção era que uma significativa parte dos entrevistados também não conseguia achar os Estados Unidos no mapa!

O que eu debatia era como um empresário ou executivo pode planejar e conduzir uma ação de expansão internacional sem conhecer o terreno onde operará. Havia o consenso de que isso era crítico para efeitos de logística, aspectos culturais, presença da concorrência, mecanismos de acesso e muito mais.

Dominar a localização física de um país é o que permite avançar em tantas outras análises. Sem ela não dá para fazer um trabalho estruturado. Claro que não é preciso que qualquer um de nós saiba exatamente identificar no mapa um pequeno país da África central, mas conseguir localizar os países mais relevantes de cada continente já é um bom começo.

Como em qualquer área, existe o trabalho básico e o estado da arte (que aqui podemos qualificar como sendo o estado de excelência). Nos negócios internacionais, não é diferente. Executivos de ponta são capazes de compreender o mundo sob diferentes prismas. Combinam geografia, história, economia, política e sociologia e usam isso como o alicerce de suas abordagens e negociações. E não raro têm sucesso, pois são capazes de ligar tudo isso à realidade do produto e da empresa (custos, marketing, ambiente legal e regulatório, tributação, logística, finanças, risco).

Sete anos depois da constatação de que (de acordo com a pesquisa) norte-americanos não são muito habilidosos com a geografia global, uma matéria veiculada pela TV Gazeta[1] mostrou algo equivalente aqui no Brasil. Para surpresa geral, os resultados foram ainda piores! Cinquenta por cento dos brasileiros não conseguiam achar o próprio Brasil em um mapa-múndi. A partir daquele dia, deixei de usar o exemplo norte-americano em sala de aula e o substitui pela nossa triste realidade, afinal, conseguimos ser ainda piores do que eles.

Certa vez, ao conversar com um amigo *trader*, ele me contou que, durante uma viagem de negócios ao Uruguai, um colega de trabalho que o acompanhava, durante uma fase da negociação que explorava as opções logísticas, dirigiu-se ao cliente local a fim de explicar os tempos de viagem e custos de frete (como se fosse preciso) e disse que o país estava localizado abaixo da Argentina! Não houve tempo de parar a situação, e, infelizmente, o cliente uruguaio encarou esse deslize primário como mais uma demonstração da incapacidade brasileira de se localizar e atuar no mundo.

Ao longo dos últimos vinte anos, durante os muitos treinamentos executivos que fiz (e ainda faço), por vezes tomei uma decisão arriscada: testar o conhecimento de geografia básica dos participantes, afinal, estava capacitando profissionais para atuar na linha de frente, e — como defendo até hoje — é melhor que cometam erros no ambiente protegido de uma sala de aula do que na frente do cliente. A proposta era bem simples. Em um dos testes, eu entregava um mapa-múndi somente com o contorno dos países e pedia para que cada um identificasse o maior número possível em dez minutos.

Valia colocar um número e fazer uma lista abaixo, usar setas, escrever dentro de cada país ou qualquer outra coisa. O importante era saber se o mundo era algo relativamente conhecido ou misterioso. Nunca pedi os papéis de volta. Explicava que aquele mapa — preenchido ou não — deveria ficar com cada um e talvez servisse de reflexão no futuro. Até por entender que, no exercício de educar ou ensinar, vale mais o aprendizado em si do que a repreensão, ou a correção desse aprendizado, porque para decorar basta afinco, mas absorver determinado conhecimento vai mais além e pressupõe vontade individual, dentre outras coisas, e uma vez apreendido com sucesso, dificilmente se esquecerá dele.

A maioria se dedicava à tarefa com afinco. Posso contar nos dedos os que simplesmente olhavam para o papel e nada faziam, ignorando o desafio. Talvez um ou dois tenham feito cara feia para mim. E foram esses que me fizeram questionar se eu propunha um exercício útil, eficiente e elegante. Em algumas ocasiões, apliquei uma variação do teste. Diante de uma folha de caderno em branco, eu pedia que cada participante escrevesse o maior número de países que lhe viesse à mente, em um período de tempo de dez minutos. Em poucas ocasiões pedi que essa lista fosse feita em ordem alfabética. Reconheço que foi exagero meu. Recordando esse fato, posso dizer que a média de países identificados ou lembrados ficou em torno de trinta. Isso dá 15% de todos os países do mundo. É claro que o fator surpresa e o tempo jogam contra esse resultado, mas sempre manterei altas expectativas dos profissionais que abraçam essa atividade.

---

1 A reportagem pode ser encontrada no link: <https://www.youtube.com/watch?v=adRBD8xxuEQ&t=7s>.

Tudo isso que escrevi reflete a forma como o Brasil percebe e encara o ambiente mundo. Existe de fato um baixo interesse em fazer parte da aldeia global de negócios. Por quê? Acredito que seja em função, primordialmente, do tamanho de nosso próprio mercado e da sensação de conforto que ele traz. Pensar em conduzir negócios em ambientes diferentes inspira sentimentos que vão do receio à preguiça, passando pela acomodação e a sensação de que ficar em casa significa "foco" — e não miopia estratégica. O que escrevo aqui é minha percepção pessoal, mas aceito outras opiniões. Em todas minhas aulas, palestras, entrevistas e eventos o tom ácido em torno do pensamento voltado para dentro se repete, e sempre estou pronto a ouvir algo que desafie e se oponha ao meu pensamento. Infelizmente, depois de quase vinte anos, não ouvi uma palavra sequer que me apontasse algo diferente da triste constatação à qual chego ao pensar os (des)caminhos da internacionalização brasileira.

Se decidir onde fazer negócios no globo é uma tarefa sempre desafiadora, até para os mais experientes, não é errado afirmar que somos atraídos por alguns mercados, assim como os insetos são atraídos pela luz. Em geral, o que faz os olhos dos exportadores brasileiros brilharem é uma combinação de riqueza, tamanho de mercado e facilidade de abordagem. Isso resulta em grupos geográficos que povoam corações e mentes que sonham o faturamento em dólares:

- Mercados ricos: Estados Unidos, Canadá, Alemanha, Holanda, Reino Unido, Japão, entre outros.
- Mercados grandes: China, Índia, Estados Unidos, Europa como um todo.
- Mercados de fácil abordagem: Portugal, Angola, Argentina e parte dos Estados Unidos (estados com maior presença brasileira ou latina).

Note que não há método nessa afirmação e nem mesmo há algum rigor científico. Não fiz pesquisas nem consultei bases de dados sobre o tema. Não entrevistei especialistas em comportamento empresarial. Até porque nada disso existe! É somente minha percepção como operador de mercado e profissional do ensino. O resultado prático, e esse, sim comprovável, é o de que cerca de 75% do volume exportado anualmente pelo Brasil estão concentrados em somente 20 países.

Destes, os 4 maiores (China, Estados Unidos, Argentina e Holanda) representam 50% de tudo que o país vende para o exterior. Essa é uma análise quantitativa e não olha para o que é manufaturado e o que é básico (em geral, *commodities*). Se formos por esse caminho, é preciso notar que o perfil exportador muda radicalmente. As *commodities*, sejam minerais ou agro, são pilotadas por grandes empresas, gerando uma atitude comercial particular. Ainda que pese o esforço de vendas, é inegável que existe um movimento fortemente comprador nessas transações, ou seja, existe muito interesse externo na nossa imensa capacidade de abastecer a indústria global com matérias-primas. Não estou dizendo que é fácil fazer exportação nesse patamar, mas o fato é que o desafio para o pequeno ou médio empresário do setor industrial é muito maior.

Mais uma vez, não há regras para os critérios de seleção de mercados internacionais, mas existem métodos e algum raciocínio lógico que pode fazer com que seu trabalho seja menor, com uso mais racional dos (sempre limitados) recursos e com melhores chances de resultados. Para isso, é recomendável se distanciar das análises baseadas somente nos famosos dados macroeconômicos.

Como todos sabemos, o PIB é sinal de riqueza do país. Dessa forma, é possível dizer quais são economias prósperas e os países centrais no jogo do comércio global, posto que, em geral, países com indicadores de PIB elevado desfrutam uma base industrial poderosa — o que pode tornar a entrada de concorrentes um pouco mais difícil. E justamente por já ter um pujante cenário produtivo, não raro contam com consumidores mais exigentes e, também, um ambiente legal e regulatório mais intrincado. Logo, países com PIB alto tendem a ter um nível muito alto de exigência para a entrada de itens de terceiros países, então o que à primeira vista poderia fazer crer que esse destino fosse interessante, pela capacidade de consumo de sua população, mais rica de forma *per capta*, pode se revelar um destino com muito mais desafios, tornando-o menos atrativo.

Esses países, por outro lado, não chegaram facilmente onde estão e já tiveram seus anos de proteção via tarifas mais elevadas. Durante as primeiras décadas do século XX, a média tarifária dos Estados Unidos e de vários países europeus era bem alta (em torno de 40%), se comparada às atuais (em torno de 5%).

Mas é importante ter em mente que você com certeza não é único que olha para esses mercados e os olhos brilham. São mercados assediados. Todo o mundo quer vender para lá, e isso faz com que os profissionais da área de compras sejam mais exigentes e duros nas negociações, porque eles têm à disposição um rol muito grande de opções, e quanto mais opções, mais serão as exigências. Pode-se esperar muito mais em termos de disputas de preços e necessidade de fornecer um pacote maior de serviços (financeiros e de logística, por exemplo). Só como exemplo, posso garantir que não é muito fácil exigir a abertura de uma carta de crédito ou obter um pagamento antecipado de importadores localizados nos países mais ricos do mundo, mas esse tema será discutido mais à frente, em um capítulo dedicado ao tema das finanças.

Toda essa análise é sobre países desenvolvidos, no entanto, tudo o que foi dito, quando analisamos países menos desenvolvidos, deve ser compreendido com o sinal trocado. Os países menos favorecidos são os que, de forma geral, têm um ambiente legal e regulatório menos sofisticado e que, por isso, tendem a ser mercados menos rigorosos e exigentes em termos técnicos.

Há várias maneiras de se estabelecer estratégias de avanço a partir da seleção de mercados, podendo-se partir, por exemplo, da geografia, ou seja, explorar determinada região do globo. Isso significa delimitar uma área e atuar fortemente sobre ela, apresentando todos os produtos, ou apresentar um item somente e usá-lo como ponta de lança para testar a receptividade e posteriormente avançar com outros. Mas antes é preciso fazer o trabalho de olhar o globo e selecionar os mercados de atuação.

CRITÉRIOS PARA A ANÁLISE DE MERCADOS

Selecionar mercados significa operar em cima de dados, informações, percepções e experiências (próprias ou de terceiros) que permitam vislumbrar resultados positivos decorrentes de estratégias comerciais a serem realizadas. Então é natural que, para qualquer ação que se aproxime do trabalho de selecionar mercados, o operador de mercado deva estar munido de elementos e fatos que permitam que uma análise seja feita. Os modelos existentes nunca me satisfizeram e, na ausência de algo pronto, tratei de desenvolver algo que fizesse sentido para meus negócios. Longe de ser perfeito, o que está mostrado a seguir é uma bússola, uma orientação geral que me permitiu olhar para o mundo de forma a não ver quase duzentos países, mas regiões onde havia algum alinhamento e certa (ainda que mínima) homogeneidade. Isso me ajudava na gestão de expansão pensando e considerando o fato de contar com recursos limitados. É a escassez forçando o raciocínio e a criatividade. O modelo apresentado a seguir pode ser alvo de críticas, mas não é possível eliminar o aspecto prático de que qualquer executivo precisa para conduzir seus negócios.

Com base no trabalho que venho desenvolvendo ao longo dos anos, isolei alguns fatores que são relevantes e os organizei em termos de regiões do mundo. Dessa forma, passei a ter em mente o que era mais desafiador para poder organizar, implantar e auxiliar os movimentos que seriam feitos ao longo do processo de expansão de negócios. A fim de transformar uma ideia em algo de utilidade, era preciso criar algo de fácil visualização. Para isso, apropriei-me de critérios que faziam sentido na minha atuação profissional e os cruzei com regiões do mundo que guardam características que as tornam razoavelmente homogêneas. O resultado está no quadro a seguir (Figura 5.1). Note que ele reflete minha percepção de mercado e foi criado com base na realidade de produtos e dos negócios com os quais eu me envolvia. Pode ser que algo pareça distante de seus desafios ou que você perceba que alguns critérios poderiam ser adicionados. Não há problema. Trabalhe o modelo adicionando linhas, se assim lhe parecer melhor. A divisão que fiz das regiões do mundo segue a mesma orientação. Ela reflete minha maneira de enxergar o globo em termos de negócios, mas qualquer um está livre para redefinir as colunas da tabela a seguir. Lembre-se de que os resultados indicados em cada sub-região mostram a intensidade do desafio para um gestor ao encarar o mercado de destino.

	Poder Aquisitivo	Desafios Culturais	Distância Física	Distância Logística	Grau de Desenvolvimento	Estabilidade Política	Mercado Consumidor
América do Norte	Baixo	Médio	Alto	Médio	Baixo	Baixo	Alto
América Central e Caribe	Alto	Baixo	Médio	Médio	Alto	Alto	Médio
América do Sul	Alto	Baixo	Baixo	Baixo	Alto	Alto	Médio
Europa Ocidental	Baixo	Médio	Alto	Médio	Baixo	Baixo	Alto
Europa Oriental	Médio	Alto	Alto	Alto	Médio	Alto	Alto
Oriente Médio	Alto	Alto	Alto	Alto	Alto	Alto	Médio
Norte da África	Alto	Alto	Médio	Médio	Alto	Alto	Médio
África subsariana	Alto	Alto	Médio	Alto	Alto	Alto	Alto
Ásia Central	Alto	Alto	Alto	Alto	Alto	Médio	Médio
Extremos Oriente e Sudeste Asiático	Baixo	Alto	Alto	Médio	Baixo	Médio	Alto
Oceania	Baixo	Médio	Alto	Médio	Baixo	Baixo	Baixo

Figura 5.1 — Sub-regiões e seus desafios
Elaborada pelo autor.

A organização desse quadro me remete, mais uma vez, a uma visão de helicóptero, de cima, de onde é possível examinar o terreno e os atores de maneira ampla. O que está posto ali não é suficiente, como já deixei claro em outras situações, para uma tomada de decisão, mas contribui muito na formação do pensamento que direcionará escolhas que virão.

Importante e necessário dizer com todas as letras que não há rigor científico na escolha, ordenamento dos fatores críticos e nem mesmo na definição das sub-regiões. É tudo fruto de experiência prática de campo suportada por algum embasamento conceitual. Para que não fique dúvida, passemos ao comentário de cada item, e aproveito para lembrar que esse modelo foi útil em diferentes momentos de minha carreira. Pode ser que ele não se aplique de igual maneira aos seus negócios ou a sua visão e percepção de mundo. O que vale, no meu entendimento, é o esforço para atingir um objetivo importante para o que estamos tratando neste livro.

Poder aquisitivo
Na tabela, classifiquei as sub-regiões com sendo de alto, médio e baixo poder aquisitivo. Trata-se de um fator controverso, porque, mesmo em países extremamente pobres, há uma classe abastada, ou seja, há riqueza.

O que vale levar em consideração é o tamanho dessas populações em relação ao restante do país. Quando penso nesse critério, estou olhando para as consequências na economia em geral, e não em haver gente com capacidade de compra de itens de luxo ou limitados a somente bens de menor valor. A dinâmica dos negócios em geral — estrutura de varejo, papel dos bancos, métodos de pagamento, entre outros — é moldada e balizada pelo poder aquisitivo. Meu olhar é quantitativo nesse caso, e busco para que lado a balança pende, a fim de afirmar que um país tem alto, médio ou baixo poder aquisitivo. Para não cometer erros de interpretação, procuro informações fornecidas por órgãos como o Fundo Monetário Internacional (FMI).

Desafios culturais

Aqui não estou me referindo às diferenças culturais propriamente ditas, de religião, alimentação, idioma, hierarquia, percepção do tempo, ou qualquer outra relevante. Afinal, elas sempre estarão por aí colorindo nosso trabalho. O meu destaque é para quando há restrições ou sensibilidades tão altas a ponto de interferir ou atrapalhar o andamento dos negócios.

Usaremos um exemplo simples e bem conhecido: exportação de bebidas alcoólicas para países do Oriente Médio. Veja, há regras locais que variarão de país para país. Em alguns segmentos e países, esse negócio simplesmente não acontecerá devido às limitações existentes, como é o caso da Arábia Saudita. Mas nos vizinhos, Jordânia, Egito e Síria, não haverá grandes problemas para seguir com os negócios, ainda que a religião majoritária seja essencialmente a mesma. Trata-se de uma nuance que deve ser plenamente compreendida por quem pretende abordar esse mercado.

A homogeneidade da cultura também entra nessa análise. Culturas mais homogêneas, que compartilham do mesmo idioma e que tenham hábitos e preferências similares, ajudam na presença massiva de um produto. Enquanto, quando há heterogeneidade, ajustes serão necessários, o que muitas vezes implicará na modificação total ou parcial das estratégias e táticas antes pensadas.

A questão idiomática pode ser tratada aqui na forma da comunicação em um alcance maior: embalagens, manuais de instalação e instruções de uso. Quanto mais básico é o produto, menor é a preocupação a esse respeito. E quanto mais processado e mais próximo do consumidor final, mais atenção merecerá, porque se estabelecerá uma comunicação mais direta com o consumidor final. Então é preciso, por exemplo, que não seja feita uma simples conversão, tradução do idioma, mas é necessário se transmitir a mensagem de forma que aquele receptor possa, de fato, compreender a mensagem, o que demandará por exemplo, uma tradução mais especializada.

Distância física e logística

Calculado sempre a partir do Brasil, nem sempre uma maior distância física significa maior distância logística.

Pensemos no exemplo da China. Quando comparada ao Quênia ou Tanzânia (costa leste da África), está bem mais distante de nosso país, no entanto, chegar à China por transporte marítimo é mais rápido do que chegar aos países africanos mencionados. Obviamente essa situação pode mudar ao longo do tempo, já que ela existe em função da dinâmica das rotas comerciais, que são criadas e gerenciadas com base em volume de comércio, entre outros critérios. Baixo volume de comércio significa menos frequência de navios e necessidade de mais transbordos, impactando em tempo de viagem e custos de frete. Pelo dinamismo do mundo dos negócios, é uma questão que precisará de constantes revisões.

Grau de desenvolvimento

Embora não seja determinante para a decisão de fazer negócios, esse critério pode ajudar em diversas avaliações e análises. Uma das principais e mais importantes referências é o IDH — Índice de Desenvolvimento Humano. Aqui aparecem as desigualdades, a qualidade de vida, a longevidade, o acesso à educação e à saúde e o nível de renda. É um retrato social do país que mostra se existe progresso ao longo do tempo. Ainda que também não sirva como fator determinante, pode ser bastante útil para analisar como um produto será percebido e aceito.

Estabilidade política

Não é preciso escrever demais para sintetizar o que isso significa e como pode alterar os planos comerciais. Regiões e países com situação política mais estável tendem a gerar um ambiente de negócios mais controlado, amigável e menos imprevisível. As mudanças de regras (de qualquer natureza) raramente ajudam nos entendimentos comerciais. Ao mesmo tempo, o oposto pode trazer surpresas positivas — mas não para todos. Exportar para países onde há instabilidade política não é impossível e nem gera dores de cabeça. Por trás do verniz da confusão institucional pode haver demandas, oportunidades de negócios diversas e empresários em busca de parcerias.

OUTROS FATORES A SEREM CONSIDERADOS

Ambiente de negócios

É a capacidade do país de fazer a vida do setor privado mais fácil ou não. A melhor forma de absorver esse conceito é pensarmos no Brasil, onde as coisas não costumam ser nada fáceis.

Basta lembrar da dificuldade de encerrar os negócios de uma empresa ou obter uma autorização para construir uma fábrica em alguns lugares. Ou ainda a dor de cabeça que pode ser conseguir acessar uma linha de crédito no mercado financeiro ou lutar na justiça para receber uma dívida de um cliente.

Ambientes de negócios difíceis geralmente carregam consigo burocracia, custos extras e, não raro, corrupção. A melhor fonte para esse tema é o relatório[2] *Doing Business*, publicado anualmente pelo Banco Mundial. A grande vantagem dessa publicação (acesso direto e livre para download) é a abrangência e o fato de usar os mesmos critérios para todos os países. Lá estão notas atribuídas a facilidade de abertura de novos negócios, obtenção de energia elétrica, pagamento de impostos, obtenção de crédito, abertura comercial, entre outros.

---

2   A publicação pode ser acessada pelo link: <https://www.doingbusiness.org/>.

Menores barreiras de entrada

Aqui me refiro mais especificamente às regras impostas pelo país que passam ao largo da tributação. São dificuldades criadas em torno de licenciamento para importação, restrições quantitativas, certificações e, principalmente, ambiente regulatório. De todos os setores, um dos que mais inspira cuidados é o alimentício, em qualquer país do mundo, mas há destinos mais exigentes e complexos do que outros. Aspectos fitossanitários, exigências de rotulagem e limitações quanto ao uso de ingredientes são alguns dos desafios envolvidos.

Reforço que não foi mencionado nada referente à tributação. O percentual cobrado no momento da importação dirá muito sobre como o governo, o setor industrial local e mesmo o consumidor percebem a presença estrangeira, mas trato esse tópico de forma distinta.

Organização do setor varejista

Quando o produto em questão estiver direcionado ao consumidor final e, por conta disso, for comercializado por meio do varejo, o conhecimento da estrutura do canal potencializará as chances de sucesso.

Dono de regras próprias, prazos, logísticas específicas e formado por compradores experientes, o varejo é um desafio constante, independente do país. Quem já abastece esse canal no Brasil conhece a dor e a satisfação envolvidos no longo processo que vai da abordagem à exposição nas gôndolas. Estar no varejo em outro país é um desafio ainda maior. A pressão constante para que as prateleiras não fiquem vazias por falta de produto transfere para o exportador a obrigação de monitorar o tempo de resposta que vai desde a confirmação de um novo lote até a entrega no local designado pelo importador ou acordado entre as partes.

Para combater a possibilidade de atrasos, entra em cena o estoque no país de destino. Neste caso, o fator é o custo e como organizar o armazenamento e as entregas locais. Nada fácil, não é mesmo? Ficam duas sugestões: a primeira é que se faça um raio X do segmento, levantando as cadeias, o público atendido, a distribuição territorial, o tamanho das lojas, o fluxo de consumidores e se estão familiarizados e prontos para importar (ou se a preferência é pela aquisição local). A segunda é considerar seriamente o papel de um distribuidor especializado.

Outro ponto a ser observado quando o canal varejista é uma opção para a comercialização no exterior é o próprio tamanho. Raros são os que não se empolgam com a chance de ver seu produto sendo oferecido em dezenas ou centenas de lojas ao redor do país. Muito cuidado! Leia a experiência própria a seguir e tire suas conclusões.

LIÇÕES DA VIDA REAL

A voz da experiência: durante uma gestão no setor de itens para decoração, elaborei um planejamento de expansão baseado na proximidade geográfica. A principal justificativa eram os limitados recursos à disposição. Equipe minúscula, estrutura de P&D quase que inteiramente consumida por outras prioridades que não a exportação e catálogo com poucos itens. O plano era começar perto e com quantidades modestas. O sucesso da primeira fase me daria argumentos para obter mais apoio, tempo, atenção e recursos da empresa. Não que eu fosse desprestigiado internamente. Não! Só não era prestigiado na proporção de que a estratégia internacional precisava. Com o Brasil vivendo mais uma montanha-russa cambial, o dólar começou a subir a ladeira, e, como acontece com 99% dos empresários locais, a exportação se tornou uma prioridade absoluta. Da noite para o dia, me vi cercado de atenção e me foram colocados à disposição os recursos de que eu tanto precisava para avançar com o projeto. Agradecido, procurei a direção da empresa para apresentar meus planos e garantir que estávamos todos na mesma página.

Fui ouvido com atenção, mas a orientação era clara: o destino eram os Estados Unidos, e o cliente preferencial, a maior cadeia de varejo do país. Tentei explicar que era uma ideia bastante interessante, mas era necessário estar altamente preparado para "cutucar uma onça" daquele tamanho. Se ela viesse para cima, teríamos problemas na capacidade de atendimento. Havia na sala uma clara diferença de ideias e maneiras de perceber o mercado internacional. De um lado, o especialista, e de outro, o dono da empresa. Não é preciso dizer quem ganhou a disputa. Saí da sala com a missão de colocar o produto no maior mercado do mundo através do maior ator varejista do mundo. Aquilo não acabaria bem, eu pensava.

A aproximação foi feita. Apresentações, trocas de mensagens, especificações, explicações, cálculos de logística, preços, dezenas de horas de negociação, amostras enviadas. Para minha total surpresa, a coisa caminhava. Nunca tive dúvidas sobre a viabilidade do produto, só achava que teria mais percalços por conta da concorrência internacional. O que jogava a nosso favor era uma combinação de flexibilidade no desenvolvimento de produtos com preço competitivo (estimulado pela alta do dólar).

Finalmente, estávamos todos nos acertando, quando a rede varejista disparou que gostaria de testar o produto na gôndola. E isso deveria envolver uma seleção de itens do nosso portfólio (uma matriz que combinava cores, desenhos e tamanhos resultando em um total de itens substancial). Era possível, embora custoso. O problema foi multiplicar tudo isso por mais de mil lojas espalhadas pelo território norte-americano. Essa primeira investida era somente para ver como o consumidor reagiria aos produtos. Dando certo, começaríamos a jogar para valer. Apresentar essa situação à direção da empresa foi um misto de emoções. De um lado, a satisfação de saber que o fornecimento, de maneira geral, era viável. De outro, a frustração de constatar o imenso hiato entre a capacidade de oferta e o tamanho da demanda. Como pano de fundo, a impossibilidade de fornecer até mesmo uma partida inicial para testes. Pelos cálculos feitos, somente esse embarque preparatório já encheria a fábrica por vários dias para produzir um lote grande e que não seria vendido (essa era outra demanda do gigante varejista).

Não restou alternativa senão declinar do projeto, para a decepção do empresário. Ao mesmo tempo, essa situação acabou por atestar que a empresa era competitiva o suficiente para jogar no disputado mercado norte-americano. Era só uma questão de adequação. O que fiz a partir daquele momento foi nomear um representante comercial que me ajudasse a encontrar um cliente que coubesse na capacidade de fornecimento de que dispúnhamos à época. Em pouco tempo, estávamos diante de uma cadeia de apenas sete lojas no estado do Maine. A demanda e a oferta estavam em equilíbrio. A negociação foi mais fácil (tive oportunidade de encontrar o dono da rede, e isso foi bastante positivo), e as disputas em torno de preços e outras condições comerciais foram mais tranquilas. Era o início de uma saudável relação comercial, além de se tornar um caso rico em exemplos positivos.

O MODELO SNAIL (CARACOL)

As principais teorias de internacionalização privilegiam o lado mais avançado do processo, que é o investimento direto no exterior focado na produção. As linhas de pensamento se dividem nos modelos de embasamento econômico e nos comportamentais. Nos anos de 1970, estudiosos e pesquisadores da Universidade de Uppsala, na Suécia, descreveram um modelo de expansão que partia das exportações e evoluía até o investimento produtivo, mas dentro de uma cobertura geográfica que privilegiava os países mais próximos, ou seja, começava mais perto de casa e ia se expandindo.

O avanço se daria de forma evolutiva e gradual, apoiado no ganho de conhecimento e na experiência, como consequência de que a expansão se desse a partir de locais próximos, onde a possibilidade da proximidade cultural é maior. Outra teoria, de cunho econômico, também indica que o crescimento para o exterior se dá, via de regra, por esgotamento do mercado local, ou seja, após a saturação das capacidades produtivas e comerciais no país de origem.

Ao longo de quase três décadas e passando por empresas de diferentes setores e tamanhos, o modelo que agora proponho foi sendo testado. Dessa forma, chegamos a algo simples, racional, proporcional à realidade brasileira e, sobretudo, direcionado para as pequenas e médias empresas. No dia a dia das aulas e nas empresas, costumo dizer simplesmente que se trata do modelo caracol (Figura 5.2), mas estamos falando do SNAIL — uma palavra que significa mesmo caracol, mas que também combina Estratégia (*Strategy*), Vizinhança (*Neighbourhood*), Acesso Internacional (*International Access*). Em poucas palavras, e em tradução livre, uma estratégia que privilegia o crescimento a partir das proximidades geográfica e cultural, que se baseia no melhor uso dos recursos disponíveis, na otimização de ações de promoção e marketing.

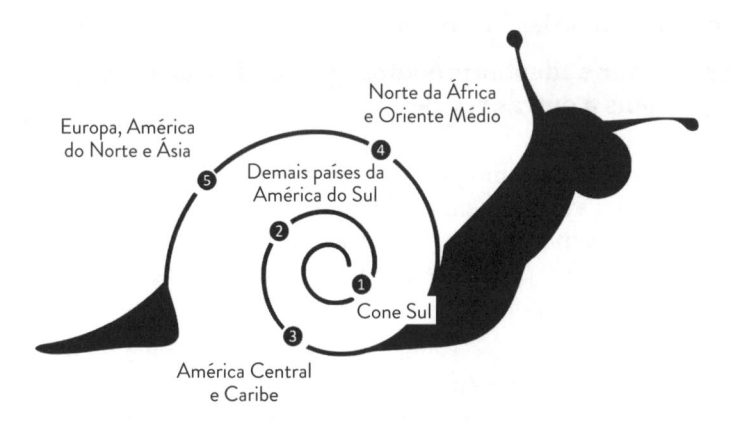

Figura 5.2 — O caracol
Elaborada pelo autor.

Já ouvi críticas mencionando a velocidade do caracol, e concordo plenamente que estamos falando de um ser vivo de deslocamento vagaroso. E, pode acreditar, gosto de aplicar isso ao crescimento internacional, pois, na verdade, não há qualquer motivo para fazer uma expansão internacional baseada em velocidade, e sim na constância. É essa a palavra-chave.

Reconheço que essa postura confronta as expectativas de muitos, que veem nos mercados centrais o melhor destino para seus produtos. Sinto muito, mas o que trago nesse ponto — e em todo o livro — é uma proposta realista baseada em experiências de sucesso e conceitualmente embasada. Obviamente ela se aplica à realidade de empresas pequenas e médias, que contam com recursos limitados. Nada impede que o que está sendo apresentado aqui seja deixado de lado e os esforços sejam direcionados para os mercados mais riscos e potentes. É uma questão de escolha, mas o Brasil ainda passará um bom tempo contando moedas para pagar suas despesas, e é preciso incorporar essa realidade, por mais dura que ela seja. A expansão internacional via mercados próximos é útil para:

a. **Reduzir custos de prospecção comercial, incluindo viagens, envio de amostras etc.**

b. **Reduzir custos de adaptação de embalagens (quando for o caso) aproveitando o idioma espanhol, que é comum a quase todos os países da América do Sul.**

c. **Oferecer um tempo de resposta inferior quando comparado a fornecedores norte-americanos, europeus e chineses.**

d. **Aproveitar vantagens tributárias decorrentes dos acordos comerciais existentes na região.**

e. **Facilitar a abordagem comercial por conta da proximidade cultural.**

f. **Desenvolver e adaptar produtos, que mais tarde poderão ser usados em abordagens a outras regiões.**

Essa lista simples serve como justificativa para que seu processo de seleção de mercados privilegie a vizinhança. Entenda, é claro que privilegiar não significa concentrar de modo a ignorar outras geografias. Trata-se somente de um ajuste no *mindset* dominado pelo desejo dos mercados centrais e que tende a deixar de lado os que são considerados mais pobres.

Para quem está começando, essa abordagem pode significar a diferença entre o sucesso e o fracasso. É preciso também considerar que, como informei antes, existe uma curva de aprendizado nas operações internacionais, os erros farão parte do processo.

O que direi agora pode causar alguma polêmica, mas é melhor errar perto de casa do que longe. A possibilidade de consertar o que foi feito de equivocado é maior, mais rápida e causa menos danos.

Caso o produto em questão não seja viável para o consumo na região mais perto de casa, basta reescrever os nomes no caracol e seguir em frente. O modelo é tão somente uma sugestão.

É compreensível que expandir os negócios em nossa região, considerando que estamos cercados de países que também passam por dificuldades, pode desanimar aqueles que são levados por objetivos grandiosos e que se traduzem em fatores macroeconômicos que denotam riqueza e poder. Mas posso salientar que os dólares que recebemos aqui perto são os mesmos que vêm dos mercados ricos, e é sempre bom relembrar que mesmo em países pobres há empresários com capacidade financeira para conduzir suas compras mundo afora. Fica a mensagem de que, no final, estamos buscando negócios com empresas e seus executivos, e não com os países em si.

A representação dos países e regiões que aparecem no caracol é meramente ilustrativa e não foi feita como regra a ser seguida. Cada gestor deve ser livre para pensar na melhor sequência de avanço a cada volta da espiral do caracol. Se a decisão for a de seguir direto para mercados centrais em busca de resultados baseados em experiências mais maduras e desafiadoras, não há nada contra isso. Para quem tem limitações maiores e precisa usar de maneira racional os recursos de que dispõe, iniciar a expansão em regiões próximas é a melhor alternativa.

A RESSACA DAS POUCAS EXPORTAÇÕES

Se existe um produto que faz brilhar os olhos de qualquer brasileiro quando se pensa em mercados internacionais é a cachaça, seja como exemplo, inspiração ou desejo. Com cerca de mil produtores registrados no Ministério da Agricultura, o país oferece uma excelente bebida que poderia brigar de igual para igual com os principais destilados mundo afora.

Poderia. No entanto, os resultados das vendas externas da nossa mais famosa bebida são fracos. Em 2019, foram exportados cerca de US$15 milhões. Pode parecer muito, mas não é. Não entrarei nos detalhes técnicos referentes ao produto, mas houve uma longa discussão técnica sobre a classificação fiscal que melhor se ajustaria ao produto brasileiro depois de anos sendo classificada na mesma posição que o rum. Mesmo após a longa deliberação, a quase totalidade das exportações ainda sai como se fossem rum.

Para efeito de análise de mercados, isso será conveniente. Selecionei um país pequeno, mas reconhecido como um tradicional fabricante de rum: a República Dominicana. Em 2019, o país exportou US$118 milhões do produto. Quase dez vezes mais do que o Brasil! Apresentarei uma ferramenta que pode ajudar no processo de seleção de mercados a partir desse exemplo. Dentro do mesmo Trade Map, que apresentei antes neste livro, está o Market Access Map.[3] Nessa ferramenta, é possível comparar as facilidades ou os problemas de acesso a mercados por meio de consultas bem simples. O foco do site é o nível tarifário e exigências normativas e regulatórias.

A seguir estão dois mapas retirados do site. O primeiro (Figura 5.3) mostra a média tarifária efetivamente cobrada quando o Brasil exporta a cachaça.[4] A leitura do mapa pode ser simplificada por meio dos tons mais escuros, que representam os níveis tarifários mais altos. Note que em todo o continente americano, somente a Guiana e o Suriname, na parte sul, e quase todos os países da América Central e alguns do Caribe praticam níveis tarifários considerados altos, acima de 15%.

---

3   Acessível através do link: <https://www.macmap.org/>.

4   Disponível em: <https://www.macmap.org/en/query/compare-market?reporter=All&partner=076&product=220840>. Acesso em: 9 ago. 2021.

Tarifas médias efetivamente aplicadas pelo mundo sobre o Brasil

Para o produto 220840 — Álcool etílico não desnaturado com um teor alcoólico, em volume, inferior a 80% vol.; aguardentes, licores e outras bebidas espirituosas; rum e outras aguardentes provenientes de destilação, após fermentação de produtos da cana-de-açúcar.

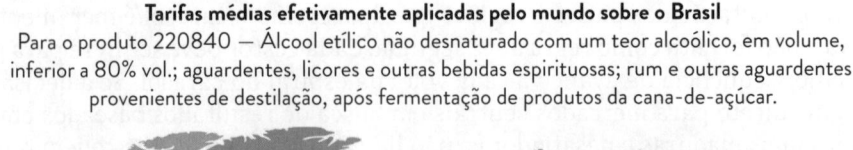

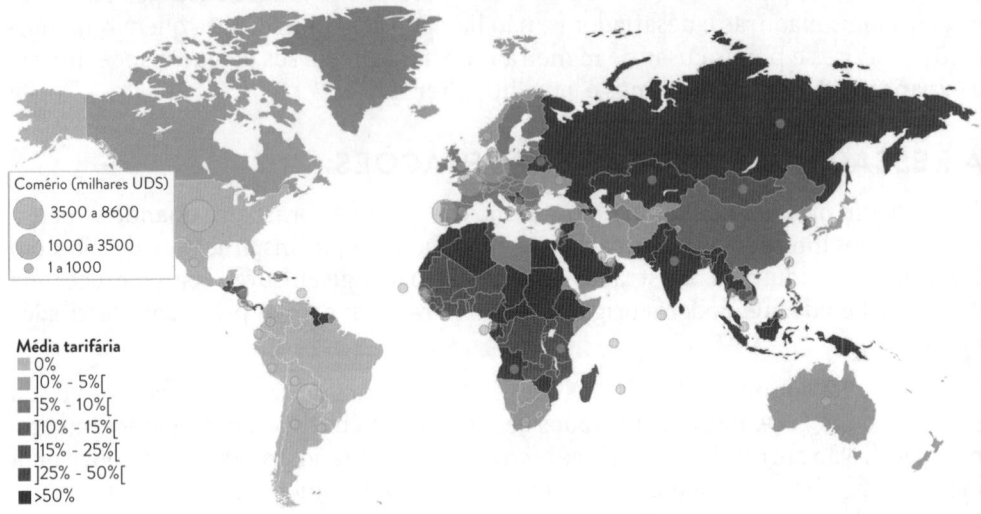

Figura 5.3 — Média tarifária para as exportações de cachaça do Brasil
Fonte: Market Access Map.

Agora vamos comparar com as exportações que saem da República Dominicana[5] (Figura 5.4). A classificação do produto e o período analisado são os mesmos, o resultado, no entanto, mostra que o produto dominicano sofre muito mais restrições para ser vendido. Ao observar a cor dos países da América do Sul, dá para notar o tom mais escuro indicando que os importadores localizados nesses países terão que pagar um imposto maior para desfrutar o rum da ilha caribenha.

Se o executivo à frente dessa análise observar com cuidado, se lembrará de que, pelas regras da OMC, as tarifas de importação seguem a regra da não discriminação, ou seja, são as mesmas para todos os países. Dessa forma, não é o produto dominicano que sofre por conta de um imposto de importação maior. Na verdade, é o Brasil que tem vantagem competitiva por conta dos acordos comerciais dos quais é signatário! Apesar dessa diferença substancial a favor, a cachaça brasileira, em números, não é páreo para o rum.

---

5   Disponível em: <https://www.macmap.org/en/query/compare-market?reporter=All&partner=214&product=220840>. Acesso em: 9 ago. 2021.

Tarifas médias efetivamente aplicadas pelo mundo sobre a República Dominicana
Para o produto 220840 — Álcool etílico não desnaturado com um teor alcoólico, em volume, inferior a 80% vol.; aguardentes, licores e outras bebidas espirituosas; rum e outras aguardentes provenientes de destilação, após fermentação de produtos da cana-de-açúcar.

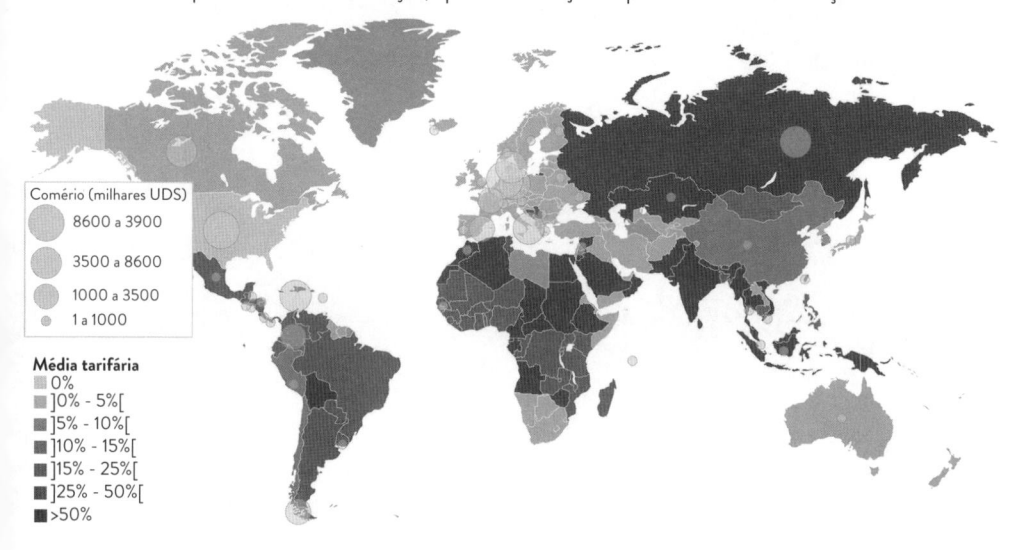

Figura 5.4 — Média tarifária para as exportações de rum da República Dominicana
Fonte: Market Access Map.

As interpretações que podem ser extraídas desse exemplo vão em várias direções, entretanto, dentro da proposta deste capítulo, focaremos a seleção de mercados. O site também permite acessar e baixar em Excel os volumes de exportação a partir dos países selecionados. Apesar das desvantagens tributárias, a República Dominicana exportou para a Colômbia cerca de US$1,5 milhão, enquanto o Brasil não foi além de US$40 mil. A competitividade a favor do Brasil é de 15%, e parece que ninguém se deu conta disso ainda.

No caso do Chile, a situação se assemelha. Os dominicanos mandaram para lá, em 2019, cerca de US$2,4 milhões, enquanto os exportadores de cachaça do Brasil embarcaram para o país vizinho somente US$329 mil. Diante dos números e fatos, acredito que tenha ficado claro como usar a informação para auxiliar na identificação e na seleção de mercados.

6
Cuide das finanças

O que veremos aqui?

Lidar com dinheiro é um tema delicado, seja na vida privada, seja nos negócios. Ladeado pela natural vontade de buscar a prosperidade por meio dos bons resultados, existe o receio de que as coisas não funcionem como o planejado.

O mercado global é fonte primária de riquezas e oportunidades, tanto pela sua dimensão quanto pelo seu dinamismo, mas também, na mesma proporção, oferece desconfiança e temores em relação a fraudes e golpes. Aqui está a maior justificativa para o posicionamento conservador diante dos pagamentos internacionais que a maioria dos empresários e executivos assume durante abordagens e negociações. Ninguém é obrigado a aceitar condições com as quais não esteja confortável, mas é preciso levar em consideração que esse é um fator de competitividade e que há recursos de mitigação de riscos.

O capítulo que começa agora tratará a gestão dos recursos financeiros sob duas perspectivas: a origem do dinheiro que é necessário para produzir e exportar, e o cuidado em relação ao recebimento depois da venda realizada.

Atuar no cenário internacional é como se preparar para uma festa de gala: não dá para entrar de qualquer jeito. Algum recurso deverá ser alocado para que a empresa cause uma boa impressão, podendo esses recursos estar relacionados a ajustes no produto, contratação de profissionais especializados, mudanças nos processos, ações de marketing, entre outros. Gastar para vender é sempre uma decisão que deve ser tomada com cuidado, e gastar para tentar exportar costuma desanimar nove entre dez empresários nacionais. Por isso, antes de sair reclamando que não há dinheiro disponível, fica uma dica: a internacionalização é um projeto tão saudável e lucrativo, que deve ser objeto de um cuidadoso plano voltado à gestão das finanças.

Entre os muitos erros que diversas gerações de empreendedores e executivos brasileiros têm cometido, o mais crítico está relacionado à gestão financeira. E não estou falando somente dos pagamentos internacionais, que tanto tiram o sono de quem está envolvido com negócios; o assunto começa na captação dos recursos para bancar a produção, a operação de embarque, a logística internacional e, quem sabe, o prazo de pagamento fornecido ao cliente lá fora.

O Brasil é um país onde o dinheiro custa caro, especialmente se compararmos nossa realidade à internacional. Por mais que exista uma pressão contínua para a redução das taxas de juros (historicamente altas), nosso país opera com percentuais mais elevados que a maioria dos países, e isso não pode ser transferido para as vendas internacionais, sob o risco de comprometer a competitividade.

RECURSOS PARA EXPORTAR

Começando pela captação de recursos financeiros, gostaria de afirmar que a máxima que diz que não falta dinheiro, mas, sim, faltam projetos interessantes, é radicalmente verdadeira. No caso do incentivo às exportações, isso se aplica integralmente. Há recursos em abundância espalhados pelo sistema bancário nacional, e esse dinheiro (em dólares, que serão convertidos quando chegarem às suas mãos) é oferecido por meio de linhas de financiamento específicos para quem vai exportar. É um dinheiro barato, especialmente se comparado àquele ao qual estamos habituados aqui dentro.

Uma forma de captação de recursos e que, entre as mais populares, é a que eu mais recomendaria é um adiantamento, onde o recurso pode ficar disponível por períodos de tempo bem interessantes — 180 dias é um prazo comum no mercado, mas pode ser maior ainda, dependendo dos valores e do tipo de negociação que se está fazendo. Contando com esse recurso, se tem o suficiente para custear o processo produtivo inteiro, o tempo de viagem da mercadoria e um prazo para o recebimento da venda. Se você não quiser se meter com o custo de servir (logística e condição de pagamento), não há qualquer problema, pois existem modalidades de exportação que abarcam esse tipo de operação — e veremos mais sobre isso adiante.

O que vale mencionar aqui é que a operação está sendo toda custeada por um recurso externo e barato. Os principais bancos oferecem essa e outras tantas linhas de crédito, e os custos variarão em função da política e das condições de cada instituição financeira e do relacionamento comercial que a empresa mantém com o dito banco. Naturalmente, por se tratar de um produto bancário, garantias serão demandadas e é preciso fazer contas. Como sugestão, lembro que uma abordagem efetiva junto ao banco deve ser lastreada por uma apresentação do projeto de exportação. Bancos não são obrigados a conhecer seu produto nem seu mercado, mas sabem identificar um projeto bem-feito. Então fique atento e capriche!

CUSTOS PARA SERVIR

Logística

Como em qualquer operação comercial, é impossível fazer com que o processo de exportação aconteça sem algum tipo de gasto. Em geral, as despesas operacionais dentro do Brasil são bem conhecidas, e os valores, ainda que superiores aos praticados em outros países, não chegam a ser impeditivos. Ao avançar em direção aos custos dos fretes internacionais, os valores se tornam maiores e ainda são negociados em dólares. A experiência vem me mostrando que muitos empresários percebem isso como uma despesa feita em nome do cliente ou de um serviço prestado de forma desnecessária. A gestão logística internacional não é vista como um serviço agregado ao produto que gera valor.

Por conta disso, existe uma fortíssima corrente de pensamento que orienta exportadores brasileiros a operarem nas modalidades mais conservadoras das condições de entrega (*Incoterms*®[1]). Na prática, isso se traduz na condição FOB, que, de forma bem simplificada e como mencionado antes, significa que a responsabilidade e os custos do exportador acabam no porto de embarque — nesse caso, aqui no Brasil mesmo. Isso significa gastar menos, pois o frete marítimo ficará por conta do importador, além de reduzir as responsabilidades, encaradas por muitos como "dores de cabeça".

Trazendo isso para uma perspectiva de oferta de serviços, arrisco dizer que uma postura conservadora quebra a oportunidade de brindar o cliente com algo mais do que o produto. O envolvimento com a logística internacional realmente não é livre de custos e não é uma atividade trivial. Fretes marítimos, aéreos e rodoviários internacionais são cobrados em moeda estrangeira e podem ter seus valores alterados dependendo de variáveis externas. Cada modal tem sua escala de valor, e o perfil da carga interfere diretamente nesse cálculo. Fora isso, o próprio processo de contratação do transporte internacional gera trabalho extra e onde alguma tecnicidade é necessária (apesar da possibilidade de terceirização do serviço). E mais uma coisa importante: na extrema maioria dos casos, os fretes internacionais (calculados em dólares) devem ser pagos à vista, o que pode potencializar a aversão a uma abordagem mais completa combinando uma condição de entrega mais além do FOB com algum prazo de pagamento.

Imaginemos a seguinte situação: você está abordando um cliente localizado na Europa Oriental. A coisa está caminhando bem, seu produto foi apreciado, as condições comerciais estão sendo aceitas e a negociação avança. Se esse importador estiver sendo abastecido por empresas europeias, é bem provável que esteja em uma zona de conforto em relação às pequenas distâncias geográficas e logísticas. Existe uma

---

[1] Para saber mais sobre os Incoterms®, você pode visitar: <https://iccwbo.org/resources-for-business/incoterms-rules/>.

enorme chance de estar bem servido em termos de entregas, ou seja, os exportadores se encarregam de deixar a mercadoria na porta do importador. Isso é percebido como conveniente e confortável — na visão de quem compra.

E lá está você, com um pacote interessante, mas localizado um pouco mais distante do que outros fornecedores europeus. Nesse momento, um lampejo alerta que uma oferta sua na base FOB Porto de Santos (ou qualquer outro porto brasileiro) parecerá menos conveniente do que a de um concorrente que deixe a carga mais perto do comprador. É uma questão de lógica. Qual será a decisão por parte do comprador? Não é correto afirmar que ele ficará com aquele que entregar em sua porta. Nem sempre esse é o fator de decisão, mas tem sua dose de contribuição. Tenha em mente que o Brasil é um local que ainda inspira curiosidade para muitos compradores, tanto em termos de tradição no fornecimento quanto na localização geográfica atrelada à logística internacional. Que tal poupar o cliente do trabalho de se encarregar do frete e assumir essa tarefa?

Uso da logística é uma ferramenta de competitividade, ainda que envolva custos e alguns riscos, que podem ser facilmente mitigados por meio de apólices amplamente usadas no mercado. Considere isso de forma a construir o processo de competitividade internacional, que — como começamos a comprovar — vai além da taxa do dólar.

FORMAS DE PAGAMENTO

Outra opção feita por exportadores com impacto direto na gestão financeira é a condição de pagamento internacional. Esse é um dos temas mais delicados e complexos a tratar, simplesmente porque envolve dinheiro aliado ao risco imediato, isto é, vender e não receber.

O assunto deve ser explorado com cuidado, uma vez que existem as práticas internacionais que podem se contrapor às expectativas das partes que estão negociando. Não se trata de regras impostas ou estabelecidas. É tão somente uma combinação entre a gestão do risco e a prática dos negócios ligada aos pagamentos internacionais.

O maior temor de qualquer exportador é fazer negócios com quem não está ao seu lado e por conta disso vender e não receber. Se isso já tira o sono quando se lida com empresas dentro do país, imagine no exterior. Mas vamos colocar isso em perspectiva: olhando do lado de quem importa, o temor se transfere para o lado de lá com sinal trocado: pagar e não receber o produto. São dois lados da mesma moeda. Minha posição sobre esse assunto é bem clara: vejo maior risco em vender no Brasil do que lá fora. Isso porque as condições de pagamento internacionais estão ligadas a costumes e regras bem claras, conhecidas, balizadas por normas e que são respeitadas pela grande maioria dos países. E justamente por lidarem com empresas que estão distantes entre si é que são tão bem desenhadas e praticadas ao redor do mundo.

Assim como no caso da logística, cada exportador é livre para praticar a condição de pagamento que lhe parecer mais conveniente, segura e prática. Dessa forma, convido você a replicar o raciocínio que usei no caso anterior. Imagine que você esteja em uma negociação e que esteja tudo correndo às mil maravilhas. No momento em que a questão do pagamento é colocada sobre a mesa, você dispara que quer receber de forma antecipada. Se o importador já estiver comprando de outros fornecedores e contando com algum tipo de prazo de pagamento, é natural que sua oferta seja menos competitiva, e o fechamento, por consequência, mais difícil. Estou afirmando que você perderá a venda? De jeito nenhum! Mas a dinâmica da negociação pode ir para outro lado, e talvez você deva compensar oferecendo alguma concessão em outro ponto.

A gestão dos recebimentos internacionais não é difícil. Só precisa ser conhecida e bem estudada sob três aspectos principais: riscos, custos associados às condições de pagamento e viabilidade comercial.

Riscos

Não quer assumir riscos? Melhor não fazer negócios. Nem mesmo no Brasil. É uma tarefa árdua avançar no mundo dos negócios internacionais sem resvalar em algum tipo de risco. Mas lidar com risco não significa sucumbir a ele na forma mais negativa, ou seja, a ocorrência de um sinistro. Também é uma possibilidade de lidar com a incerteza e alcançar resultados altamente positivos. O que não deve ser feito é tratar o tema sem estar preparado para tal.

Normalmente, pensamos que o risco internacional de pagamentos está no fato de não receber pela venda. O famoso calote. Não é só isso. Proponho uma pimenta extra nesse prato. Imaginemos outras duas situações. Na primeira, o pagamento não entrou na data combinada (assumindo que você concedeu um prazo). Dinheiro que não está disponível na data devida significa, em princípio, que há um vazio no caixa correspondente a esse valor. Diante disso, a empresa deve buscar recursos em alguma fonte para cobrir essa lacuna, arcando com os custos decorrentes dessa operação. Aqui, estamos diante de um fato que muitos ignoram ou do qual preferem não se lembrar: atrasos no pagamento significam custos financeiros extras. Nem sempre isso ocorre na prática, ou seja, não é porque um determinado pagamento não entrou que a área financeira vá recorrer ao mercado. Pode ser que o caixa da empresa possa absorver isso. Apresento a situação de modo conceitual e para alertar os responsáveis pela gestão do negócio sobre a importância da pontualidade.

Um fator que contribui e que precisa ser esclarecido é o que será chamado e considerado como atraso em um pagamento. A operação comercial internacional é repleta de variáveis que podem fazer com que a precisão de um relógio suíço se aproxime à de um relógio de sol de vinte séculos antes de cristo. Isso porque existem variações de fluxo de caixa, políticas de pagamentos previamente agendados, entre tantas outras coisas que podem fazer com que o pagamento não seja realizado no dia esperado. A realidade global indica que quase ninguém entra em pânico diante de poucos dias de atraso. Obviamente, pode haver uma longa discussão sobre o que é considerado "poucos dias". Diante desse desafio, posso dizer que, dependendo da relação comercial e do perfil do importador, atrasos de até quinze dias não deveriam se configurar como uma falta grave a ponto de gerar pressões que beirem o rompimento da relação comercial. Também não significa que atrasos constantes devam passar em branco. É uma questão de ter a sensibilidade para conduzir o processo de cobrança de modo a, acima de tudo, manter a relação satisfatória para as duas partes.

Outra possibilidade é que o pagamento não seja feito de forma integral. Isso pode acontecer por diversas razões. Uma das mais comuns é a famosa divergência de qualidade. O importador alega que a mercadoria não está 100% de acordo com o que foi acordado e, por conta disso, não efetuará o pagamento na íntegra. Isso é mais comum do que se imagina e, via de regra, termina com negociações em cima de descontos ou com uma fissura no relacionamento entre as partes.

Outros fatores que afetam a performance de pagamento são: embarques fora do prazo combinado (afetando a comercialização no destino, por exemplo), mercadorias fora de especificação, documentos emitidos de forma errônea e atraso no envio de documentos. Tudo isso é passível de controles por parte do exportador e pode (e deve) ser evitado. Por outro lado, há o que está além da gestão do fornecedor, como problemas de fluxo de caixa do importador, variações cambiais no país do importador, súbitas variações de preços no mercado internacional e mudanças nos sistemas legais e de pagamentos em países estrangeiros.

As condições de pagamento

As condições de pagamento vão das mais conservadoras às mais ousadas. Infelizmente, segurança e conservadorismo andam na direção contrária à da competitividade, e com o advento do *Trade Finance*, empresas ao redor do mundo que antes tinham sérias dificuldades em obter prazos de pagamento começaram a desfrutar condições que lhes permitem importar com prazos mais dilatados ou em condições mais interessantes.

Trade Finance, em tradução literal, significa financiamento ao comércio. Sabe aquela história de confiança no importador? Que tal usar ferramentas estruturadas, consagradas, seguras e negociáveis de igual maneira em qualquer lugar do mundo? Sem ter de basear suas decisões em cima de critérios pessoais, de percepção ou de histórico de pagamento? Parece ser uma opção mais madura e em linha com a expansão global que todos buscamos e que deve ser sustentada.

Antes de explorar em detalhe o desafiador mundo dos pagamentos internacionais, gostaria de alertar que há dois extremos que, entendo, devemos evitar: excesso de conservadorismo ou permissividade demais.

Em termos práticos, a primeira posição levará você, invariavelmente, para o pagamento antecipado. Isso significa que você está transferindo para o importador o desconforto e a sensação de que algo pode dar errado (ele manda o dinheiro na frente e você nunca envia a mercadoria). Nesse caso, ele também está abrindo mão de um certo capital por determinado tempo. E isso tem seu custo.

Pelo lado de quem exporta, o dinheiro que chega na frente faz com que o sono seja tranquilo à noite. E também pode financiar uma boa parte da operação. Verdade? Sim! No entanto, vamos abordar uns fatos. Pagamento antecipado na prática internacional significa que o dinheiro chega na conta do exportador antes do embarque. Repito: antes do embarque. Pode ser 24 horas ou 30 dias antes de o transportador levar a carga. Neste último caso, a produção pode estar sendo financiada pelo exportador. Isso parece bom? Reconheço que sim, mas não se esqueça de que vivemos tempos de uso intenso de ferramentas de *Trade Finance*, e uma postura excessivamente conservadora durante a negociação pode afastar o interesse do importador. O importante é que há diferentes modalidades de pagamento e cada uma tem um custo diferente. É preciso conhecer a matéria.

De maneira bem sucinta, daremos uma olhada nos principais termos de pagamento usados no mercado. Eles serão apresentados a seguir (Figura 6.1) partindo da opção mais conservadora e mais segura (para quem exporta) e vão avançando para as mais convenientes (para quem importa).

Essa escala de riscos associados aos pagamentos internacionais foi montada para combinar métodos consagrados com práticas comerciais usuais do dia a dia dos negócios. A fim de fazer com que essa apresentação se torne uma efetiva ferramenta de negociação, o seguro de crédito à exportação está sendo incorporado às formas de pagamento.

Condições de pagamento	Grupo de risco	Comentários
Remessa sem saque sem seguro Cobrança prazo em seguro	4	Elevado risco
Parcialmente antecipado em seguro	3	Considerável grau de risco envolvido, mas que pode ser mitigado através de ações preventivas.
Cobrança prazo em seguro Cobrança à vista Cartas de crédito Remessa sem saque com seguro Parcialmente antecipado com seguro 100% antecipado após da produção	2	O risco é relativo e está diretamente ligado à capacidade técnica do exportador em lidar com a forma de pagamento
100% antecipado antes da produção	1	Não há risco financeiro envolvido.

(+ risco na parte superior, - risco na parte inferior)

Figura 6.1 — Condições de pagamento por nível de risco
Elaborada pelo autor.

O seguro de crédito é uma ferramenta destinada a dar maior segurança a exportadores durante suas vendas internacionais e é utilizado de forma preventiva, visando proteger o exportador contra possíveis falhas nos pagamentos internacionais. Da mesma maneira que usamos de maneira corriqueira seguros de vida, saúde e patrimônio (na vida pessoal) e seguro de carga (no comércio internacional), as vendas também podem ser seguradas.

Como qualquer seguro, a dinâmica se dará em torno de uma apólice emitida por uma seguradora especializada, que analisará a carteira de exportação da empresa. De forma geral, seguradoras de crédito estabelecem níveis mínimos de volume de vendas para negociar o seguro. O que será também analisado é o setor de atuação, países com os quais o exportador negocia os volumes envolvidos e, é claro, o perfil do importador. E deixo claro que a seguradora não é obrigada a conceder limites de cobertura para qualquer cliente internacional da empresa exportadora.

Essas apólices têm um caráter global, ou seja, a carteira inteira de exportação será trazida para dentro da cobertura. Ficam de fora os pagamentos antecipados, a cobrança à vista e as cartas de crédito — modalidades que serão apresentadas logo a seguir. Cada cliente no exterior terá um limite aprovado, e os embarques dentro desse volume estão cobertos caso haja algum sinistro — nesse caso, o não pagamento. O custo para a contratação do seguro de crédito não é alto, ainda mais se comparado ao benefício que traz ao negócio.

No Brasil, esse serviço começou a ser oferecido em junho de 1997, e ao longo dos anos seguintes, grandes seguradoras internacionais desembarcaram no país, fazendo com que os custos envolvidos nas coberturas caíssem drasticamente. Infelizmente, essa modalidade é ainda muito pouco conhecida e usada.

A partir desse momento, as principais modalidades de pagamento serão apresentadas de maneira sucinta, mas com os pontos mais relevantes e ainda contextualizadas na dinâmica dos negócios na prática. A literatura é farta em mostrar, muitas vezes de forma incompleta, o que o exportador tem à sua disposição, mas deixando de fora a aplicabilidade no dia a dia, o impacto de custos e, principalmente, a competitividade associada. Com base na experiência, e sempre me apoiando no rigor conceitual, desenvolvi uma paleta de opções que aumenta o arsenal de qualquer exportador ao negociar com os importadores. Outro ponto relevante que preciso mencionar antes que você inicie a leitura do trecho a seguir é a referência contínua à palavra "documentos". Tratam-se dos documentos de embarque, dos que se referem especificamente ao produto e os que estão ligados às condições comerciais e financeiras. Dependendo do tipo de produto, do país de destino e dos detalhes do próprio acordo, pode haver mudanças na quantidade e na formatação desses documentos, mas em geral estamos tratando de coisas similares. Aqui entram os conhecimentos de embarques, faturas, certificados de origem, romaneios, certificados de qualidade, saques, entre outros. A beleza desse tema reside não na sua existência ou na sua elaboração, mas no papel que representa para dar suporte a regras e costumes em torno da liberação de carga, do processamento de pagamentos, da transferência de riscos, entre outros temas mais de cunho comercial que operacional. Saber elaborar esses documentos é importante? Sem dúvida. Mas conhecer sua real importância para a saúde de uma operação internacional vale muito mais.

Cem por cento antecipado antes da produção

Conceito — Nessa modalidade, o importador efetua 100% do pagamento da operação antes da produção da mercadoria.

Aplicabilidade — Apesar de confortável na visão do exportador, essa modalidade é de aplicação limitada. Sua utilização é mais comum em operações de menor valor, em países de alto risco e envolvendo exportadores que não abrem mão de 100% de segurança. Em operações nas quais a mercadoria a ser vendida é exclusiva, e foi desenvolvida especificamente para aquele importador, não há nada de errado em colocar essa opção sobre a mesa. Como você já deve ter imaginado, nada pior do que produzir algo que só serve para um cliente e não ter mais para quem vender — no caso de uma desistência.

Vantagens e desvantagens — Pode ser considerada a única forma efetivamente segura, do ponto de vista do exportador, uma vez que a produção da mercadoria ocorrerá somente após o recebimento das divisas. Justamente por conta dessa característica, a percepção do risco se transfere para o importador, uma vez que ele efetua o pagamento e permanece aguardando o envio do material que foi adquirido. Essa condição pode transmitir ao comprador a necessidade de financiamento da produção por parte do exportador, e muitos podem se afastar de fornecedores que não têm condições de bancar suas próprias operações. Trocando em miúdos, essa postura pode transmitir fraqueza. Considere isso.

Grau de risco na visão do exportador — Em termos financeiros, é zero. Já em termos comerciais e de imagem internacional, essa modalidade pode limitar a atuação e o alcance da política exportadora da empresa.

Cem por cento antecipado após produção

Conceito — Nessa modalidade, o importador efetua 100% do pagamento da operação antes do embarque, mas (atenção) somente depois da produção da mercadoria. A regra de mercado diz que o pagamento, para ser considerado como antecipado, deve ser creditado antes da saída do navio ou outro meio de transporte. Essa modalidade se diferencia da anterior em função do momento do recebimento dos recursos. O exportador receberá algum percentual (a ser definido durante a negociação) antes ou no momento da produção. O saldo estará na conta entre esse momento e a saída da mercadoria.

Aplicabilidade — Apesar de confortável na visão do exportador, essa modalidade pode sofrer com reações negativas por parte dos compradores, mas em menor escala que a condição anterior. A principal mensagem é a de que não há necessidade de financiar a produção do exportador, e isso é bom, pois demonstra e projeta segurança, estabilidade.

Vantagens e desvantagens — Como no caso anterior, o fato de ter que adiantar o pagamento pode afastar o comprador, especialmente se desfrutar de condições melhores por parte de outros fornecedores. Essa desvantagem pode ser revertida pelo apelo do desconto envolvido. Há compradores, por exemplo, que aceitam essa condição, desde que ela carregue um desconto sobre o preço inicial.

Grau de risco na visão do exportador — Se não envolver produtos exclusivos, o risco é praticamente nulo.

Parcialmente antecipado com seguro

Conceito — Ocorre quando o importador antecipa parte do pagamento da operação. Não há um percentual preestabelecido para essa modalidade, ou seja, é possível receber 20%, 30% ou 50% de forma antecipada. Não há regras. É uma questão de entendimento entre as partes. O saldo será pago após o embarque da mercadoria e negociado usando alguma das outras condições existentes apresentadas a seguir. Não é o fato de a operação ser coberta pelo seguro que faz do prazo algo fora de certo controle e parâmetro. Os limites máximos serão indicados pela própria seguradora de crédito à exportação.

Aplicabilidade — Pode ser uma alternativa interessante para negociações difíceis em que o exportador, mesmo disposto a encarar um certo risco, não abre mão de alguma segurança. Tem boa aceitação entre importadores de vários países, apesar da forte resistência contra antecipações.

Vantagens e desvantagens — O aspecto mais positivo é a demonstração de flexibilidade por parte do exportador, que tende a se converter em um aspecto positivo durante o processo de negociação. Como não há uma regra clara para o percentual que será antecipado, os termos finais podem variar de acordo com as características do cliente e do produto. A principal desvantagem é a resistência à figura do pagamento antecipado, ainda que parcial.

Grau de risco na visão do exportador — Baixo, se forem observadas as orientações do seguro de crédito. E no caso de a segunda parte utilizar uma condição que o seguro não cobre (uma cobrança à vista, por exemplo), os cuidados naturais dessa condição devem ser tomados.

Remessa sem saque com seguro

Conceito — Modalidade em que o exportador efetua o embarque da mercadoria e imediatamente envia os documentos (de embarque e referente à carga) originais ao importador. O pagamento será efetuado no prazo acordado entre as partes e, na maior parte das vezes, depois da liberação da mercadoria no exterior, ou seja, depois que o importador já está de posse do produto.

Aplicabilidade — Uma das modalidades mais utilizadas nos últimos tempos devido à extrema agilidade no trâmite de documentos, baixo custo e burocracia (não há presença de bancos) e por conceder total conforto ao importador. Com o maior uso das garantias, como o Seguro de Crédito à Exportação, cada vez mais importadores esperam que os exportadores estejam aptos a trabalhar dessa forma.

Vantagens e desvantagens — Como aspectos positivos, destacam-se a agilidade, a redução de custos bancários e, como consequência, o aumento de competitividade. A principal desvantagem está na necessidade de monitoramento dos valores embarcados de modo a não ultrapassar o limite autorizado pela seguradora. No caso de limites menores e volume de negócios em crescimento, pode gerar um impasse em como seguir com os futuros embarques.

Grau de risco na visão do exportador — Se observado o detalhe anterior na gestão dos limites e as regras estabelecida pela seguradora, é baixo.

Cartas de crédito

Conceito — São instrumentos de pagamento pelos quais um banco (emitente ou abridor), por instrução de seu cliente (tomador — usualmente o importador), compromete-se a efetuar um pagamento a um terceiro (beneficiário — usualmente o exportador), desde que os termos e as condições tenham sido cumpridos. Podem ser divididas basicamente em: à vista ou a prazo; revogáveis ou irrevogáveis; transferíveis ou intransferíveis; e confirmadas ou não confirmadas. Há ainda alguns tipos de cartas de crédito especiais: Rotativa (*revolving*), *Back to Back*, *Performance Letter of Credit*, *Refundment Letter of Credit* e *Standby Letter of Credit*.

Aplicabilidade — Uma das formas de pagamento mais famosas e tradicionais, as cartas de crédito gozam de prestígio junto aos exportadores e relativa restrição do lado dos importadores. Encaradas como seguras pelo lado do vendedor, podem gerar reações negativas durante as negociações por conta do alto custo e dos procedimentos bancários exigidos.

Vantagens e desvantagens — A principal vantagem é a garantia do recebimento por parte do exportador, sempre que se cumpra corretamente o que exige a carta de crédito. A maior desvantagem está no cuidado técnico que o exportador deve ter a fim de cumprir com as cláusulas do crédito documentário.

Grau de risco na visão do exportador — Pequeno, desde que o exportador tenha qualificação suficiente para cumprir os termos da carta.

Um dos grandes equívocos cometidos por um número elevado de exportadores brasileiros é a crença cega de que operações cobertas por cartas de crédito estejam livres de riscos. Na limitada literatura do comércio exterior brasileiro, é bastante fácil encontrar somente referências positivas a esse instrumento de pagamento sendo, não raro, apresentado como a solução final para as preocupações dos exportadores.

Ainda mais impressionante é ver como não se dá o mesmo destaque às dificuldades para o cumprimento delas. Também parece não ter importância o fato de que a abertura de uma carta de crédito guarda riscos para o exportador. Cláusulas impossíveis de serem cumpridas geram a necessidade de correções (emendas) com custo financeiro ou criam discrepâncias que dificultarão o recebimento dos fundos. Em alguns casos, dependendo da índole do importador, podem mesmo não resultar em pagamento. É preciso que o exportador saiba lidar com a dinâmica envolvida nessa modalidade.

Uma agência do governo britânico, que funcionou por quarenta anos (até 2010), chamada *SITPRO (Simpler Trade Procedures Board)* e que era focada na simplificação do comércio internacional, dedicou especial atenção ao uso das cartas de crédito. Um estudo publicado no final dos anos 1990 atestava que a utilização das cartas de crédito, tida como a mais segura forma de pagamento, tinha caído de forma dramática em todas as regiões do mundo. Estimava-se que somente 9% das operações comerciais na União Europeia eram cobertas por essa modalidade. Na América do Norte, esse percentual era de 11%. Na Oceania, 17%. Na América Latina, esse percentual subia para 27% das vendas, enquanto na Ásia atingia 45%, e na África, 49%. O Oriente Médio registrava o maior uso de cartas de crédito, com a prevalência de 52% de suas operações.

Não é possível contestar tecnicamente a afirmação de que uma carta de crédito é segura. A preocupação recai sobre o grau de conhecimento necessário para fazer desse instrumento bancário algo realmente confortável para o exportador. É sabido que o perfil técnico das equipes exportadoras brasileiras é ruim, e isso gera um problema natural, que é como fazer com que profissionais pouco qualificados operem um documento técnico e sofisticado como esse.

Exemplos quantificados em outros países mostram essa realidade. Somente na Inglaterra, segundo a SITPRO, cerca de 60% das cartas de crédito negociadas junto a bancos eram apresentadas com problemas. Como consequência, gastava-se por volta de US$185 milhões (valores da época) todos os anos com discrepâncias, que podemos definir como erros cometidos pelos exportadores. Os mais comuns desses erros eram: inconsistência de datas, ausência de documentos, atraso na apresentação, cartas expiradas, descrição errada dos bens e embarques fora do prazo.

Cartas de crédito podem se transformar em verdadeiras armadilhas caso sejam abertas já destinadas a não serem cumpridas na íntegra.

Cobrança à vista (CAD)

Conceito — Nessa modalidade, o exportador efetua o embarque e entrega os documentos originais de embarque a um banco de sua preferência para que sejam enviados ao seu correspondente, ou ao banco indicado pelo importador no exterior. O banco no exterior avisa o importador sobre a presença dos documentos, e este, após o pagamento da operação, está apto a retirá-los para seguir com a liberação da mercadoria. É regulamentada pela URC 522 (*Uniform Rules for Collections*).

Aplicabilidade — Bastante utilizada por combinar grande velocidade na remessa dos documentos ao importador com a segurança do recebimento condicionado à liberação dos documentos originais — sem os quais não é possível liberar a carga.

Vantagens e desvantagens — O principal ponto positivo é a possibilidade de envio rápido dos documentos ao importador. A desvantagem reside na possibilidade de o importador não efetuar o pagamento, ficando a cargo do exportador o ônus de retornar a carga ou revendê-la a outro cliente.

Grau de risco na visão do exportador — Baixo. Se por um lado o exportador pode estar seguro de que os documentos originais somente serão liberados pelo banco no exterior mediante o pagamento do total indicado no saque, por outro existe a possibilidade de o importador não se apresentar para retirar os documentos e, por consequência, não seguir com o pagamento. Ou pode ocorrer de o importador atrasar sua ida ao banco, e custos seguirão sendo contabilizados (armazenagem portuária, por exemplo).

Note que o banco no exterior é totalmente responsável pela liberação dos documentos que permitirão ao importador tomar posse da mercadoria, mas não é responsável pelo não pagamento da cobrança. Caso o importador não compareça ao banco para pagar e ter acesso aos documentos, as regras da modalidade CAD preveem que eles sejam repatriados após algum tempo. Na prática, isso significa que o exportador continua com a titularidade sobre a carga, e o que deverá ser discutido é tão somente o custo operacional (armazenagem no porto de destino, frete de retorno, entre outros).

Cobrança a prazo com seguro

Conceito — Semelhante à cobrança à vista, com a ressalva de que os documentos de embarque são acompanhados de um saque com vencimento futuro. Para essa modalidade, o banco no exterior é instruído a somente liberar os documentos de embarque frente o aceite do importador. Note a diferença: no CAD, os documentos são liberados contra o pagamento, enquanto aqui são entregues contra o aceite no saque.

Aplicabilidade — Seu uso é bastante comum, uma vez que se trata de um financiamento oferecido ao importador. Também permite ao exportador o desconto antecipado do saque com vencimento futuro.

Vantagens e desvantagens — Como principal vantagem está a agilidade na remessa dos documentos originais de embarque e a falta de burocracia. A principal desvantagem é a necessidade de se fazer um acompanhamento constante dos limites autorizados pela seguradora e quanto está sendo utilizado.

Grau de risco na visão do exportador — Baixo, se observadas as regras da seguradora quanto aos limites concedidos e outras condições estipuladas no contrato. Vale ressaltar que, ao contrário do que acontece no CAD, aqui o banco no exterior (que tem a posse dos documentos da operação) não tem obrigação de receber os recursos do importador.

Parcialmente antecipado sem seguro

Conceito — Ocorre quando o importador antecipa parte do pagamento da operação, e o saldo será liquidado dentro de um prazo a ser negociado. Não há um percentual preestabelecido para essa modalidade, ou seja, é possível receber qualquer percentual de forma antecipada. Não há regras. É uma questão de entendimento entre as partes, e o saldo será negociado usando alguma das outras condições existentes.

Aplicabilidade — Pode ser uma alternativa interessante para negociações difíceis, mas faz com que o exportador opte pela segurança de um CAD ou assuma algum tipo de risco aplicado sobre o percentual que será pago depois. Pode ser bem recebido em uma mesa de negociação.

Vantagens e desvantagens — O aspecto mais positivo é a demonstração de flexibilidade por parte do exportador. Ao mesmo tempo, coloca o exportador na missão de ser um pouco mais conservador quanto ao saldo ou assumir o risco (lembrando que não há a cobertura do seguro de crédito).

Grau de risco na visão do exportador — Considerável, mas pode ser mitigado por meio de ações preventivas, tais como uso intensivo de informações comerciais, busca de referências internacionais, entre outras. Essas ações não farão com que o risco de inadimplência desapareça, mas dota o exportador de elementos de controle e mitigação dos riscos.

Remessa sem saque (*Open Account*) sem seguro

Conceito — Modalidade em que o exportador efetua o embarque da mercadoria e imediatamente envia os documentos originais ao importador. O pagamento será efetuado no prazo acordado entre as partes e, na maior parte das vezes, depois da liberação da mercadoria no exterior.

Aplicabilidade — Uma das modalidades mais utilizadas nos últimos tempos, devido à extrema agilidade no trâmite de documentos, baixo custo e burocracia (não há presença de bancos) e por conceder total conforto ao importador.

Vantagens e desvantagens — Na visão do importador, se traduz no melhor dos mundos, mas pode demorar a funcionar devido ao conservadorismo dos exportadores. A grande desvantagem reside na posição de vulnerabilidade do exportador, forçando a relação a ser baseada na confiança (nada recomendável).

Grau de risco na visão do exportador — Elevado, já que não haverá qualquer instrumento para assegurar o pagamento. É uma relação direta entre quem vende e quem compra.

> **PENSE A RESPEITO!**
>
> O dinheiro mais barato disponível no mercado ainda é o do prazo de pagamento oferecido pelo fornecedor. Ele alia praticidade, facilidade de negociação, flexibilidade e distância dos bancos. Isso, no entanto, não significa que o fornecedor deva arcar com o custo desse prazo.
>
> Ele será incorporado ao preço, mas deve ser calculado de forma precisa. O prazo de pagamento no mercado internacional garante tranquilidade para um fluxo de caixa saudável. Não se esqueça do tempo envolvido na operação internacional (produção, embarque, viagem, internação e giro local).

Dadas as opções, acredito que este assunto não pode ser tratado de forma unitária, monolítica. Da mesma forma que há nuances no ambiente de negócios internacionais, é preciso ter critério, conhecimento e flexibilidade na gestão do crédito. O melhor é contar com um profissional que domine o tema, na figura do gerente financeiro, ou ser o gerente do banco de sua confiança, pois as condições de pagamento apresentadas têm suas particularidades e guardam vários tipos de risco — seja para o negócio (na forma do excesso de conservadorismo que afaste o comprador), seja na possibilidade de que algo saia errado e prejudique seu faturamento.

O VALOR DO RISCO

Depois de todo o trabalho de se definir as formas de pagamento, é preciso avaliar qual é a política de margens que deverá ser praticada no mercado internacional. Embora existam padrões de cálculos de margens, cada empresa é livre para adotar critérios próprios, assim, vale a pena resumir essa abordagem a um pensamento bastante simples: o resultado que o negócio gera. O ritmo dos negócios pelo mundo traz uma sensação de que altos lucros sejam facilmente alcançáveis, mas isso é relativo e dependerá de múltiplos fatores — alguns dos quais já mencionamos anteriormente.

Quanto mais você se aproximar (na cadeia de fornecimento) do cliente final, melhores serão as margens. O acesso ao mercado traz o desafio de saber entrar usando distribuidores, *trading companies* e representantes pode garantir um acesso mais rápido e com menos despesas internas (marketing, envio de amostras, ações exploratórias e de promoção e até viagens), mas será preciso garantir que todos esses participantes sejam remunerados de forma a sentirem que trabalhar com você vale a pena.

Quanto à definição de preço de seu produto, existem diversas maneiras de se quantificar um produto, lembrando sempre que o que se está vendendo não se trata apenas do produto em si, mas de toda carga de energia e capacidade de entrega ou disponibilização que nele esteja agregado:

- *Valor atribuído ao produto* — Seja por ser diferente, único, raro, útil, bem-feito e por aí vai. Em suma, ele é desejado e procurado em escala global. Naturalmente, isso fará com que a percepção de valor seja maior e exista mais espaço para margens melhores.

- *Valor atribuído a você, como fornecedor* — Coisa rara de ser conquistada, mas existe. Lembro-me de ter ouvido de um cliente localizado no Oriente Médio que estava disposto a não fazer comparações extremas de preço entre as minhas ofertas e as que chegavam de alguns países europeus. Isso tinha raízes culturais (colonialismo), busca por uma nova rota de abastecimento e interesses de ampliação de negócios com o Brasil, ou seja, era conveniente negociar comigo.

- *Valor atribuído aos serviços prestados* — Estar pronto para gerar valor por meio de serviços destaca você no meio de tantos fornecedores. Isso vale para cooperação em desenvolvimento de produtos, logística integrada, condições de pagamento mais flexíveis, entre outras. O fato é que, repito, quem cria (e faz com que seja percebido) valor não disputa preço.

Ainda assim, a maior inquietação que venho notando ao longo dos anos é a de que as margens praticadas no mercado global são inferiores às brasileiras. Será que o meio internacional paga menos ou o mercado brasileiro paga mais?

As duas coisas juntas. Lá fora, território livre, a oferta é enorme, e a disputa, ferrenha. Enquanto aqui dentro, um dos países mais fechados do mundo, há distorções para todos os lados. Talvez uma das maiores venha justamente dos tempos em que substituíamos os produtos importados pelos que eram fabricados aqui dentro. Quem operava internamente tinha a certeza de que era comprar o que era oferecido ou não comprar nada. Não é à toa que ficou famosa a frase do então recém-empossado presidente Collor de Mello em que classificava os nossos carros como sendo semelhantes a carroças.

É claro que o processo inflacionário também teve sua cota de culpa. Engolidos mensalmente por uma inflação estratosférica, tornou-se normal para os empresários daquele período usar uma matemática que resultava em ganhos líquidos de 30% a 40% ao mês, e isso se consolidou e sobreviveu no meio, quase como sendo a regra geral.

Como consultor, tive diversas experiências com empresários que direcionavam suas expectativas de resultado para esse patamar numérico. Nada contra isso, só não vale esperar o mesmo do ambiente global, porque isso pode não se concretizar.

Lá fora, o mais comum é trabalhar com margens que variarão entre 5% e 10%. Obviamente, elas podem ser maiores e também menores. Tudo dependerá do que exploramos até agora e mais o que você consiga gerar de diferenciais a seu favor, mas a regra do mercado internacional é ganhar mais vendendo mais, e não ganhar muito vendendo menos. Esse é um erro primário que é cometido por quase todo iniciante que se aventura nos mercados internacionais. Há, devo dizer, a presença de um certo sentimento mágico quanto ao mercado externo, que combina o gigantismo das possibilidades com as moedas fortes que transacionamos.

A mensagem final é: não espere margens na exportação na mesma ordem de grandeza das alcançadas aqui dentro. Não que elas não possam ser alcançadas, é claro, mas não coloque todas as fichas em cima desse conceito logo de saída ou existe uma alta chance de decepção.

E se algo der errado?

É estranho o fato de, muitas vezes motivados por algum sentimento de vergonha ou por simples arrogância, não admitirmos nossas falhas. Claro que isso é mais um assunto para psicólogos, entretanto, entendendo a arena global como ela é, imprevisível e dinâmica por natureza, preciso dizer que os fatores emocionais são sim um elemento que pode contar muito, tanto a favor quanto contra.

O crescimento e o sucesso no mercado internacional passam pelo risco de algo simplesmente não dar certo. Volto a insistir que riscos estão por toda parte, e quem está buscando diversificação ou ampliação dos negócios não passará ao largo de vivenciar algum nível de incerteza. Se a intenção for eliminar por completo o risco, as chances de sucesso serão severamente reduzidas. É uma afirmação dura, em especial para a mentalidade de nosso empresariado, mas é a realidade. A adaptabilidade em relação às situações que surgem no dia a dia é que poderão ou não definir seu sucesso nas vendas internacionais, e para isso é preciso estar preparado para enfrentar tanto os riscos quanto as possíveis perdas que virão em um ou outro momento.

Já disse isso antes, mas insisto em que, apesar de o ambiente internacional de negócios ser dominado pela cooperação contínua, as possibilidades de haver desonestos ou mal-intencionados é real. Antes de mais nada, é preciso entender com precisão o momento de agir junto ao cliente e de que maneira. Examinaremos algumas situações que podem vir a acontecer, suas causas, como evitá-las e como reagir, caso se materializem.

Atraso no pagamento — a partir de que momento devo agir?

É um tema polêmico. A rigor, se o compromisso venceu em uma data e em, no máximo, 24 horas os recursos não foram creditados, isso configura tecnicamente um atraso. Mas será que já é momento de me preocupar e cobrar? Não no meio internacional.

Existe o consenso global de que alguns dias não são sinal de que algo esteja necessariamente errado. Isso obviamente não se aplica a casos que envolvam milhões de dólares, datas estipuladas em contrato (com suas respectivas penalidades em caso de não cumprimento) e outras situações específicas.

Também há a questão dos pagamentos previamente agendados pelo comprador em função de políticas internas. Grandes redes varejistas, por exemplo, têm datas certas de pagamento, como toda as segundas, quartas e sextas-feiras do mês. Se o vencimento de sua fatura caiu no meio dessas duas datas, fatalmente você verá isso na sua conta como um não pagamento. Tecnicamente, se trata de um atraso. Em uma discussão comercial mais detalhada, a realidade é outra.

Outro fator a ser observado é a performance pagadora do importador. Há empresas que prezam pela pontualidade e usam isso até mesmo como forma de pressionar o exportador quando estiverem à mesa de negociação. Se é esse o caso, qualquer atraso pode ser um sinal de alerta, muito embora o oposto seja muito verdadeiro. Há clientes que atrasam muito e de forma regular, ainda que não deixem de pagar, e essa má performance pode ter mais de uma explicação.

Uma delas é o descolamento entre o *transit time* (tempo de viagem da mercadoria até o destino), o prazo de pagamento e o tempo de giro da mercadoria no destino. Chamo isso de VPG (Viagem, Prazo e Giro). Se essas três variáveis não estiverem bem acertadas, a chance de haver atrasos é bem alta. E não será necessariamente má intenção por parte do comprador. Outra, bastante comum, é o próprio fluxo de caixa da empresa no exterior. Apesar da idoneidade e boa índole, alguns empresários trabalham em condições que não permitem que seus compromissos sejam pagos no vencimento. Das três variáveis, duas são muito difíceis de mexer. O tempo de **V**iagem até pode ser melhorado, no caso de uma eventual troca de serviço de transporte (dentro do mesmo modal), mas não diminuir substancialmente. Se o modal for trocado (marítimo pelo aéreo, por exemplo), o tempo cairá, mas o custo se elevará com toda certeza. O **P**razo é onde mais há espaço para flexibilização, mas é onde o exportador se sente mais desconfortável. Por isso, toda atenção, dedicação, conhecimento e experiência são fundamentais nesse tópico. O **G**iro do produto no destino tende a seguir regras próprias do mercado. Isso envolve nível de estoque, prazo de pagamento local, ação da concorrência (local e externa), costumes locais, entre outras. Pedir para que seu importador mexa nessa dinâmica nem sempre chega a um bom termo. Em geral, temos que aceitar o que é informado. Já deu para perceber que os que lidam melhor com os termos de pagamento conquistam os clientes de maneira mais rápida? Pode apostar que sim.

Como regra geral, salvo as observações que fiz antes ou outras que façam sentido para o seu tipo de negócio, eu diria que entre quinze e vinte dias não é tempo suficiente para causar pânico. Depois desse prazo, sim, pode-se abrir uma comunicação para tratar sobre o tema, sempre, é claro, procurando esgotar os meios de negociação.

De qualquer maneira, é importante saber como reagir em cada caso, por isso exploraremos algumas situações que acontecem todos os dias mundo afora:

Importador não paga, mas não por uma razão específica

- **Avalie a importância do cliente para o negócio** — Essa é uma combinação de análise quantitativa e qualitativa, ou seja, qual o peso desse cliente na sua carteira geral, tanto em volume da receita gerada, quanto no percentual de negócios feitos com ele. Qual a importância de tê-lo como cliente? Uma resposta como essa funciona melhor se for colegiada. É importante ouvir outras áreas da empresa, do financeiro ao departamento técnico, do marketing à diretoria. Se for de alta relevância, posso garantir que a paciência, a busca pelo entendimento, os recursos que serão consumidos, tudo será diferente. E é natural que seja assim.

- **Analise o histórico** — Em cada ação específica, analisar o histórico de seu cliente é fundamental para auxiliar na tomada de decisão quanto ao que fazer, como fazer e principalmente de quando fazer. Quem será de grande valia nessa hora são os profissionais da área financeira, crédito e risco, pois a visão de fora contribui para uma análise ponderada da situação. Obviamente, históricos positivos, com poucos atrasos e tempo de relacionamento, contribuirão para o lado positivo nesse momento.

- **Reprograme o pagamento (por escrito)** — Depois das duas fases internas citadas, é hora de partir para a conversa e negociação com o cliente propriamente dito. Nesse ponto, abre-se uma discussão profunda sobre quem, dentro das possibilidades de sua empresa, deverá proceder a abordagem do cliente para tratar de um tema que pode ser mais ou menos espinhoso. Arrisco dizer que a extrema maioria dos executivos comerciais prefeririam não ter essa conversa. Minha posição baterá de frente com isso. Meu entendimento é o de que a atividade comercial é maior do que vendas, e vai do planejamento, da análise do portfólio até o recebimento da venda. E quem melhor do que o gestor da conta para discutir com o cliente as razões por trás do atraso? A área comercial tem melhor trânsito junto ao cliente, conhece as pessoas, sabe quais são os desafios do mercado, a pressão da concorrência. É justamente por conta dessa junção de fatores que valorizo mais as discussões iniciais sendo conduzidas pelos profissionais de venda do que os da área financeira, porque a negociação e a conversa já saem de um patamar mínimo de convivência. Infelizmente, nem sempre é possível fazer dessa forma, mas não importa quem vá conduzir a abordagem, o que vale é chegar em um acordo para reprogramar o pagamento. Fica a recomendação de que essa reprogramação seja feita dentro do razoável para ambas as partes. Nada que extrapole prazos que o exportador considere como aceitáveis. O que está sendo buscado nesse momento é um folego extra. Empresas sérias que não agem de má-fé apreciam esse tipo de discussão. A mensagem que deve ser transmitida é a de maturidade, controle e crença na relação comercial. Quanto à parte escrita do processo, como em tudo nos negócios internacionais, o ideal é que, qualquer que seja o acordo, tudo fique devidamente documentado.

- **Suspenda novos embarques** — Trata-se de não cavar mais ainda o buraco. Essa negociação pode ser bastante desafiadora. Não é raro estarmos diante de empresas que estão enfrentando reveses de mercado e que, ao serem comunicadas de que novos embarques serão suspensos, protestem veementemente argumentando que é preciso manter o volume de negócios justamente para poder sair do momento difícil. Nada fácil, não é mesmo? Aqui devemos voltar ao que já foi dito antes quando mencionamos a avaliação da importância do cliente para o seu negócio. Manter boas relações e estabelecer vínculos fortes, menos de comércio e mais de parceria, é importante, mas não deve se sobrepor à saúde financeira de seu negócio. Dependendo do resultado, pode ser que os embarques continuem, pode ser que não. Esse tipo de decisão deve ser tomado de comum acordo com as áreas comercial, de finanças e com a direção da empresa, porque, qualquer que seja a decisão final, haverá risco envolvido. Ao suspender novos embarques, pode haver o efeito sufocamento do cliente. Ele fica sem condições de seguir produzindo e reverter o revés. No entanto, ao seguir embarcando, o exportador poderá ficar ainda mais exposto. Outro risco é que ele migre para a concorrência, embora alguns concorrentes também não queiram se arriscar com esse cliente. Aqui é necessária uma análise de quanto é possível arriscar e, principalmente, se vale a pena se expor para sustentar a relação com esse cliente. Entenda que não é uma posição oito ou oitenta, não é questão de gostar ou não do cliente, mas sim de manter ou não relações de negócios.

- **Visite seu cliente** — Visitar para prospectar é uma coisa, para oferecer e negociar é outra. Para fazer um pós-venda, é algo totalmente distinto. E para cobrar, é mais especial ainda. Nesse ponto, entendo que muito profissional prefira nem considerar essa possibilidade, tamanho o desconforto envolvido. Minha percepção é a de que existe uma oportunidade de crescimento profissional, desenvolvimento de habilidades e, ainda, a chance da criação de mais e melhores negócios. Como disse antes, estabelecer vínculos mais sólidos sempre é uma boa coisa. Minha opinião é a de que a visita não deve ser anunciada como sendo motivada pelo fato de haver uma pendência financeira. Também não deve ser escondido o motivo. É preciso habilidade de comunicação e muito jeito para que a oportunidade seja criada. Um ponto importante da visita é ver pessoalmente como as coisas estão. Dever não é crime, e pode ser uma situação pontual atrelada a fatores externos, ou consequência de um aperto no caixa em função de investimentos. Razões não faltam, e quem não está mal-intencionado recebe seus credores e discute abertamente o que está acontecendo. Conversas pessoais têm mais chances de revelar informações relevantes do que a comunicação a distância. Lembre-se disto: relacionamentos saudáveis pressupõem uma inevitável aproximação.

- **Conte com suporte jurídico** — Não é toda empresa que tem o privilégio de ter um departamento jurídico próprio, mas contar com apoio especializado nesse campo é algo mais acessível do que muita gente pensa. Não digo que deve haver correria para preparar e assinar um contrato nessa altura do campeonato, mas um olhar especializado pode contribuir muito na organização das ações, na formatação de acordos, e por aí vai. Outro ponto importante é o envio de uma mensagem indireta para o importador inadimplente. É bom ele saber que você está estruturado e amparado para seguir com os futuros entendimentos. É a mesma lógica de se ter um bom exército e exibi-lo, mas procurando sempre não o usar para qualquer coisa. Tão importante quanto estabelecer certos vínculos é se posicionar de forma segura, com respaldo e profissionalismo, e demonstrações de força também fazem parte de qualquer negociação séria. Claro que não se deve nunca confundir demonstração de força com ataques gratuitos ou muito menos com ameaças. Não é disso que se trata, mas de estabelecer um posicionamento e, a partir deste, criar as bases de qualquer negociação.

Importador não paga alegando insatisfação do cliente para com a carga

Essa é uma situação bem desconfortável, mas bastante comum. Divergências em torno da qualidade do que foi recebido são tão comuns no comércio internacional quanto o próprio ato de vender e comprar.

O grande elemento dificultador aqui é a distância e o fato de não poder estar presente, na esmagadora maioria dos casos, no momento do recebimento do produto. Questionamentos em torno de desvios na qualidade do produto recebido podem ter origens em fatores como: a) o produto enviado era diferente daquele que foi negociado e acertado; b) o produto foi danificado durante o transporte; c) o produto se deteriorou durante o tempo de trânsito.

- **Cerque-se de argumentos e fatos** — O pior que pode acontecer é um exportador receber uma reclamação de qualidade e não ter condições de responder ou contestar de forma rápida e embasada. Se o item embarcado difere do que foi combinado, isso pode ter acontecido por erro em alguma parte do processo. São coisas que acontecem com muito mais frequência do que você pode imaginar. É péssimo se dar conta de que a coisa saiu errado daqui mesmo, mas é preciso lidar com a situação.

    Um pedido de desculpas segue sendo universalmente aceito, mas pode ser que não seja suficiente, é preciso ouvir o importador e, eventualmente, conceder o desconto ou aceitar alguma demanda que gere a compensação pela falha. As situações em que o problema de qualidade é causado pelas condições de transporte são mais difíceis de serem resolvidas. Dependendo do tamanho do estrago, o seguro da carga pode e deve ser acionado, daí a importância de contar com a cobertura de um seguro e ter documentos que atestem todas as etapas da operação de exportação, da produção até o fim da responsabilidade, previstas nas condições de venda.

- **Apresente argumentos técnicos e documentos comprobatórios** — Documentos como certificados de qualidade, análise e outros semelhantes são poderosas armas de defesa, mas não é raro que importadores exijam uma certificação emitida por uma empresa neutra. Esse tipo de demanda, que deve estar prevista desde o fechamento do negócio, envolve custos que correm por conta do exportador.

    Existem casos nos quais a reclamação de qualidade decorre do uso indevido do produto, da falta de conhecimento no manuseio ou na instalação, entre outras limitações de quem compra. Para que isso não ocorra, o ideal é que o exportador se esforce ao máximo para fornecer esse conhecimento agregado ao produto, com manuais e indicações de uso. Perceba que aqui novamente estamos a falar de uma defesa, porque também não é garantido que, ao fornecer esse conhecimento, o importador o seguirá, mas, ainda assim, o simples fato de ter disponibilizado e se preocupado também com esse detalhe servirá como mais um elemento de segurança e até mesmo de eventuais ressarcimentos advindos do mal-uso. Instruções claras, manuais completos com linguagem simples, esquemas gráficos, vídeos, tudo será útil, assim como contar com uma equipe técnica a postos para responder, rebater e esclarecer questionamentos, falsos ou verdadeiros.

◐ **Seja justo no reconhecimento de problemas de qualidade** — Não era sua intenção, mas acabou acontecendo. O produto realmente foi enviado com algum defeito. Como já disse, isso não é um pecado mortal, desde que não se torne repetitivo e que não seja disfarçado.

Falhas acontecem, e a grande maioria pode ser compensada, especialmente se o relacionamento se baseia no desejo de continuidade. Todo comprador internacional experiente sabe disso e deve estar disposto a compreender a origem do problema e como garantir que não volte a acontecer.

Mas é claro que algumas situações talvez não permitam que uma falha de qualidade seja tratada com compreensão. Lembro dos anos em que estive na indústria de tapetes. No meio de milhares, havia umas poucas unidades que eram embarcadas com falhas de produção. Um pequeno local em que as agulhas do tear simplesmente não cumpriram seu papel. Como eram poucas unidades, a tendência era minimizar o problema e resolvê-lo por meio da agilidade das compensações financeiras. Lembrei-me de um comprador que me alertou de que havia mais do que isso em jogo. Imagine uma consumidora que leva o produto (que era embalado em bolsas plásticas que não permitiam que fossem aberto nas lojas) para casa e nota que existe um buraco no meio da peça. "Seria o equivalente a ter uma camisa de manga comprida faltando um pedaço do braço", disse meu irritado cliente. E ele tinha absoluta razão. Ser justo e admitir o erro pode garantir que mais um elo na relação seja fortalecido.

◐ **Componha acordos bons para as duas partes** — Seja qual for a causa do problema, é preciso não deixar que ele afete a relação. Erra profundamente quem pensa que a negociação só ocorre no processo de venda. Disputas diversas e situações de conflito podem surgir a qualquer momento e são excelentes para se buscar o melhor entendimento possível para ambas as partes.

Construir acordos sempre convergentes e que preservem a relação decerto será bem trabalhoso, porque provavelmente incluirá renunciar a uma parte de vantagem ou fazer concessões, mas esse tipo de negociação tem alto potencial de melhoria de imagem e construção de competitividade. Pode até mesmo tornar mais convidativos aos olhos do cliente tanto sua empresa quanto seu produto. Dará trabalho, mas acredite, o esforço valerá muito a pena. Negociadores internacionais experientes sempre buscam a cooperação contínua.

FERRAMENTAS PARA GERENCIAMENTO DOS RISCOS DE PAGAMENTOS INTERNACIONAIS

Gestão do crédito internacional

É inegável a mudança de atitude em relação ao crédito concedido pelas empresas e mesmo pelo sistema financeiro. E se antes os devedores e tomadores eram tratados com desconfiança e ressalvas, hoje pensa-se em termos de alavancagem, e essa terminologia sugere alto grau de habilidade para empregar uma ferramenta de capital que fará o negócio crescer e se multiplicar.

Um dos grandes afetados pela mudança em relação a concessão do crédito foi a indústria, que após décadas dedicando-se exclusivamente às vendas, cada vez mais tem prestado atenção aos aspectos de crédito como forma de seguir estimulando os negócios. No ambiente do comércio global, não é diferente, e exportadores têm notado que obter ou auxiliar seus clientes a obter crédito é fundamental para seguir no jogo.

Essa percepção faz com que a mudança de comportamento ocorra de forma constante, ainda que lenta. Um dos motivos para essa evolução morosa reside no fato de o risco de crédito muitas vezes não ser visto como parte integrante dos negócios da empresa.

A decisão de se adotar uma política de crédito internacional é única e deve ser tomada com base em premissas sólidas, lembrando que isso comporá a imagem da corporação e ficará ligado à forma como os negócios serão conduzidos a partir desse momento.

Esse tipo específico de gestão de crédito deve estar baseado em quatro alicerces: seguro de crédito (já abordado anteriormente); um banco de informações comerciais para formação de um cadastro; referências comerciais internacionais; e um sistema de *credit scoring*.

Importante lembrar que, se corretamente combinadas, essas quatro ações ajudam a mitigar boa parte dos riscos, no entanto, apesar do contínuo desenvolvimento ao longo dos anos, são incapazes de oferecer 100% de segurança de modo a fazer do comércio internacional um lugar perfeito.

Informações cadastrais

Ainda pouco difundida entre exportadores brasileiros, a compra de informações comerciais internacionais é uma importante ferramenta no desenvolvimento da gestão de crédito.

As fontes são empresas especializadas e com larga tradição no setor. Uma das mais famosas e tradicionais é a Dun & Bradstreet,[2] que mantém um vasto banco de dados cobrindo centenas de países e centenas de milhões de empresas em seus arquivos.

---

2 No Brasil, pode ser acessado através do link: <https://www.cialdnb.com/pt-br/>.

As informações podem ser adquiridas sob diversos formatos, dependendo do grau de profundidade da pesquisa. E os relatórios comercializados cobrem ramo de atividade, histórico da empresa, informação financeira, relações corporativas, experiências comerciais, relacionamento com bancos, registro público e informações negativas. Os serviços estão disponíveis no Brasil por meio de escritórios próprios da empresa. O custo de cada relatório não é alto, e quando comparado ao respaldo que oferece dentro da análise do cliente, posso afirmar, é irrisório. Ainda que seja um gigante na sua área de atuação, não quer dizer que toda e qualquer empresa ao redor do mundo faça parte do banco de dados que é oferecido. Mas o cadastro é robusto!

Cabe ainda destacar que não há qualquer responsabilidade por parte das empresas que fornecem informações comerciais sobre as decisões tomadas a partir dos relatórios fornecidos. Informações comerciais não devem ser tomadas como suficientes para concessão de crédito, mas sim como elementos auxiliares na tomada de decisão.

Referências comerciais

Ferramenta de uso simples e de grande valor na vida dos que atuam no cenário internacional, podem ser obtidas por meio de um simples telefonema ou de uma consulta formal para compartilhar experiências em relação a uma terceira empresa (seja fornecedor ou cliente) sem ferir qualquer padrão ético e não compromete quem responde.

Em um mundo no qual a cooperação é contínua, práticas simples são de grande valia, e, dependendo do setor de atuação da empresa, esse tipo de rede de informações pode ser amplo e atingir fornecedores de várias partes do mundo.

A maioria das empresas tem comportamento padrão, fazendo com que experiências alheias possam ser consideradas na hora de analisar e autorizar um crédito. A incerteza ao operar fora do país de origem é comum e atinge corporações de todos os portes. Por conta disso, a referência pode ser usada sem maiores reservas — desde que respeitadas limitações naturais como evitar consultar empresas concorrentes em busca de informações sobre um cliente em comum.

Credit scoring

São modelos em que pesos específicos são atribuídos a critérios previamente definidos e que tenham relevância para a análise e decisão do crédito.

O somatório dos valores deve ser comparado a um determinado valor de corte ou de quebra, fazendo com que os resultados superiores sejam aprovados e os inferiores sejam reprovados.

Esse modelo pode ser desenvolvido de duas formas: sobre um modelo de análise genérico — que pode ser comprado ou adaptado de outras empresas — ou sobre suas próprias experiências prévias. A segunda opção gera resultados mais próximos da realidade da empresa, já que usa as próprias falhas e acertos cometidos ao longo de um período de tempo.

LIÇÕES DA VIDA REAL

Uma das análises que se deve fazer em relação aos riscos financeiros envolvidos na expansão internacional vai além do cliente. É preciso entender também o setor de atuação, a situação desse setor dentro do país e, ao final, o próprio país. Se feito com critério, esse trabalho poupará muita dor de cabeça. Os casos a seguir ocorreram entre os anos de 2003 e 2005, e a leitura vale a pena.

Caso do rodízio de pagamentos

O setor de cosméticos é considerado um dos mais saudáveis. Crescimentos constantes, alta resiliência a momentos de crise, público dedicado, possibilidade de praticar boas margens. Eu fornecia um item para a indústria de esmaltes de unha. Meu produto já estava em diversos fabricantes na Europa, quando fui procurado por uma fábrica italiana, local onde eu já atuava por meio de um distribuidor. Após longas conversas e negociações, ficou decidido que o atendimento a esse cliente seria feito direto por mim a partir do Brasil. Meu distribuidor, no entanto, me alertou para tomar cuidado com a empresa, pois tinha fama de ser má pagadora.

Não é todo dia que você é quase perseguido por um cliente internacional (e que seu distribuidor o entrega facilmente para você vender direto). O normal é justamente o contrário. O fato é que passei a receber uma abordagem quase diária para iniciar o fornecimento. As negociações evoluíram com velocidade muito acima da média. Amostras aprovadas rapidamente e preços e demais condições aceitas sem muita resistência. Na condição de pagamento, optei por um caminho mais conservador. Pedi um determinado percentual logo no fechamento do negócio e o saldo quando a mercadoria estivesse pronta. Tudo aceito sem protesto.

A coisa andava bem: produto de linha, segmento industrial de primeira, cliente localizado em um mercado central e maduro, condições de pagamento seguras e preço dentro da normalidade. Eu tinha tirado a sorte grande mesmo. Foram três ou quatro embarques regulares nos mesmos moldes. Até que um dia veio uma solicitação da empresa para evoluirmos na condição de pagamento. "Evoluir" podia ser interpretado como uma flexibilização. Eles precisavam de prazo de pagamento.

Com base na performance até aquele momento, cheguei a considerar oferecer um CAD (Cash Against Documents — Cobrança à Vista) que era seguro e naturalmente oferecia um prazo, já que o trâmite de documentos via banco já era algo em torno de quinze dias após o embarque. Melhor que mandar o dinheiro na frente. Houve insistência — bem justificada —, e optei por assumir um pequeno risco. Os pagamentos seguiram em dia. Depois do quarto ou quinto embarque com prazo, surgiu um atraso, resolvido cerca de vinte ou trinta dias depois do vencimento original. Nada de mais.

Infelizmente, o que se seguiu foi o aumento dos atrasos nos embarques seguintes. E veio a dificuldade com a comunicação. O importador pagava, mas cheguei a esperar noventa dias. A opção foi suspender os negócios.

O rodízio

Com a mesma velocidade com que bateu à minha porta, a empresa silenciou. Não fechou as portas. Só não me procurou mais, e a vida seguiu. Cerca de um ano depois da suspensão dos negócios, me encontrei com um dos executivos da empresa em uma feira de negócios e finalmente conheci um pouco mais da estranha estratégia praticada por eles, uma espécie de rodízio de fornecedores. Iam pulando de parceiro em parceiro. Como não eram muitos, o circuito completo se dava depois de uns dois anos. Por conta dos volumes altos e de ser um franco exportador (de esmaltes de unha) para diversos países europeus, esse importador era um jogador importante e nunca saía do radar dos fornecedores. O problema era sempre o pagamento. Não deixavam de pagar; só atrasavam muito.

A solução — que não foi implantada

O próprio executivo da empresa italiana disse que aquela situação era desconfortável para ele, que atuava na linha de frente das negociações. A estratégia, no entanto, era aquela: comprar de vários fornecedores saltando de um para outro quando a corda do limite de crédito esticava demais. Aproveitando a conversa e um certo clima de confiança, fui informado de que as exportações deles eram realmente grandes e diversificadas. O problema era a qualidade dessas vendas internacionais. Da Itália, eles abasteciam fábricas de esmalte de unha que buscavam produtos complementares às suas linhas e compravam com marca própria. Até aí, tudo ótimo. Estratégia inteligente, se não fosse uma cadeia de problemas financeiros.

Esses clientes de meu cliente estavam localizados em mercados complicados do Leste Europeu e da Ásia Central. Menos pelos países e mais pelas empresas em si, era um arranjo de altíssimo risco. De um lado, era excelente estar com uma empresa que diversificava seus mercados e vendas indo para outros países. Por outro, não adiantava muito se isso não parava de pé. Decidi que sozinho eu não seguiria com aquela dor de cabeça.

Minha última alternativa, já que o seguro de crédito havia negado esse cliente, era convencer meu distribuidor italiano a fornecer localmente. Por conta de muitas desavenças anteriores, a ideia não foi adiante, e terminei por sair do rodízio de fornecedores.

O caso do pagamento vindo de um (suposto) terrorista

Fazer negócios no Oriente Médio exige atenção permanente, já que se trata de um território naturalmente sensível, palco de conflitos que se arrastam há décadas. Ainda que seja um dos lugares mais hospitaleiros do mundo, é preciso estar pronto para situações inusitadas a todo momento.

As negociações são conduzidas sob o signo da confiança e da construção de relacionamentos entre as partes. Fiel às tradições, estive na região diversas vezes ao longo de quase dez anos e fiz bons negócios com empresas de diferentes tamanhos, algumas profissionalizadas, outras de gestão familiar.

Como sabemos bem, uma das coisas que mais aterroriza o empresário brasileiro é a possibilidade de fazer negócios longe de casa e não receber pela venda. Esse fantasma nunca saiu de meu lado enquanto comercializei com a região, mas felizmente recebi cada centavo que vendi e pouquíssimas vezes encarei atrasos nos pagamentos. Apesar desse histórico positivo, passei por momentos de alguma incerteza e tensão.

O mercado sírio era particularmente complexo. Sob ditadura há anos, o sistema bancário local não estava alinhado com as práticas internacionais. Não havia bancos internacionais operando no país. Se a memória não me trai, entre os anos de 2002 e 2010, só dois bancos operavam por lá, e ambos sob o severo controle governamental. O ser humano é adaptável, e quem gosta de fazer negócios sempre encontra uma maneira de contornar as dificuldades. Lá não era diferente. Conheci empresários muito sérios no país. Homens ricos com reputação internacional construída através de anos de relacionamento comercial. Também tive oportunidade de fazer negócios com empresas menores. Compreender as sutilezas locais e poder segmentar o mercado de maneira minimamente satisfatória me consumiu um bom tempo. Cometi erros e perdi oportunidades valiosas, mas isso faz parte do processo de aprendizado de quem opera além das fronteiras.

Minha presença no país deslocou substancialmente o fornecedor que estava lá há bastante tempo. De origem francesa, aproveitou a ligação histórica colonial para se estabelecer. O ganho de market share por parte de uma empresa brasileira causou desconforto, e em determinados momentos a coisa quase descambou para uma típica guerra comercial, e na ânsia de não perder espaço, reforcei minha presença na região, acessando mais empresários de menor porte. Isso gerou um desequilíbrio em relação às condições oferecidas a clientes tradicionais, mas exponho essa situação mais adiante.

Em uma das viagens à (então) simpática e dinâmica cidade de Aleppo, localizada ao norte do país (próximo à fronteira com a Turquia), fechei negócios com uma pequena indústria química local. A gestão de riscos e pagamentos que praticava no país também precisará ser mencionada em um capítulo à parte. O fato é que eu deveria receber pelos dois contêineres que vendi dentro de alguns dias depois do aperto de mão e mais uma rodada de chá com doces locais. E assim foi. Em pouco tempo, o valor da venda havia sido transferido, mas é preciso observar o que aconteceu na sequência.

Um aviso de um banco em Nova York

Desde o ataque às torres gêmeas em 2001, os Estados Unidos buscavam — de forma bastante inteligente — fechar o cerco em torno do fluxo financeiro que ajudava a financiar o terrorismo internacional. Não é muito complicado saber quem está mandando dinheiro mundo afora. Em condições normais, fica bem claro quem faz o envio e quem recebe. Já de volta ao Brasil depois de duas semanas no Oriente Médio, recebo uma comunicação de um banco norte-americano, direto de sua agência em Nova York.

Direto ao ponto, eles informavam que havia uma determinada soma à disposição da nossa empresa, mas que aquele recurso não sairia de lá. Alguns e-mails foram suficientes para esclarecer o que estava acontecendo. Quem fez a remessa de pagamento para o Brasil foi o simpático Sr. Abdel Aziz, com quem conversei bastante em Aleppo alguns dias antes. A justificativa do banco norte-americano era objetiva: o Sr. Aziz era um conhecido líder de um grupo terrorista internacional, movimento palestino engajado na causa local em relação à disputa territorial com Israel.

Fiquei sem saber como reagir em um primeiro momento e pedi ao banco que me enviasse algo de concreto em relação àquela situação. Uma lista com nomes bloqueados, por exemplo. E assim foi feito. Recebi a tal lista e percebi que, além de extensa, era coalhada de homônimos. Só de Abdel Aziz, encontrei uns cinco ou seis. E ainda uma dezena escrita de forma mais ou menos parecida (típico fenômeno de transliteração). Expliquei com detalhes a natureza de minha relação comercial com o "meu" cliente Abdel Aziz. Para minha total surpresa, o tal banco mencionou que o produto que estávamos exportando constava de uma lista de itens que eram monitorados por suas aplicações na indústria bélica! Eu não ignorava esse tipo de utilização, mas o grau químico do produto que comercializava era 100% para fins pacíficos. Por um momento, pensei que estava entrando em uma situação complicada e típica de filmes.

A solução inicial
Negação total. Frisei que a seriedade da empresa brasileira, e seu longo histórico no mercado eram a prova de que o negócio era destinado a fins civis e pacíficos. Não adiantou. Não posso culpar os norte-americanos. As feridas abertas pelo episódio do 11 de Setembro ainda não haviam cicatrizado (e talvez isso nunca aconteça). Deixei com que o lado do banco apresentasse o caminho da solução. Começaria com um questionário e a necessidade de o próprio Abdel Aziz apresentar provas de que não era um dos líderes do grupo apontado como terrorista.

Não me restou alternativa senão me comunicar com o empresário e explicar a situação. Não havia para onde correr. Felizmente, eu contava com a presença de um representante comercial no país, e foi ele quem teve que negociar diretamente com nosso cliente. Importante destacar que confusões como essa não devem ser encaradas como desrespeito, perseguição ou discriminação. Isso faz parte da complexidade internacional, especialmente em dias difíceis como aqueles. O que eu esperava ouvir era, na verdade, algo como: "Nunca tive esse problema antes quando importava dos franceses." Isso sim, poderia causar algum tipo de desconforto na negociação e talvez afetasse a relação comercial.

A solução do caso (final feliz)
Questionários preenchidos e a certeza de que meu simpático cliente era um empresário muito mais interessado no mercado de tintas do que nas ações políticas, o banco norte-americano liberou nosso acesso aos recursos que se encontravam travados.

Um caso dessa natureza me abriu os olhos para os canais bancários usados nas operações internacionais. Os Estados Unidos estavam adotando uma postura restritiva e procuravam fechar o cerco em torno do fluxo financeiro voltado ao financiamento de ações terroristas; já o ambiente europeu era bem diferente à época. A orientação de diversos países era buscar soluções diplomáticas e não corroborar de forma imediata e irrestrita a disposição norte-americana de retaliação conjunta (batizada de coalização). Essa postura se refletia no comportamento bancário, em quenão havia o mesmo clima de desconfiança e ações como as que experimentei. Isso foi discutido internamente e com a base de clientes que eu mantinha na região. A saída, que atendeu a todos, foi passar a operar com bancos europeus.

7
Planeje os acessos

O que veremos aqui?

É ponto comum o conhecimento de que, para se chegar a qualquer lugar em uma empreitada, é essencial primeiro saber com clareza para onde você está indo, depois é preciso que se desenvolva ao menos um plano de ação para alcançar esse destino, ou seja, em que pedras poderá ou não pisar.

Entre o ponto de partida (Brasil) e o ponto de chegada (mercado escolhido), há desafios que devem ser conhecidos, mensurados e gerenciados. Estamos falando de impacto tributário (no mercado comprador), custo de movimentação internacional, custos internos (tanto aqui quanto no país importador), vantagens tributárias na esteira de acordos comerciais e muito mais.

Uma das melhores formas de se aproximar de um mercado é por meio de um bom planejamento e uma execução precisa e eficaz. Ainda que exista uma longa e justificada discussão em torno do que é mais importante (planejar ou executar), a verdade é que os dois são fundamentais, e poderíamos até mesmo dizer que integram uma mesma ação, em que se projeta enquanto se executa, e vice-versa, executa-se enquanto se projeta.

Seria muito fácil se houvesse uma cartilha que nos pudesse fornecer cada ponto de observação, cada rota estratégica, todavia, por mais que se escrevam toneladas de livros, jamais se poderá fornecer esse tipo de conhecimento, porque ele é o resultante do caso concreto, onde uma miríade de fatores pode, de uma hora para outra, modificar radicalmente o percurso ou a estratégia anteriormente concebida. A execução sem o planejamento adequado expõe o trabalho a fatores como sorte e o acaso. Já o planejamento sem execução, por sua vez, não traz o resultado. No mercado internacional, esse exercício é bastante elaborado.

Até agora foram abordados diversos temas em torno do que não pode faltar na expansão internacional, mas agora é hora de ordenar esses fatores, colocá-los em perspectiva e trabalhar com eles para alcançar os objetivos.

ais uma vez me apropriarei do exemplo de uma viagem aérea. Vejamos: voos comerciais decolam sabendo exatamente por onde vão passar, o tempo que ficarão no ar e quanto combustível consumirão durante o trajeto. E antes de decolar, é preciso ter um mapa de voo.

Agora, é possível fazer o mesmo na realidade internacional de negócios? Com certeza.

Acho que uma forma interessante de avançarmos é apresentar — de maneira visual e simples — o tabuleiro da cena global de negócios (Figura 7.1). Ele servirá para que você pense sobre a sua estratégia e visualize sua posição e onde deverá chegar. Há anos uso esse mesmo desenho para me orientar nos negócios, e, acredite, nada pode ser mais sólido que o conhecimento adquirido dentro do jogo. Uma coisa é saber na teoria o que obviamente contribui, mas outra coisa é ter experimentado o conceito no mundo prático.

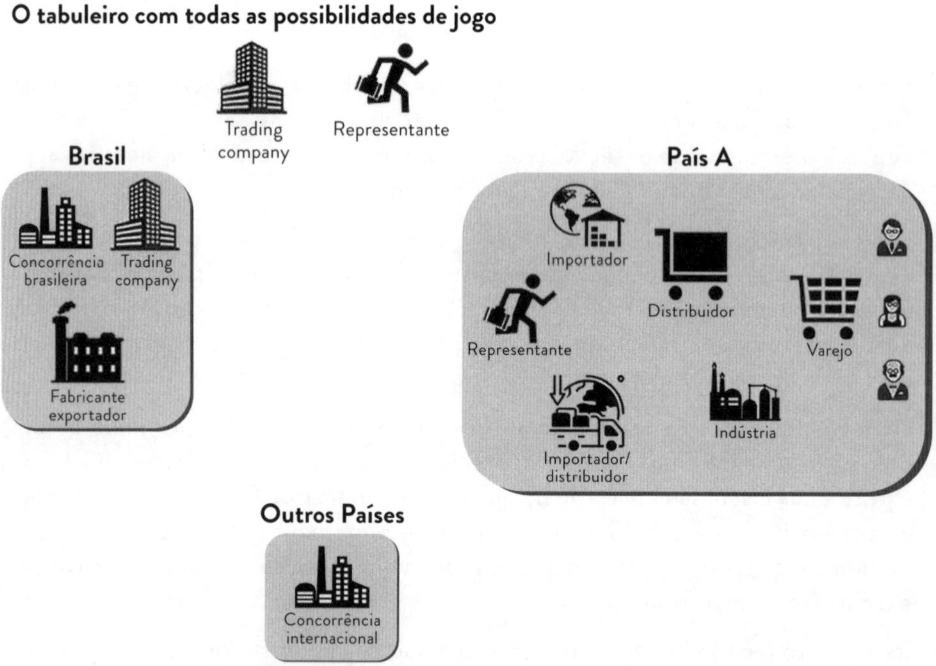

O tabuleiro com todas as possibilidades de jogo

Figura 7.1 — A cena global de negócios
Elaborada pelo autor.

Ao olharmos o tabuleiro, temos uma visão completa do que está sendo disputado. Chamaremos isso de visão holística dos negócios? Então isso significa perceber, entender, analisar e decidir a partir do todo, e não de maneira fragmentada ou específica, porque, por mais que as jogadas se deem nos fragmentos, devem ser pensadas e preparadas tendo em mente todo a partida, e não apenas aquele momento em específico. Entenda que a ação não deve ser somente reativa. Da mesma forma que em uma guerra, ou em um jogo mesmo, o que cada ator busca é justamente a iniciativa de suas ações.

É claro que essa iniciativa envolve riscos, porque, se derem certo, ótimo, te dará vantagem, mas se derem errado, então a probabilidade é a de que você se veja em uma posição mais desfavorável que a de início, por isso a necessidade da visão do todo. É preciso que se diga que muitos profissionais confundem iniciativa ou mesmo algum conceito vago de agressividade como sendo somente o avanço perene. Isso não existe! Um bom jogador sabe a hora de avançar e de recuar. Se se tratasse apenas de avanços, qualquer doidivanas poderia se aventurar nesse mercado e não teríamos riscos.

Para que você não se perca (e não perca o interesse pelo tema), tornaremos o entendimento dessa ilustração tão simples quanto possível.

O que está representado aqui é uma visão ampla de um dos muitos possíveis cenários comerciais globais. Do lado esquerdo da figura, como ponto de partida, está o Brasil. Do lado direito, está o mercado mundial representado por um país "A" (onde apresento alguns personagens que nos acompanharão ao longo desse raciocínio). Obviamente se trata de uma versão simplificada de mundo. Na parte inferior do desenho está a concorrência internacional — que disputa conosco espaço no mercado todos os dias.

O modelo apresentado aqui é baseado em expansão internacional assentada nas vendas de produtos (e não de serviços) manufaturados (e não em commodities) com o objetivo de facilitar o entendimento dos pequenos e médios empresários.

Para auxiliar no entendimento, apresentarei todos os elementos que aparecem nessa ilustração. Começando pelo lado esquerdo, exploraremos o ambiente brasileiro (Figura 7.2).

Figura 7.2 — O lado exportador brasileiro
Elaborada pelo autor.

Pode ser que outras empresas nacionais também produzam e exportem o mesmo item que você tem em mãos. Estão identificadas na ilustração como concorrência brasileira. Como já vimos nos capítulos anteriores, é bastante saudável conhecer essas empresas. As experiências de concorrentes nacionais são valiosas, e seus acertos e erros podem nos poupar muito trabalho. Seguir os passos da trajetória de uma empresa brasileira lá fora não é nada simples, por conta da dificuldade de acesso a dados, protegidos pela legislação, então é preciso usar ferramentas de inteligência comercial e muita criatividade.

Quem aparece aqui também são as trading companies locais. Essas empresas compram localmente de produtores e se encarregam de exportar. No mercado, será possível quem cumpra o mesmo papel, mas se apresentando como comerciais exportadoras. Há diferenças técnicas em termos de enquadramento e constituição, mas, na prática, podem ser consideradas como semelhantes e cumprindo a mesma função. Se essa for a opção de acesso ao mercado internacional, recomendo atenção especial ao parceiro selecionado levando em consideração principalmente a capacidade financeira de conduzir a operação e a capacidade de fazer com que o produto seja apropriadamente exportado. Ao optar por usar alguém, também brasileiro, para exportar o produto, o produtor deve ter em mente que deixará de se desenvolver em termos de gestão de negócios. Também não há o mesmo controle e cuidado sobre a comercialização no exterior. Usar esse tipo de intermediação pode trazer, por outro lado, vantagens como maior rapidez na colocação do produto no mercado, uso reduzido de recursos e baixo risco financeiro. É o que se chama de exportação indireta.

Voltando ao tabuleiro, vamos encontrar dois nomes que já discutimos acima — só que estão colocados entre o Brasil e o país de destino (Fig. 7.3).

Figura 7.3 — Trading e representantes internacionais
Elaborada pelo autor.

O uso de um representante comercial internacional é bastante comum nas trocas globais. Essa força de vendas trabalha na base da taxa de sucesso, isto é, só ganha se vender.

Não se trata de alguém que pertença (não obrigatoriamente) à cultura que está sendo abordada, e isso pode trazer o questionamento sobre a efetividade de seu trabalho. Será que um representante alemão estará apto a cobrir todo o território europeu? Ele é europeu, sem dúvida, mas o continente é uma combinação complexa de culturas, e talvez ele esteja tranquilo em relação à abordagem dos clientes em territórios de origem germânica, mas pode ter suas limitações quando se aproximar dos clientes italianos ou holandeses. E isso pode acontecer, por exemplo, em um mesmo país como a Suíça, que tem três cantões — Italiano, Francês e Alemão. O mesmo se aplica a um representante egípcio que tenha como sua área de cobertura todo o Oriente Médio. Serão os elementos culturais comuns suficientes para garantir que o trabalho funcione à altura das expectativas criadas? Note que não estou afirmando que isso acontecerá. Apenas trago o tema à discussão. Se depender de minha vivência, afirmo de forma categórica que o melhor é ter um representante por país, mas reconheço o talento e a efetividade de profissionais que conseguem cobrir áreas geográficas maiores com excelentes resultados.

Em relação às tradings companies internacionais, não é correto usar o mesmo raciocínio. São muitos os exemplos de empresas que cobrem diferentes países no trabalho de comprar e depois revender. Mais do que o talento individual de um representante comercial, uma organização que faz a intermediação comercial tende a ser muito precisa para garantir bons resultados. Lembro de uma trading austríaca que era especializada nos países dos Balcãs e tinha em sua equipe eslovenos, sérvios, búlgaros, gregos e croatas. A empresa atuava com muita propriedade nesses territórios, fazendo com que o trabalho de gestores, como eu, fosse muito mais fácil.

Deslocando o olhar para a direita do tabuleiro, encontraremos a parte mais complexa desse jogo, que é o território a ser conquistado: o mercado internacional (Figura 7.4).

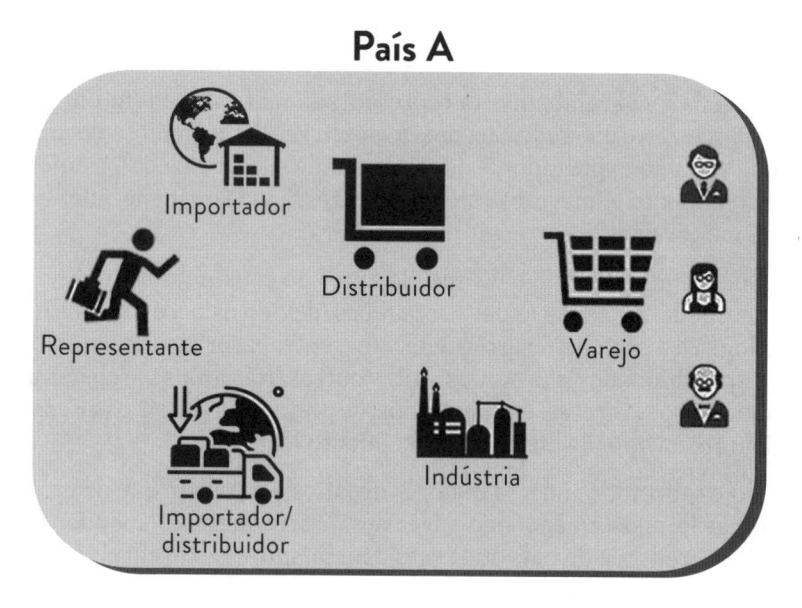

Figura 7.4 — O mercado a ser abordado
Elaborada pelo autor.

Esse modelo foi concebido para a comercialização de produtos manufaturados, destinados a consumidores finais (pessoas físicas) que adquirirão os itens em canais varejistas, e para fornecimentos a unidades produtivas no exterior. É claro que há diferentes possibilidades de posição de participantes nesse lado do tabuleiro, mas nos ateremos a um que se ajuste aos produtos manufaturados.

A figura do representante comercial aparece mais uma vez, mas agora ele está presente no mercado que você está buscando, o que pode trazer vantagens reais importantes para o negócio. Uma presença local só enriquece o trabalho do gestor. Como é virtualmente impossível passar todo o tempo viajando pelos mercados, o olhar local traz um conforto enorme com suas observações em tempo real sobre a concorrência, saúde financeira dos clientes e muito mais. Em três décadas de atuação em quase setenta países, usei — sempre que possível — o trabalho de representantes comerciais.

Ainda olhando para a figura, logo abaixo estão os importadores. Costumo classificar dessa forma aquelas empresas que têm uma forte vocação para a compra internacional. É preciso ter cuidado para não confundir seu papel com o do distribuidor, pois, dependendo do país, as estruturas de comercialização e distribuição podem sofrer variações se ajustando às práticas locais. Nesse caso, o importador se especializará em abastecer distribuidores locais que, por sua vez, sejam especializados em segmentos de produtos ou certos tipos de clientes. Esses distribuidores não atuam no mercado internacional por diversas razões, mas conhecem o mercado local profundamente.

Entre eles, há os que optam por fazer o seu sourcing internacional e seguir abastecendo os canais internos de varejo. Foi o que chamei de importador/distribuidor, no canto inferior esquerdo da figura.

A concorrência local também está representada na figura e tem um papel muito importante no acesso ao mercado. Sua presença, em geral, funciona como um regulador das ações de venda do exportador, e dependendo de sua força local, tradição, capacidade de abastecimento e imagem junto aos clientes, a vida do fornecedor estrangeiro será mais ou menos fácil.

O varejo local aparece como o último elo antes do consumidor final e é percebido sempre como um desafio de grandes proporções, devido às necessidades naturais do setor, como logística perfeita de armazenagem e entrega, prazos de validade (quando aplicável), disponibilidade de produtos, entre outros. Há canais varejistas que optam por fazer importações diretas, enquanto outros preferem reduzir os riscos inerentes ao comércio internacional e buscam fornecimento local.

Do lado do exportador, um dos maiores desafios é garantir que os produtos cheguem a todas as lojas de modo a não haver desabastecimento. Dependendo do porte do importador varejista e do país onde esteja instalado, essa tarefa pode se converter em um verdadeiro pesadelo comercial e logístico.

Para fechar a apresentação dos principais players que estão colocados no tabuleiro, aparece, na parte inferior do tabuleiro, a concorrência internacional, representada pelos exportadores de outros países (Figura 7.5).

Como o Brasil não tem tradição internacional, esses concorrentes devem ser observados de perto e, sempre que possível, monitorados, porque, juntamente com os fabricantes locais, têm papel importante na determinação dos preços praticados no mercado alvo. Obviamente nem todos oferecerão o mesmo produto que você ao mesmo tempo. Isso é praticamente impossível devido às gigantes diferenças entre o grau de desenvolvimento, o perfil industrial, as estratégias empresariais locais e os outros fatores. Mas é bom lembrar que você não estará sozinho no mundo. Isso só acontece onde um produto é absolutamente exclusivo (de um país ou fabricante) e não ocorre com frequência. A grande arte é saber de onde vêm os concorrentes, o que fazem, como atuam, suas fraquezas e seus aspectos fortes.

Outros Países

Concorrência internacional

Figura 7.5 – A concorrência internacional
Elaborada pelo autor.

Isso que foi mostrado é válido para um só mercado, mas pode ser multiplicado por até 194. Obviamente você não terá como fazer uma gestão tão ampla, detalhada e precisa, e nem é esse o objetivo. Tirando o Brasil e o mercado para quem você está dirigindo seus esforços de venda, ainda há quase duas centenas de países por aí, por isso, este capítulo deve estar alinhado com os anteriores, especialmente o 5 (Selecione os mercados). Se fazer a gestão com tantas possibilidades em um único país já pode consumir um bom esforço do executivo, imagine repetir isso em outros locais mais.

Voltemos ao nosso tabuleiro. Sair do lado esquerdo (sua empresa) e chegar ao consumidor final é uma questão de escolha de rota.

Há mais de uma possibilidade e não há como determinar qual seja a melhor ou a pior. Cada empresário ou executivo é quem deve chegar à essa conclusão por meio de ponderações que passam pela velocidade de entrada no mercado, margens de contribuição, alocação de recursos para a gestão dos negócios, ou seja, pela visão de oportunidade oferecida.

O mesmo tabuleiro aparece a seguir (Figura 7.6) com algumas linhas mostrando, somente a título de exemplo, diferentes opções de acesso ao mercado. O exportador pode optar por seguir uma mesma estrutura de acesso em todos os mercados em que pretende atuar ou diversificar, se moldando às características do país ou, ainda, respeitando suas limitações.

O tabuleiro com todas as possibilidades de jogo

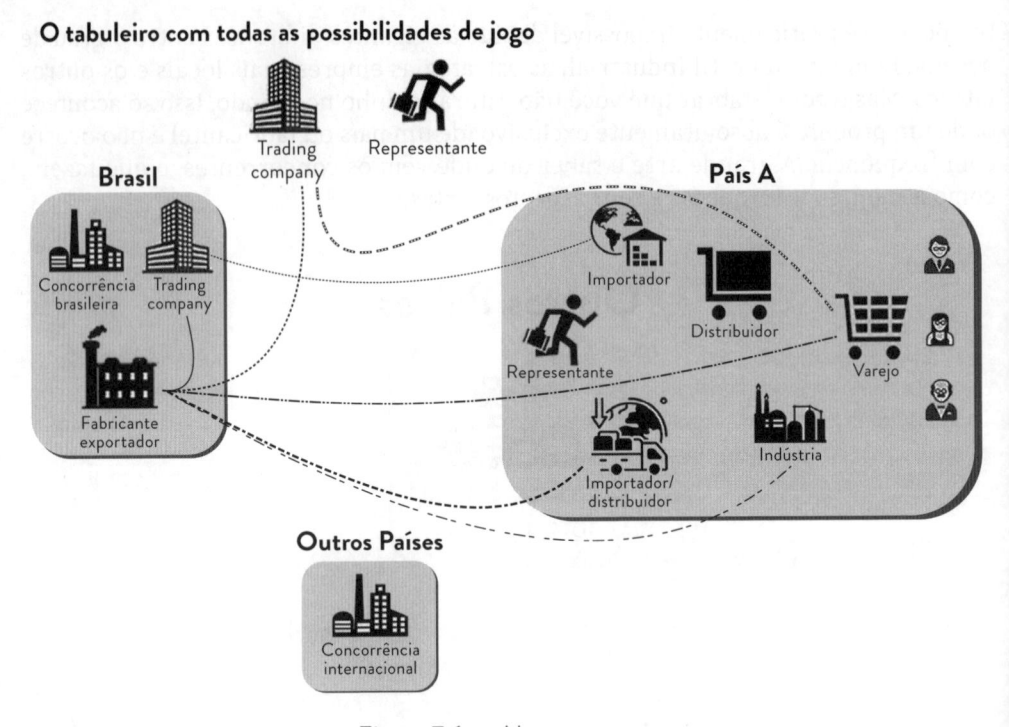

Figura 7.6 — Alguns acessos
Elaborada pelo autor.

Um mesmo país pode ser gerenciado com acessos variados em função de seu tamanho, do tratamento dado a linhas de produtos diferentes (para canais diferentes), estratégias de marca e posicionamento de produtos. O que fica de mais positivo para o gestor é a consciência de que há opções de acesso e todas estão à disposição.

ACESSANDO MERCADOS DE DIFERENTES FORMAS

Já está claro que mercados não são alcançados da mesma maneira. Discorrer em detalhes sobre cada um deles estenderia o texto para além da proposta deste livro, tirando o espírito dinâmico que tenho tentado imprimir até agora. Por isso a ideia de focar os acessos mais comuns, dos quais destacarei as vantagens, os desafios e alguns cuidados que devem ser observados pelo gestor.

Exportação direta

O que caracteriza a exportação direta é o fato de o produtor ser também o exportador. Exploraremos rapidamente os elementos que fundamentam esse tipo de acesso (que comentei brevemente antes). Se a empresa está começando, é natural que falte experiência para lidar com muitos meandros do comércio exterior brasileiro e com os envolvidos no país de destino. Essa falta de habilidade e conhecimento nessas diversas atividades pode gerar retrabalho, uso equivocado dos recursos e erros, que têm o potencial de impactar de forma negativa a imagem e a credibilidade do exportador.

A parte positiva desse desafio está no maior controle sobre as operações no exterior. Isso significa que o exportador tem acesso direto ao mercado de modo a poder defender posições, fazer correções de rota e até suspender algo que não esteja funcionando a contento. Essa exposição às demandas externas sem intermediários faz com que todos os envolvidos experimentem uma curva acelerada de aprendizado que se estende ao longo do tempo.

Também há a maior captura de valor. Isso se explica melhor quando se compara a exportação direta com a indireta, pois, no segundo modelo, o faturamento internacional será feito por um intermediário, e possíveis ganhos ficarão com ele. O produtor, que nesse caso não será o exportador e já recebeu pela venda feita localmente.

O raciocínio de se chegar a melhores resultados pode ser afetado pelas turbulências que a operação vier a sofrer, especialmente nos primeiros embarques, quando tudo é novidade e o exportador ainda não está seguro sobre tantos cuidados a serem tomados. Tropeços e escorregões são usuais na realidade do comércio global, e peço que não se intimide com isso. Use os erros como forma complementar de aprendizado, mas estude e trabalhe para que esse processo não seja o habitual. Também não se preocupe em excesso em relação às impressões que eventuais deslizes possam gerar no cliente internacional. Mais uma vez digo que compradores experientes, acostumados com fornecimento internacional, lidam com ajustes e correções de forma tranquila.

As despesas geradas nesses casos não devem ser encaradas como perdas que se repetirão de forma constante a partir dali, e sim como o custo do aprendizado. É o momento de aprender com os erros e se preparar para que não voltem a acontecer. Mais uma vez entra em cena o processo de aprendizado, que com certeza é uma constante ao longo de qualquer caminho que se opte por traçar.

Conhecimento do mercado — como atua a concorrência, as preferências dos consumidores, o comportamento dos compradores, entre tantas outras coisas — só é possível para os que estão vivendo os negócios no dia a dia, com a mão na massa mesmo. Ao estar disposto a operar dessa forma, a empresa ganha musculatura para enfrentar desafios maiores e ter um desempenho cada vez melhor, fazendo com que essa curva de conhecimento adquirido se transforme em valor efetivo ao longo do tempo.

Outro ponto positivo de quem se lança sozinho no mercado internacional é o poder de definir a estratégia e as ações táticas para a performance do produto. Ainda que as tradings companies possam oferecer excelentes serviços de colocação e monitoramento dos produtos no mercado, o olhar do dono tende a fazer toda a diferença, especialmente na velocidade de eventuais ajustes, porque o diálogo com o mercado terá se tornado direto e feito sem intermediários, o que reduz em muito a incidência de qualquer tipo de ruído na informação obtida e repassada.

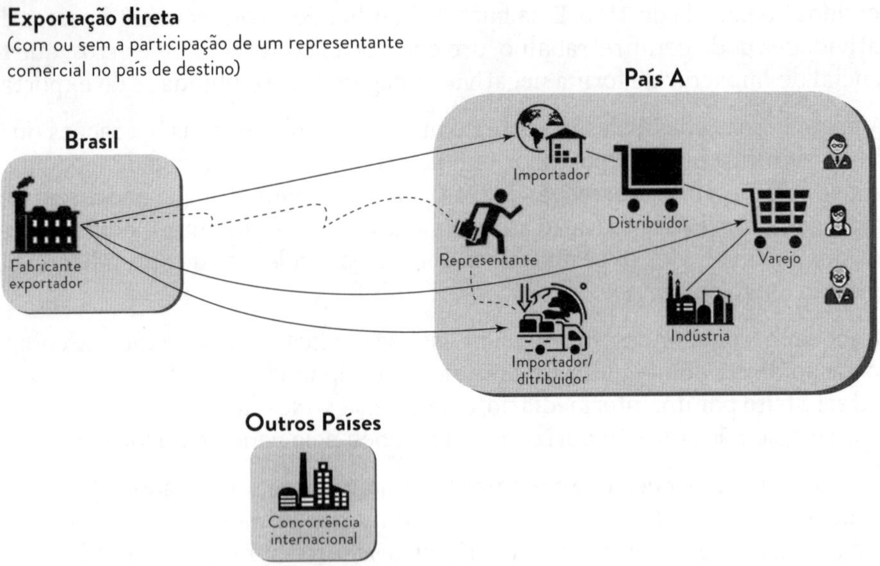

Exportação direta
(com ou sem a participação de um representante comercial no país de destino)

Figura 7.7 — Exportação direta
Elaborada pelo autor.

O modelo de avanço para o exterior por meio dos próprios recursos também carrega seus desafios. O maior deles talvez seja o fator tempo, que se baseia nas dificuldades encontradas para entrar no mercado e que pode estar ligada à pouca experiência do exportador. Não se aplica como regra, mas o que se nota é que as primeiras incursões tendem a levar mais tempo até atingirem um nível de estabilidade e continuidade.

Mesmo exportadores experientes também enfrentam desafios semelhantes quando batem à porta de mercados novos e particularmente complexos (por razões de alto risco local, diferenças culturais profundas etc.). Se o tempo não está jogando contra a estratégia, e não deve estar, esse aspecto negativo pode ser absorvido.

De braços dados com o tempo estão os custos. Operar sozinho custa mais. Desde as despesas com ações de prospecção até a preparação e o envio de amostras, custos de operação para sair do Brasil, eventuais formas de pagamento dilatadas, tudo impacta o custo e obriga o exportador a gerir muito bem o caixa da empresa.

LADO BOM!	AVALIE ESSA ALTERNATIVA CONSIDERANDO:
Maior controle sobre as operações.	O tempo de entrada tende a ser maior.
Aprendizado permanente.	Maior custo de entrada.
Maior captura de valor (melhores ganhos).	Requer profissional experiente para conduzir as operações.

LADO BOM!	AVALIE ESSA ALTERNATIVA CONSIDERANDO:
Conhecimento do mercado.	-------------------------------------
Domínio/estratégia sobre a marca.	-------------------------------------

Tabela 7.1 — Os dois lados da exportação direta
Elaborada pelo autor.

Isso que foi apresentado carrega um alerta de cuidado extra: o desânimo que pode se abater sobre o futuro exportador, uma vez que será colocado à prova diante do mercado. Se alguém afirmar que o processo é simples e tranquilo no início, está mentindo. O que acontece com muita frequência é que as dificuldades iniciais venham a desanimar os envolvidos, e o projeto naufrague antes mesmo de amadurecer. Uma das maneiras de se calcular o índice de mortalidade na exportação é o fato de as empresas venderem ao exterior uma ou duas vezes e depois optarem por não mais atuar lá fora. Não é isso que queremos, certo? Reconheço que pode surgir um contraponto ao que acabei de afirmar nesse parágrafo e respeito os que dirão que não é tão difícil assim. Essa opinião contrária tem maior chance de chegar por meio de um exportador que teve o privilégio de ser buscado pelo comprador internacional. Não foi preciso suar a camisa para localizar um interessado em seu produto. Conheço muitas empresas que começaram assim, na chamada exportação passiva, em que praticamente não houve esforço de vendas. Bastou reagir ao interesse do importador. Uma delas, na figura de seu gestor, adotou esse modelo como sendo o padrão para a exportação, ou seja, só vende quando o comprador bate à sua porta. É uma questão de escolha.

Quando o assunto é o papel do representante comercial, pode haver uma leve e, até certo ponto, saudável confusão. A eventual participação dele na operação não faz com que a exportação seja classificada como indireta. Será chamada de direta com a interveniência de um representante. A presença de um agente comissionado traz uma série de considerações que devem ser identificadas e avaliadas.

Esse profissional pode ser uma pessoa física ou jurídica. Pode estar no Brasil, no país de destino ou em um terceiro país. Um profissional bem qualificado, com experiência no produto e fluência junto ao mercado, pode ser uma das mais poderosas armas para o sucesso do exportador no exterior. Encontrar esse profissional pode se verificar como sendo tarefa tão desafiadora quanto localizar clientes no exterior.

Aqui também existem os pontos de observação em relação à escolha de ser representado por alguém no exterior. Primeiro, e mais importante, é o fato de um representante comercial não ser um funcionário da empresa. Ele presta serviços e ganha comissão por negócios fechados, assim, trata-se de custo variável e não fixo.

São inúmeras as situações de representantes que abraçam uma causa, no caso, uma empresa em início de trabalho, e dedica tempo, talento e muito esforço para promover os negócios. Como seu ganho é baseado em comissões por vendas, é comum que essa fase inicial seja considerada como um "investimento" feito pelo profissional. E quando as coisas começam a funcionar, é natural que a remuneração aumente (nada mais justo). Nessa hora, entra em cena um dos comportamentos mais peculiares do Brazilian Business Mindset, que é reavaliar a participação do representante no negócio. Em geral, dois argumentos são apresentados sem muita cerimônia: os ganhos do profissional estão muito altos, e a empresa já consegue se virar sozinha e não precisa mais dos serviços prestados.

Esse ponto é tão sério, que conheço representantes estrangeiros que só aceitam trabalhar para empresas brasileiras se a relação estiver amparada por um contrato de representação. Sempre recomendo que novos exportadores ou aqueles que forem aderir ao uso de uma força de vendas na forma de um representante pensem com muito cuidado as consequências dessa opção.

Meu entendimento é o de que, se a situação citada se tornou concreta, é porque as coisas andaram bem. Isso pode ser creditado ao produto (e seus atributos), a oportunidades de mercado, mas também ao talento do representante. Normalmente, quem se apresenta para esse tipo de trabalho traz muita experiência na bagagem.

Um aspecto mais sutil, mas não menos importante, é que contar com esse profissional na ação de acesso pode aliviar a pressão em cima da formação da equipe que se encarregará da operação internacional.

Vale mencionar que a experiência aportada por um representante pode ser mensurada e avaliada de diferentes formas.

Ele pode ser um especialista no produto, no segmento de atuação ou no país. Todos esses predicados têm valor, mas resultarão em ações de vendas com ritmo diferentes. Um caso bem comum é o de um candidato a representante que atua fortemente em um segmento específico e já aborda os clientes com um portfólio de itens, e o que ele busca é mais um produto para complementar sua linha. É natural, em um caso como esse, que ele não consiga "entrar jogando" e leve algum tempo se familiarizando com os detalhes do novo produto.

LADO BOM!	AVALIE ESSA ALTERNATIVA CONSIDERANDO:
Um representante comercial não é um funcionário. Ganha comissão por negócios fechados. Trata-se de custo variável e não fixo.	Ele normalmente trabalha em cima de resultados, e muitos se especializam em portfólios compostos de itens complementares.
Quem se apresenta para esse tipo de trabalho, em geral, traz muita experiência na bagagem.	O desafio é encaixar seu produto no portfólio desse profissional. Ao oferecer algo que complemente sua linha de produtos, o poder de fogo do representante será maior.
Ter esse profissional pode aliviar a pressão em cima da formação da equipe.	

Tabela 7.2 — Os dois lados do uso de um representante comercial
Elaborada pelo autor.

É bastante comum que representante brasileiros se apresentem para contribuir com as exportações das empresas. Não há dúvida de que o fato de ser um brasileiro trará um nível de conforto bastante elevado — especialmente quanto à comunicação. O mais usual é que o candidato para esse tipo de trabalho seja alguém com algum tipo de experiência comercial ou pessoal no exterior.

Ainda que isso se traduza em boas possibilidades, vale lembrar que estamos falando de um brasileiro como você e eu. Nada contra esse fato, mas é preciso dizer que, se vamos operar com um representante, acredito que o melhor é que seja alguém que esteja e pertença ao local de destino (país ou região para onde pretendemos exportar). Brasileiros com experiência, disposição e conhecimento de mercado são sempre ativos importantes, mas me parece mais sensato operar com alguém local, pois este muito provavelmente terá a sensibilidade, o timing e as sutilezas que só um olhar treinado consegue captar. Tudo isso justifica a minha preferência.

A VOZ DA EXPERIÊNCIA

Tive diversas oportunidades de operar com um representante que se propunha a cobrir mais de um país. Sempre declinei e optei por encontrar profissionais que pertencessem ao país onde operaria. Um dos melhores exemplos aconteceu em uma de minhas ações no Oriente Médio.

O plano era atuar em uma área do Marrocos aos Emirados Árabes, uma região extensa onde o que temos em comum é a língua principal (árabe) e uma maioria de população muçulmana. Participei de algumas feiras, e não faltaram contatos de profissionais interessados em me representar em TODA a região. Uma de minhas maiores preocupações era a extensão geográfica e os imensos desafios de deslocamento. Lembro que voos entre o Marrocos e a Tunísia não eram diretos (todos com escala na Europa), e os custos eram altos. Apesar de ter conhecido muitos bons profissionais, terminei por explicar a todos que buscava representantes que cobrissem somente o país onde viviam e trabalhavam. Depois de alguns meses, eu contava com agentes comerciais no Marrocos, na Tunísia, no Egito, no Líbano, na Síria e na Jordânia. Todos conheciam profundamente seus clientes e as pequenas empresas para as quais distribuíam.

Exportar de maneira direta permite total controle sobre como, quando e onde atuar, assim como decidir o que fazer em relação aos produtos, avaliar estratégias de posicionamento e de atuação financeira. Apesar do maior trabalho, a autonomia é completa, e as vantagens disso ao longo do tempo são notáveis. A seguir estão algumas possibilidades.

Entrada nos mercados selecionados por meio de distribuidores locais, sem uso de representantes

A entrada em um mercado estrangeiro é crucial para o sucesso no projeto, e o uso de um distribuidor pode servir a propósitos como velocidade de entrada, redução de riscos e otimização de despesas de venda. Por outro lado, é importante lembrar que o distribuidor cobra pelo acesso ao mercado que sua experiência construiu, e esse valor deve ser considerado seriamente no momento da precificação e da estruturação do posicionamento no mercado.

Uma das movimentações mais arriscadas é desfrutar o acesso ao mercado montado na parceria com o distribuidor e depois querer se desfazer dela. Proibido? Não, mas deve ser tratado com cuidado. A grosso modo, um distribuidor é um operador do mercado que tem em seus contatos e em sua reputação seus maiores ativos. Não há fábricas e matéria-prima em estoque, somente um fluxo permanente de mercadorias que entram, permanecem durante algum tempo e seguem para os clientes. Garantir entregas no curto espaço de tempo, em quantidades ajustadas às necessidades locais, e absorver riscos financeiros são as principais vantagens desse player. Coisas que um exportador muitas vezes não consegue fazer a distância.

O fornecimento internacional pode ser construído sobre essas ações e evoluir naturalmente, ou seja, os clientes do distribuidor têm possibilidade de se tornar clientes diretos. A vantagem imediata, aos olhos do exportador e do cliente final, é o acesso a uma condição mais vantajosa. Que tal rachar o custo que o distribuidor representava? Cansei de ver casos como esse acontecerem por aí. É legítimo o desejo de melhorar os resultados, mas é preciso demonstrar empatia a fim de entender o lado de quem trabalhou para o sucesso do projeto. Não significa que o exportador tenha que passar o resto de seus dias atrelado à mesma estratégia de abastecimento. O que deve ser evitado é a mudança sem aviso prévio. Há regras e maneiras de fazer com que isso seja bom para todos os envolvidos. Contratos (ou acordos comerciais) com métricas e metas estabelecidas são suficientes para evitar dores de cabeça no futuro.

Exportação direta via *trading company* fora do Brasil

Acessar mercados via uma trading localizada no exterior (Figura 7.8) é um exercício desafiador para qualquer empresa, e o que determinará as maiores chances de sucesso é o perfil da trading. Seu grau de especialização em determinadas regiões, vocação para linhas de produtos e, acima de tudo, a segurança financeira.

Exportação direta
(via trading company no exterior)

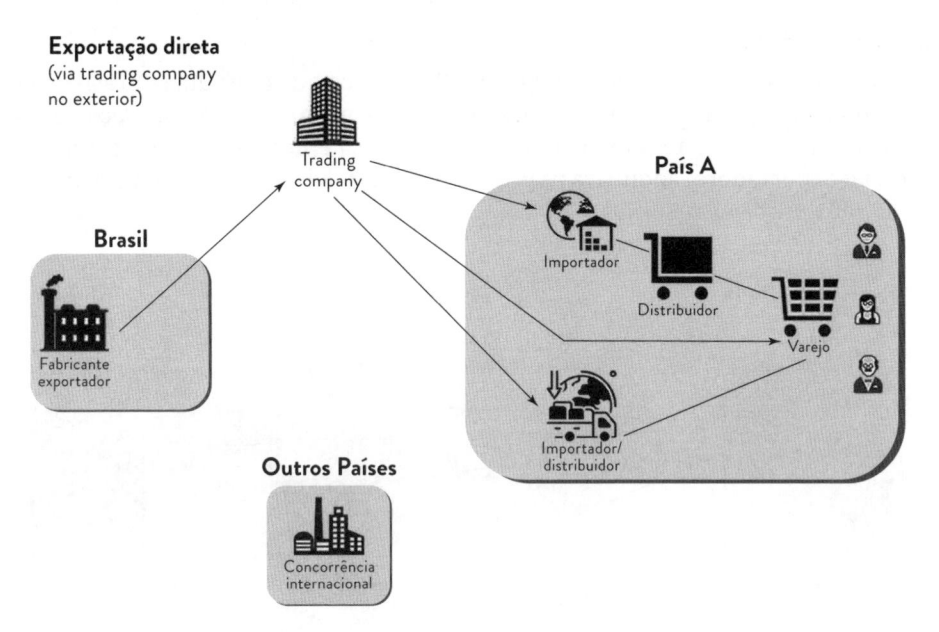

Figura 7.8 — Exportação direta via *trading company* no exterior
Elaborada pelo autor.

A tradição de algumas pode ser de enorme valor para entrar em mercados de maior complexidade. Tradings europeias, por exemplo, conhecem bem a realidade cultural, financeira e o ambiente de negócios no continente africano e servem bem aos que pretendem exportar para a região, que é considerada uma das mais desafiadoras do mundo.

Nesse caso, a operação financeira é feita com a trading, e a entrega física do produto é feita diretamente com o país de destino.

> ### A VOZ DA EXPERIÊNCIA
>
> Um caso de destaque em minha carreira foram as exportações para os países dos Balcãs. Como não dispunha de recursos para atingir os países da região, usei os serviços de uma *trading* austríaca localizada em Viena e que contava com *traders* de origens variadas, como Sérvia, Croácia e Albânia.
>
> Mantive uma abordagem mais genérica até Viena. Dali em diante, eu entrava nos detalhes de cada país seguindo as sugestões de cada profissional que estava encarregado de um país específico. Dessa forma, fui brindado com um serviço altamente especializado. Eu exportava para essa *trading* e fazia as entregas diretamente para os clientes finais espalhados na região.

Exportação indireta

A opção pela exportação indireta (Figura 7.9) significa que o produtor brasileiro fará uma venda local para que uma terceira empresa se encarregue da operação em si. É ela quem lidará com o processo como um todo. Essa empresa (trading company ou comercial exportadora) adquirirá os produtos no mercado interno e seguirá em frente usando seus próprios recursos.

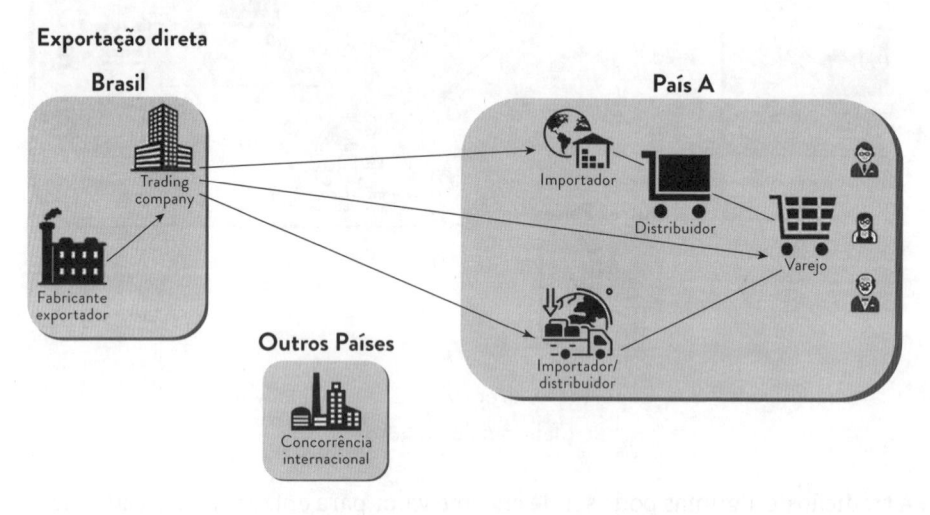

Figura 7.9 — Exportação indireta
Elaborada pelo autor.

A diferença em relação ao modelo anterior, exportação direta, não é nada sutil. Avançar em direção ao mercado externo por meio de uma empresa especializada guarda desafios proporcionais às vantagens que também existem. Vale mencionar que, além das exportadoras comerciais, produtores também contam com a ação de cooperativas e consórcios de exportação, que podem adquirir produtos internamente e realizar suas vendas externas.

LADO BOM!	AVALIE ESSA ALTERNATIVA CONSIDERANDO:
O produtor vende localmente e — em geral — recebe de forma antecipada.	Quem se encarregará da inserção do produto lá fora é um terceiro, e não o fabricante. O posicionamento do produto no exterior não estará em suas mãos. Isso pode funcionar ou não.

LADO BOM!	AVALIE ESSA ALTERNATIVA CONSIDERANDO:
Alguém lidará com os desafios da colocação do produto lá fora, ou seja, menor esforço dispendido.	O Brasil não tem tradição exportadora. Como já mencionamos, o movimento importador impulsionou o crescimento de *tradings* que se dedicam a facilitar as compras internacionais. É um real desafio encontrar uma que abrace produtos com dedicação para inseri-lo no mercado internacional.
Redução de riscos operacionais e financeiros (uma vez que não há necessidade de discutir e negociar com estrangeiros).	Assumindo que tudo dê certo e o produto caminhe bem no exterior, a opção pela *trading* pode criar uma relação de dependência difícil de rever.
Possível ganho de velocidade (assumindo que a *trading* já conheça os acessos).	Parte do ganho da operação ficará nas mãos da *trading*.

Tabela 7.3 — Os dois lados da exportação indireta
Elaborada pelo autor.

Existe uma forte corrente que defende que as empresas de menor porte devem optar por esse caminho. Eu opto por uma discussão mais ampla.

Reconheço que o uso de uma trading company pode trazer vantagens reais, mas existe algo que é muito sensível: o aprendizado! Ao usar uma empresa para chegar no mercado lá fora, assumirei que estamos terceirizando esse importante trabalho e deixando de aprender.

Desenvolver uma estratégia internacional é cansativo e demandante, mas gera um volume de conhecimento absurdamente alto. Não é minha intenção reduzir a importância e o papel das tradings locais, mas não desvalorizar o valor da curva de aprendizado e todas as vantagens que ela trará no médio e no longo prazo. É preciso mensurar cuidadosamente os resultados adquiridos pela opção de uma ou de outra alternativa.

Acessando o consumidor final

E o consumidor final pode ser o objetivo de sua abordagem? Pode sim. Se você estiver no B2B (business to business), seu consumidor será uma empresam, e não uma pessoa física. Nesse caso, há uma grande chance de ele poder importar diretamente de você. Se você estiver no B2C (business to consumer), a possibilidade de abordagem direta cai dramaticamente, mas não desaparece. É possível exportar para pessoas físicas ao redor do mundo sem nenhum problema. É só uma questão de ajustar o negócio para esse fim.

Alguns exemplos valem um estudo: empresas chinesas como Ali Express, Wish e tantas outras se propõem a abastecer clientes como eu e você localizados em qualquer lugar do planeta — ainda que comprando uma única unidade do produto.

Quando o consumidor final (no ponto de vista de quem fornece) é uma indústria (uma operação B2B) as dinâmicas de acesso não diferem muito de que foi visto até agora (Figura 7.10). Os potenciais intermediários são os mesmos. Uma das principais diferenças está no tempo envolvido na negociação. Tudo que está relacionado ao consumidor final (por meio do fornecimento de produtos acabados e prontos para uso) está envolto em um senso de urgência que não se nota na mesma intensidade quando se está fornecendo matérias-primas, insumos ou maquinários para uma outra indústria.

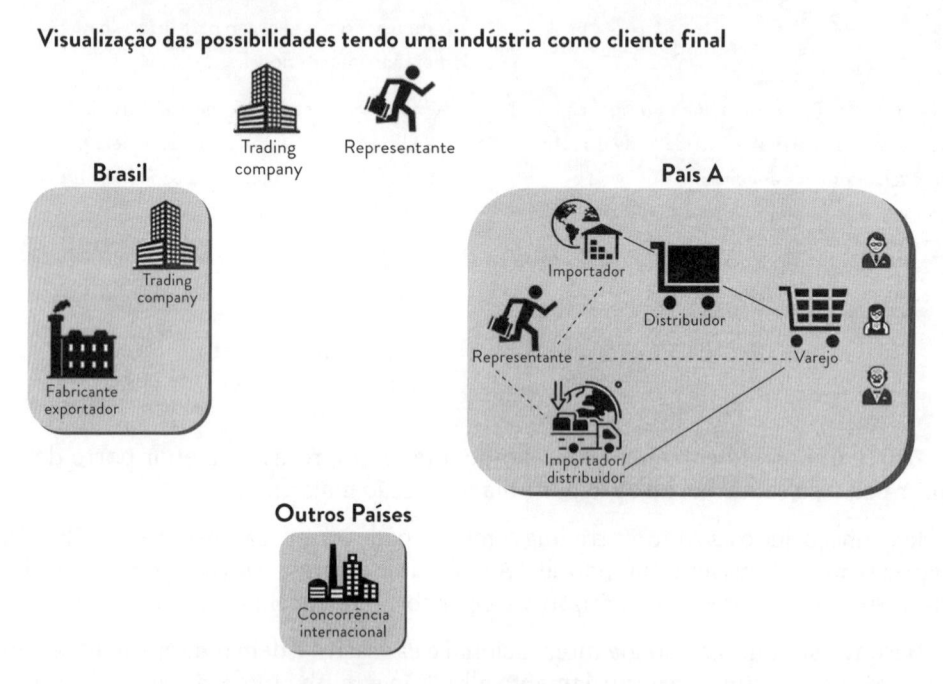

Figura 7.10 — O tabuleiro com a indústria como cliente
Elaborada pelo autor.

O peso da concorrência local (no país de destino)

Por fim, há os fabricantes locais. Eles operam em seu próprio país e olham com desconfiança (em alguns casos, com extrema antipatia) os concorrentes externos como você. Para manterem seu espaço, esses players locais podem tornar a vida de empresas estrangeiras bastante difícil, executando algumas ações que enumeraremos a seguir:

1. Criação de padrões de qualidade a fim de deixar de fora alguns competidores internacionais.

2. Pressão para que o governo local tome atitudes restritivas à entrada de produtos estrangeiros.

3. Campanhas de comunicação procurando criar um clima de desconfiança em relação aos produtos importados.

Tudo isso pode levar algum tempo para se concretizar, mas é bastante comum que aconteça, e não raro pode produzir certas consequências, que podem ser:

a. Tarifas de importação altas a ponto de desestimular as compras externas.

b. Barreiras técnicas, em que os produtos estrangeiros devem cumprir com requisitos mínimos para serem aceitos.

c. Barreiras quantitativas, em que são impostos tetos e limites para a entrada de determinados itens importados.

A análise dos competidores locais é crítica para se determinar o grau de complexidade na abordagem de um mercado. Imagine que você é fabricante de itens de vestuário. Camisas de viscose, por exemplo. Se o mercado a ser considerado for algum país asiático — onde a tradição têxtil é enorme e o grau de sensibilidade dessa indústria para a economia local é alta —, não espere vida fácil.

Não estou dizendo que você somente terá sucesso em mercados onde não exista a competição local. Longe disso. É uma questão de analisar e buscar seu espaço.

Não é raro que a indústria local não tenha capacidade de fornecer para toda a demanda existente ou o nível de qualidade local possa deixar espaço para os estrangeiros. Para mais ou para menos, isto é, alguns parques industriais são sofisticados demais e os preços são altos. Nesse caso, um competidor de fora com valores menores e (por que não?) e uma qualidade menor pode fazer sucesso. Outra possibilidade é a de que o que está sendo oferecido localmente ser pobre em termos de qualidade e o mercado ver com muito bons olhos a chegada de alguém de fora.

Vantagens tributárias

Se você já fez o exercício de apurar o nível de tributação do mercado de destino, algumas primeiras respostas já terão surgido. O nível tributário do país-alvo dirá muito sobre o ambiente competitivo à sua frente.

Tarifas mais baixas (em torno de 5%) indicam uma indústria local madura e com atuação internacional, ou seja, que não teme a concorrência. Por outro lado, o nível tarifário mais baixo pode ser válido também para países sem produção local.

Tarifas intermediárias, por volta de 12%, são mais comuns em países em desenvolvimento, e normalmente revelam indústrias com algum grau de robustez, mas que ainda precisam ou buscam proteção contra a presença externa. São economias intermediárias, que se preocupam em acessar mercados ao mesmo tempo em que tentam proteger suas empresas e setores.

Independentemente do nível tarifário praticado no país de destino, é importante saber que existe a possibilidade de desfrutar um acesso privilegiado. Na prática, isso se dá por meio de acordos comerciais (bilaterais ou multilaterais).

Apesar da diversidade de acordos que podem ser pactuados entre países destinados a estimular a cooperação econômica e comercial, dedicaremos tempo aos que efetivamente fazem a diferença nas operações de exportação. Para isso, é preciso ter em mente a figura do imposto de importação como sendo o personagem principal nos processos de controle de entrada de produtos nos países.

Já mencionamos anteriormente o caráter democrático e amplo dessa tributação. Todos os países o adotam para praticamente todos os produtos, não tendo relevância se são mais baixos, (em torno de 5%), intermediários (em torno de 12%) ou elevados (em torno de 30%), e mesmo os proibitivos (casos em que a tarifa pode alcançar 200% ou mais). Também há um importante número de itens que não tem qualquer tributação.

O fato é que, se ele estiver presente, qualquer redução significa um ganho de competitividade que contribuirá para o sucesso. Apesar de considerar que alíquotas até 8% não chegam a representar um ataque frontal à presença de competidores estrangeiros, nunca subestimei o impacto positivo da redução ou, preferencialmente, eliminação desse percentual em meus exercícios de avaliação de competitividade. Em poucas palavras, nunca desprezei 2%, 3% ou 4%, porque já perdi muitos negócios por diferenças bastante reduzidas. Além do mais, a competitividade é construída na forma de camadas que vão se somando, e qualquer valor terá seu peso no final.

O imposto de importação é igual para todos? Sim. O século XX sofreu com duas guerras de proporções mundiais, e, apesar das claras motivações ideológicas, houve também componentes econômicos. Não há como negar que a situação econômica da Alemanha logo após a Primeira Guerra Mundial serviu de combustível para tudo que aconteceu poucos anos depois, tanto para a ascensão do nazifascismo quanto para a guerra de fulcro ideológica que se seguiu.

Esses conflitos, traumáticos e de escala mundial, ajudaram a criar sistemas igualmente globais, que, além de normatizarem as práticas comerciais, estabeleceram normas válidas para a grande maioria dos países.

O artigo primeiro do GATT prevê que qualquer vantagem ou benefício que um país-membro estabeleça para um outro membro deverá ser estendida a todos os outros, ou seja, não há privilegiados. Em poucas palavras, quando você estiver negociando com seu cliente em um país europeu e ele informar (ou você pesquisar e descobrir) que o imposto de importação é de 8%, esteja certo de que isso vale para qualquer país-membro da OMC. A não ser que esse país faça parte de algum tipo de acordo comercial. Nesse caso, é muito provável que os países que façam parte desse acordo tenham negociado privilégios entre si.

É preciso reforçar que, embora o tratamento igualitário fosse estabelecido pelo GATT e ratificado pela OMC (que o substituiu em 1991), ainda assim prevê, como exceção, os acordos comerciais bilaterais ou de blocos econômicos.

Longe de ser um tema acadêmico e teórico, a dinâmica envolvendo os blocos econômicos ao redor do mundo é uma poderosa ferramenta à disposição do trader.

A IMPORTÂNCIA DOS BLOCOS ECONÔMICOS

O que se convencionou chamar de blocos econômicos teve seus primeiros movimentos nos anos imediatamente posteriores à Segunda Guerra Mundial. No entanto, é importante notar que diversas nações de diferentes partes do mundo já experimentaram ações de aproximação e suporte mútuo anos antes, sob a forma de expansionismo mercantil e alianças estratégico-militares.

Exemplos dessas associações geopolíticas são o Império Soviético (1917–1989), a Tríplice Aliança (Itália, Alemanha e Império Austro-húngaro — 1882) e a Tríplice Entente (França, Inglaterra e Rússia — 1907).

A conquista de territórios foi uma constante para diversos países que não dispunham de todos os recursos naturais que suas economias exigiam. Os maiores exemplos dessa tosca formação de "blocos" são a presença europeia na África, o expansionismo japonês no Sudeste Asiático e o império soviético na Europa Oriental. É importante lembrar que, além do aspecto econômico, também havia uma conotação político-militar nesse processo de expansão embrionário do ponto de vista comercial.

Após a Segunda Guerra Mundial, as economias europeias se encontravam esfaceladas, e a política, profundamente dividida. E com ajuda norte-americana, por meio do Plano Marshall, a região da Europa Ocidental percebeu que somente poderia enfrentar os desafios econômicos e comerciais se atuasse em conjunto, daí a ideia da formação de um bloco, ou, nesta fase, blocos. Era o início de um longo processo que ainda não acabou.

Os processos de integração econômica são conjuntos de medidas de caráter econômico e comercial que têm por objetivo promover a aproximação e, eventualmente, a união entre as economias de dois ou mais países. Essas medidas concentram-se, em um primeiro momento, na diminuição ou mesmo eliminação de barreiras tarifárias e não tarifárias, que constrangem o comércio de bens entre esses países.

Uma etapa mais adiantada de integração exigirá esforço adicional, podendo envolver a definição de uma tarifa externa comum, ou seja, uma tarifa a ser aplicada por todos os sócios ao comércio de bens com terceiros mercados.

Associado a esse exercício, impõe-se o estabelecimento de um regime de origem, mecanismo pelo qual se determina se um produto é originário da região ou não (fazendo jus às vantagens comerciais próprias a um esquema de integração).

Avançando ainda mais, chegamos a arranjos adiantados de integração que admitem a liberalização do comércio de serviços e a livre-circulação dos fatores de produção (capital e trabalho), e exigem a coordenação de políticas macroeconômicas e até mesmo a coordenação de políticas fiscais e cambiais. Em grau avançado, a integração econômica pode levar, inclusive, à adoção de uma moeda única.

Vantagens da integração econômica

Por que é que os países aderem a determinados arranjos sob específicos espaços econômicos? Essa será a pergunta mais pertinente na abordagem deste tema. Será que a sua integração em espaços econômicos resolverá seus problemas de desenvolvimento? Será que essa adesão por si só será suficiente para sua resolução?

A integração por si só não resolve nada. O principal são as transformações de caráter nacional e o aproveitamento ao máximo das vantagens do comércio internacional que deverão acontecer. Assim sendo, é bom que fique claro que a integração não pode se considerar como o caminho que leva à superação de todos os males das economias subdesenvolvidas. Para alcançar as metas do desenvolvimento, essa integração econômica precisa ser acompanhada por toda uma série de medidas de transformação econômica.

Os argumentos utilizados em prol da integração são vastos e abrangentes, podendo ir desde o aproveitamento das economias derivadas da produção em grande escala à intensificação da concorrência dentro de um mercado ampliado, passando pelo aumento do poder de negociação perante países terceiros.

Ganhos de escala

Entrando em uma análise mais profunda das possíveis vantagens da integração, vemos que uma das principais é o aproveitamento dos ganhos de escala, baseado em aumento na produção, comercialização, consumo, prestação de serviços e, na maior parte dos casos, de investimentos. Resultado de maior eficiência, baseada em uma dimensão adequada do projeto que permite custos médios unitários mínimos e que possibilita a concorrência no mercado internacional.

Mas economias de escala só são possíveis quando a produção é realizada em projetos de grande dimensão, ou seja, quando a produção é realizada por empresas de porte com ampla capacidade e que tendem a se estabelecer mirando mercados igualmente grandes.

Intensificação da competição

A ampliação do mercado, resultante da integração, pode conduzir a uma outra possível vantagem, que é a intensificação da concorrência.

Em um mercado nacional, determinadas produções, para serem rentáveis, devem ser realizadas por uma única empresa. Essa lógica, quando aplicada a um vasto mercado comum, tende a se inverter. Podem, então, surgir várias empresas que trabalhem com uma dimensão próxima da ótima competindo entre si, e com uma série de efeitos favoráveis para o consumidor, como preços mais baixos, melhor qualidade, aceleração do processo tecnológico, entre outros tantos.

Alguns autores, no entanto, vêm nesse argumento um certo risco. Eles temem que a eventual intensificação da concorrência, subsequente à criação de uma zona de integração, pode ser sucedida, por sua vez, de um estado de cartelização ao abrigo de uma tarifa externa comum.

Formulação mais coerente da política econômica nacional

Outro dos elementos que é frequentemente visto com um grau de importância menor, mas que em curto e médio prazo mostra grande relevância, é o fato que decorre da formulação mais coerente da política econômica nacional.

Um país, enquanto se desenvolve à margem de toda a espécie de cooperação e integração, pode levar a cabo a política que melhor lhe pareça, desde que seja compatível com suas aspirações unilaterais. A participação em determinados organismos internacionais ou a adesão a acordos do mesmo tipo (FMI, GATT etc.) supõe já a aceitação de uma certa disciplina monetária, pautal e comercial. Não obstante, a integração econômica, pelos maiores compromissos que envolve e pelos riscos que implica, em geral força os países-membros a trabalhar a fim de melhorar sua própria política econômica e à realização de transformações importantes no ambiente de negócios.

Aumento do poder de negociação

Em uma tentativa de medir o poder de negociação de um país, fazendo abstração de sua força militar, podemos tomar alguns índices formados com base no PIB, no volume de comércio e na capacidade de financiamento internacional. Normalmente, um país tem maior poder de negociação nas suas relações econômicas comerciais internacionais na mesma medida em que conte com a junção formada por essas três grandezas.

Assim, o poder de negociação também pode crescer por meio da integração, visto que uma atitude comum tem força maior do que a de um país isolado, ou seja, diversos países pequenos ou médios atuando em conjunto têm tanto ou mais poder de negociação que um país grande atuando sozinho. Na verdade, podemos até dizer que a formação de blocos econômicos, via de regra, não seja tão interessante, ou ao menos não é tão vantajoso para países mais robustos do ponto de vista de poderio econômico e de organização de seu parque produtivo do que é para países menores ou mais fracos sob os mesmos aspectos.

TIPOS DE ACORDOS COMERCIAIS

A sigla em inglês RTA (Regional Trade Agreement) ajuda a encontrar toda sorte de referências na internet para ajudar nas pesquisas. Sou obrigado a jogar para lá o detalhamento do assunto porque seria impossível colocar tudo neste livro.

O que vale destacar e que é de importância imediata para qualquer operador do mercado é a dimensão do tema e quanto ele representa nos negócios, não importando se o porte ou o setor da empresa. Estamos em uma aldeia global de 196 países, enquanto existem mais de 400 diferentes tipos de acordos comerciais em vigor ou em estudo. Para facilitar a comunicação, chamaremos daqui para a frente de ARCs ou simplesmente de blocos econômicos.

A melhor maneira de o executivo fazer uso das vantagens tarifárias é dominar como elas se comportam dentro de cada tipo de ARC. E para isso, é preciso apresentá-los de forma objetiva e direta. É preciso dizer que o tema dos blocos econômicos é abordado com frequência na literatura, mas o que será descrito aqui de forma sintética é exatamente o que um executivo precisa saber para usar a integração regional a seu favor. Gosto de apresentar o assunto dentro de uma lógica de evolução, passando de um modelo a outro, destacando suas características mais marcantes.

O primeiro modelo de integração a ser mencionado é a Zona de Preferência Tarifária. Como o nome já entrega, o que dá o tom aqui é a preferência. De forma resumida, esse tipo de ARC diz que os países-membros concedem aos outros participantes um acesso privilegiado na forma de uma redução no imposto de importação de um certo número de produtos. Na prática, isso significa que um produto que tenha, por exemplo, uma tributação de 10%, verá esse número ser reduzido até zero para os membros do grupo. A expressão "preferência tarifária" entra justamente aí. Uma preferência de 50% significa que se aplicará uma redução de 50% no imposto de 10%, fazendo com que o percentual a ser pago pelo importador seja de 5%. Aí está a vantagem!

Importante → nesse tipo de ARC, não é obrigatório que a preferência chegue a 100% (reduzindo o imposto a zero). Na maior parte das Zonas de Preferência Comercial, haverá uma tendência para que isso aconteça, mas não é uma obrigação. Outro ponto importante é que os diversos países do bloco têm direito de aplicar diferentes margens de preferência para cada um dos outros membros, não existe um caráter universal entre os participantes. E, finalmente, cada membro mantém sua própria política tarifária, não existe uma TEC (Tarifa Externa Comum). Em poucas palavras, a Zona de Preferência Tarifária é o tipo de bloco econômico mais simples. Como exemplo, temos a Aladi,[1] da qual o Brasil faz parte desde a criação de sua antecessora (ALALC), mas que faz uso modesto diante da enorme possibilidade de ganhos reais.

Um passo adiante e chegamos à Zona de Livre-Comércio, e é um dos ARCs mais conhecidos, ou mencionados atualmente. Nesse tipo de associação, as taxas de importação válidas para os países que fazem parte do bloco são eliminadas completamente (salvo exceções previamente negociadas). No entanto, cada país mantém suas políticas de importação em relação ao resto do mundo de maneira independente. O Nafta (North America Free Trade Agreement) é um bom exemplo desse tipo de ARC. Composto por Canadá, Estados Unidos e México, o acordo permite que os produtos originários dos países-membros sejam importados com tributação zero, mas cada um mantem suas políticas comerciais externas. O que vale para os sócios não se aplica à vida de cada um.

Na sequência, digamos, evolutiva dos modelos de integração, chegamos à União Aduaneira. Aqui se nota um aprofundamento bastante significativo na natureza de um tipo em relação a outro. Os produtos dos países-membros seguem circulando livres de impostos (desde que originários dos países-membros), mas a grande diferença é que existe a TEC (Tarifa Externa Comum), ou seja, todos os membros assumem uma tributação única em relação ao resto do mundo. Além da circulação de produtos com claras vantagens tributárias, a União Aduaneira também prevê a livre-circulação de pessoas, bens e serviços. Exemplos desse tipo de bloco são a União Aduaneira da África Austral (Southern Africa Customs Union — SACU), o Conselho de Cooperação do Golfo (Gulf Cooperation Council — GCC), a Comunidade Andina, além do nosso Mercosul, entre Brasil, Paraguai, Uruguai, Venezuela e Argentina.

---

1 Associação Latino-americana de Integração.

Ao avançar para o próximo estágio, chegamos ao Mercado Comum, que acumula características dos modelos anteriores e aprofunda discussões em torno da adoção de uma política externa comum que, na prática, vai mais além do que a adoção de uma TEC. Ao atingir essa etapa, a União Aduaneira já foi consolidada e a política comercial comum entre os países já inclui todos os bens e serviços no acordo de desgravação tarifária. Nesse caso, a integração avança, permitindo a livre-circulação de fatores produtivos e harmonização das políticas econômicas. Não faltam críticas sobre esse nível de integração, e o exemplo da União Europeia dá mostras claras das sensibilidades suscitadas.

É consenso que o bloco europeu gerou vencedores e vencidos ao longo dos anos. Ainda que formado por países considerados ricos, as diferenças econômicas internas do continente se revelaram conforme o bloco evoluía. Voltando os olhos e trazendo a discussão para dentro de casa, é importante dizer que o Mercosul foi batizado com o nome de Mercado Comum e status de União Aduaneira, mas segue cheio de exceções às regras estabelecidas.

A União Monetária e Econômica, também chamada de Integração Total Econômica, implica em acumulação das formas anteriores e direcionando os países-membros a um processo de unificação quanto às políticas monetárias, fiscais e sociais com o estabelecimento de uma autoridade supranacional, cujas decisões sejam de acatamento obrigatório para os Estados-membros. A adoção de uma moeda única e a criação de um banco central único também faz parte desse modelo evoluído. Podemos citar dois exemplos que tendem a essa unificação atualmente, apesar de que cada um tenha suas próprias problemáticas quanto à aplicação, que são a União Europeia e a União Econômica e Monetária do Oeste Africano, formada por Benim, Burkina Faso, Costa do Marfim, Mali, Níger, Senegal, Togo e Guiné-Bissau. Nunca é demais lembrar que o euro, moeda da União Europeia, não foi adotado por todos os membros.

A tabela a seguir mostra os diferentes tipos de blocos econômicos com suas principais características.

ZONA DE PREFERÊNCIA TARIFÁRIA	Acordo visando a concessão de níveis tarifários preferenciais entre dois ou mais países-membros.
ZONA DE LIVRE-COMÉRCIO	Acordo entre dois ou mais países onde se estabelecem a eliminação das taxas alfandegárias que incidem sobre a troca de mercadorias dentro do bloco.
UNIÃO ADUANEIRA	Acordo onde há a eliminação total de tarifas para os países-membros do bloco. Estipula uma política externa comum.

(continua)

(continuação)

MERCADO COMUM	Acordo em que há a eliminação total de tarifas para os países-membros do bloco. Estipula uma política externa comum e permite livre-circulação de fatores produtivos. Harmonização das políticas econômicas.
UNIÃO ECONÔMICA E MONETÁRIA	Integração total. Está associada à existência de uma moeda única e uma política monetária conduzida por um banco central único. Política macroeconômica comum e não somente coordenada

Tabela 7.4 — Diferentes tipos de blocos econômicos
Compilada pelo autor.

Uma grande vantagem que qualquer executivo de expansão global de negócios pode obter é fazer com que o assunto se torne um instrumento efetivo de construção de competitividade. Apesar da experiência de muitos compradores internacionais, é surpreendente como o conhecimento envolvendo os blocos econômicos é útil.

Enquanto os ARCs devem receber autorização da OMC e são, por essência, recíprocos, existe uma alternativa, que vale a pena ser conhecida e utilizada. O Sistema Geral de Preferências (SGP) tem uma abordagem totalmente diferente. Criado no início dos anos 1970, o benefício visava auxiliar países em desenvolvimento, propiciando condições de acesso aos mercados dos países desenvolvidos e permitindo que o crescimento dos beneficiados se acelerasse. Com o benefício do tempo, sabemos que esse objetivo principal não se concretizou, mas a facilitação do comércio é uma realidade. Pelo menos para quem usa o sistema. O benefício foi criado pela UNCTAD (Conferência das Nações Unidas sobre Comércio e Desenvolvimento) e tinha, de um lado, um grupo de países desenvolvidos, chamados de outorgantes, e de outro, quase uma centena de nações pobres, chamadas de beneficiados.

O sistema visava a facilitação do acesso aos mercados dos ricos com redução tarifária. Os países desenvolvidos, membros da OCDE (Organização de Cooperação e Desenvolvimento Econômico), por meio de acordo aprovado pela Junta de Comércio e Desenvolvimento da UNCTAD, estabeleceram o sistema mediante o qual concedem redução parcial ou total do imposto de importação incidente sobre determinados produtos, quando originários e procedentes de países em desenvolvimento. Lembra-se de que destaquei a importância desse tributo nas negociações envolvendo governos e acessos a mercados? Aí está mais um ótimo exemplo. O SGP é tão útil para o sucesso exportador quanto desconhecido e pouco explorado. Antes de mais nada, é preciso esclarecer que esse mecanismo tem regras próprias que precisam ser conhecidas. Começando por uma visão ampla, o SGP, na verdade, são vários. Cada um dos países outorgantes tem o seu próprio, com regras que são bastante parecidas. Para efeitos práticos imediatos, o gestor precisa saber que os SGPs não se estendem para todos os produtos, mas para os que constam em listas que foram negociadas pelos governos de ambos os lados. Isso quer dizer que um produto beneficiado no SGP Suíça-Brasil pode não fazer parte do SGP EUA-Brasil. É preciso ter em mente quais são os países outorgantes e cruzar com a estratégia de crescimento e avanço internacional da empresa.

A decisão de se manter como outorgante do sistema é dos países envolvidos na concessão do benefício. Por anos, o Brasil foi beneficiado por um grupo de treze outorgantes. Hoje esse número é menor e é importante saber o porquê disso. Como foi criado para ajudar nações menos favorecidas, quando as condições melhoram, a percepção da ajuda também muda. O Brasil enviou uma mensagem de prosperidade no final da década de 2000 que foi interpretada como sendo uma mudança de patamar do país. No início da década, mais precisamente no ano de 2003, o Brasil — junto com outras nações emergentes — mandou recados bem claros nas negociações da OMC. Mostrava sua força como provedor global de commodities agrícolas e minerais e exigia tratamento melhor nas mesas de negociação. Os países ricos não contavam com essa virada de mesa à época. O fato é que, em 2012, a União Europeia revê os critérios do SGP e adivinhe: o Brasil ficou de fora. Culpa da mensagem enviada em 2003 e que culminou com o a imagem icônica do Cristo Redentor decolando na capa da revista britânica The Economist alguns anos depois? Talvez sim. O que importa é que o mecanismo de acesso não está mais disponível. Meu grande receio à época era que a decisão da União Europeia se replicasse por outros outorgantes. Felizmente, não aconteceu dessa forma.

Para destacar o potencial ganho de competitividade envolvido, é preciso entender que o sistema joga as tarifas de importação dos produtos beneficiados a zero na maior parte dos casos (dos produtos listados, é claro). Como informei antes, as alíquotas médias dos países desenvolvidos andam entre 4% e 6%, mas se são baixas a ponto de não atrapalhar o comércio, também podem se converter em ganho de competitividade no mesmo valor. Imagine que seu cliente tenha que pagar 5% de imposto de importação quando você for exportar seu produto para ele. Se tudo estiver positivamente alinhado e seu cliente estiver localizado em um país outorgante do SGP para o Brasil e o produto estiver na lista de itens beneficiados, há uma chance de quase 100% do imposto ser reduzido a zero. Isso significa 5% de vantagem a seu favor contra exportadores de países que não estão no SGP. Notou a vantagem? Curioso perceber que os mesmos 5% que indiquei como um nível de margem de contribuição praticado no ambiente global corresponde ao impacto tarifário médio dos países desenvolvidos e que pode ser não cobrado.

Mas é preciso acessar a informação e usá-la a seu favor. Muitos não conhecem o SGP no Brasil. E outros tantos lá fora também não. As alfândegas mundo afora não alertarão os importadores para a existência do benefício e como tratá-lo. Entendo que é responsabilidade do exportador conhecê-lo e usá-lo como vantagem competitiva e é obrigação de quem lidará com o desembaraço estar atento para sua existência. Em poucas palavras, é preciso estudar o assunto na fase de estudos de acesso a mercados e explorá-lo ainda na fase da negociação comercial.

Engana-se quem pensa que é complicado ou caro ter o produto incluído na lista de itens que cada país negocia com o Brasil. A burocracia é pequena, mas há que se utilizar o caminho certo.

De volta ao ano de 2003, quando a mesa de negociação da OMC em Cancún, México, foi virada pelos países em desenvolvimento (em um grupo chamado de G21 e liderado pelo Brasil), economias centrais foram colocadas contra a parede por conta dos seus subsídios agrícolas. Coincidência ou não, em meados de 2004, os Estados Unidos ameaçaram retirar o Brasil dos SGP. A desculpa apresentada pelo governo Bush foi a de que isso se devia às poucas ações brasileiras no combate à pirataria. Não convenceu. A verdadeira razão está nas entrelinhas. Quanto mais ameaçamos posições hegemônicas dos dominantes (vide o caso dos subsídios ao algodão nos EUA e do açúcar na Europa), mais envidraçado e vulnerável fica nosso telhado.

Não seria nada bom ficar sem o SGP. Mesmo pouco conhecido e usado, o país precisa desse incentivo para seguir com sua inserção global.

Ao final de 2005, foi divulgado que a utilização do Sistema Geral de Preferências (SGP) dos Estados Unidos por parte das empresas brasileiras foi altamente positiva. Atingiu 15% do total vendido para aquele país e gerou negócios na casa dos US$3 bilhões ao ano. Esse foi o ponto de vista oficial. Pode parecer muito para alguns, mas não é. Sob outra perspectiva, esses números revelam a precariedade da situação. Usamos pouco o sistema. Custa a crer que dos 85% de produtos que foram embarcados, e que estiveram sujeitos às normas usuais de tributação nos EUA, não houvesse itens que pudessem ser incluídos no benefício.

O SGP (Sistema Geral de Preferências) tem duas características básicas para nós brasileiros do setor privado: é nossa única forma de acesso a mercados desenvolvidos e é profundamente ignorado pelo setor empresarial.

No momento em que esse livro está sendo concluído, mais uma renovação do SGP com os EUA está em curso. Intenso trabalho do meio empresarial juntamente com grupos de pressão do lado norte-americano e algum empenho do governo brasileiro, têm feito com que o governo de John Biden sinalize com a extensão do benefício. Não só o Brasil pressiona para que isso aconteça; outros países em desenvolvimento formaram um grupo e estão atuando em torno da Coalizão pelo SGP (Coalition for GSP.[2]

O BRASIL E SEU POSICIONAMENTO ESTRATÉGICO DIANTE DAS EXPORTAÇÕES

Antes da crise de 2020, o mundo foi sacudido a partir de 2008 em função da bolha imobiliária. O ano de 2009 registrou perdas significativas na saúde econômica mundial e isso repercutiu também trocas comerciais. Para tentar conter a crise, o governo estadunidense, sob administração Barack Obama, lançou no ano de 2010 o NEI[3] (National Export Initiative — Iniciativa Nacional para Exportação). Um plano estratégico que apontava para o ambicioso objetivo (não alcançado) de dobrar as exportações do país em apenas cinco anos.

O documento preza pela objetividade e já no primeiro parágrafo atesta: "Exportar é bom para os negócios americanos, bom para os trabalhadores americanos, e bom para os empregos americanos." Em termos quantitativos, o plano era sair do patamar de cerca de US$1,5 trilhão e chegar a US3,1 trilhões em cinco anos, e como justificativa o NEI explicava que 95% dos potenciais clientes das empresas estavam localizados fora dos EUA. As vendas externas norte-americanas eram responsáveis por cerca de dez milhões de

---

2 Disponível em: <https://renewgsptoday.com/news/>. Acesso em: 22 jul. 2021.

3 Disponível em: <https://2009-2017.state.gov/e/eb/cba/nei/index.htm>. Acesso em: 22 jul. 2021.

empregos diretos. Não é pouca coisa. O documento ainda lembrava que trabalhadores ligados à exportação recebiam, em média, 15% a mais do que aqueles que trabalhavam em negócios locais. O ambicioso plano não chegou nem perto de alcançar seu objetivo principal, mas fez com que o volume de exportação do país voltasse aos níveis pré-crise em apenas dois anos. Gosto de usar esse exemplo para mostrar a importância da expansão das vendas internacionais sob diversos pontos de vista e para reforçar que o trabalho encabeçado e liderado pelo governo tem um peso extra. O meio empresarial tem o detalhe e a temperatura das negociações diárias, mas os fundamentos são oferecidos pelo setor governamental. Lembra da analogia que fiz anteriormente sobre a construção da estrada (pelo governo) para que o setor privado pudesse dirigir por ela? É exatamente isso.

Vale fazer um paralelo com a realidade brasileira. O país tem um plano estratégico como esse? Em tese, sim. Criado em 2015, o PNE (Plano Nacional de Exportações) tinha como objetivo principal conferir um novo status para o comércio exterior. O texto[4] menciona: "O plano apresenta uma série de ações com o objetivo de aumentar as exportações brasileiras a partir da ampliação do número de empresas no comércio exterior, inclusive com uma maior participação das micro, pequenas e médias empresas, e da diversificação da pauta, com foco nos produtos de maior densidade tecnológica, e contempla medidas para ampliação das exportações do agronegócio e para a recuperação das exportações de produtos manufaturados".

O PNE foi anunciado como tendo uma vigência até 2018, coincidindo com o final do mandato presidencial. Independente dos compromissos grandiosos e positivos que qualquer folha de papel aceita bem, o plano olhava um universo de tempo de três anos! Com atrasos de décadas em fundamentos que levam outras décadas para se organizarem, o governo federal da época teve a coragem de lançar um plano para 36 meses. Com a entrada do novo ciclo governamental, o plano mudou de nome e se tornou PNCE (Plano Nacional da Cultura Exportadora). Nada de novo no front. Os mesmos objetivos grandiosos e positivos, todos cercados de ações que fazem sentido até para quem não é do ramo. Desdobramentos em ações que se encaixam para formar um bloco único que ajudará o país (e suas empresas) a se posicionar como um player global. Mas as apresentações aceitam qualquer coisa, e o que se nota é que o discurso não se transforma em ação. Não que as ações não existam. Quem está no mercado percebe que há iniciativas, mas estranhamente, elas não conseguem se materializar a ponto de notarmos uma efetiva mudança de atitude. Em julho de 2021, o país conta seus mortos por conta da pandemia, enquanto a economia avalia suas baixas — nos números de empresas fechando as portas, no desemprego e no sentimento de incerteza. Apesar de alguns indicadores soarem positivos, é preciso separar e entender o que se ouve. Aumento de exportações das commodities não significa que o país esteja melhor no front dos negócios globais. Este livro já deixou isso bem claro. A prosperidade gerada pelos negócios com produtos primários não se estende de maneira democrática às pequenas e médias indústrias — mais de trezentas mil espalhadas pelo país. Sim, falta um plano. Não um que sirva para ser lançado, lido e comentado, mas um que seja mobilizador.

---

4 Disponível em: <https://www.mundocoop.com.br/destaque/midc-lanca-plano-nacional-de-exportacoes.html>. Acesso em: 22 jul. 2021.

LIÇÕES DA VIDA REAL

Planejar os acessos envolve acesso a dados, uso da informação, análises de risco e — por que não — criatividade. A busca por alternativas é incessante para quem está com o tremendo desafio de avançar além das fronteiras. O exemplo a seguir mostra como soluções podem surgir a todo momento.

Caso do produto que sai de um jeito e chega de outro

Uma das maravilhas do comércio internacional é a possibilidade de sempre poder buscar ajuda para encontrar alternativas. É o que chamo em sala de aula, e repito para quem quiser ouvir, de cooperação internacional. Sei que essa expressão também alcança um nível mais alto e mais complexo envolvendo países e instituições, mas nesse caso estou falando da vida empresarial e executiva mesmo, o mundo aqui debaixo, onde temos que fazer negócios.

Em um determinado período da vida profissional, tentei chegar ao mercado norte-americano. Cerca de dois anos de muito trabalho com resultados abaixo de minhas expectativas. As primeiras abordagens foram bem estruturadas e conduzidas com cuidado. Os resultados, no entanto, não foram compatíveis com os recursos empregados, mas um fato bem curioso ocorreu.

Quem está na linha de frente dos negócios internacionais é abordado com certa frequência por todo tipo de gente. Desde os sérios até os curiosos e mal-intencionados. Entre ideias mirabolantes e fraudes descaradas, a gente vai se tornando mais experiente e capaz de separar aquilo ao qual vale a pena dedicar tempo e o que deve ser descartado.

Certa vez, recebi um contato de um empresário do Caribe, mas que já estava em São Paulo, interessado em conversar comigo sobre o mercado de tapetes. Entendo perfeitamente o que é já estar em um país estrangeiro e ter que organizar reuniões sem aviso prévio. Ainda que não 100% elegante e recomendável, esse tipo de coisa acontece para todos. Recebi o empresário, e a conversa foi bastante interessante. O plano não era comprar meus tapetes, mas um arranjo produtivo que permitia o acesso ao cobiçado mercado norte-americano. O plano era simples: em vez de embarcar os tapetes terminados e embalados individualmente — prontos para serem comercializados, mandaríamos para as Bahamas rolos de tapetes tal qual saíam dos teares da fábrica. Seriam embarcados em grandes rolos para serem posteriormente cortados nas dimensões corretas. Após isso, as peças receberiam os acabamentos laterais, franjas, etiquetas seriam coladas na base e cada um seria embalado individualmente. A partir desse momento, o produto estaria pronto para ser exportado para os Estados Unidos.

O plano me pareceu bastante interessante, mas envolvia decisões de peso. Do lado fabril, a operação seria até mais simples, uma vez que não teríamos que terminar produtos na fábrica. O que mais chamou a atenção foram os aspectos ligados à qualidade.

O processo de finalização dos tapetes no Caribe incluiria uso de recursos produtivos (máquinas, insumos e embalagem) e mão de obra local. Tudo deveria ser cuidadosamente calculado a fim de atender as regras do regime de origem aplicável para o acordo comercial em questão. Quando prontos, os tapetes estariam classificados diferentemente do que quando deixaram o Brasil.

Uma parceria como essa poderia até mesmo se configurar na forma de uma joint venture com deveres e responsabilidades bem delimitadas.

O assunto foi apresentado à direção da empresa, mas não progrediu. Era um salto muito grande para a empresa.

Até hoje não sei se essa estratégia de entrada teria funcionado, mas o que não considerei naquela época hoje não me escaparia. Primeiro, o impacto tributário na entrada. Não me recordo se fiz essa consulta no final dos anos 1990. A informação ainda era disponibilizada de forma mais restrita, e talvez eu tivesse dificuldade em identificar o imposto de importação válido nos Estados Unidos (tanto para o produto de origem Brasil como de origem Caribe, considerando algum acordo comercial). Algum tempo depois, organizei uma simulação da operação e notei que seria tudo muito apertado. O imposto era de apenas 3,3%, e o custo para organizar uma operação como essa em um país que não está exatamente ao lado de casa é alto. A vantagem adquirida por essa "escala" produtiva nas Bahamas talvez não se pagasse tão rapidamente. Pensando nesse caso hoje, talvez optasse por me tornar mais competitivo a ponto de anular o imposto de importação trabalhando a logística, a condição de pagamento ou custos internos. Esse é um caso que não houve resultado positivo, mas deixou uma trilha de aprendizado que me acompanha desde então.

8

Jogue o jogo

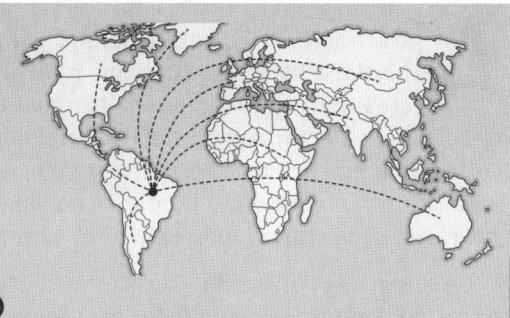

O que veremos aqui?

O mercado internacional, quando provocado e estimulado, reage. Curioso, interessado, especulador, oportunista, cooperador. Tudo isso e muito mais será encontrado na figura de outros empresários e executivos ao redor de quase duzentos países. O que há de comum em todos? A linguagem dos negócios internacionais, que é baseada em termos, usos e costumes bastante parecidos, quando não exatamente iguais.

Entre planejar e executar a estratégia internacional existe um espaço de tempo que gira em torno de um ano e meio, podendo haver sutis alterações para mais ou para menos. Mais do que os meses está a chegada a um ambiente novo no qual os desafios são constantes e a paciência do executivo é exercida o tempo todo. A partir desse momento, a porta do avião se fecha e você está no comando, e a aeronave, não importa o tamanho, taxiará até a pista de decolagem e de lá ganhará velocidade até decolar. Aqui não há piloto automático. É preciso alguém no comando olhando para todos os controles, avaliando o que acontece à volta, as condições meteorológicas e a situação dos ventos, pois também será preciso saber evitar as tempestades. É você no comando.

Após todo o longo caminho que percorremos até aqui, é chegada a hora de abordar o mercado. Tudo que realizamos até agora serviu de capacitação para este importante momento. Ninguém pode dizer que essa etapa inicial de preparação para a abordagem internacional é fácil, especialmente em um país que vive o dilema de privilegiar o mercado interno e que parece temer acreditar que vá dar certo lá fora. O fato é que a mudança no *mindset* já começou e você faz parte disso. Do contrário, não estaria lendo este livro e muito menos teria chegado até aqui.

De saída, os profissionais dessa nossa área têm de responder a uma questão: que canais de comercialização devo privilegiar? Abordagem eletrônica ou presencial? Participar ou não de feiras? Irei sozinho ou me faço representar (e me cerco) de profissionais capacitados e com experiência?

Lembrando sempre que a ação não precisa ser monolítica, rígida e replicada de igual maneira em diferentes mercados. O mais importante é ter método e não perder a visão de tudo que é relevante. O desenvolvimento da comunicação encurtou distâncias, derrubou fronteiras e democratizou a informação, mas ao contrário do que muitos imaginaram, o contato entre pessoas em busca de um acordo continua sendo fundamental; nunca se precisou tanto dos negociadores globais, e os meios de comunicação não chegaram a suprir o contato direto, a presença física, ao menos não tão com a força como se supunha que aconteceria.

Você já deve ter notado que até este momento não mencionei uma palavra sequer sobre registros, licenças, autorizações, despachantes aduaneiros, órgãos do governo, entre tantos outros temas que compõem os tópicos de tantos cursos na área de comércio exterior. Não são importantes? São sim, mas é preciso entender para quem são relevantes e em que medida, de outra forma, seria apenas repetir os manuais de forma fria, e não é esse nosso intuito. Nosso interesse neste livro é fornecer um aprendizado real por meio de uma abordagem prática, suportada por conceitos consagrados e baseada em experiências reais.

Sigo defendendo que as ações operacionais (e aí se enquadra tudo que mencionei) são necessárias para suportar e fazer funcionar o que foi apresentado e discutido neste livro. E que devem ser absorvidas e realizadas não pelo empresário ou executivo tomador de decisão, mas por uma equipe de apoio qualificada. O foco do empresário é se ocupar dos temas maiores e que terão grande relevância para o futuro do negócio. E foi o que fizemos aqui: ao longo dos últimos capítulos, tratei dos assuntos fundamentais para que seja possível organizar a estratégia (e já desdobrar para os movimentos táticos) da inserção internacional de seu produto. Trata-se de uma abordagem holística, do todo a partir de suas partes.

Obviamente não funcionará se você fez tudo que diz respeito aos mercados e aos clientes, mas não consegue colocar a máquina para funcionar. O que chamo de lado interno dos negócios internacionais reside em estar bem com todo o pacote de regulamentação nacional e conhecer os muitos atores que entrarão em cena a partir do momento em que você fechar negócios lá fora. É esse ecossistema da exportação que está representado a seguir (Figura 8.1):

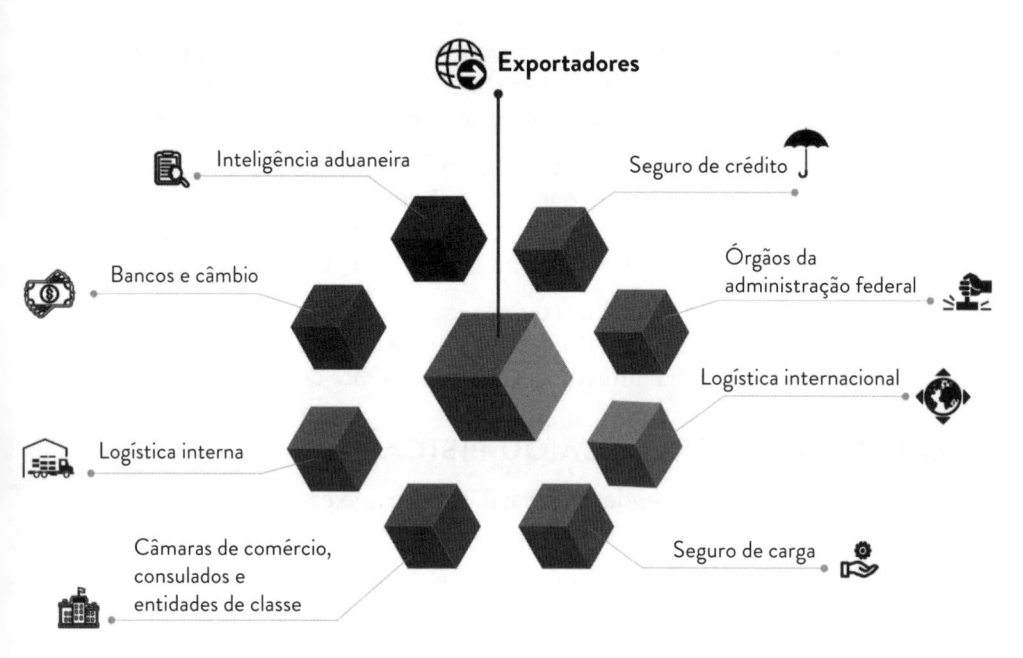

Figura 8.1 — Ecossistema da exportação
Elaborada pelo autor.

Os atores que estão representados nos círculos ao redor do exportador compõem o clássico universo do comércio exterior. São eles que farão com que a operação funcione de maneira efetiva.

Essa estrutura estará sempre gravitando em torno da empresa, seja ela pequena, média ou grande. Nos negócios artesanais ou individuais, alguns impactos e interações são muito menores, mas o que cada ator daquele representa se fará presente sempre.

Dependendo do porte da empresa, de suas ambições e dos recursos disponíveis, a contratação de uma equipe interna é a melhor opção. Por mais que quase tudo possa ser terceirizado, sempre será preciso ter um profissional que esteja 100% pronto para fazer a ponte entre os serviços que são prestados e a empresa exportadora. Em sua obra seminal, *O exportador*,[1] Nicola Minervini explica em detalhes o perfil desse profissional, suas atribuições e responsabilidades.

É bom não descuidar da operação. Nada mais frustrante do que empreender um esforço hercúleo na área comercial e não poder embarcar a mercadoria por conta de algum detalhe operacional que ficou para trás. Tenha isso em muita conta.

Uma dúvida frequente é o que fazer primeiro: cuidar da operação ou da estratégia comercial? Fique com as duas coisas. Cada bloco de ação tem um ritmo próprio e um não existe sem o outro. Não adianta nada correr para cuidar dos registros, licenças, conhecer sistemas, entender de documentação, conhecer um processo aduaneiro, se

---

1 MINERVINI, Nicola. *O exportador*: construindo o seu projeto de internacionalização. 7. ed. Coimbra: Ed. Actual, 2019.

não há NEGÓCIOS para fazer, da mesma forma que não adianta fechar uma venda se não for possível colocar a mercadoria para fora. São coisas que devem se somar, pois se complementam, e nenhuma delas consegue, por si, funcionar de forma autônoma.

Agora, imagine-se com tudo pronto. Produto, leituras de mercado, análise concorrencial, aspectos financeiros resolvidos, mercados pré-selecionados, embalagem adequada, catálogos eletrônicos já no ar, folhetos promocionais em mãos, equipe interna informando que estão prontos para operar. É hora do jogo para valer.

É impossível afirmar que cada um de nós estará exatamente no mesmo ponto ao chegar neste parágrafo. Alguns estarão mais adiantados, outros não. Desta forma, selecionarei tópicos que normalmente se colocam diante do gestor.

ABORDAGEM ELETRÔNICA OU FÍSICA

Vender mundo afora não é vender no Brasil. Espero que esse aforismo já esteja mais do que claro para qualquer pessoa que esteja lendo este livro.

O mundo é vasto, complexo, distante e caro. Especialmente para quem vive em uma terra afastada dos grandes centros urbanos e comerciais, como nós. Os deslocamentos físicos a partir do Brasil são sempre onerosos e nos fazem pensar duas ou três vezes ante a decisão de organizar uma viagem de negócios. Por essa razão, sou fã do crescimento internacional a partir de mercados próximos. Ainda mais se você tem pouca ou nenhuma experiência, ou se os seus recursos são bem limitados. Ou ainda se há dúvidas sobre a viabilidade (sob qualquer aspecto) de seu produto. Os mercados próximos primeiro oferecem um cenário mais ou menos similar em relação aos aspectos culturais e até mesmo de fuso horário, e depois, mesmo com esses elementos de aproximação, ainda são mercados internacionais e, por isso, possibilitam uma espécie de treino, de bagagem a ser adquirida.

A viagem exploratória de negócios é a forma mais poderosa e efetiva de promoção de sua empresa e seu produto no exterior, mas deve ser executada com método. Ela só entra em cena depois de um bom trabalho a distância. Então pode aceitar isso como regra: comece digitalmente.

O meio eletrônico permitirá a identificação, a análise e a abordagem. E obviamente, a base desse jogo é identificar quem são as empresas que estão em campo, atuando. Esse é um trabalho de inteligência comercial que consiste em usar diferentes fontes para angariar dados, que deverão ser processados de forma a gerar um vasto sistema de informação que será interpretado à luz de tudo que discutimos até agora.

E é essa interpretação que te dirá se existem possibilidades reais de negócios no país A ou B. É a partir daí que deve começar a abordagem a distância. E vem junto a pergunta que vale um milhão: essa aproximação virtual dá resultado? Depende muito. Às vezes, o e-mail ou outra comunicação chega na hora certa. Às vezes, ela nem é notada. Por isso, deve ser acompanhada de um contato telefônico, sempre demonstrando atenção, foco e interesse, e depois porque confere maior segurança no trâmite das comunicações. Esse é um trabalho que não permite medo de conversar, aliás, é essencialmente composto por conversa.

E as feiras e eventos? Ótima oportunidade de estar em contato com o mercado (ou parte dele), mas não espere resultados imediatos. Até podem ocorrer, mas a probabilidade é baixa. O meio internacional não gira a chave de uma vez logo de cara. Lembre-se de que, em caso de sucesso, você deverá deslocar um fornecedor atual, e isso não é um processo simples e imediato. Tenha paciência. E como já foi dito antes, avalie muito bem qual feira visitará e em qual exporá. Se for só como visitante, lembre-se de que as empresas que estão expondo também estão vendendo seus produtos, portanto, cuidado com as abordagens diretas nos *stands*. Você, como potencial fornecedor, não está no radar daquele pessoal, ou seja, eles não estão participando daquela feira em busca de fornecedores, mas sim de compradores, logo, entenda que ali você não é o público que estão buscando.

Muita gente se questiona se as missões comerciais são efetivas. Podem ser, mas há muitas controvérsias acerca do alcance e da qualidade dos encontros agendados. Se você quiser ouvir a minha experiência, não troco uma viagem individual exploratória por uma missão comercial.

O mais importante aqui é o espírito de vendas. Não pode haver espaço para o desânimo, e é preciso muita paciência, autocontrole, equilíbrio emocional para segurar a barra que é promover você, seu produto, sua empresa e seu país lá fora. Lembre-se de que, além de você, há gente do mundo todo tentando o mesmo: convencer o comprador a fechar negócio.

ENVIO DE AMOSTRAS

A probabilidade de alguém fechar negócio sem conhecer o produto fisicamente é muito baixa. Quase nula, na verdade. E aqui pouco importa que seja um produto mais básico ou mais elaborado, por isso a expressão "envio de amostras" faz parte da rotina do exportador, tanto quanto chegar ao escritório e ligar o computador. Então, prepare-se para ser perguntado sobre isso.

Pense de que forma seu produto pode ser enviado ao exterior para ser conhecido ou testado. Cada um tem seu jeito próprio, e não posso arriscar uma generalização aqui, mas deixo um exemplo meu para servir de ilustração.

Por muitos anos, estive na indústria de revestimentos têxteis para pisos (tapetes e carpetes). Enviar tapetes para o exterior era caro e logisticamente um tremendo problema, por conta do tamanho e do peso. A saída foi combinar o envio de pequenas partes do tapete (recortado mesmo) juntamente com imagens mostrando como ele era, digamos, de corpo inteiro. O pedaço pequeno era suficiente para o importador tocar o produto e avaliar a qualidade do fio, a densidade, as cores, a ancoragem à base e outros aspectos técnicos, enquanto impressões e imagens eletrônicas mostravam o desenho completo. Funcionava bem.

Recomendo que a empresa se provisione em relação aos custos associados às amostras, já que o mais comum é que elas sejam enviadas por sistemas de transporte rápido. E o mais importante: cuidado se você estiver pensando em cobrar pelas amostras. Na grande maioria dos casos, não é praxe avisar o futuro importador de que o envio das amostras custará a ele um certo valor em dólares ou euros. A prática internacional de negócios entende que essa ação corre por conta de quem vende em todos os sentidos, isto é, logística até a porta e sem custo. Mas é claro que há exceções, como em tudo na vida.

ENVIO DE PROPOSTAS E OFERTAS

Já ouvi de experientes compradores internacionais que é nessa fase que se conhece um profissional de classe mundial.

Todas as tratativas que foram ocorrendo ao longo do tempo culminam no momento em que é preciso preparar o fechamento, e isso não aparece nos livros (sinceramente, não sei o porquê), mas é relevante ao extremo.

Vamos lembrar que as discussões se dão em torno de temas críticos para quem vai importar algo, e em quase 100% dos casos, os tópicos envolvem quantidades, disponibilidade, logística, condições de pagamento, exclusividade, aspectos técnicos, embalagem, preço e ajustes no produto. Para que o acordo seja concluído, é preciso que tudo isso esteja formalizado, de modo que ambas as partes possam se resguardar caso algo saia diferente do que foi combinado.

Nesse momento da abordagem, se você pensou em contrato, é preciso dedicar alguns minutos para refletir sobre o tema. Não há dúvida de que contratos sejam a melhor forma de oficializar um acordo comercial entre empresas localizadas em países diferentes, mas a prática do dia a dia leva a uma realidade diferente. Contratos devem ser elaborados por profissionais especializados, e isso tem um alto custo. No Brasil, essa questão é ainda mais preocupante porque há poucos, realmente poucos escritórios e profissionais aptos a atuar nessa área. Ao mesmo tempo, a figura do contrato tem diferentes percepções mundo afora. Esse é um daqueles aspectos culturais que vão muito além do idioma, da religião e de hábitos alimentares.

Compartilho uma experiência própria: já conduzia negócios no Oriente Médio de maneira regular quando o departamento jurídico da empresa para qual trabalhava pediu que as exportações fossem formalizadas por meio de um contrato. Adiantei a necessidade do documento por e-mail com vários parceiros da região, e não houve discussões em torno do assunto.

Optei por explorar o assunto durante uma viagem de negócios. Não tive adesões à proposta de assinar um contrato, uma vez que já estávamos acordados (e formalizados por meio de farta documentação e troca de mensagens) há tempos. Um empresário local me disse que até poderia assinar um contrato, mas que eu não esquecesse que aquele documento existia com algum objetivo. E, me encarando de maneira séria, falou que o dia em que precisasse sacar o contrato para discutir qualquer cláusula comigo, a partir daquele momento nossa relação estaria abalada. Nunca assinei um contrato com empresários da região e fiz bons negócios por anos.

Essa breve história mostra como o tema é percebido por aí. Pode ser que dentro de uma determinada cultura exista um comportamento diferente. Isso está ligado à formação do executivo e à cultura organizacional da empresa. Considerando tudo isso, volto ao envio de propostas (também podem ser chamadas de oferta firme).

Esse documento simples pode ser encarado facilmente como uma versão prática de um contrato internacional; sem o requinte técnico e a precisão deste, mas suficiente para resolver muita dor de cabeça. Uma oferta estruturada destaca todos as condições negociadas e acordadas entre as duas partes. Na prática, é como se fosse um contrato, mas sem a linguagem jurídica. Uma oferta dessa tem validade legal? A resposta é sim, mas é claro que seria impossível humanamente impossível analisar todos os cenários jurídicos de todos os países, no entanto, por exemplo, no Brasil, esse tipo de contrato, não propriamente pactuado por meio de peça jurídica, produz os mesmos efeitos em relação a obrigações, e assim é na maior parte do mundo. Não estou dizendo que se trate de "fio do bigode", não é isso, não é apenas o apertar de mãos e o dar de palavra, mas é que a própria relação contratual se torna palatável juridicamente por meio de outros documentos, ações, transferências bancárias, e-mails, cartas e por aí vai.

O envio de uma oferta clara, organizada, cobrindo os pontos mais relevantes do que foi negociado, transmite imagem de seriedade, organização e domínio do negócio. Não há regras e formatos preestabelecidos para uma oferta, mas sugiro que não fiquem de fora os seguintes itens: descrição do produto, unidade de medida, condição de entrega (Incoterm), local de embarque, local de desembarque ou destino, disponibilidade do produto (a partir da confirmação do negócio), data estimada de embarque, condição de pagamento, preço na moeda acordada e validade da oferta. Se ainda houver mais alguma coisa que seja relevante, inclua.

Para que o exportador fique certo de que o negócio está fechado, o que foi acordado girará em torno do que foi explicitado na oferta, é preciso ter o aceite ou a concordância do importador. Melhor se for formalizado. Se a oferta foi enviada por e-mail, uma resposta positiva indicando aceitação já será considerada como um aceite.

NEGOCIAR

Esse é sem dúvidas um dos mais importantes momentos de qualquer um que comece uma carreira de negócios internacionais, ainda mais por gerar muitas dúvidas, como se o meio eletrônico substitui o contato pessoal. Ou se negociar com um cliente internacional significa estar de frente a ele. Pode ser feito por telefone, videoconferência, e-mail ou qualquer outro meio que estiver ao alcance de ambas as partes?

Por conta de racionalização dos custos, o processo deve começar a distância. E na minha opinião, deve evoluir para um contato pessoal. É claro que isso não é regra, e pode haver uma elevadíssima chance de sucesso pleno só com a comunicação eletrônica. Quando defendo o contato pessoal, trago junto a construção das relações pessoais (que ainda serão relevantes por muito tempo), a oportunidade de ter conversas mais detalhadas, a chance de ver e sentir o mercado. Além de conhecer o campo no qual o jogo será disputado. Isso enriquece toda e qualquer atuação internacional.

A favor da comunicação a distância, temos o tempo necessário para que as ponderações, as concessões e as tomadas de decisão aconteçam. A vantagem de receber uma proposta por via eletrônica é não ter que responder de imediato, na frente da outra parte, criando assim um tempo para a reflexão, para os cálculos, as comparações e consultas internas, o que pode otimizar a resposta em si.

Pessoalmente, gosto de conduzir essas negociações explorando temas mais "pesados" e que exigirão da outra parte — e da minha — certa reflexão na tomada de decisão. O encontro pessoal, em alguns casos, é um aperto de mão para celebrar o início da cooperação de negócios, e nesse momento pode-se fazer pequenos ajustes no negócio.

Ainda que a distância, uma dinâmica de negociação acontecerá, e ela seguirá uma lógica que é universal: ela terá um tempo. Haverá uma zona de disputa em torno de temas que são importantes para ambos os lados, a capacidade de fazer concessões será explorada e caminhará para uma conclusão.

O que não falta é manual de negociação por aí. Se você buscar referências de livros, estará é mergulhado em um mar de títulos, cada um deles se esforçando para criar um caminho mais ou menos organizado para te ajudar a conduzir uma negociação, por meio de fluxogramas e truques psicológicos de convencimento. O que me preocupa sempre é que não há algo claro e específico para quem trabalha na cena global! Ali, não vale a onipresente disputa em torno do preço do qual um lado quer cobrar 50, o outro tenta por 30 e acabam fechando em 40. Quem dera tudo lá fora fosse simples assim!

A negociação internacional é muito mais elaborada e cheia de elementos que as equivalentes locais. Isso tende a esticar o tempo, tornando pouco frequentes as imagens clássicas de um processo inteiro (que comece e termine) em torno de uma mesa de trabalho ou de jantar. Não é bem assim. Então vamos tratar da vida como ela realmente é, e não como deveria ser em um cenário perpétuo de proposta, contraproposta e aceite.

Gosto de perceber a negociação internacional como algo muito maior do que as discussões em torno de pontos sensíveis. Para mim, ela começa nas primeiras abordagens. Quando somos autorizados a seguir com as apresentações preliminares dos produtos, significa que uma primeira etapa já aconteceu e funcionou!

Imagine como compradores são abordados por vendedores do mundo todo. É normal acontecer um forte processo de triagem e muitas propostas nem avançarem, por isso considero que, se a conversa está avançando, é um ótimo sinal, e o primeiro passo já foi dado.

Na fase seguinte após ser autorizado a falar, ou seja, ter conseguido chamar a atenção, é que os alicerces da negociação serão de fato construídos. O ideal aqui é que se crie um ambiente favorável às conversas que virão na sequência, utilizando de meios já comprovados por anos de prática:

- Comunicação precisa, fluida e amistosa (ninguém gosta de conversar com alguém que ou fala demais ou fala de menos; também não é aconselhável que se irrite ou que se constranja em algum ponto da conversa. É preciso entender esse momento como uma fase de flerte. Em outras palavras, é cedo demais para a outra parte ver certos lados de sua personalidade).

- Manutenção de altas expectativas (não se pode ser arrogante também, mas é preciso mostrar segurança, porque o outro lado só está conversando com você pela perspectiva de fechar um bom negócio).

- Atenção ao tempo da outra parte (saber esperar e cobrar respostas na hora certa, devo dizer até que para tudo na vida, é ponto crucial para se evitar dor de cabeça ou afugentar possíveis negócios).

- Rapidez nas suas respostas (evite fazer joguinhos, e ainda que não tenha, no momento, uma resposta para dar, por qualquer que seja o motivo, técnico, orçamentário, enfim, procure oferecer a outra parte ao menos uma posição que a faça perceber que a relação é importante para você).

- Evitar posições definitivas logo no início. Deixe espaço para a flexibilidade (isso é essencial. Vamos exemplificar para ficar mais claro o que estamos dizendo aqui: imaginemos que você, homem ou mulher, acabe de conhecer alguém que parece ser tudo aquilo que você queria e buscava. Há o interesse, mas na primeira conversa, esse outro alguém já fala de filhos e netos que terá com você. Isso te assustará? Provavelmente. É a mesma coisa. As relações, também no mundo dos negócios, se dão por meio de construções, mais lentas ou mais ágeis, mas ainda assim são construções lógicas).

Esse conjunto citado é suficiente para um ótimo início de trabalho, mas é preciso olhar adiante. Não há negociação igual a outra. Nem mesmo quando se trata do mesmo produto sendo oferecido a diversos potenciais clientes em um mesmo país. Compradores são motivados por fatores próprios, e o que é relevante para uma empresa em um determinado momento não é para outra. É preciso que o lado vendedor esteja pronto para isso.

Não é saudável entrar em qualquer tipo de negociação sem uma boa preparação. No campo dos negócios internacionais, não é diferente. A coleta de dados e informações está na base desse raciocínio, e é preciso reconhecer que essa não é das tarefas mais fáceis. Ao longo dos capítulos anteriores, apoiei diversas fases do trabalho no acesso a dados. Tudo que foi encontrado para as análises anteriores será bastante útil aqui.

Um conceito interessante veio do PON[2] (*Program On Negotiation*) da *Harvard Law School*, uma das mais respeitadas iniciativas acadêmicas voltadas ao tema e que vem explorando as melhores práticas no campo das negociações desde o final dos anos 1970. Tudo começou com o trabalho dos autores William Ury e Roger Fisher, o livro *Como chegar ao sim: como negociar acordos sem fazer concessões*. Embora eu pessoalmente considere o título um pouco agressivo — uma vez que as concessões fazem parte de QUALQUER negociação —, o livro apresenta conceitos que aprecio e que devem fazer parte do arsenal de conhecimento de qualquer um que vá batalhar o mercado internacional.

Os autores classificam as negociações em dois grandes grupos: distributivas e integrativas. Na negociação distributiva, as partes competem pelo valor ou pelo bem que está sendo negociado tratando de assegurar para si todas as vantagens — independente do que pode ocorrer à outra parte. É mais conhecida como "Ganha-Perde", uma vez que cada conquista é obtida à custa da derrota da outra parte. Naturalmente, trata-se de um posicionamento que privilegia o curto prazo.

---

[2] Disponível em: <https://www.pon.harvard.edu/about/welcome/>.

A modalidade integrativa ocorre quando as partes se comportam de modo a negociar buscando o ganho mútuo. É mais conhecida como "Ganha-Ganha" e visa o relacionamento de longo prazo. Muita gente experiente defende que, em última instância, todas as negociações são distributivas e se baseiam no fato de que, se uma parte ganhar algo, é porque a outra perderá. Talvez a coisa não seja tão radical assim.

Um dos exemplos clássicos e mais fáceis de visualizar o que é uma negociação distributiva é quando dois países disputam um território. O ganho de um lado significa obrigatoriamente a perda do outro — se não houver qualquer outro tipo de compensação.

Para entrar em alguns mercados mundo afora, contei com os serviços de distribuidores locais. A negociação com eles nunca é fácil. Existe um esforço permanente de adquirir produtos ao melhor custo possível para que sua atuação de vendas local seja a mais rentável. De posse do produto, das estratégias de marketing, opções logísticas, vantagens do produto e um preço já calculado, me aproximei de vários distribuidores na ânsia de começar a exportar. Reunião após reunião, fui aprendendo que eles eram um elo na cadeia de distribuição, tinham custos (não só de aquisição, mas de estoque e promoção) e que os próximos elos também tinham que ser remunerados. No final, após todos garantirem seus ganhos, o preço ao consumidor ainda deveria ser competitivo o suficiente para o sucesso de um novo entrante no mercado.

Isso aconteceu nos primeiríssimos anos de expansão global de negócios. A lição veio na forma de pensar o meu ganho atrelado ao ganho dos outros envolvidos na promoção, distribuição e comercialização do meu produto no exterior.

De certa maneira, posso dizer que esse raciocínio foi um tipo de ganha-ganha, pois abri mão de alguma margem, ao mesmo tempo em que ganhei em volume e na garantia da presença do produto no mercado em curto espaço de tempo. O meu distribuidor também renunciou a alguma margem para gastar recursos com promoção e dedicar esforço extra da força de vendas, e as recuperou ao se aproximar do mercado com algo novo (aumentando suas possibilidades de aumento de vendas). É um raciocínio que deve ser amplo a ponto de entender as necessidades do outro, ou seja, se colocar no lugar dele. Empatia? Posso dizer que sim.

O trabalho citado deixa claro no título o intuito de chegar ao sim sem fazer concessões. Até hoje não vi uma negociação internacional chegar ao sucesso sem flexibilizar e abrir mão de algumas posições iniciais. Ainda que respeite os autores, peço a você que esteja preparado para ceder e pedir que a outra parte também faça suas concessões.

Existem algumas regras de ouro nessa dança entre quem pede algo e o outro e que deve dizer sim ou não. A primeira é que as concessões devem ser avaliadas em termos de potência e tempo.

O ritmo das negociações internacionais pode variar muito em função de diferentes fatores. É natural que um comprador pressionado e com extrema urgência de adquirir um produto ou substituir um fornecedor esteja mais propenso a fechar o negócio mais rapidamente do que se estivesse em condições normais. Outro ponto para reflexão é quem tem mais força em uma negociação. Você já deve ter notado que existe uma relação que é, digamos, desequilibrada. De um lado está o vendedor com sua ansiedade pelo sucesso da venda (naturalmente pressionado por metas, atingimentos de resultados, comissões a receber, entre outros). Do outro, está o comprador, em uma posição de dar a última palavra. Existem diferentes razões para explicar essa relação de poder que — considero — seja desequilibrada na dinâmica de quem oferece e de quem busca algo, mas isso é o que domina o ambiente de negócios.

Sempre que vou me aproximar de um cliente novo, tenho em mente que sou mais um em uma imensa fila — com vendedores à minha frente e atrás de mim. Digamos que o comprador tem mais dez opções além de mim. Isso faz com que ele esteja naturalmente empoderado, e isso se traduz no seu comportamento. O andamento normal (não estou generalizando) de uma negociação de compra e venda internacional começa com uma abordagem ao comprador. A apresentação do que será negociado partirá do exportador, enquanto os questionamentos partirão do lado do comprador. Embora não exista uma fórmula que determine que todas as negociações serão iguais, é possível isolar e discutir o que mais é debatido no dia a dia dos negócios. Assim como existem valores universais na cultura, também acontece aqui.

Mencionei que as apresentações partem do lado vendedor baseado na premissa de que exista um movimento ativo de vendas. São as empresas e os profissionais que procuram os clientes e o mercado, e não o inverso. Na realidade exportadora brasileira, o fato de ser abordado por um potencial comprador é bastante comum. Muitos movimentos exportadores nascem daí. A empresa tem um produto interessante e um belo dia recebe uma comunicação indicando interesse em levar o produto embora. Coloco nesses termos (levar embora) porque isso ajuda a explicar uma verdadeira postura da lei do menor esforço. Traduzindo: o gringo quer? Então ele que venha buscar. Quando isso acontece, é mais do que natural que o equilíbrio de forças entre quem oferece e quem vai comprar seja mais bem distribuído na "mesa de negociação". Ainda assim, haverá perguntas que ajudam a compor o acordo, que chamo de ponto de conflito.

Os pontos de conflito são etapas necessárias para uma tomada de decisão na qual o comprador se sinta confortável. Será realmente que haverá conflito na condução dessas conversas? Às vezes sim, às vezes não. Então podemos reduzir a força dessa palavra para divergências? Ela pode ainda ser reduzida para questionamentos.

Nesse ponto, é preciso dizer que o ambiente global de negócios é de cooperação contínua. Isso significa que existe um certo padrão de tolerância, compreensão, auxílio mútuo e flexibilidade no comportamento dos negociadores internacionais. Obviamente, há diferenças entre pessoas e suas bagagens culturais. Na verdade, há de tudo nesse mundo, e você deve estar preparado para lidar com uma gama de atitudes que, ainda que tenha um padrão, não se aplica como regra.

Ao longo de quase trinta anos, observei que, apesar do espírito de disputa e diante da missão de alcançar o melhor acordo possível, as negociações comerciais internacionais são pautadas pela ajuda. As distâncias que sempre menciono (geográficas, logísticas e culturais) ajudam a impulsionar isso. Nada melhor do que um exemplo prático: uma das etapas básicas para um trabalho de inteligência de mercado é estudar o comportamento do produto. Há diferentes ferramentas para se fazer isso, do simples trabalho de usar buscadores na internet para consulta de pesquisas secundárias a investigações mais detalhadas de dados quantitativos.

O ideal é que sempre tenhamos em mãos a identificação do produto. Em poucas palavras, o código universal que o identifica, ou seja, a posição tarifária. O que chamamos aqui no Brasil de NCM (Nomenclatura Comum do Mercosul) vem diretamente do Sistema Harmonizado (SH), que é um sistema padronizado de nomes e números para classificar produtos comercializados ao redor do mundo. Imaginem fazer negócios sem isso! Estaríamos diante de uma confusão generalizada.

O ordenamento internacional se apresenta nesses momentos se organizando para oferecer o máximo de padronização para que todos ao redor do planeta possam se entender. Recomendo fortemente que você e sua equipe dominem o tema para poder fazer uso dele na condução dos negócios. Ter o NCM em mãos não significa que você tenha o mesmo número do SH que o seu cliente no exterior tenha. Isso porque os seis primeiros números são comuns a todos mundo afora, mas a partir daí entram as regras locais e/ou regionais, que podem fazer com que a identidade de um produto varie de um país ou região para outro.

Um excelente exemplo de cooperação comercial é quando precisamos entender o impacto tarifário de nosso produto no mercado de destino. É normal fazer esse questionamento ao nosso potencial cliente no exterior. Primeiro porque, se ele já importa o produto, essa informação está pronta e correta. Se ele ainda não compra esse item, terá total interesse em classificá-lo de forma correta, justamente para poder avaliar o impacto tributário e de custos de forma precisa. Se ambas as partes estão olhando para o mesmo produto — sob o ponto de vista da classificação fiscal — tanto melhor. Esse foi só um exemplo. Existem outros que podem e devem ser trabalhados.

Os pontos de discussão a seguir são os mais comuns no dia a dia dos negócios, mas não quer dizer que outros tantos não entrem na negociação. A mesa de negociação dever ser sempre rica, com a proposição de argumentos e opções.

Qualidade

- **Postura do importador:** rejeita o produto alegando baixa qualidade.

- **Atitude sugerida:** apresentação de outras características do produto que podem se tornar atrativas aos olhos do comprador. Outro caminho que pode ser tomado é a criação de opções. Se a qualidade não está à altura do que o importador espera, é possível oferecer algo diferente. Se isso já estiver no seu portfólio, muito mais fácil. Se necessitar de um desenvolvimento, seja cauteloso. Prometer demais e não conseguir cumprir nunca cai bem no mercado internacional.

- *Comentários: como já foi comentado antes, não há nada de errado em apresentar seu produto, seja ele de que qualidade for. O que deve ser observado e respeitado, na medida do possível, é a adequação ao nível de exigência do cliente ou do mercado. Lembre-se de que não há razão para abaixar a cabeça se o nível de qualidade for inferior ao que o comprador espera ou busca. Sempre há mercado para todos os tipos de produto.*

Quantidade

- **Postura do importador:** demanda de maior volume do que o exportador pode oferecer.

- **Atitude sugerida:** somente negociar o que é possível ser cumprido. Saber respeitar suas próprias limitações é um ato de sabedoria extrema. A vontade de fornecer de modo a satisfazer toda a demanda pode ser um sonho, mas fique atento à sua própria estratégia.

- *Comentários:* talvez você tenha compromissos já previamente assumidos no mercado local, e isso deve ser ponderado. Uma das regras de ouro da estratégia internacional é a adequação da capacidade exportadora à demanda lá fora. Querer abraçar o mundo — quase que de forma literal — pode gerar mais danos do que benefícios.

- **Postura do importador:** a necessidade de compra é menor do que o exportador espera.

- **Atitude sugerida:** respeito aos passos iniciais buscando entendimentos futuros.

- *Comentários:* é normal que altas expectativas sejam criadas, e não há nada de errado nisso. Parte do sucesso vem de atitudes sempre positivas. O problema é a frustração que isso causa. A necessidade menor do que se esperava pode se dar por duas razões. Na primeira, porque a capacidade (ou a necessidade mesmo) é pequena. Nesse caso, o exportador já deveria estar ciente disso como parte do processo de conhecimento do potencial cliente. A segunda razão está ligada ao processo de substituição de fornecedores. Nem sempre isso se dá de uma só vez. É normal que as primeiras compras sejam mais cautelosas. É tempo de conhecer o parceiro comercial.

Adequação de produto

- **Postura do importador:** são exigidas alterações no produto.

- **Atitude sugerida:** nesse caso, a prudência deve ditar a decisão de mexer ou não no produto. Para isso, é preciso profundo domínio das limitações de P&D e seus impactos na produção. Alterações devem estar em sintonia com a gestão de produtos da empresa de gerenciamento de produtos (número de itens no portfólio, investimentos necessários para alterações, necessidade de matérias-primas adicionais etc.).

- *Comentários:* esse tipo de postura é muito comum no mercado internacional, onde somente uma ínfima parte do que é negociado será comprado sem que haja algum tipo de ajuste. O importante é não receber esse tipo de solicitação como uma crítica ao que foi oferecido inicialmente. Pelo contrário. Isso mostra real interesse do lado do importador.

Condição de entrega

- **Postura do importador:** pode haver a expectativa de que a mercadoria seja entregue no porto de destino ou mesmo na porta do comprador, enquanto o exportador se prepara para deixar o produto no porto de embarque.

- **Atitude sugerida:** inicialmente, é preciso fazer uma avaliação cuidadosa das reais possibilidades. Isso porque tocar de *Incoterm* significa impacto direto nos valores envolvidos e na operacionalização. Em alguns casos, isso pode inviabilizar a operação comercial.

- *Comentários: nem sempre a palavra Incoterm será usada nesse ponto da discussão. Todos nós sabemos que são condições de venda (commercial terms), mas o exportador tem papel mais ativo, uma vez que a mercadoria está em sua posse no início da operação. É preciso ter em mente que, salvo exceções, o comprador procurará o máximo de conforto (mercadoria sendo entregue o mais perto possível do destino), enquanto o exportador se posicionará de maneira contrária. Ninguém é obrigado a oferecer um serviço durante uma negociação. É uma questão de se sentir confortável para fazê-lo. A mensagem mais importante aqui é: nunca se comprometer com condições que não sejam bem conhecidas e não possam ser cumpridas. Em se tratando de Brasil, a experiência diz que, ao vender na base FOB, a mensagem que se está enviando é: venha você buscar a mercadoria. Há importadores com muita fluência em termos de mercado internacional, e não haverá qualquer problema em colocar seu departamento de logística para cotar fretes a partir do Brasil. Por outro lado, você pode se deparar com um comprador que não queira se ocupar disso.*

Termos de pagamento

- **Postura do importador:** assim como na condição de entrega, o importador terá a tendência a buscar a forma de pagamento mais interessante para si, ou seja, o maior prazo combinado com a menor burocracia.

- **Atitude sugerida:** tudo que envolve dinheiro no comércio internacional é fonte permanente de preocupação, então não deve haver concessões somente a fim de agradar a outra parte. Aqui o que vale é a técnica aliada à gestão precisa do risco.

- *Comentários: ambas as partes devem entrar no negócio dominando as formas de pagamento internacionais.*

Ações de promoção e marketing

- **Postura do importador:** o importador exige suporte financeiro, logístico ou de marketing para auxiliar na venda do produto.

- **Atitude sugerida:** avançar apresentando as premissas da estratégia de marketing de forma embasada e firme.

- **Postura do importador:** o importador é pouco agressivo em relação à promoção do produto em seu mercado.
- **Atitude sugerida:** demonstrar a importância das ações de marketing também para o importador.

Exclusividade

- **Postura do importador:** exige exclusividade no processo comercial do produto.
- **Atitude sugerida:** a estratégia comercial tem que ser exposta de maneira clara e consistente. Argumentação firme e embasada.

Comissões

- **Postura do importador:** o importador exige rebates, bonificações e premiações por quantidades compradas e outros índices de performance.
- **Atitude sugerida:** a ação deve estar conforme a estratégia comercial. Cuidado na formação do preço tendo em vista o cumprimento das metas e variações no mercado.

Disponibilidade

- **Postura do importador:** geralmente em torno de tempo de entrega longo por parte dos exportadores.
- **Atitude sugerida:** firmeza e clareza nas posições baseadas em fatos demonstráveis. Não prometer aquilo que não se pode cumprir. É fundamental ter conhecimento do próprio processo produtivo e da concorrência.

COMPETITIVIDADE DE CLASSE MUNDIAL

No Capítulo 4, avaliamos o ambiente internacional sob a ótica da competitividade. E ao longo do livro exploramos tópicos como seleção de mercados e seus critérios, as sutilezas envolvidas nas formas de pagamento e o que a prestação de serviços, via condição de entrega, pode criar como serviços atrelados aos produtos. No momento em que discutimos a performance do negociador, é hora de escalar as possibilidades da competitividade. Vamos ver como.

Existe uma boa diferença entre ser e estar competitivo no cenário internacional. O pacote de variáveis vem com custos de produção local, tributação e movimentação interna de carga e câmbio. Será somente isso? Não. Há mais para ser trabalhado. Dentro do trabalho da competitividade construída, gosto de combinar três perspectivas caras ao sucesso lá fora: a geografia coberta, o tratamento que se dá ao uso da logística e o *trade finance*. E podemos, a partir da prática brasileira, tecer algumas conclusões sobre a temática.

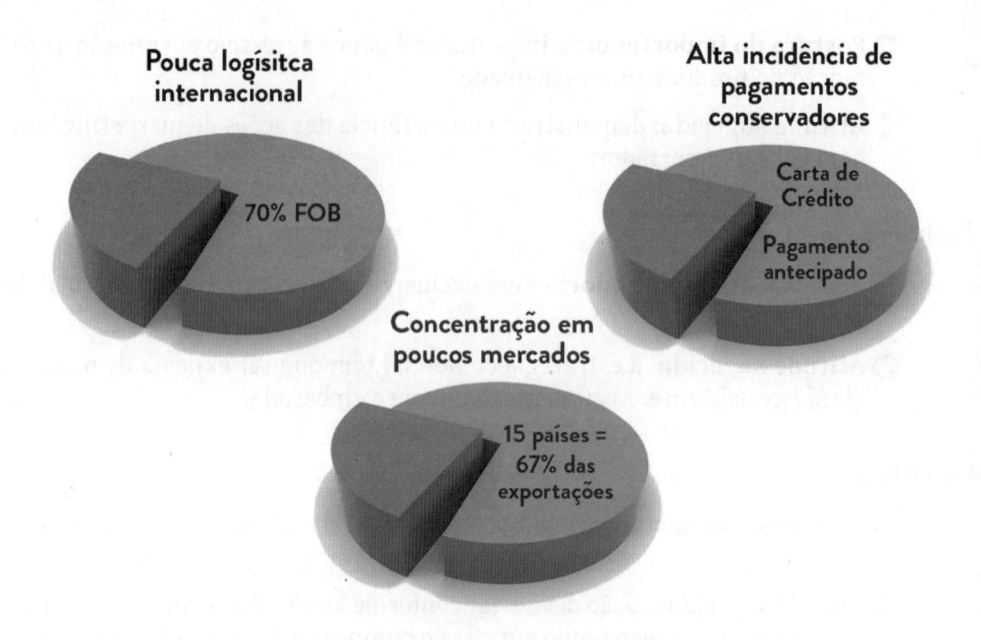

Figura 8.2 — Os três pilares da concorrência
Elaborada pelo autor.

A primeira é que usamos muito pouco a logística a nosso favor. A segunda é que, por receio e por não dominar as ferramentas do *trade finance,* nos tornamos bem conservadores na gestão de pagamentos internacionais. A terceira é a alta concentração em poucos mercados como destinos de nossas vendas. Cada um desses tópicos carrega uma alta potência de competitividade se pensado e usado de maneira individual. Ao serem combinados, podem mudar completamente o rumo de uma negociação. É isso que veremos a seguir:

Combinando os três pilares para aumentar a competitividade

É preciso avançar analisando, sempre que possível, o perfil do comprador estrangeiro. Ninguém tem dúvidas de que há um gigantesco exército de exportadores ávidos por vender seus produtos em qualquer lugar. Faturamento é prioridade da Patagônia ao Turcomenistão.

Com a oferta exportadora abundante e crescente, os termos comerciais se distenderam, tornando-se ainda mais atrativos na visão de quem importa. Chegamos a uma realidade de mundo em que os compradores dão as cartas e estabelecem as regras. *My way or the highway.* Simples assim.

E o que querem nossos exigentes e cada vez mais mimados clientes?

Não somente produtos, mas também serviços. Não falo somente de assistência técnica e garantia pós-venda. Refiro-me a uma postura diferente no momento de exportar agregando serviços de entrega e maior flexibilidade financeira.

Para entender esse pacote de serviços, não relacionado ao produto, mas à operação em si, há que se voltar mais uma vez às condições de entrega. A condição FOB é, certamente, uma das mais conhecidas. Sob ela, o exportador encerra sua responsabilidade quando a carga ultrapassa a murada do navio e vai à bordo. Dali para a frente, é por conta do importador.

Milhares de empresas pensam em termos FOB por comodidade e por permitir fugir dos custos. Não há dúvida de que levar a carga até o porto e voltar para casa é menos arriscado do que assumir a responsabilidade até o porto do importador (CFR ou CIF) ou até a porta do cliente no exterior, com direito a impostos e despesas pagas no destino (DDP). Só que cada vez mais importadores querem receber ofertas que sejam cômodas, ou seja, que gerem menos esforços deles próprios. Se for colocado na porta de sua casa, tanto melhor. Exigentes? Não poderia ser de outra forma. Se você estivesse na posição deles, não faria o mesmo?

Nesse ponto, é preciso se lembrar de que existe uma altíssima concentração na modalidade FOB sobre as outras opções. Cerca de 70% das exportações nacionais vão nessa opção. Nada contra isso, mas tudo a favor de pensar e agir diferente.

Difícil para os exportadores? Talvez isso represente uma tremenda quebra de paradigmas, mas não é impossível. Culpar exclusivamente a visão conservadora dos exportadores brasileiros não seria justo, considerando nossa curta experiência internacional.

Mudando para o aspecto financeiro, nos deparamos com uma situação similar. Quem dá crédito hoje não são somente os bancos. A indústria também teve que aprender a lidar com a gestão de risco ao ser obrigada a financiar seus clientes. No mercado externo, a história se repete. Quem ainda está atrelado ao conceito de que dá para avançar sobre mercados não tradicionais usando como gerência de risco somente formas de pagamento conservadoras reduz drasticamente suas chances de sucesso. É hora de seguir oferecendo mais que as caras e burocráticas cartas de crédito. Arriscado? Não há comércio internacional sem risco. É só uma questão de conhecer e gerenciar as ferramentas tendo como foco os negócios do mundo, e não do Brasil.

Cruzando as duas variáveis citadas (condições de entrega e condições de pagamento), é possível criar uma representação gráfica (Figura 8.4) que mostra onde estamos em termos de competitividade externa, não relacionada a custos. Ordenando o eixo dos valores (y) com as formas de pagamento mais praticadas saindo da mais conservadora (100% antecipado) para a mais agressiva (remessa sem saque), visualizamos uma escala crescente de risco no pagamento.

Ordenando alguns dos principais *Incoterms* (imaginando uma operação marítima de uma carga em *contêiner*) no eixo (x) e partindo da condição de entrega mais conservadora (EXW) para a que mais oferece conforto ao importador e desafios ao exportador (DDP), visualizaremos uma escala crescente de responsabilidade na operação de exportação. Nem todos os *Incoterms* estão representados aqui, por isso deixaremos somente os mais usados e conhecidos. Mas nada impede que você use o raciocínio acrescentando os *Incoterms* faltantes. O resultado está no gráfico (Figura 8.3) a seguir.

```
                              y ▲
    remessa sem saque sem seguro ┤
     cobrança a prazo sem seguro ┤
parcialmente antecipado sem seguro ┤
     cobrança a prazo com seguro ┤
         cobrança à vista (CAD) ┤
                cartas de crédito ┤
    remessa sem saque com seguro ┤
parcialmente antecipado com seguro ┤
    100% antecipado após a produção ┤
  100% antecipado antes da produção ┤
                                   └────┼────┼────┼────┼────┼────▶
                                       EXW  FOB  CIF  DAP  DDP
```

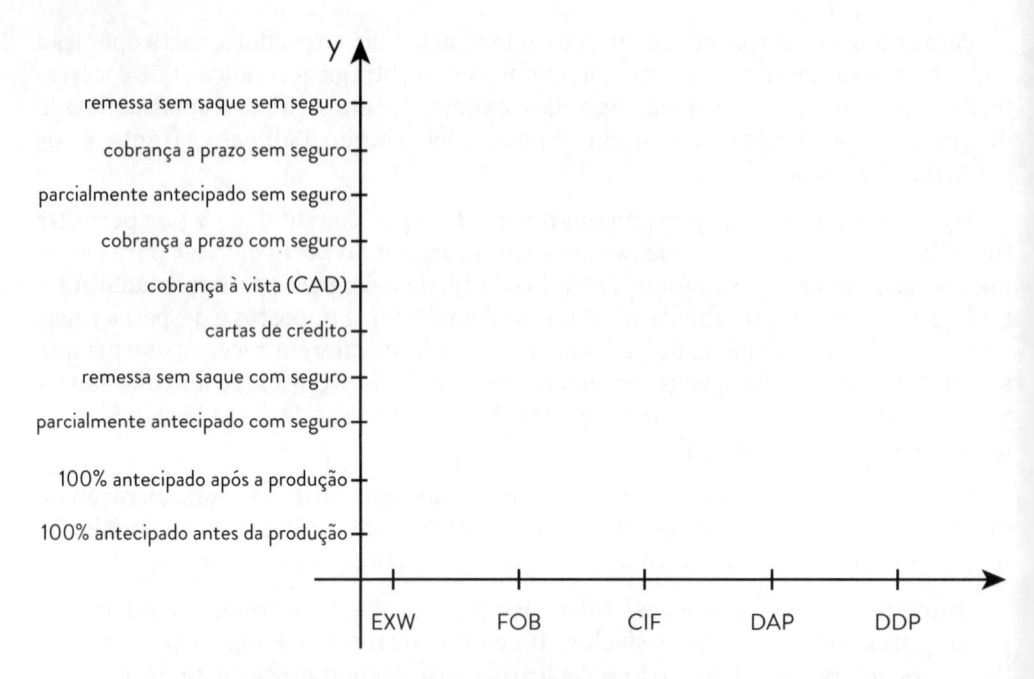

Figura 8.3 — Combinando condições de entrega e condições de pagamento
Elaborada pelo autor.

As duas variáveis estão apresentadas, e agora é preciso trabalhar em cima das inúmeras possibilidades de combinação. A sugestão é iniciar pelo padrão brasileiro, que, em geral, orienta as negociações e decisões dos empresários. A orientação natural nesse caso indica a venda na base FOB com o pagamento via carta de crédito. Não estou dizendo que a totalidade dos brasileiros opera dessa maneira, mas não há dúvida de que uma enorme parcela opta por esse caminho. Desta forma, teremos o gráfico (Figura 8.4) preenchido da seguinte forma:

O ponto (A) reflete um misto de fatores como maior comodidade, desconhecimento dos aspectos técnicos, preocupação com limitações técnicas, entre outros. Também pode revelar pouca importância aos que buscam os compradores internacionais.

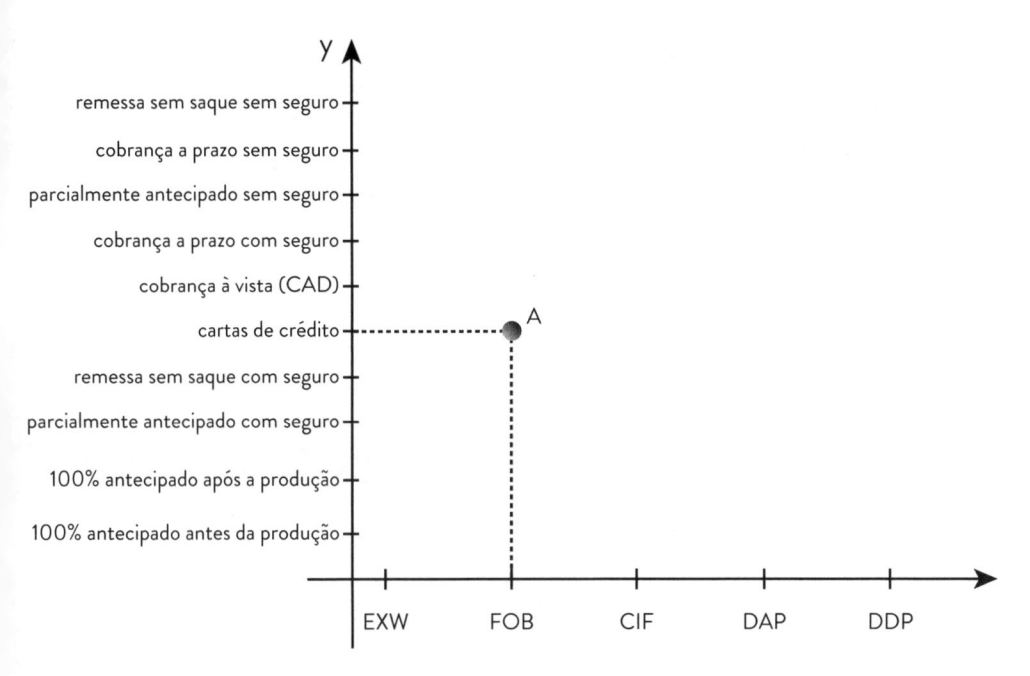

Figura 8.4 — Gráfico preenchido
Elaborada pelo autor.

Se o desejo ou as condições da empresa fazem com que ela tenha uma atitude ainda mais conservadora, o gráfico mostrará uma segunda interseção (Figura 8.5), que chamaremos de ponto (B). Nesse caso, a condição de pagamento será 100% antes da produção (a mais segura de todas). No eixo dos *Incoterms*, se a política é o menor risco e menores custos, o termo EXW será a escolha. Assim, o gráfico ficará com a seguinte configuração:

Para concluir o raciocínio, é hora de pensar nos que optam pelas condições que oferecem maior incerteza e maiores custos atrelados aos processos. Também precisarão de mais recursos profissionais e sólidas parcerias com prestadores de serviço no Brasil e no exterior. Nesse caso, o eixo dos *Incoterms* mostrará a opção DDP, que significa que o exportador se encarregará de tudo até a entrega na porta do cliente no exterior. No eixo dos pagamentos, a escolha será a Remessa sem saque e sem seguro de crédito. Desta forma, teremos o gráfico (Figura 8.6) com as três possibilidades de combinação.

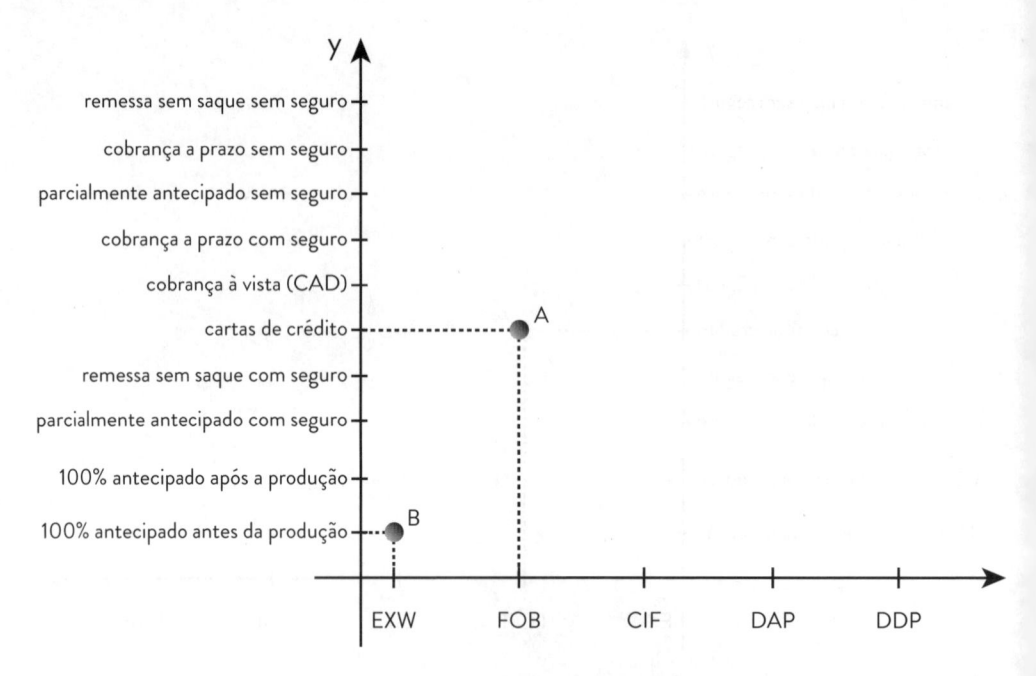

Figura 8.5 — Segunda inserção
Elaborada pelo autor.

É hora de interpretar o gráfico da Figura 8.6 à luz da competitividade e do risco. Sem dúvida, o ponto (B) é o mais confortável na visão de quem exporta. Também está claro que o ponto (C) oferece a maior chance de imprevistos que podem ameaçar toda a operação. Se deixamos o lado "exportador" da mesa de negociação e nos sentamos do lado "importador" e olharmos o mesmo gráfico, o sinal se inverte. O ponto (B) se torna algo trabalhoso demais, ou seja, além de financiar a produção do fornecedor, ainda é preciso ir buscar o produto no domicílio do fabricante. Não digo que seja impossível. Há gente disposta aos mais diversos arranjos comerciais, valores sendo calculados e maior capacidade de lidar com a logística, não importa onde. A lógica e a prática do dia a dia, no entanto, mostram que a extrema maioria dos compradores fugiria correndo de uma configuração como essa.

Saindo de um extremo e indo a outro, chegamos ao ponto (C). É o oposto, e o exportador se coloca na posição de maior risco, seja na logística, seja no pagamento. Repetindo o mesmo exercício de mudar de lado na mesa de negociação, veremos claramente que se trata de uma combinação bem conveniente. Afinal, quem não gostaria de fazer uma compra internacional, receber o produto na porta do seu armazém e ainda pagar com prazo e sem necessidade de burocracias bancárias?

Pronto! Temos duas situações opostas e extremas, onde risco, custos e competitividade andam em direções contrárias. Olhando mais uma vez o gráfico que foi criado, é possível ver que as possibilidades não se esgotam nas três apontadas por mim. Existem tantas outras, e é aí que está a beleza desse raciocínio, na avaliação do que se deseja, do que se é capaz de fazer e do que serve melhor aos interesses do negócio.

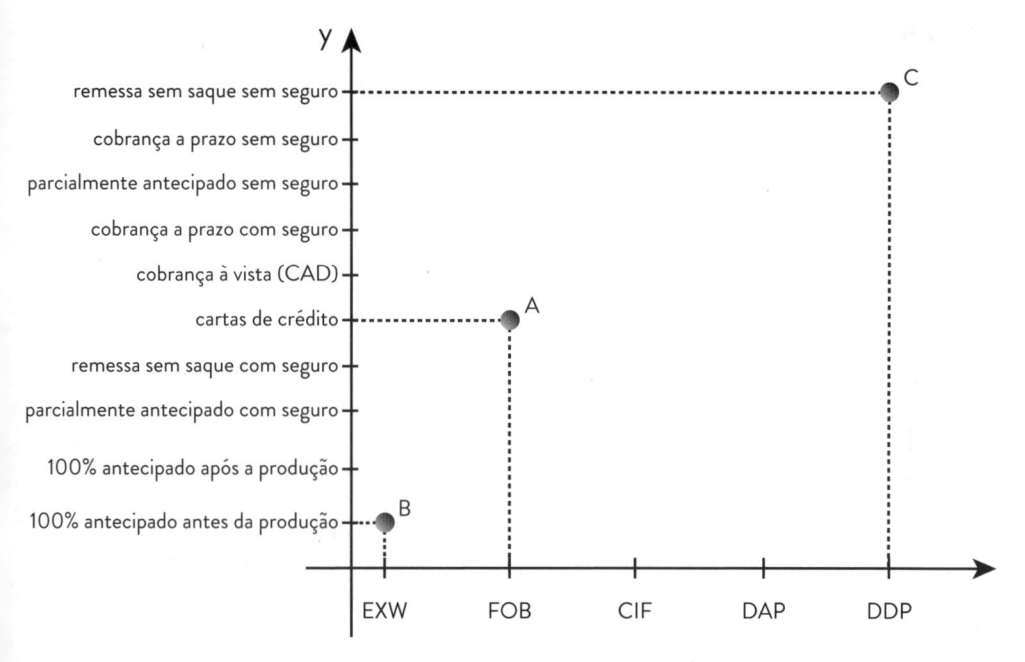

Figura 8.6 — As três possibilidades de combinação
Elaborada pelo autor.

Combinando condições de entrega com regiões do mundo

Se tomarmos o mesmo princípio gráfico que usamos antes, cruzando agora as condições de pagamento com algumas regiões do mundo, também é possível chegar a conclusões que nos ajudam a entender as opções de risco feitas pelos exportadores. Para esse caso, serão substituídas as condições de venda por seis regiões do mundo, ordenadas da esquerda para a direita em ordem crescente de risco.

É importante destacar que essa evolução é meramente ilustrativa, uma vez que se trata de uma análise que demanda cuidado, a fim de não distorcer o resultado. Além do mais, os riscos associados a países são dinâmicos e podem ficar defasados em algum tempo. O critério usado aqui é baseado em uma livre interpretação de mapeamentos de risco feitos por empresas especializadas, e a classificação se baseia no risco oferecido pelo país para que negócios privados sejam conduzidos com segurança. Em geral, são considerados aqui elementos como estabilidade política, interferência governamental nos negócios, segurança jurídica, ameaças terroristas, possibilidade de quebra na cadeia de suprimentos, eventuais limitações às remessas internacionais, entre outros.

Aqui o gráfico (Figura 8.7) será construído tendo as condições de entrega (*Incoterms*) no eixo y, enquanto as regiões do mundo estarão no eixo x. Os *Incoterms* estão ordenados partindo do menor risco na perspectiva do exportador (EXW) e indo até o de maior exposição (DDP). No eixo das regiões, a sequência começa do lado esquerdo, com as áreas de menor risco para os negócios, e vai avançando para a direita. Assim, temos o seguinte gráfico:

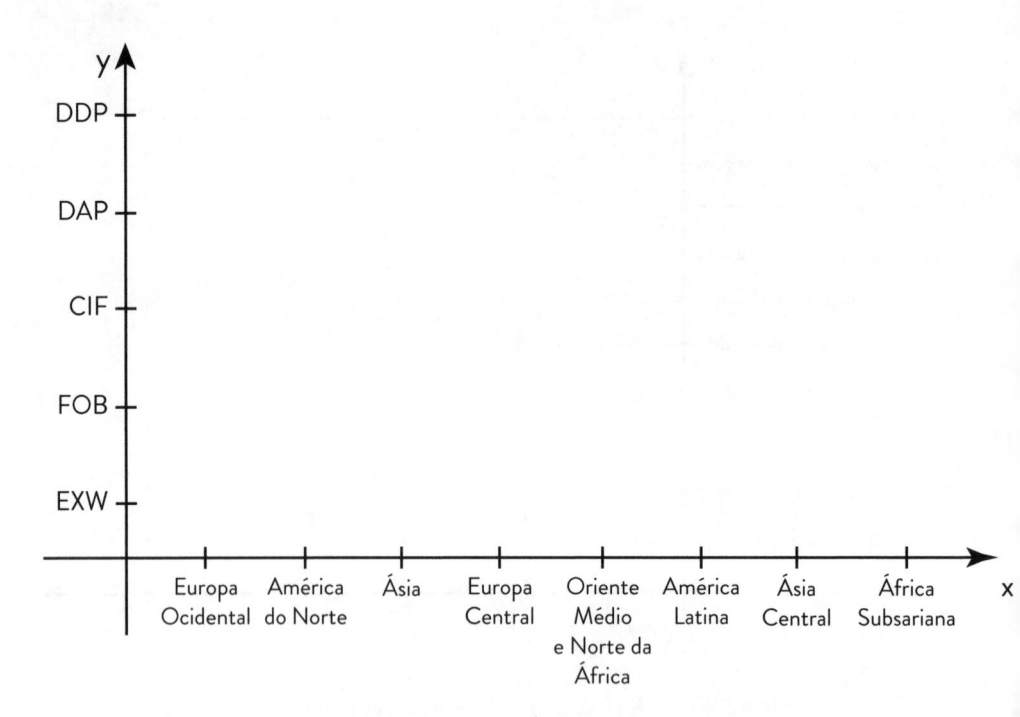

```
y
│
DDP ┤
│
DAP ┤
│
CIF ┤
│
FOB ┤
│
EXW ┤
│
└──┼─────┼─────┼─────┼─────┼─────┼─────┼─────┼─────→ x
  Europa América Ásia Europa Oriente América Ásia África
  Ocidental do Norte      Central Médio   Latina Central Subsariana
                                  e Norte da
                                   África
```

Figura 8.7 — Combinando condições de entrega com regiões do mundo
Elaborada pelo autor.

Exatamente como no caso anterior, assumiremos o ponto de vista de um exportador médio brasileiro que tenha uma perspectiva conservadora dos negócios. Isso significa, na grande maioria, uma perspectiva territorial que combine identificação cultural (presença de brasileiros, facilidade com idioma, valores semelhantes) com sinais de riqueza e prosperidade (alto PIB, alta renda *per capita*, crescimento econômico, baixa inflação). Ainda que a China se apresente com os números superlativos, existe a consciência de que as coisas por lá não são fáceis para quem não é do setor de *commodities*. Desta forma, não erro ao afirmar que a América do Norte (capitaneada pelos Estados Unidos) surge como uma região prioritária na hora de pensar mercados de destino. Trazendo a mesma postura em relação às entregas internacionais e quanto se está disposto a entrar no mundo dos serviços, ficamos com a opção FOB. Assim, temos o gráfico (Figura 8.8) como segue:

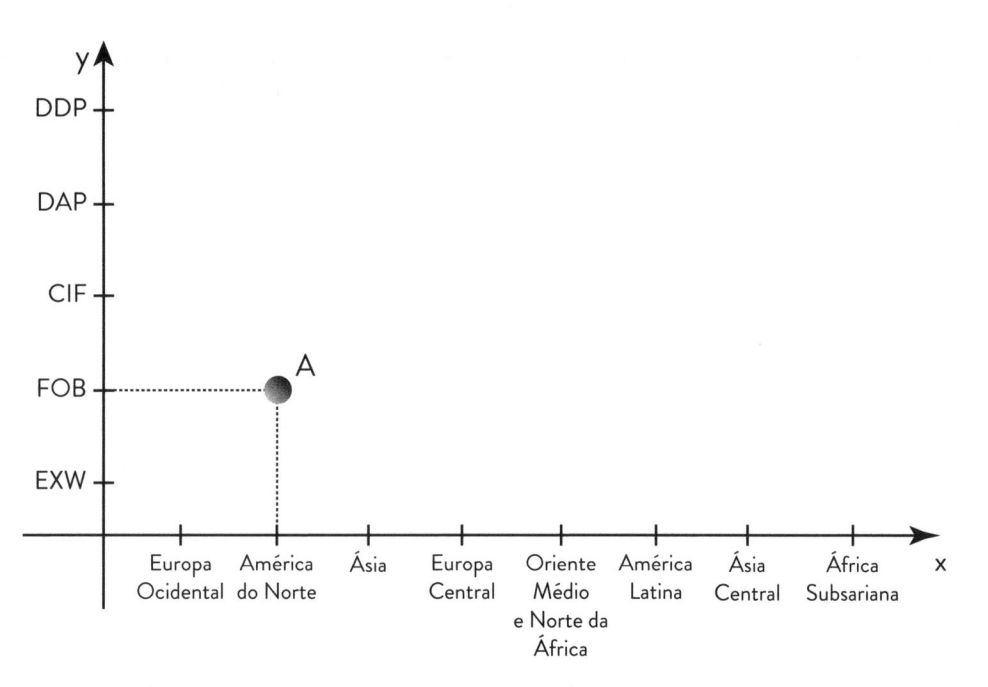

Figura 8.8 — Ficando com a opção FOB
Elaborada pelo autor.

Essa combinação que resulta no ponto (A) pode ser encarada como a média brasileira. A partir do que está disposto no gráfico, é possível buscar outras possibilidades. Seguindo na linha do menor esforço e menor risco, um cenário comercial conveniente seria fazer uma exportação para um país localizado na parte ocidental da Europa (Alemanha, por exemplo) na base EXW, ou seja, o importador arranjaria tudo para retirar a mercadoria na fábrica brasileira. Melhor dos mundos? Sem dúvida alguma, e ele aparece a seguir (Figura 8.9) na forma do ponto B do gráfico.

Se a combinação entre *Incoterms* e condições de pagamento era quase que exclusivamente baseada na visão de risco, esse novo gráfico nos leva para o universo das reais possibilidades de fazer negócio e do valor que ele representa. Mercados que podemos chamar de centrais (maduros, ricos, estáveis) são disputados a unha por fornecedores do mundo todo. Ao mesmo tempo, são bem protegidos por quem já está jogando. Compradores são altamente profissionais e estão acostumados a ter suas demandas atendidas sem muito esforço. Fechando o pacote, a chance de esses mercados terem níveis de exigência maiores é bem alta. Em poucas palavras, todos sabem onde está o pote de ouro, mas pegá-lo não é tão fácil. Na prática, isso pode significar concessões extras em diversos aspectos e que podem afetar o resultado da operação. No fim, o que parecia ser um ótimo negócio se revelou um tanto negativo. Isso não deve ser generalizado. É só uma indicação baseada em probabilidades que são alimentadas por anos de experiência e conhecimento do tema. Não há a intenção aqui de desencorajar um movimento comercial em direção a determinado mercado, mas somente trazer à zona ameaças que nem sempre ficam claras.

A proposição que faço a partir desse momento pode gerar algum desconforto ou desconfiança, mas é preciso que seja apresentada a fim de que você conheça todas as muitas alternativas.

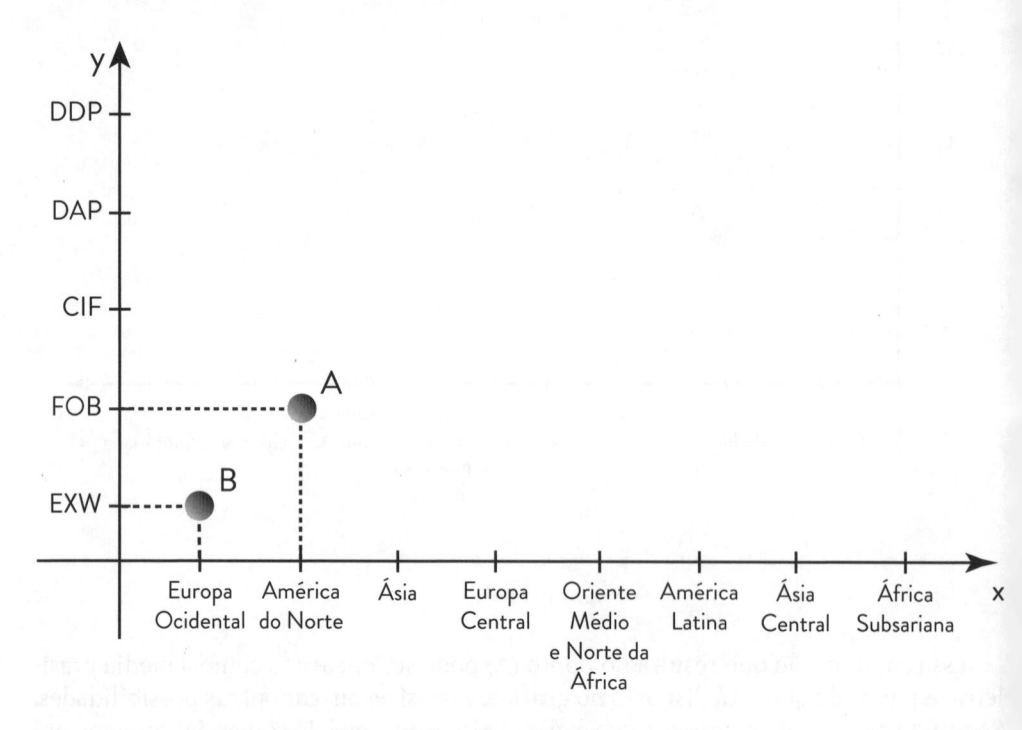

Figura 8.9 — O melhor dos mundos
Elaborada pelo autor.

Vamos imaginar uma situação oposta à apresentada anteriormente, ou seja, vamos correr para o lado direito do eixo X em direção à região que é considerada e, em grande parte, com razão, a de maior risco do mundo. Ao mesmo tempo, vamos subir a régua dos *Incoterms* para o DDP. Desta forma, chegaremos ao seguinte gráfico (Figura 8.10):

O que se vê é o ponto (C), que pode ser traduzido como oferecer o máximo serviço em países de altíssima complexidade (logística, tributária, política, financeira etc.). Isso não parece ser lógico, e quero deixar claro que, para efeitos práticos, não é mesmo. Essa situação é hipotética e serve como base do raciocínio que trarei para esta discussão.

Partindo do princípio de que mesmo os países mais pobres têm uma parcela da população de classe média e alta, deve haver uma estrutura de negócios e abastecimento para manter esse público com acesso aos bens e serviços que desejam. A estrutura empresarial, normalmente formada por importadores, distribuidores e varejo, se encarrega de buscar no exterior os itens necessários. Assumindo que uma empresa brasileira estabeleça esse contato em um país considerado de alto risco, é preciso separar o potencial da iniciativa privada da situação da nação. Sei que a própria classificação de risco de um país já prevê as dores de cabeça que poderão se tornar realidade para aqueles que querem trabalhar. Ainda assumindo que nesse país as empresas consigam efetuar seus pagamentos ao exterior em condições normais e que o importador esteja disposto a antecipar o valor da importação. O que temos diante de nós é um mercado a ser trabalhado. Obviamente, a condição de entrega DDP é um exagero, mas alguns pontos abaixo do gráfico (CIF, por exemplo) podem garantir mais um degrau na escala da competitividade.

A pergunta que deixo é: as chances de fazer negócios com empresários desse país africano são reais? A resposta é sim. Cercado de cuidados inerentes às operações internacionais, é factível estabelecer um eixo comercial saudável, com mais facilidade de acesso e ainda com melhores resultados do que tentativas infrutíferas em mercados centrais.

A área do gráfico é ampla e permite diferentes combinações. É uma questão de avaliar o que está em linha com a estratégia e a capacidade de execução. Nada de tentar ações que não cabem na realidade da empresa.

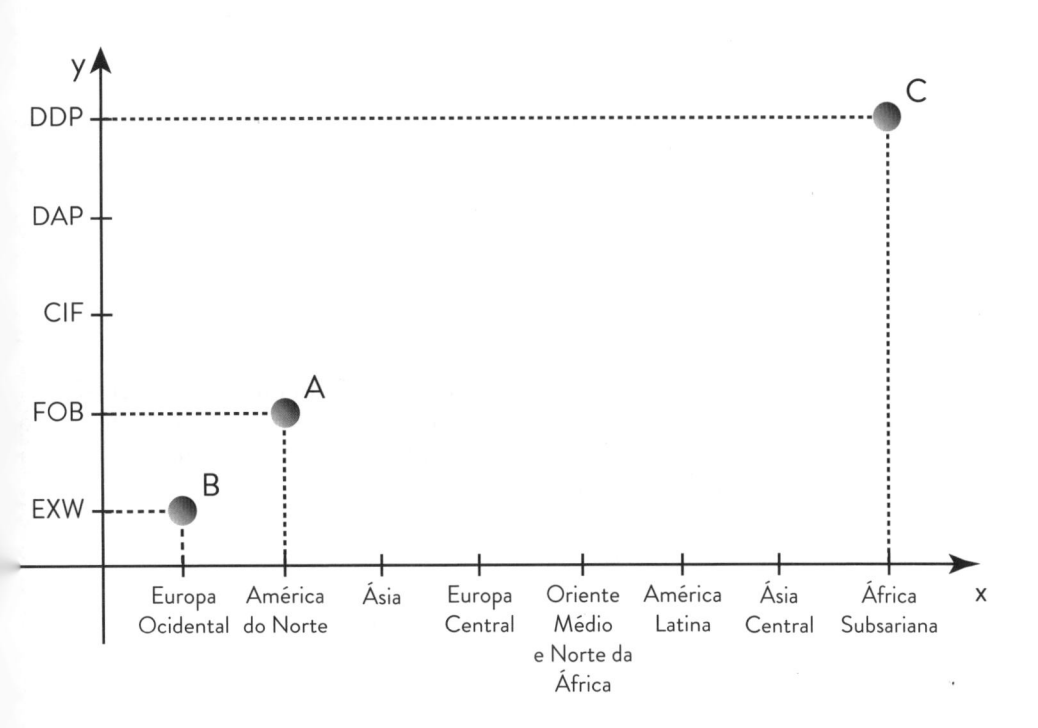

Figura 8.10 — A situação oposta
Elaborada pelo autor.

Combinando condições de pagamento com regiões do mundo

Vamos agora em direção a uma terceira combinação de dados relacionados à competitividade e que podem ser combinados de maneira bastante visual, onde cruzaremos as condições de pagamento com as mesmas regiões do mundo do exemplo anterior (Figura 8.11).

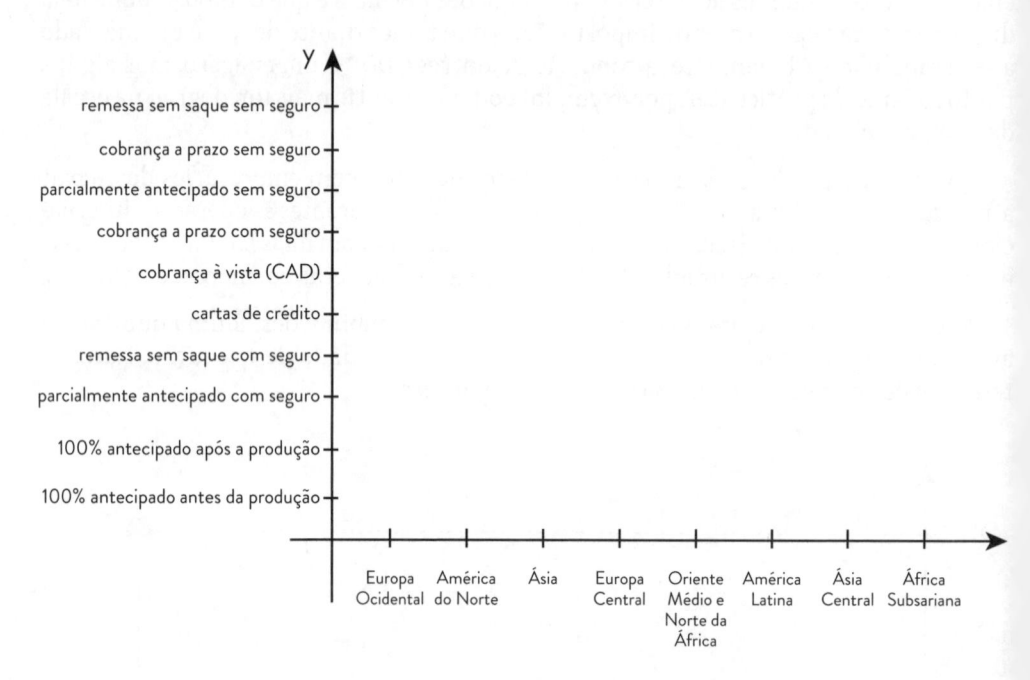

Figura 8.11 — Combinando condições de pagamento com regiões do mundo
Elaborada pelo autor.

Mais uma vez vamos nos valer de uma posição que seja comum ao *mindset* brasileiro. Como já foi falado antes, começamos pela preferência pelos mercados da América do Norte (com destaque para os Estados Unidos). Combinado com o pagamento via carta de crédito, temos o ponto (A) no gráfico (Fig. 8.12).

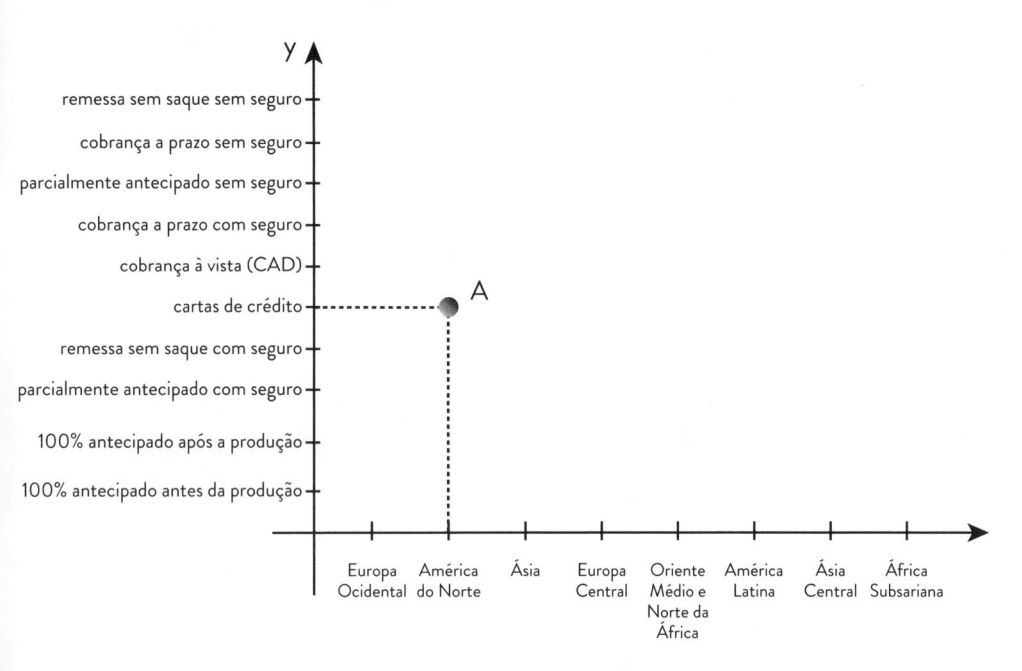

Figura 8.12 — Outra possibilidade
Elaborada pelo autor.

Olhando para uma situação "ótima", vamos imaginar uma situação de venda para um país da Europa Ocidental (França, por exemplo) em que o pagamento chegue antes da produção. Mais uma vez, estamos diante de um cenário perfeito, mas a dúvida é quanto isso é factível. Dependendo do produto envolvido, do grau de interesse do comprador e do comportamento da concorrência, essa alternativa não é de todo impossível. Só não é corriqueira. Essa hipotética situação está identificada no próximo gráfico (Figura 8.13) na forma do ponto B, que combina uma forma de pagamento isenta de riscos com clientes localizados em mercados centrais e maduros.

E agora é hora de repetir o mesmo pensamento usado no gráfico que combinava os *Incoterms* com as regiões do mundo. Saem os termos de entrega e entram as formas de pagamento, mas o desafio se torna ainda maior. Afinal, logística até envolve algum risco, mas o recebimento pela venda é sempre muito preocupante. Qualquer especialista em riscos não terá dúvidas em apontar a África Subsaariana como de alto potencial de inadimplência.

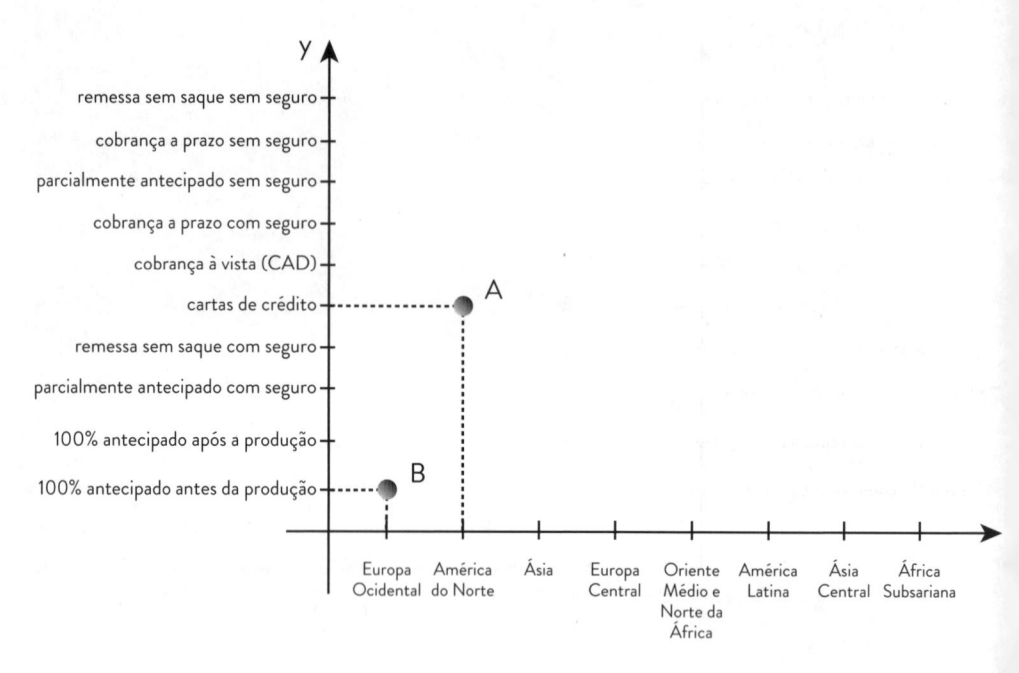

Figura 8.13 — Alternativa não de todo impossível
Elaborada pelo autor.

Por conta de uma série de características estruturais, uma boa parte dos países realmente são apontados como sendo de alto risco. No entanto, voltando à minha lógica de que mesmo em locais menos abastados haverá classes sociais de maior poder aquisitivo, é de se supor que uma estrutura empresarial esteja operando para manter tudo funcionando. Imaginando que o exportador brasileiro tenha contato com uma empresa desse porte e que o importador coloque como condição inegociável um prazo de pagamento, cria-se o que o gráfico (Figura 8.14) mostra a seguir.

O ponto (C), além do fator de risco envolvido, pode ser interpretado como uma real possibilidade de o exportador brasileiro avançar sobre mercados pouco explorados pela concorrência nacional e internacional. Por conta dos enormes desafios presentes em uma relação comercial baseada no que se vê no gráfico, é de se esperar que ela seja muito vantajosa sob o ponto de vista dos resultados alcançados. Maior o risco, maior o retorno. Entre os pontos (A), (B) e (C) existem outras muitas alternativas que podem e devem ser analisadas.

O que fica de todos esses cruzamentos de possibilidades de regiões, logística e gestão de crédito? Uma clara oportunidade de reconhecer o *Brazilian Business Mindset*, na figura dos pontos (A), e o que pode ser feito na busca da expansão internacional. Não é minha intenção que esses pontos (C) sejam encarados como recomendações para que alguém tenha sucesso lá fora. De maneira alguma!

Você pode estar pensando se a nossa maneira particular de encarar os negócios globais é realmente tão brasileira assim a ponto de merecer um insistente destaque meu. Gosto de pensar que ao longo dos últimos 30 ou 40 anos, os executivos de negócios internacionais foram se distanciando de traços de comportamento mais identificados com suas culturas e migraram para um padrão global. Esse padrão anda de mãos dadas com o ambiente das normas internacionais estabelecidos nos campos das finanças, transportes, aduanas e muitas outras. É o executivo que internaliza esse ambiente global ordenado que uso como parâmetro de comparação. É aí que gostaria de ver a força dos *traders* brasileiros. Cada página deste livro foi escrita mirando esse objetivo.

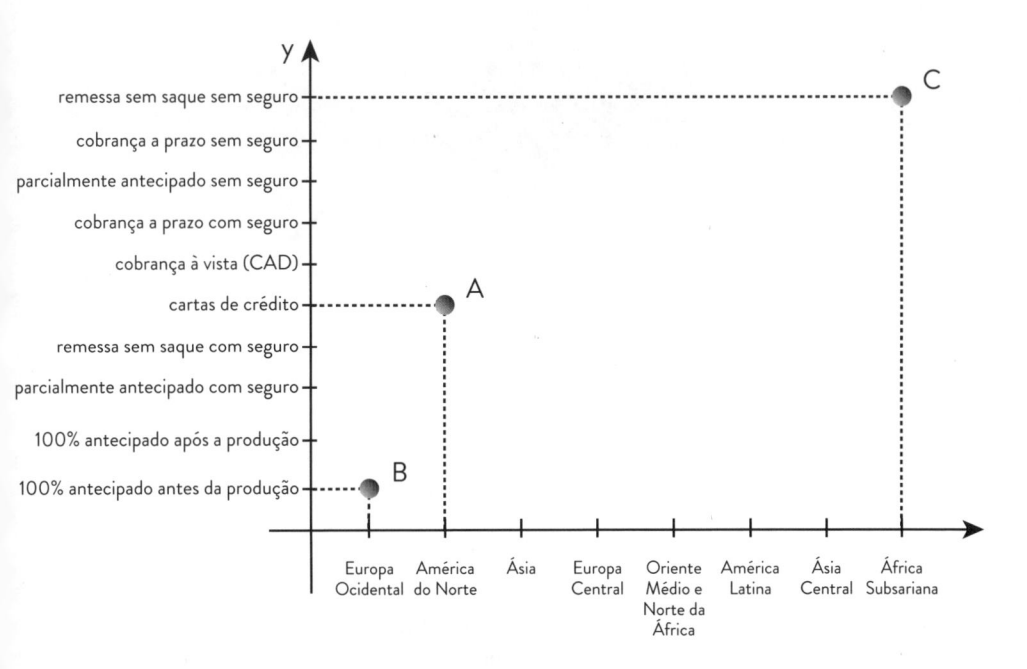

Figura 8.14 — Outro contexto
Elaborada pelo autor.

Assim, organizo minha conclusão na forma de um gráfico que combine as três provocações anteriores. Três eixos combinados (Figura 8.15) que seguem a mesma lógica e que pode ser resumida da seguinte forma: quanto mais se avança em direção às extremidades, maiores serão os riscos, as necessidades de domínio técnico, a responsabilidade sobre os processos e custos, além de aumentarem as oportunidades de negócios e as chances de alcançar melhores resultados.

Condições de
pagamento

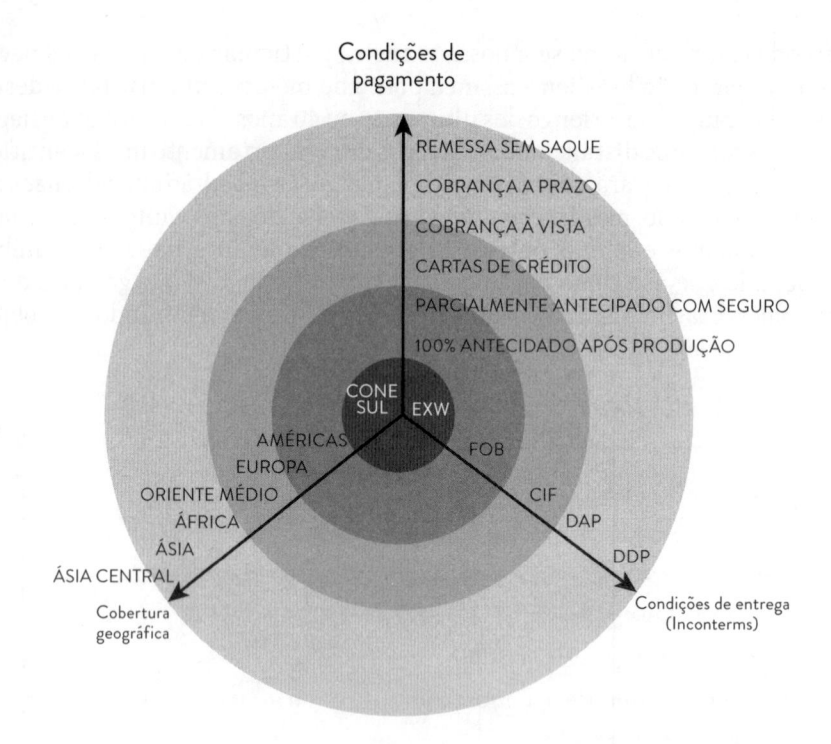

- REMESSA SEM SAQUE
- COBRANÇA A PRAZO
- COBRANÇA À VISTA
- CARTAS DE CRÉDITO
- PARCIALMENTE ANTECIPADO COM SEGURO
- 100% ANTECIDADO APÓS PRODUÇÃO

CONE SUL
EXW
AMÉRICAS
FOB
EUROPA
ORIENTE MÉDIO
CIF
ÁFRICA
DAP
ÁSIA
DDP
ÁSIA CENTRAL

Cobertura
geográfica

Condições de entrega
(Incoterms)

Figura 8.15 — Os três eixos combinados
Elaborada pelo autor.

PRIMEIRAS VENDAS E O FUTURO

A ansiedade é normal quando se olha para o mercado internacional. É fácil explicar esse comportamento, já que, infelizmente, a extrema maioria dos empresários brasileiros vê na exportação uma válvula de escape, que geralmente é ligada em dois momentos: queda nos negócios locais e desvalorização da moeda local frente às moedas estrangeiras (especialmente o dólar).

Nem é preciso dizer que são os piores motivadores, mas é assim que tem sido, e muito possivelmente seguirá dessa forma por mais uma ou duas gerações. Essa forma de pensar privilegia o curto prazo, e isso está na contramão de um pensamento estratégico estruturado.

Ainda que você não faça parte desse grupo, é normal criar expectativas em torno do tempo de retorno. Quando as ordens de compra começarão a chegar? Quando verei os *contêineres* saindo e os dólares entrando? Mais uma vez, não há regras, e é impossível determinar com precisão quando acontecerá.

Apesar de haver casos em que tudo dá certo logo de cara, a prática indica que o tempo normal para as exportações começarem a acontecer vai de 10 a 14 meses. Gosto de fazer uma comparação das vendas internacionais com a decolagem de um avião comercial. O trabalho na cabine começa bem antes de os passageiros subirem a bordo. Checagens de todos os tipos. A aeronave se movimenta até a pista, se posiciona e começa a ganhar velocidade. Decola com uma velocidade aproximada de 280km por hora e leva cerca de 20 a 30 minutos para atingir altitude e velocidade de cruzeiro e se estabilizar. Trazendo esse exemplo para a realidade do exportador, em um prazo médio de um ano (um pouco menos, um pouco mais) o avião estará voando. Os primeiros embarques deverão ser testes. É hora de ambas as partes mostrarem performance, mas a atenção mesmo está sobre quem fornece. É preciso levar em consideração que o fato de você ser aceito como fornecedor significa que alguém deixou de ser, e essa substituição nem sempre se dá de uma só vez.

O trader

Ao longo deste livro, tratamos de vários pontos importantes para que o produto e a empresa brasileira tenham sucesso no exterior, mas ficou de fora uma figura importante, o executivo que fará tudo isso acontecer: o *trader*.

No conceito original da palavra, ele é o profissional que compra e vende mercadorias ou ações. Historicamente, é o mercador. Gosto de atribuir a figura do homem de vendas ao *trader*. Quando minha carreira deu uma guinada em direção ao campo das negociações internacionais, meu mentor à época costumava dizer que nossa profissão estava fadada a desparecer por conta do uso da tecnologia. Um discurso desses, dito em 1993 — alguns anos antes da explosão da internet, revelava um pensamento à frente do seu tempo.

Quase três décadas depois, já sob o domínio absoluto da tecnologia, afirmo que ele estava errado. O papel do negociador nas trocas globais segue inalterado. É ele quem dá forma e conduz discussões e o processo de busca de entendimento entre as partes que estão localizadas em países diferentes. A tecnologia pode ser uma poderosa aliada na comunicação, mas sozinha não resolve nada. Pelo menos não por enquanto.

O profissional que conduzirá tudo isso não é somente um vendedor. A carga de conhecimento necessário para conduzir um processo que é mais amplo do que a venda em si exige alguém com um perfil diferente. A expansão internacional contará com a colaboração de vários especialistas, mas a condução do negócio ficará nas mãos de uma pessoa. *Trader*, mascate de luxo, caixeiro viajante do século XXI, não importa o nome, o fato é que a profissão existe e tem um papel muito importante nos US$20 trilhões que trocam de mãos todos os anos.

Ainda existe a percepção de que seja uma atividade nova, mas a origem dessa atividade remonta ao século XII, quando mercadores cruzavam a Europa, o Mar Mediterrâneo e o Oriente Médio em busca dos distantes mercados da Ásia. Na verdade, a profissão é tão antiga quanto o início da organização social humana, como demonstram sítios arqueológicos espalhados pelo globo, com entrepostos e todo um aparato voltado a manter o fluxo constante de caravanas, mercadores e mercadorias.

O comércio entre países é uma atividade que se confunde com a própria trajetória da raça humana. Trocar um item por outro que se deseje ou de que necessite é um comportamento inerente ao ser humano — independente da época analisada. Produtos raros e exóticos trazidos de terras distantes, depois de anos de viagem, estão na base da formação do que conhecemos hoje como comércio internacional. Mais do que um viajante e desbravador, era um ser humano o responsável pela seleção de mercadorias, por trazê-las em segurança, escolher os locais onde seriam apresentadas, precificá-las e, finalmente, vendê-las. Foi então que a figura do mercador medieval evoluiu para o moderno executivo. Sai o lombo de camelos, mulas e cavalos e entram os voos internacionais.

Essa breve digressão é para reforçar algo crítico para o sucesso na exportação: o uso da mão de obra correta. Aqui não há espaço para erros. É preciso contar com um profissional de ponta para fazer tudo isso funcionar. Não pode ser o colaborador mais fiel, nem o que está há mais tempo na empresa, nem aquele que fez por merecer (por qualquer razão). É preciso mais do que isso.

O professor Nicola Minervini, no livro *O exportador*, enumera algumas das características que formam o perfil de efetivo executivo de exportação:

- Visão estratégica.
- Flexibilidade e capacidade de negociação.
- Cultura universal.
- Criatividade.
- Domínio de idiomas estrangeiros.
- Conhecimento do produto e/ou mercado.
- Visão integrada da organização da empresa que representa.
- Pensar e atuar como empresário.
- Ótima formação acadêmica.
- Acostumado ao risco.
- Disponibilidade para aprender... durante toda a vida.
- Conhecimento de finanças e logística.
- Conhecimento dos procedimentos administrativos.
- Bom conhecimento dos contratos internacionais.
- Muita motivação.
- Saúde e força de vontade de aço.

Segundo o autor, esse não é um profissional comum. Ele o descreve da seguinte forma: *"Este é um perfil de poucos eleitos, que reúnem a lupa de Sherlock Holmes, a perícia de James Bond, a astúcia e a estratégia de Winston Churchill, a diplomacia de Henry Kissinger e — não faz mal — uma pitada de Maquiavel."*

Desde a primeira edição, em 1990, o livro O exportador cita o professor Tim Baxter, do Cambridge Office, em sua descrição do perfil de gerente de exportação: *"Alguém com a capacidade de mesclar a energia de um corredor olímpico, a agilidade mental de Einstein, o domínio de idiomas de um professor de línguas estrangeiras, o equilíbrio de um juiz, o tato de um diplomata e a perseverança de um construtor de pirâmides."*

Esses profissionais existem? É claro que sim! Mas também não saem prontos desse jeito dos cursos universitários — até porque não há escola que forme alguém assim.

Essa série de qualificações vai sendo aperfeiçoada ao longo do tempo, até que a excelência seja atingida. Que não reste dúvidas sobre a responsabilidade de um *trader*.

Deste modo, a estruturação interna da empresa é crucial para o sucesso do projeto. O executivo super-homem mencionado antes será o maestro que regerá toda a orquestra — que por sua vez será formada pela equipe operacional (interna ou terceirizada) e os prestadores de serviço que mostrei antes no ecossistema.

Uma tarefa adicional é fazer com que profissionais de outras áreas consigam lidar com as demandas e particularidades da gestão exportadora. Isso porque as comparações com as práticas do mercado interno são inevitáveis.

Para que o time atue em sintonia, é preciso que se agregue um sobrenome à algumas funções. Esse sobrenome é *internacional*. Desta forma, teremos o marketing *internacional*, finanças *internacionais*, logística *Internacional*, e por aí vai. Os profissionais dessas áreas deverão ajustar seus *mindsets* para uma forma de operar bastante diferente daquelas a que estão acostumados.

Performance internacional

Lembra daquele ditado popular, "a primeira impressão é a que fica"? Vamos avançar para: "você nunca terá uma segunda chance de causar uma boa primeira impressão." Isso significa que a cara da empresa deverá ser a melhor.

Nos muitos treinamentos que fiz com executivos e empresários, uma dúvida era recorrente: a fluência em outros idiomas. O assunto merece atenção. Começando pelo básico: comunicação é o motor da negociação. Nesse caso, a palavra negociação se aplica a todas as fases de contato com o potencial cliente no exterior. Muito mais do que simplesmente falar e ouvir, o processo de comunicação é um complexo sistema que envolve a capacidade de estabelecer um fluxo inteligível de mensagens.

Se alcançar esse fluxo em nosso idioma já é algo difícil, imagine quando a negociação ocorre em outra língua. Não há dúvida de que a primeira barreira a ser transposta em um processo de comunicação internacional é a diferença idiomática.

No entanto, se a proficiência em idiomas estrangeiros fosse suficiente para determinar a performance de um executivo nos negócios internacionais, qualquer recrutador deveria fazer seu trabalho junto aos cursos de letras nas melhores universidades do país. O processo de comunicação internacional eficiente se encaixa dentro de um elaborado contexto chamado cultura.

Por mais que o processo de globalização avance em campos como o das finanças, da indústria e do entretenimento, as diferenças culturais devem ser tratadas com cuidado dentro do processo comercial. Ainda somos orientados por valores culturais diferentes que podem distanciar compradores e vendedores na hora da negociação.

Para quem precisa vender lá fora, é mais um desafio a ser superado. O domínio de um ou mais idiomas estrangeiros é vital, mas não garante o sucesso no fechamento do negócio. É preciso sensibilidade para lidar com aspectos culturais que poderão afetar o comportamento e, por consequência, o processo de comunicação entre comprador e vendedor.

De todas as habilidades exigidas de um negociador internacional, certamente a mais importante é o domínio do processo de comunicação em ambientes culturais diversos.

TORRE DE BABEL

- Gostemos ou não, o inglês é a língua dominante no mundo dos negócios. Quer fazer sucesso em vendas internacionais? Domine o inglês.

- Aprender uma segunda língua é mais do que simplesmente fazer um curso e concluí-lo. É um processo contínuo em busca do aperfeiçoamento.

- Aprendeu a falar um segundo idioma? Não pare de praticar. A falta de prática leva ao esquecimento.

- Um terceiro idioma é um poderoso diferencial para qualquer profissional de vendas internacionais. Deve ser escolhido considerando objetivos maiores. Não é de muita valia dominar uma língua de aplicação limitada.

Executivos de ponta, empresas de ponta
Tudo que o mundo viu ao longo dos últimos anos referente à globalização não seguiu um padrão de evolução uniforme. Os aspectos financeiro e industrial se mostraram

ágeis e correram os quatro cantos do planeta, mas o mesmo não aconteceu com o lado cultural, em que as mudanças se dão de forma mais naturalmente mais morosa.

Esse descompasso gerou entraves no mundo dos negócios ao mesmo tempo em que abriu a discussão sobre a relação dos três aspectos apontados e o peso de cada um no sucesso das negociações. Pode a globalização financeira e industrial seguir em frente sem sua contrapartida cultural? A resposta é não. Ainda falamos, nos comportamos e buscamos o mesmo objetivo por caminhos apoiados em valores diferentes. As particularidades de cada grupo ao redor do globo são reais e precisam ser muito bem compreendidas para que bons acordos sejam alcançados todos os dias, e por mais rápidos e informatizados que sejam, os negócios ainda têm um forte componente humano em sua estrutura. Transações financeiras, ordens de compra, sistemas de gestão e controle podem ser traduzidos em sistemas binários, que são base da repetição e da velocidade.

Levados a atuar em um teatro de operações altamente complexo, homens de negócio vêm sofrendo com a dificuldade de transpor barreiras culturais para lograr sucesso nos negócios. E de que adianta tudo que está neste livro se a execução não é efetiva?

Esse descompasso da globalização revelou paradoxos que somente os que estão na linha de frente podem compreender.

Mesmo contando com o exemplo de uma diplomacia respeitada por sua competência, o Brasil não consegue repetir o feito no setor privado. O desempenho negociador brasileiro não é bom por duas razões principais: pouco domínio das técnicas da exportação e inabilidade em lidar com fatores culturais diversos durante um processo de negociação. E não me refiro à cultura nos aspectos mais superficiais, como idioma, hábitos alimentares e religião. É mais profundo que isso.

Entram em cena a hierarquia, os valores, o individualismo, o gênero, a aversão ao risco, a atitude diante do tempo. Tudo isso é muito mais sutil, menos observado e com alto poder de causar estragos na condução de uma negociação do que uma pequena gafe na hora do almoço. Lembre-se de que a valorização gerada pela observância e o alinhamento cultural é inversamente proporcional aos danos causados por pequenos deslizes.

E como chegamos a esse ponto? É claro que essa análise precisaria retroagir aos primórdios da colonização, mas ainda assim podemos considerar que os principais elementos na formação dessa visão de mundo, mais estreita, por parte de nossos homens de negócio, esteja também localizada nos mais de vinte anos durante os quais a economia nacional esteve virtualmente fechada ao resto do mundo. Contando com um mercado interno poderoso e grande o suficiente para absorver a maior parte da produção, as empresas se mantiveram atuantes dentro dos limites de suas fronteiras, e a abertura econômica do início dos anos 1990, feita de maneira não planejada (e executada), expôs o país ao estonteante ritmo internacional. De repente, ficou difícil vender no próprio país. Esse momento reforçou uma velha necessidade que andava meio esquecida: a negociação externa.

A falta de uma tradição comercial nacional revelou um país despreparado para desempenhar um papel decente na cena internacional. Sua inabilidade ficou gritante quando o negociador brasileiro entrou em cena. Ainda sujeito a um clima de desconfiança por parte dos outros países, brasileiros sofrem por não lidar fluentemente com os alicerces básicos da estratégia exportadora: produto, finanças, logística e termos comerciais.

Não estou afirmando que todos os que tomam os voos internacionais estejam nessa situação. Existem profissionais que desempenham de maneira soberba suas funções quando estão à mesa de negociação. Prova disso é o vigoroso desempenho de empresas com tradição exportadora tão sólida que despertam admiração e reconhecimento, mesmo dos maiores concorrentes estrangeiros. São profissionais ímpares, mas que não são suficientes para representar um país na essência.

O que se vê, de forma geral, é muita desinformação, provincianismo e competências a serem desenvolvidas.

Para conquistar os mercados que deseja, o exportador tem que cumprir o mesmo ritual que remonta aos mercadores chineses e italianos que cruzavam continentes com suas pesadas bagagens contendo produtos para comercializá-los em terras distantes. A modernidade encurtou as rotas e fez com que viagens ficassem mais acessíveis e menos desconfortáveis, mas a necessidade da negociação *in loco* não desapareceu.

Em um mundo que, ao contrário do que se previa, ficou mais complicado, a habilidade negociadora segue inconteste no processo de convencimento e na busca de acordos mútuos. O que se espera de um negociador internacional é que esteja apto a operar em um ambiente adverso em que religião, política, orientação familiar, comunicação não verbal, linguagem corporal, valores éticos, noção de tempo e hábitos alimentares são distintos do seu próprio. Para lidar com tudo isso, basta ter paciência, adaptabilidade, concentração, habilidade com línguas estrangeiras, senso de articulação, humor, sociabilidade, simpatia e, é claro, um pouco de sorte.

Educação para negociar cada vez melhor

Exigir ou não o diploma de jornalismo para que a profissão possa ser exercida é uma longa discussão no Brasil. A questão do exercício da profissão jornalística carrega consigo polêmica suficiente para páginas e páginas de debates intensos. Não cabe aqui estender a conversa, mas fica a pergunta: é mais importante saber fazer ou ter um diploma?

A questão é crucial porque serve de base para uma discussão profunda em torno de outras carreiras profissionais que enfrentam uma verdadeira crise de identidade. Deixando a seara jornalística, já devidamente representada e madura, nos concentremos na atividade dos profissionais que representam o Brasil no exterior.

O comércio exterior é uma das áreas mais complexas da atividade econômica de qualquer país, e nada mais coerente do que exigir um preparo mínimo para que seja exercida a profissão. Ao contrário de outros setores, o setor não impõe a obrigatoriedade do diploma para os que labutam na área. Mas imaginemos se a categoria fosse organizada, coesa e protecionista. Que cenário teríamos? Desolador, por certo. A formação universitária em Comércio Exterior oferecida no país é incompleta. Nem mesmo existe um curso integralmente dedicado à carreira. Ela vem na carona do curso de Administração de Empresas, logo atrás da simplória expressão "com habilitação em". Isso, na prática, faz com que o tempo destinado ao ensino do Comércio Exterior seja de somente dois anos. O mundo dos negócios internacionais merece tratamento específico durante os usuais quatro anos que compõem os cursos universitários.

Até poucos anos atrás, o perfil do profissional de comércio internacional era invariavelmente de formação "próxima" (economistas, administradores, contadores) ou nem tanto (engenheiros, advogados, entre outros). A partir do destaque dado pela mídia no início dos anos 1990 (com a atabalhoada abertura comercial), registrou-se um aumento significativo da oferta de cursos superiores ligados ao Comércio Exterior. Como consequência, seria natural assistir a um gradual processo de substituição de mão de obra com a nova geração representando profissionais mais preparados, certo? Errado. O que temos observado é uma cópia exata do que ocorre em outros campos. Cursos que se propagam sem critério, corpo docente pouco preparado e alunos sem orientação educacional adequada e formação pré-universitária sofrível.

Infelizmente, não há qualquer dúvida de que essa conjugação ruim chegue ao mercado de trabalho a cada quatro ou cinco anos depois de iniciada a faculdade. Os efeitos são imediatos e só contribuem para complicar a já não muito boa imagem do Brasil no exterior. A saída possível aqui é retardar a aposentadoria da velha guarda, dos profissionais ainda formados a ferro e fogo nos anos 1970 e 1980, que aprenderam o ofício na urgência do dia a dia e a acertar com base nos erros.

Há que se iniciar um movimento de discussão do ensino superior voltado ao Comércio Exterior. Reestruturação completa das disciplinas, maior rigor na escolha do corpo docente e a separação do curso de Administração de Empresas são apenas os três pontos de partida.

Não se pode admitir que o setor de tamanha importância para a economia e para a imagem do país padeça de falta de atenção, de uma política adequada e séria. Se nada for feito, os cenários futuros serão desoladores.

A busca dos melhores resultados nas exportações tem que ser uma constante na vida das empresas brasileiras. Imaginar que isso possa ser feito sem uma estratégia clara e bem estruturada é apostar no fracasso.

As lições do sucesso além das fronteiras são abundantes, e os bons exemplos, generosos. O país tem potencial suficiente para seguir em uma trajetória exportadora madura que aumente sua participação nas transações mundiais. É só fazer a lição de casa.

A voz da experiência

Corria o ano de 2005, e eu estava na cidade do Cairo, quando explodiu a bomba que matou o então primeiro-ministro do Líbano no centro de Beirute. Na mesma tarde, tive uma reunião com empresários sírios e libaneses. Ao mesmo tempo. O ar estava pesado na sala onde discutíamos produtos, dólares, embarques. Em questão de poucas horas, boa parte da comunidade internacional se apressou em apontar a Síria como responsável pelo ataque. Nem era preciso esse empurrão da imprensa. Por mais próximos que sejam e unidos em torno das mesmas causas, esses dois países haviam vivido momentos de tensão. Mas mesmo em situações como essas, bons negócios foram, são e serão desenvolvidos. Ilusão achar que viveremos em paz a ponto de não haver preocupação em relação aos países onde estão plantados nossos negócios. O mundo nunca esteve em total situação de paz generalizada, e os negócios têm que continuar.

Em contato com diversas empresas no Oriente Médio, naqueles anos ouvi comentários pouco animados sobre o Brasil. Muita gente querendo fazer negócio (mais comprar do que vender para nós) e um clima de desânimo no ar. Também pudera! A queixa era a mesma: não respondemos.

E-mails são enviados aos montes convidando empresas nacionais a entrarem em contato para oferecer produtos, e poucos são respondidos. Chamava a atenção o fato de que, naquele momento, pairava um clima bem positivo em torno das exportações. Será que pensamos que *contêineres* vão para a água por passe de mágica? Que clientes internacionais aceitarão os produtos modestamente feitos no Brasil sem pedir qualquer modificação? Que importadores aceitarão nossos termos comerciais conservadores e vacilantes? Quem pagará antecipadamente pela carga diante da incapacidade nacional de entender e gerir o risco internacional?

Lembro de inúmeros artigos e revistas da época exaltando o momento exportador brasileiro, como se pudéssemos mudar nossa mentalidade provinciana tão solidamente desenvolvida em um passe de mágica. O que acontece é que estamos surfando a mesma onda junto com todos os outros países do mundo. Prova disso é que, naquela época, o Brasil registrou aumentos nos volumes exportados, mas diminuímos nossa participação no comércio mundial.

Ao olhar até 2030, não devemos imaginar que o sucesso da internacionalização será pleno se está atrelado e concentrado em uma meia dúzia de empresas que nem de longe reflete a realidade empresarial brasileira. É hora de negociar. Esse é o momento da internacionalização por meio do comércio, e não podemos perder essa oportunidade.

Há algum tempo soube que uma empresa adota uma estratégia interessante para abrir mercados além-mar: contrata brasileiros que falem o idioma local e que não raro residem do país de destino ou tenham experiência prévia com o tal país. Estamos negociando entre nós próprios! Confortável, sem dúvida, mas de resultados práticos questionáveis. Nossas mesas de negociação não podem e não devem ser tímidas a ponto de permitir que sigamos entrincheirados atrás da comodidade.

Lembro-me de quando o presidente Lula comentou que a China era um shopping center de oportunidades. Só se for para gastarmos dinheiro lá. Passada a euforia da novidade, seguimos vendendo matéria-prima e comprando manufaturados. Minha opinião? Há shoppings muito mais interessantes mundo afora. Palavra de quem esteve lá.

LIÇÕES DA VIDA REAL

Acessando o mercado turco

Corria o ano de 2002, e eu precisava avançar com os produtos químicos na região conhecida pelos executivos dos negócios internacionais como EMEA (Europa, Oriente Médio e África). A disputa era grande, em função da geografia produtiva envolvida. Aquele tipo específico de produto era de alta complexidade, e poucas fábricas ao redor do mundo estavam no negócio. Para fazer minha vida um pouco mais difícil, das dez que operavam ao redor do globo, cinco se localizavam na Europa. Uma era estatal, com forte tradição de qualidade e presença histórica em toda a região. Outra era reconhecida como de excelência em atendimento, qualidade e preços competitivos. Uma terceira se apresentava como de qualidade premium, mas com preços compatíveis, e, desta forma, tinha uma presença mais limitada. Não era nada fácil encontrar espaço no meio de um tabuleiro apertado (considerando somente o território da Europa Ocidental) com clientes exigentes, acostumados com serviços locais e farta disponibilidade de produtos. A presença brasileira não era novidade na região. Antes de eu me juntar ao projeto, já havia sido organizado um trabalho bastante eficiente no mercado europeu. Eu deveria era melhorar e ampliar aquilo tudo. Enquanto quebrava a cabeça para saber como fazer a coisa funcionar, não podia deixar de lado as outras duas regiões (Oriente Médio e África). Um país, no entanto, chamou a atenção pela localização estratégica e potencial de negócios: a Turquia.

No meio do caminho entre a Europa, Ásia e Oriente Médio, a Turquia contava com um parque industrial diversificado, situação política que não era perfeita, mas também não chegava a causar problemas.

Minhas abordagens revelaram um mercado grande, mas já bem ocupado por chineses e europeus. Nada diferente do esperado. Os alemães estavam muito bem posicionados no mercado turco. Ao contrário do que muita gente possa pensar, a relação cultural entre alemães e turcos (complexa e longa) não pode ser colocada no mesmo patamar das trocas comerciais entre os dois países. Hoje, a Alemanha é o maior parceiro da Turquia, com cerca de 10% de peso tanto nas exportações como nas importações. Quando eu olhava para clientes mais estruturados e que buscavam qualidade, só via a presença germânica. Quando me movia para o mercado menos exigente, por características técnicas e de aplicação, encontrava os chineses. Aquela não seria uma batalha das mais fáceis.

Era preciso entender os fatores motivadores que orientavam os clientes do país. Importar da Alemanha gerava duas vantagens competitivas imediatas: tributária e logística.

A importância do imposto de importação

Assim como o Brasil e outros países ao redor do mundo, a Turquia também adotou a política de substituição de importações como parte de uma política desenvolvimentista. O resultado, assim como ocorreu por aqui, foi a criação de um parque industrial diversificado e capaz de suprir boa parte da demanda local. A estratégia teve início nos anos 1950 e encerrou seu ciclo em 1980, exatamente uma década antes do Brasil. Com a abertura comercial, vieram os acordos, e um dos mais relevantes foi com a União Europeia. E foi justamente aí que me vi diante de um complexo tabuleiro de xadrez. Empresas turcas deveriam pagar 6,5% para importar o item que eu comercializava. Isso era válido para todos os membros da OMC, mas se fosse de origem alemã, esse valor caía a zero, por conta do acordo comercial com a União Europeia. Essa diferença era sempre mencionada em qualquer reunião de que eu participava. Em poucas palavras, eu estava 6,5% mais caro do que os alemães antes mesmo de abrir meus cálculos de preço!

A logística

A localização da Turquia é um desafio para quem opera a partir do Brasil. Não é longe, mas não dá para chegar rápido lá. A culpa não é deles. Dois fatores são os mais relevantes nesse aspecto, e os dois são consequência da nossa profunda incompetência para os negócios internacionais. Primeiro é a vergonhosa estrutura portuária que o Brasil ostenta. Um amontoado de portos antiquados, caros, ineficientes, manejados por uma estrutura operacional digna dos tempos da Velha República de Vargas e, principalmente, com profundidades que não permitem a atracação de navios com maior capacidade de transporte. Na prática, isso significa que o Brasil recebe navios médios e pequenos, que não chegam a certas regiões do mundo em viagens diretas, ou seja, são obrigados a fazer escala em algum porto no meio do caminho. Isso aumenta ainda mais o tempo de viagem. Dependendo da linha e do transportador, existe ainda a possibilidade de a carga ter que trocar de navio. Mais uma operação portuária, mais custos, mais chances de haver atrasos. Mais uma dor de cabeça em potencial.

No caso da minha negociação com a Turquia, a logística caiu como uma bomba. Os alemães chegavam com sua carga em Istambul em apenas seis ou sete dias, e transportada de caminhão. Não tinha operação portuária com as já bem conhecidas burocracias, custos e prazos envolvidos no transporte marítimo. De caminhão, era porta a porta. Quando apresentava minhas armas, o desânimo era geral. O tempo de viagem entre Santos e Haydarpaşa (principal porto turco) era de quarenta dias. Isso já incluindo os temidos transbordos em algum lugar do Mediterrâneo.

Os negociadores turcos se mexiam na cadeira, e me lembro claramente de que nessas horas a conversa saía do inglês e migrava para o turco (eu operava com um representante local nessa época). Era uma forma dos empresários e executivos locais expressarem uma espécie de frustração por terem diante de si uma possibilidade boa de negócios, mas cercada de fatores complicadores. O que fazer? Como sair dessa sinuca?

A solução inicial

Não havia para onde correr. A matemática era implacável para onde eu olhasse. Concorrer com os chineses me deixava em pé de igualdade no que se referia à carga tributária de entrada e no tempo de resposta (o transit time da China era equivalente ao do Brasil), mas perdia feio no preço. Na verdade, eu não queria comprar uma briga com os chineses. Seguia a orientação da empresa de não comparar a qualidade tão arduamente conquistada ao longo dos anos com as características chinesas que eram então válidas para aquela linha de produtos. A ordem era não descer ao nível deles. Tinha que mirar os alemães. Para começar a conversar seriamente, eu tinha que considerar os famosos 6,5% do imposto de importação. Logo na sequência, eu era forçado a considerar a questão da tremenda desvantagem causada pelo transporte marítimo a partir do Brasil. Não havia qualquer vantagem para o importador turco. Não havia alternativa a não ser reduzir o preço. A margem minguava, e os ganhos se perdiam no fato de eu ser brasileiro e operar tão mal na cena internacional. Uma derrota fragorosa. Aceitando o jogo simples dos preços, consegui ser aceito no mercado da Turquia. Considerava que as condições de entrada seriam ajustadas ao longo do tempo com base na qualidade do produto e dos serviços que nós apresentaríamos e, também, no ritmo dos embarques marítimos. Com uma programação de compras em mãos, os carregamentos chegariam ao destino dentro de uma agenda definida, isto é, o cliente deixaria de sentir o impacto do tempo de viagem.

A solução do caso (final feliz)

O que chamo hoje de fase um da minha relação comercial com a Turquia começa com o que escrevi antes e durou cerca de oito meses. A partir de pesquisas sobre o SGP (Sistema Geral de Preferências) com a União Europeia (a chave do meu sucesso lá), me deparei com uma notícia sobre o SGP com a Turquia. Que surpresa! O que eu sabia sobre o sistema era que havia sido criado no início dos anos 1970 para auxiliar os países mais pobres. Um punhado de nações ricas facilitaria o acesso aos seus mercados por meio de redução (tendendo a zero) do imposto de importação de uma lista de produtos. O Brasil, por sua situação complicada à época, fazia parte dos beneficiários. A Turquia figurar como outorgante? E somente a partir de 2001–2202? Um mistério que deixo para ser explorado em uma outra ocasião.

O fato concreto é que a notícia caiu como uma luva no meu momento de fornecedor para as indústrias turcas. Só faltava meu produto estar na lista de produtos elegíveis. Estava. Com isso, o imposto pago pelos meus clientes localizados em Istambul e Izmir caía de 6,5% para zero! Ato contínuo, organizei uma viagem para dar a boa notícia e explicar de que maneira tudo aquilo se daria na prática (a partir daquele momento, entrava em cena um certificado de origem específico para garantir o benefício). A partir daí iniciou-se uma nova fase no posicionamento da empresa no mercado turco.

OLHANDO PARA A FRENTE

Não tenho dúvidas de que você terá sucesso nos negócios internacionais. Trabalhando de forma organizada e cuidando de cada detalhe, não tem como dar errado. Só espero que sua trajetória não repita a de tantos outros que começaram e não perseveraram, ou daqueles que nem mesmo começaram. Dentro do que chamo de *Brazilian Business Mindset*, o caminho mais óbvio é se movimentar em direção ao mundo movido por fatores oportunistas (mercado interno fraco e dólar forte são os principais). Mas isso só contribui para uma imagem ruim das nossas empresas, de nossos executivos e do próprio país. Uma forma de evitar erros do passado, compreender o presente e perseguir o futuro de um jeito mais focado é conhecer as angústias e os desafios enfrentados pelos próprios exportadores.

Desde 2002, a CNI (Confederação Nacional da Indústria) vem publicando pesquisas[3] mostrando quais são os principais entraves que os exportadores brasileiros têm de enfrentar no seu dia a dia. A versão de 2018 foi elaborada em parceria com a FGV (Fundação Getúlio Vargas).

Perguntados sobre os principais entraves às exportações, por ordem de criticidade, empresários responderam:

Elevadas tarifas cobradas por portos e aeroportos.	58%
Dificuldade de oferecer preços competitivos.	43%
Elevadas taxas cobradas por órgãos anuentes.	42%
Custo do transporte doméstico (da empresa até o ponto de saída do país).	41%
Baixa eficiência governamental para a superação dos obstáculos internos às exportações.	39%
Custo de transporte internacional (da saída do Brasil até o país de destino).	39%
Taxa de câmbio desfavorável às exportações.	37%

Fonte: Desafios à competitividade das exportações brasileiras/Confederação Nacional da Indústria. Brasília: CNI, 2018.

Vale observar que, dessas sete respostas, somente uma está ligada à gestão da empresa (dificuldade de oferecer preços competitivos). Todas as outras são fatores externos. O destaque fica por conta do impacto dos custos que caem na conta dos exportadores. Sabemos que isso é parte do custo Brasil e que acaba influenciando diretamente os empresários na hora de formular seus preços.

Agora, vamos tratar da realidade. A edição de 2002[4] desse trabalho, feita à época com outra metodologia, mas explorando os mesmos temas, chegou a resultados muito parecidos. Também está lá a constatação de que os fatores externos são os grandes inimigos do sucesso internacional. Em quase vinte anos, pouco mudou.

Apesar de tudo, não tiro a razão dos empresários — até porque vivi e vivo essa realidade diariamente —, mas é preciso reconhecer que muito foi feito no país nas duas últimas décadas. Procedimentos foram aperfeiçoados e processos foram simplificados. Os custos internos seguem pesando no bolso, e não acredite que serão reduzidos no curto prazo. Na verdade, não há por que acreditar que a estrutura brasileira mudará

---

3 Disponível em: <http://www.portaldaindustria.com.br/cni/canais/assuntos-internacionais/publicacoes/desafios-a-competitividade-das-exportacoes-brasileiras/>.

4 Disponível em: <http://www.portaldaindustria.com.br/estatisticas/pqt-os-problemas-da-empresa-exportadora-brasileira-2002/>.

nos próximos dez anos. Se a empresa brasileira esperar essa melhoria chegar para conquistar o mercado internacional, é melhor se conformar com as vendas em moeda local.

Há duas saídas para lidar com esse futuro um tanto sombrio: a primeira está na organização empresarial e contínua pressão para que os governos (em todas as esferas) aceitem o fato de que eles também têm sua dose de responsabilidade na internacionalização do país. A segunda é arregaçar as mangas e trabalhar.

Achar que a competitividade brasileira para atuar no mercado internacional vem exclusivamente da taxa do dólar e do custo Brasil é encerrar o projeto exportação agora mesmo, e se você realmente acreditar nisso, não perca seu tempo com tudo que discutimos neste livro. É preciso aceitar o fato de que a competitividade é construída por diversas camadas de ações e é possível fazer isso com o que temos em mãos hoje. Vem dando certo comigo há trinta anos e dará certo com você.

A pesquisa de 2018 segue na sua investigação. Quando perguntados sobre os principais obstáculos enfrentados nos países de destino das exportações, as respostas foram:

Existência de tarifas de importação.	46%
Existência de burocracia aduaneira no país de destino.	33%
Existência de normas técnicas.	26%
Existência de medidas sanitárias ou fitossanitárias.	23%
Existência de medidas de defesa comercial.	14%

Fonte: Desafios à competitividade das exportações brasileiras/Confederação Nacional da Indústria. Brasília: CNI, 2018.

Interessante notar que quase metade dos entrevistados citou o imposto de importação, mas na forma da existência dele, e não no patamar que a tarifa está. Como já discutimos, a simples existência do imposto deve ser encarada como algo normal. Já a intensidade do imposto é que determinará se o ambiente de importação no país é amigável ou não. A segunda resposta toca em um dos pontos mais interessantes das trocas internacionais. Os controles são universais, afinal, estamos falando da entrada de produtos estrangeiros no país. Do mais desenvolvido ao mais carente, todos os países terão muito cuidado nesse aspecto. Esses controles podem ser mais automatizados, mas acreditar que eles deixarão de existir seria inocência demais.

Logo na sequência, se fala sobre a existência de normas técnicas. A amplitude desse termo é grande, e seu entendimento deve ser um pouco mais aprofundado. Costumo fazer uma análise que vai por dois caminhos: primeiro, são os países que são mais rígidos no campo das normas técnicas. Existe uma tendência de que os países mais centrais e desenvolvidos sejam donos de um ambiente regulatório mais complexo e exigente, isso devido a dois fatores: as ações da indústria local e o perfil dos consumidores — em geral mais exigentes. Segundo, são os produtos, uma vez que tudo que tem potencial para causar dano ao ser humano costuma estar envolto em exigências mais elevadas. Dessa forma, o setor de alimentos estará mais cercado de normas técnicas do que o segmento de utensílios para jardinagem.

Medidas fitossanitárias andam de mãos dadas com o parágrafo anterior e são até mais democráticas mundo afora. O cuidado com o controle de doenças é cada vez maior, e isso se apresenta no comércio mundial. O objetivo dessas medidas é proteger a vida humana, dos animais e dos vegetais de contaminações diversas. O assunto é discutido, monitorado e controlado há anos em âmbito internacional, e existem normas e controles específicos. Não é arbitrário e não é feito para atrapalhar o comércio.

Finalmente, os empresários citaram as medidas de defesa comercial como sendo obstáculos às suas exortações. Será mesmo? Ou será que estão confundindo defesa comercial com protecionismo?

Se empresários brasileiros praticaram *dumping*, que se trata de uma atitude desleal pelas regras do comércio, é natural que haja uma ação punitiva para corrigir o dano causado. No Brasil, conceder apoio na forma de subsídios não autorizados a uma indústria ou a um segmento de modo a causar danos na indústria de outro país é passível de implementação por meio de medidas compensatórias. Nada de errado. E se o produto brasileiro for sobretaxado em um determinado mercado por conta da fragilidade do setor no país de destino, há que se respeitar as circunstâncias. Nesse caso, a aplicação das medidas de salvaguarda é democrática, atingindo todos os exportadores do mundo, e não somente os brasileiros.

Fiz questão de comentar cada uma das perguntas com respostas que pudessem destacar que o ambiente de negócios no comércio global é naturalmente exigente, e isso não significa que tudo deva ser considerado como obstáculo. É preciso compreender as regras do jogo e jogar de acordo.

A pesquisa segue com mais um tipo de abordagem. Desta vez, o foco é o aspecto mercadológico e de promoção. Algumas das percepções classificadas como entraves estão logo a seguir:

Dificuldade de oferecer preços competitivos.	43%
Políticas de marketing pouco efetivas e baixa visibilidade.	22%
Dificuldade de análise, seleção e prospecção de mercados potenciais.	20%
Baixa utilização das soluções de promoção de negócios disponíveis.	17%
Falta de familiaridade com os canais de distribuição e representação no mercado externo.	14%

Fonte: Desafios à competitividade das exportações brasileiras/Confederação Nacional da Indústria. Brasília: CNI, 2018

Não é preciso muito esforço para notar que os "entraves" citados são ainda mais simples de serem solucionados, afinal, se trata de uma lição de casa. Um profissional preparado é capaz de lidar com essa série de tarefas e muitas outras.

Essa pesquisa deu voz aos exportadores e mostrou suas fraquezas, seus desafios e suas incertezas, que são os mesmos ao longo dos anos. A lição está em perceber que a dificuldade não está lá fora, está dentro de casa.

Fica aqui um conselho final: não basta conquistar novos clientes no exterior. É preciso mantê-los. Serão fiéis desde que satisfeitos em suas necessidades e superados em suas expectativas. Essa afirmação não é minha. Tão óbvia quanto verdadeira, ela consta dos principais manuais modernos de *marketing*. Ignorá-la é um erro em que as empresas exportadoras brasileiras não podem se dar ao luxo de incorrer.

A arena global de negócios seguirá dinâmica, aberta, rica e competitiva por muitos anos. Se o Brasil participará disso não é uma decisão de governo, é da parte mais interessada e que mais lucra de forma direta com os negócios: as empresas. Desafiador na mesma proporção que recompensador, o mercado mundial está esperando. Vamos?

CONCLUSÃO

Ao longo dos anos, muitos de meus alunos, colegas de trabalho e leitores comentavam, ao final de aulas, debates, conversas e textos, que eu tinha um olhar pessimista para com o Brasil. Algumas vezes, concordei, mas muitas outras, não. Ao terminar este livro, afirmo que não há pessimismo algum. Se houve críticas, foram direcionadas e fruto de observações intensas e vivências pessoais e de colegas e empresas próximas. Não são gratuitas nem infundadas. O objetivo deste trabalho, aqui na forma escrita, segue o mesmo desde o já longínquo ano de 1989, quando despertei para o assunto que se tornou minha razão profissional e que sustentou cada dia da minha vida desde então: contribuir para o crescimento deste país tão singular. Há muitos caminhos para que isso venha a acontecer. O que escolhi talvez seja um dos menos falados e discutidos, mas é o que parece (pelo menos para mim) fazer mais sentido. O Brasil tem plenas condições de se tornar um ator pleno do jogo global dos negócios, em especial do comércio. Não é preciso que eu as liste aqui. Um leitor como você sabe muito bem do que estou falando. É uma questão de assumir que avançar é preciso, que não é possível seguir vendo todos passarem a nossa frente e ficar na retaguarda acreditando que o futuro será melhor. Há anos somos o país do futuro, e isso me obriga a perguntar: quando ele chegará? Ainda falta muito? É preciso definir uma data para começar a andar rápido para tirar esse imenso atraso? De maneira alguma. Pessoalmente, não esperarei nem mesmo um minuto para seguir na causa que abracei. Ao terminar de digitar as últimas palavras deste livro, parto para mais projetos que levem nossos profissionais, nossos produtos e nossas empresas para além das fronteiras. Uma parte não dará certo, e não será por falta de vontade. É que nesse tipo de empreitada é normal que algo não saia exatamente como foi concebido, mas o trabalho em si já gera um enorme prazer.

Realmente espero que a mensagem que foi organizada neste livro seja de alguma valia para os que tenham real interesse na expansão global dos negócios brasileiros. E nesse momento ajusto meu discurso para lembrar que, apesar da extrema presença do viés exportador que meu trabalho carrega, outros caminhos existem, têm imenso valor e contribuem para um Brasil mais integrado ao mundo. Os processos de *global sourcing*, a internacionalização dos serviços, as possibilidades de investimento produtivo no exterior e a captação de outros tantos investimentos estrangeiros são apenas alguns pontos que não abordei neste livro. Estão todos presentes nos meus pensamentos e certamente farão parte dos próximos trabalhos que virão por aí.

Meu maior mentor, que um dia foi meu chefe e se tornou um amigo, certa vez me disse que era melhor começar uma nova empreitada em plena crise. Defendia que os percalços certamente seriam maiores, mas as recompensas viriam mais adiante, quando as tormentas já estivessem distantes. Hoje, quase trinta anos depois, volto a essas palavras e faço um complemento que pode parecer um tanto óbvio, mas é válido. As crises estressam, cansam, nos põem à prova, geram desafios a ponto de duvidarmos que sejam transponíveis, mas também nos fazem atentos, rápidos, destemidos, criativos e fortes. Sabe aqueles colegas que dizem que trabalham melhor sob pressão? É disso que se trata. Transpor esse exemplo simples para a realidade brasileira é o que reforça ainda mais minha crença inabalável neste país. A crise que envolve o Brasil (não somente ele, é óbvio) e que é o somatório de defeitos, más escolhas e fatores externos além do nosso controle, apresenta o terreno mais fértil para o desenvolvimento de uma nova mentalidade e postura diante do mundo.

Confesso que tenho dois grandes desejos ao concluir estes últimos parágrafos: o primeiro é o de que tudo que falei sobre o *Brazilian Business Mindset* se torne obsoleto em pouco tempo, me obrigando a fazer uma revisão desta obra e, talvez, escrever algo novo, revendo meus conceitos iniciais. O segundo: espero que minhas previsões ou apostas estejam erradas e, como se diz popularmente, eu morda a língua em um futuro não muito distante. Eu me retratarei com felicidade.

O futuro do comércio global até pode passar por ajustes em função das muitas tecnologias que estarão entre nós em pouco tempo, das demandas em torno da sustentabilidade e dos movimentos geopolíticos, mas a interação entre os países seguirá adiante baseada em necessidades a serem supridas, vantagens competitivas de uns, limitações de outros e um natural desejo de crescimento, prosperidade e melhoria de vida. O Brasil precisa rapidamente fazer parte desse processo de maneira ativa, atuando de modo a se aproximar mais da integração do que da interdependência.

O PAPEL DO GOVERNO

Não se trata de colocar toda a culpa nas costas do poder público esperando que ele venha prover o que todos nós, empresários e executivos, entendemos como sendo o necessário para o sucesso internacional. É preciso entender o que compete a quem. Repetirei aqui o que digo em sala de aula e palestras há anos.

O caminho da internacionalização é uma viagem que faremos de carro. Aos governos (em todas as esferas), é dada a obrigação de prover as condições para que a viagem aconteça em segurança. Nada além disso. Asfalto em excelentes condições, bom sistema de sinalização, postos de serviços ao longo do trajeto, sistema de comunicação e socorro disponíveis. É preciso acrescentar as negociações internacionais e a condução das políticas internas que dizem respeito à saúde das empresas e da economia (política industrial, cambial etc.). Com tudo isso resolvido, o setor privado é quem dirigirá seu veículo por essa estrada até alcançar o destino.

O que se vê é uma total confusão em relação a expectativas e o que é entregue. Do lado empresarial, espera-se um paternalismo que não é condizente com o porte do país, enquanto o poder público acha que é possível atuar com efetividade no verdadeiro campo de batalha que é a arena global de negócios sem cumprir sua parte. É preciso acertar essa conversa de doido.

O QUE O GOVERNO TEM QUE FAZER

Infraestrutura e transporte terrestre

Cuidar das condições mínimas internas é chover no molhado. O discurso pode ficar repetitivo, mas aqui é o lugar correto para explorar o assunto. Quando se fala em infraestrutura, é preciso avaliar o que impactará mais a competitividade internacional e tratar de colocar foco. Não adianta querer resolver tudo de uma só vez. O Brasil é um país grande e complexo demais para recuperar falhas históricas de uma tacada só.

O lado da infraestrutura que mais confronta a eficiência que o meio empresarial persegue é relacionado ao transporte e à armazenagem de mercadorias. Começando pela própria matriz, da qual viramos escravos. Sim, porque a opção estratégica feita nos anos 1940–1950 (de unir o Brasil por rodovias) nos colocou em uma enrascada daquelas. Ela poderia ter sido minimizada caso as ferrovias não tivessem sido deixadas de lado, mas não foi o caso. Fechando o pacote da movimentação de carga, temos os portos. Ao longo de mais de 8.000 km de costa, o país opera quase 40 portos. Pouco aproveitamos da vantagem de uma costa tão gigantesca.

Essa trinca, se bem equacionada, seria de enorme contribuição para a matemática que compõe a competitividade internacional.

O modelo baseado em caminhões para mover carga por distâncias continentais é uma exclusividade brasileira. Cerca de 65% de tudo que é transportado no país segue por via rodoviária. A situação é histórica, e não cabe culpar quem lançou as bases para isso. Obviamente não havia tanta preocupação em relação ao petróleo na década 1950, mas a partir dos anos 1970 estava mais do que claro que a distorção entre o uso do caminhão e do trem no Brasil deveria ser corrigida.

São quase 50 anos, e é absolutamente certo afirmar que nada foi feito. Não há qualquer desculpa para a mais absoluta falta de coerência por parte dos seguidos governos desde então. A barbaridade é tamanha que nos últimos 10 anos, quando o tema já havia chegado à grande imprensa e era abertamente citado em qualquer roda de conversa (do botequim aos sofisticados meios acadêmicos e empresariais), conseguimos piorar ainda mais o que já era desastroso. Enquanto digito estas linhas, abro meus arquivos de dados para a preparação de aulas do ano de 2007. Uma apresentação preparada pela ECEMAR (Escola de Comando e Estado Maior da Aeronáutica), que em 2005 usava informações frescas vindas diretamente do Ministério dos Transportes, e nela posso perceber que o modal rodoviário correspondia a 61% do total transportado no país. O site da EPL (Empresa de Planejamento e Pesquisa), acessado em 2020 e que mostrava dados de 2015, informa que a divisão por modal havia mudado. O rodoviário havia pulado para 65%. O Brasil conseguiu a proeza de piorar o que já era ruim.

Antes que venham críticas às minhas críticas ao modelo em que nos metemos, preciso esclarecer que não há nada contra o caminhão. Ele tem sua importância na cadeia logística, e não existe um sistema eficiente sem ele. O problema é como se utiliza. O caminhão é perfeito para distâncias pequenas e, quando muito, médias. Não para milhares de quilômetros.

Os dados mais atualizados da Confederação Nacional do Transporte (2019) indicam que o país tem 1.720.000 km de estradas, sendo que 213.000 km são pavimentados (12%). "Ah, tá!" Assim fica mais fácil ainda. Se olhar mais de perto para ver como anda a qualidade disso, o resultado é assustador. Menos da metade do que foi analisado (cerca de 110.000 km) está classificada como ótima ou boa. O resto é ruim ou péssima.

O mesmo estudo também avaliou a qualidade da sinalização. Aqui a coisa é um pouco melhor. Cerca de 56.000 km estão classificados como ótimos ou bons. Quando o assunto é a geometria da via, aí a coisa azeda de vez. Menos de 30% podem ser consideradas ótimas ou boas. E os veículos que transportam as cargas sobre essa maravilha de cenário? O Brasil tem cerca de 2.900.000 caminhões, que sofrem terrivelmente com o envelhecimento. A idade média da nossa frota é de 12 anos.

O resultado não é surpresa para ninguém: acidentes, roubo de carga, fretes altos e baixa eficiência. Assim não vai para a frente mesmo.

O outro modal que também transporta carga e passageiros por terra é o ferroviário. Opção natural para países com grandes extensões de terra a serem cobertas, o trem é o que posso definir como tudo de bom na complexa equação da competitividade terrestre. Não fura pneu, não precisa se preocupar com roubo de carga (não na proporção como assistimos no caso dos caminhões), não pega trânsito, polui (muito) menos e consome muito menos combustível. Essas são as razões mais óbvias, mas, correndo por fora tem também a questão ambiental. Por onde passa um trem, o desmatamento e a ocupação em torno da via são infinitamente menores que no caso das rodovias. A instalação das vias em si também é desproporcional. O espaço de que o trem necessita — além da sua própria largura — é mínimo. A rodovia, para ser considerada segura e de boa qualidade, deve ter no mínimo duas faixas, de cada lado! Incluem-se aí os acostamentos e uma distância no meio. Não é preciso ser um engenheiro experiente nessa área para perceber que estamos tratando de coisas muito diferentes aqui.

Uma boa comparação são os custos de implantação. Um projeto de ferrovia pode custar duas vezes mais do que uma rodovia. A manutenção, no entanto, é bem mais barata no caso dos trens (seis vezes menor). No final das contas, e é isso que realmente interessa, o frete ferroviário fica três vezes mais barato que o rodoviário.

A história dos trens no Brasil é curiosa. Até que começou bem no final do século XIX, e a malha cresceu até os anos 1950, quando atingiu 38.000 km de extensão. Hoje temos honrosos 29.000 km. E ainda divididos em três bitolas diferentes (espaço entre um trilho e outro). Apesar desse quadro sinistro e de mau agouro, o movimento anual de carga transportada vem aumentando. Não por empenho oficial, mas por iniciativa dos *stakeholders* envolvidos (operadoras, empresa de logística e embarcadores).

O desequilíbrio na matriz terrestre é tão gigantesco que somente uma comparação com outros países, tão grandes quanto o Brasil, serve para mostrar o quanto de valor deixamos pelo caminho.

Como sempre se faz, tomaremos os Estados Unidos, o Canadá, a China e a Rússia para efeito comparativo, posto que todos esses países sejam comparáveis ao Brasil em suas dimensões geográficas. Destes, a Rússia é a quem mais se apropriou dos trilhos (81% do total da malha). Canadá e Estados Unidos estão com cerca de 45% cada. A China tem cerca de 40% de sua matriz de transporte apoiada nos trilhos. O Brasil tem 24%.

Enquanto confiamos aos caminhões 65% de nossa carga, a China vai com 45%, e os Estados Unidos, somente 32%.

Não é à toa que falta combustível para impulsionar nossas investidas internacionais. Derrapamos logo na saída, literalmente queimamos óleo durante a viagem, furamos pneu e somos roubados nas subidas das serras. Enfrentamos filas de quilômetros na chegada aos portos e, exaustos, entregamos a tão valiosa carga aos navios que a levarão para outros países. Bem, nesse momento entra em cena outro teatro dos horrores. O que está descrito antes é uma parte do famigerado custo Brasil, mas há outros componentes, infelizmente.

Uma fonte que serve para avaliar o quanto estamos distantes de outros países é o *Global Competitiveness Report,* publicado todos os anos pelo Fórum Econômico Mundial e que pode ser acessado e baixado sem qualquer custo ou mesmo necessidade de login. O pilar infraestrutura tem uma tremenda importância para o cálculo da posição do país no famoso ranking. Na edição de 2017, o Brasil ocupava a posição 103 (de um total de 137 países) no quesito "qualidade das estradas". Dois anos depois, nossa posição mudou para 116 (de um total de 141 países analisados).

TRANSPORTE MARÍTIMO

O navio é responsável por 90% do comércio mundial. Das vendas brasileiras ao exterior, 85% seguem por via marítima. A importância dos portos é tanta que merece atenção mais do que urgente por parte dos governos. Já mencionei antes, em um dos casos que relatei neste livro, que temos problemas proporcionalmente inversos à profundidade dos quase 40 portos que contabilizo como sendo operacionais para os negócios externos.

De qualquer ângulo que se observe a realidade portuária, é deprimente e preocupante. E assim tem sido desde os tempos em que os portos serviam bem somente para exportar café em grãos. As décadas foram se arrastando, o mundo foi crescendo, o comércio foi aumentando em escala, e nossas portas para o mundo estão em estado de miséria absoluta.

Ao longo dos últimos trinta anos, cansei de ouvir executivos ligados à administração portuária defenderem que investimentos estão sendo feitos e muitos outros estão planejados. Os números mencionados nas apresentações e entrevistas são sempre grandiosos, e não duvido deles. Meu questionamento é: por que ainda estamos do mesmo jeito, senão pior? Seria total injustiça se não reconhecesse que existem esforços para tentar fazer com que a vida dos que dependem dos portos seja menos doentia. As tramas do complexo comércio exterior brasileiro até que se esforçam para que os procedimentos sejam simplificados, automatizados e tornados mais ágeis. A tecnologia do século XXI vem bem a calhar nesse caso. Sim, isso existe, e não questionarei esse aspecto.

O foco está na estrutura portuária destinada à movimentação de contêineres nos chamados portos organizados. São os portos públicos (37 no país, incluindo os que não são considerados portos marítimos). Se tomarmos os Terminais de Uso Privados (TUPs), o grosso de carga que passa por ali é formado por granéis sólidos e líquidos. São as nossas famosas *commodities* que saem daqui para serem transformadas em diversas partes do mundo e, em alguns casos, retornarem ao Brasil na forma de produto acabado — mas essa não é a discussão aqui. O fato é que quem está atrás das *commodities* não está lendo este livro. Quem maneja as exportações de minerais, grãos e outros campeões de volume tem condições suficientes de caminhar sem ouvir estas palavras.

O aumento de eficiência, aliado à redução de custos, é o que importa para o futuro das exportações brasileiras. Essa discussão deve ser dividida em duas partes. Os serviços prestados (movimentação de carga, armazenagem, acesso ao porto, qualidade de serviços, simplificação de procedimentos e custos acessíveis) e a estrutura portuária em si. Se considerarmos os principais portos de movimentação de contêineres no país, quase todos operam com profundidade incompatível com o calado de grandes navios de carga. Obras em portos são complexas, demoradas e caras, mas é aí que deve ser focado o trabalho. São ações que estarão concluídas em dez anos ou mais e devem se sobrepor a governos e ideologias.

O que certamente contribui para que esse esforço não se concretize reside na vocação do país em ignorar o mundo e no fato de as coisas andarem do jeito que estão montadas hoje. É nesse ponto que sou obrigado a culpar as *commodities*. Não elas enquanto produto, mas a dependência que criamos dessa linha de produtos. Não é bem assim? Então vamos aos fatos. Ouvimos a divulgação da balança comercial exatas treze vezes ao ano. No início de cada mês, fazendo referência ao mês anterior, e no final do ano. As exportações puxam o bloco dos grandes números, e quem é responsável por eles são as *commodities*. Quando entram em cena os manufaturados, o destaque fica por conta dos veículos das montadoras e dos aviões que fabricamos tão bem. O espaço destinado aos milhares de exportadores e seus volumes tímidos sequer aparecem.

OS EFEITOS DOS PORTOS MORTOS

Há trinta anos, publiquei um artigo no *Estado de S. Paulo* (dentro do caderno de Marinha Mercante) chamado "Sociedade dos Portos Mortos". O título e o veículo foram suficientes para chamar a atenção, mas a data de publicação prejudicou. Saiu no dia de Natal de 1990... O fato é que os portos brasileiros precisam de um choque com desfibrilador na voltagem máxima. Até agora, o Brasil conseguiu a proeza de perder todos os bondes da história em termos de comércio mundial favorável. Sempre na base do puxadinho. Não se mexe no principal, e vamos tratando de quebrar um galho com o que temos para hoje. Assim não vai.

Nada melhor do que fatos e números para comprovar o que está sendo dito. Os portos quase mortos fazem com que a localização do Brasil engrosse o caldo da lista de variáveis que explicam a pífia participação no comércio mundial. Fora de mão, sem profundidade, caros e pequenos. Tudo incompatível com o tamanho e potencial do país. Em 2019, todos os portos brasileiros movimentaram 10 milhões de TEUs (contêineres de 20'). A mesma quantidade que o porto de Los Angeles.

A matemática é implacável nessas horas. Se um porto não é capaz de receber um navio grande (porque não há espaço suficiente), então a opção é trabalhar com navios menores. Para que você tenha uma noção de grandeza, navios grandes transportam entre 15.000 e 18.000 TEUs. Hoje eles fazem as ligações entre os grandes portos da Ásia, Europa e América do Norte. Quando um único navio de 8.000 TEUs operou no porto de Santos, em 2012, foi motivo de destaque na imprensa.

Para fazer essa equação ficar ainda mais complicada, a indústria naval está se deslocando para navios cada vez maiores, mais eficientes, com menor consumo de combustível e — consequentemente — mais baratos. Além de deixarmos passar os bondes da história, parecemos fazer questão de seguir a pé no sentido contrário deles.

Ainda que não seja o tema principal nesta conclusão, é impossível não mencionar o impacto no meio ambiente das escolhas erradas que fizemos no passado — e que são potencializadas pelo imobilismo e pela falta de planejamento olhando para o futuro. Enquanto os portos verdes (cada vez mais sustentáveis e amigáveis em relação a tudo que os rodeiam) vão se multiplicando pelo mundo, estamos enterrados em instalações obsoletas, com ambiente insalubre e perigoso. E marcados pela falta de integração com as comunidades que habitam o entorno de cada porto.

Lembro-me como se fosse hoje de quando visitei pela primeira vez uma empresa que ficava dentro do porto de Rotterdam. Era um pequeno conjunto de prédios de dois andares onde somente empresas alugavam salas. A entrada do pequeno edifício estava a cerca de 40 metros da água e era um ambiente limpo e saudável. Naquele trecho, navios não operavam, mas era fácil encontrá-los depois de dirigir uns poucos minutos, ou seja, o mar onde navegavam era o mesmo onde eu estava de pé. Almocei um arenque defumado a poucos metros do escritório e saí de lá com uma imagem renovada do que poderia ser um porto. Isso foi em 2003.

UMA ALTERNATIVA: CABOTAGEM

Com uma costa de 8.000 km, o Brasil pode se beneficiar muito desse tipo de transporte. O que era uma ideia distante vem se tornando uma alternativa bem interessante. Os caminhões que cortam o Brasil carregam o equivalente a 80 milhões de TEUs por ano. A navegação local carregou somente 750 mil TEUs em 2019. Se uma pequena fração da carga rodoviária migrasse para o mar (algo como 5% do total), cerca de 5 milhões de toneladas de CO^2 não seriam emitidas na atmosfera. Os acidentes rodoviários teriam queda de 40 mil, e a economia na manutenção das estradas (proporcional) seria de aproximadamente US$150 milhões. Sem contar o ganho de competitividade para o empresário que optasse por esse modal. Nada mal, não é mesmo?

Essa opção já está aí e segue crescendo a cada ano, mas ainda falta mais informação sobre a oferta de serviços, as vantagens e os desafios. Como nem tudo é perfeito nesta vida, a cabotagem enfrenta alguns dramas — e bem preocupantes, se não forem corrigidos. O primeiro é a questão dos procedimentos portuários. Ainda que o tratamento não seja igual ao de uma mercadoria importada, os atos de tirar uma carga do navio, colocá-la sobre um caminhão e movê-la até um local de armazenagem (ainda que temporário) para posterior liberação, geram documentos em maior número que um transporte de caminhão. É preciso pensar nas rotas e nas escalas. Cargas que tenham suas origens e seus destinos em regiões próximas aos portos terão maior vantagem do que aquelas mais afastadas, quando será necessária uma "perna" um pouco maior de transporte — obrigatoriamente rodoviário. Mas existem dois grandes problemas a serem resolvidos quando o tema é o incentivo à cabotagem: preço do combustível e o pagamento do AFRMM (Adicional de Frete para Renovação da Marinha Mercante).

E antes que venha a pergunta sobre o que aconteceria com milhares de caminhões e caminhoneiros caso mais empresas optassem pelo transporte marítimo, digo que há espaço para todos neste país. É uma questão de planejamento. A mudança de parte do eixo da estrada para o mar não significa que haverá esvaziamento imediato dos serviços tal qual conhecemos hoje. O que precisa ser pensado e avaliado é uma adequação da frota para as reais necessidades do modal rodoviário. Afinal, ele é muito mais útil e indicado para distâncias pequenas e médias.

O mesmo questionamento surge quando entra na discussão o papel da ferrovia. Se estamos parados em cima da mesma quantidade de trilhos que tínhamos no fim da Segunda Guerra Mundial, a principal decisão a ser tomada é o crescimento da malha. O barulho que se faz desde o fim da década de 1980 em cima da ferrovia Norte-Sul não serve bem para começar a conversa.

Nos muitos debates sobre o tema em que me meti ao longo dos anos, surgiram as teorias conspiratórias, é claro — tem se tornado quase uma sina de nossos tempos. Que o trem não avança no Brasil porque há um esforço oficial contra elas. E esse trabalho teria a assinatura de muita gente ligada à indústria do caminhão. Do pneu ao asfalto. Não tenho provas e, portanto, não levo o assunto adiante.

OS PRÓXIMOS DEZ ANOS

O que o futuro guarda para o comércio mundial? Como não é possível prever o futuro, temos que nos contentar com previsões, cenários e, por que não, alguns palpites.

Há especulações e previsões pelo lado das novas tecnologias, dos novos produtos e suas adaptações, mudanças de comportamento, e por aí vai. Mas quando olhado com o distanciamento do tempo, os eventos ligados ao comércio internacional desde o fim da Segunda Guerra Mundial seguem de braços dados com mudanças políticas e econômicas. Isso é um tanto óbvio, porque, se de um lado as trocas globais existem para satisfazer, em última análise, os desejos e anseios das pessoas, por outro representam um fundamento econômico que não pode ser descartado por nenhum país do mundo.

A ilustração a seguir (Figura 8.16) mostra fatos relevantes da história do comércio mundial a partir da Segunda Guerra Mundial e se arrisca a olhar um tempo a frente. Não coloquei uma data final porque seria pretensão e não há condições, devido às incertezas pelas quais o mundo passa. As instabilidades que levaram aos conflitos em escala mundial que marcaram o século XX (Primeira e Segunda Guerras) tiveram raízes complexas, mas não dá para ignorar que havia elementos econômicos ligados aos comércios e suas — então mais destacadas — distorções. No momento em que escrevo este livro, existem questionamentos sérios sobre o papel das instituições internacionais como as que fazem parte do sistema ONU. Algumas críticas são compreensíveis, e não é justo afirmar que tudo funcionou e funciona às mil maravilhas, mas vamos imaginar como estaria o mundo sem o ordenamento trazido por muitos desses órgãos ao longo de décadas. O comércio internacional não seria nada fácil, e as consequências para empresas, pessoas e governos certamente seriam negativas. Não é preciso ficar relembrando que as regras claras fazem parte da base do ambiente onde todas as milhões de empresas importadoras e exportadoras ao redor do mundo fazem seus negócios. Sem um órgão para cuidar do ordenamento global, o caos se instalaria a partir de decisões de cada país, que forçaria seus interesses em detrimento dos demais. Negociar no dia a dia seria um desafio tão grande quanto as diferenças que marcam os povos espalhados pelo planeta. Condições comerciais, logísticas e financeiras não existiriam como as conhecemos hoje, e a insegurança dominaria os movimentos e as decisões de cada gestor ou empresário. Tudo se tornaria lento, ainda mais burocrático e muito caro. Melhor é nem pensar um mundo sombrio como esse.

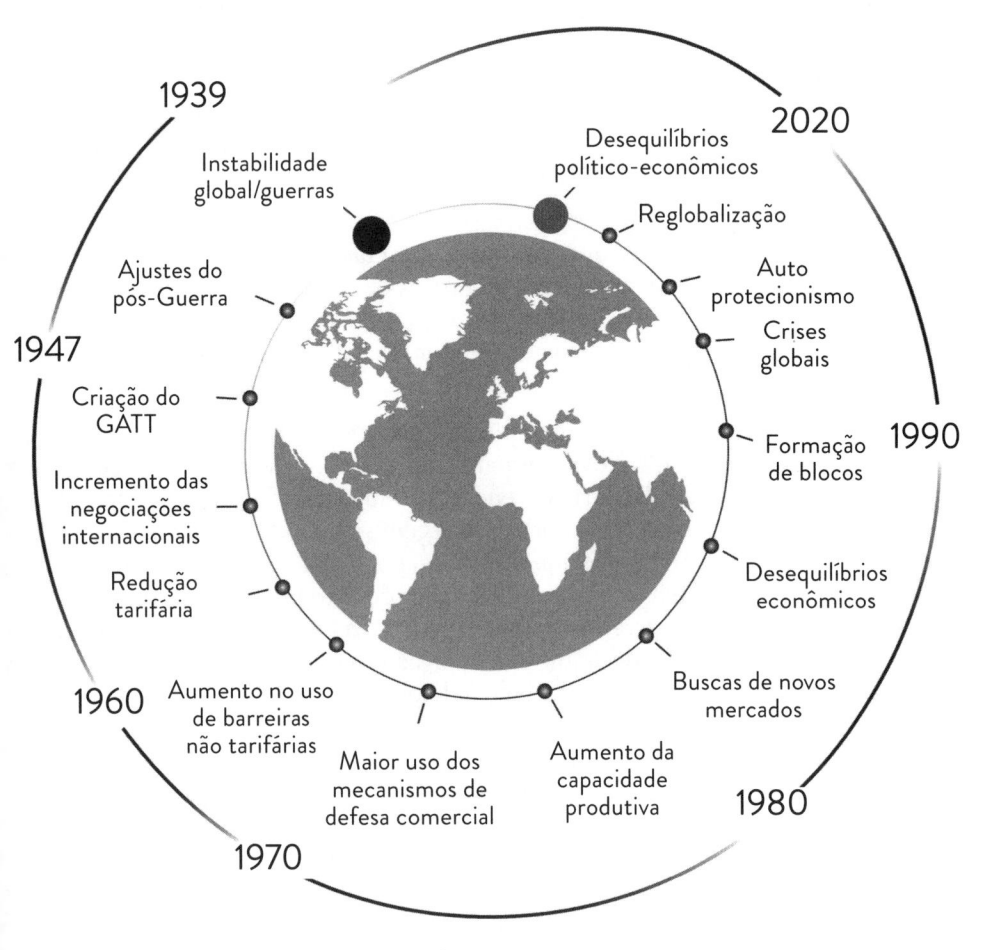

Figura 8.16 — Como chegamos até aqui
Elaborada pelo autor.

O início desse ordenamento está justamente no final da Segunda Guerra Mundial coincide com a criação das Nações Unidas. O pacote traz o Fundo Monetário Internacional, com um olhar específico para as finanças, o Banco Mundial, também chamado de Bird (Banco Internacional para a Reconstrução e Desenvolvimento), nascido para cuidar da reconstrução dos países devastados pela guerra (a instituição preza pelo financiamento a projetos voltados ao desenvolvimento), e aquele que se transformaria no principal pilar para o relativo equilíbrio que a humanidade vem desfrutando desde o final dos anos 1940 do século passado: O GATT, que posteriormente viria a se transformar na OMC.

A partir dos anos 1950, o GATT estabeleceu rodadas de negociação entre os países-membros com o intuito de reduzir a imensa quantidade de barreiras protecionistas criadas ao longo das décadas anteriores. O grande foco era a taxação excessiva usada por diversos países para salvaguardar seus interesses e proteger suas empresas. Pouco mais de uma década depois, é possível notar que, ao mesmo tempo em que as tarifas iam sendo drasticamente reduzidas, entravam em cena barreiras mais ou menos sutis, que ajudavam a cumprir o papel de proteção excessiva que só atravanca as trocas globais. Era tempo de se examinar as barreiras não tarifárias e fazer com que fossem também disciplinadas. Ato contínuo, o sistema multilateral de comércio estabelece regras claras de combate às práticas ilegais ou desleais de comércio, como os subsídios e o *dumping*. Nascem os mecanismos de defesa comercial.

Cercadas de regras que as protegiam de distorções e ações predatórias, impulsionadas pelo conjunto de fatores que marcam a nova fase da globalização (sistemas de comunicação, tecnologia e transporte), empresas de todos os países sentem-se mais à vontade para ampliar suas produções, buscando novos locais para garantir maior eficiência e menores custos. A capacidade de manufatura é ampliada, e, com ela, a busca por novos mercados para absorver tudo que é produzido.

Imperfeições nos sistemas que compõem a economia global levam a crises econômicas que salpicam os últimos trinta anos do século. Desequilíbrios econômicos surgem, e o comércio mundial precisa encontrar soluções criativas. Associações de países é uma delas, e os blocos econômicos surgem — sempre regulados pela OMC — para estimular as trocas regionais que terminam por gerar preferências direcionadas aos membros em detrimento do restante do mundo. Ainda que nenhum país tenha ficado de fora desse irresistível movimento, países mais desenvolvidos garantiram blocos mais fortes, gerando desequilíbrios no sistema. Novas crises globais podem advir desse desbalanço? Deixando de lado a dicotomia que marcou grande parte do século XX (Estados Unidos *versus* União Soviética), vamos olhar o tempo presente e o futuro imediato. A China está no topo da lista das novas potenciais turbulências globais, e o comércio é um desses pilares. A reação da principal nação que pode rivalizar em termos de potência econômica e militar — ainda os Estados Unidos — enviou mensagens claras ao país asiático durante o governo Trump. Houve ações e reações no campo de medidas protecionistas com aumentos de tarifas — unilaterais e, por isso mesmo, amparadas em caráter excepcional pela OMC. Esses desequilíbrios têm capacidade de evoluir para conflitos mais graves e profundos? A história já provou que sim. Isso deve acontecer?

Um dos aspectos que devem ser observados com bastante atenção são os movimentos que impulsionam as cadeias produtivas globais. Países e regiões que até ontem eram baratos o suficiente para serem considerados como atrativos tendem a se tornar caros. É um processo natural e que leva o espírito capitalista, sempre em busca de fatores de maior competitividade que gerem melhores resultados, a buscar novos locais. É o que chamo de reglobalização, um movimento de placas tectônicas que estão em andamento e que se farão notar de forma concreta ao final da década de 2020. A China se expandindo para o Ocidente com sua força produtiva, a indústria do resto do mundo repatriando suas linhas de produção — antes movidas alegremente para o Oriente —, e a busca por novos mercados consumidores dará o tom dos próximos vinte anos. É nesse maravilhoso mundo (não tão) novo assim que nossos negócios estarão instalados e sujeitos às naturais intempéries. Como sairemos todos desse novo capítulo da história? Nossas ações a partir deste exato momento definirão se o futuro será um gerador de oportunidades ou um campo minado que o Brasil, suas empresas e seus profissionais terão que atravessar sem que uma mina escondida (mas não ignorada) exploda sob nossos pés.

Entre 2022 e 2029, o país passará por duas eleições presidenciais que poderão significar uma nova atitude em relação às políticas de expansão internacional.

No que se refere a mudanças substanciais na situação de infraestrutura e educação, é triste constatar que não há tempo suficiente para reverter o lamentável quadro que vivemos. Não digo que o trabalho não começará. Isso pode acontecer, mas não estará concluído. Longe de parecer pessimista, justifico esse pensamento: o que o Brasil precisa em termos de infraestrutura é trabalho para trinta anos sem interrupção. Só na área do transporte terrestre, onde é necessário balancear a matriz que hoje pende mais (muito mais) para o modal rodoviário, enquanto a ferrovia está abandonada, o desafio é ciclópico. Aumentar a malha ferroviária e fazer com que ela conviva de maneira racional e inteligente com os caminhões exigirá negociações complexas com setores e grupos de interesse. Não é trabalho para quem pensa e age com o olhar que se estende por mandatos de quatro anos. É preciso um projeto de país que supere interesses políticos e partidários, que seja desenhado para ser implantado ao longo do tempo. Do contrário, o futuro não guarda boas perspectivas para o Brasil.

Não há qualquer dúvida de que ainda dá tempo de rever erros do passado, compreender o presente e se mover em direção ao futuro. As lições estão todas aí para serem revisadas. Há conceitos e experiências suficientes para encher um oceano de conhecimento que oriente a todos, empresários e governos. Só falta sair do terreno da observação e partir para o caminho que está bem à frente.

BIBLIOGRAFIA

BARHAM, Kevin. The Internationalisation of Business and the International Manager. Industrial and commercial training, 1987.

CAVUSGIL, S. Tamer; ZOU, Shaoming. Marketing Strategy-performance Relationship: An Investigation of the Empirical Link in Export Market Ventures. *Journal of marketing*, v. 58, n. 1, 1994. p. 1-21.

CZINKOTA, M. R. *Export Development Strategies*: US Promotion Policy. New York: Praeger Publishers, 1982.

CONFEDERAÇÃO NACIONAL DA INDÚSTRIA. CNI. Relatório sobre as principais dificuldades e requisitos de acesso aos Estados Unidos que afetam as exportações que afetam as exportações brasileiras. Brasília: CNI, 2018. 76 p.

EMERY, Robert F. The Relation of Exports and Economic Growth. *Kyklos*, v. 20, n. 4, 1967. p. 470-486.

FONSECA, Renato; CARVALHO JR, M. C.; POURCHET, Henry. A orientação externa da indústria de transformação brasileira após a liberalização comercial. *Revista de Economia Política*, 1998. p. 22-38.

FAN, Haichao; LI, Yao Amber; YEAPLE, Stephen R. Trade Liberalization, Quality, and Export Prices. *Review of Economics and Statistics*, v. 97, n. 5, 2015. p. 1033-1051.

GALLOUJ, Faïz; WEINSTEIN, Olivier. Innovation in Services. Research policy, v. 26, n. 4-5, 1997. p. 537-556.

GARTNER. Business Intelligence (BI). Gartner IT Glossary, 2020. Disponível em: <https://www.gartner.com/en/information-technology/glossary?glossaryletter=B>. Acesso em: 13 jul. 2020.

GRAY, Brendan J. Profiling Managers to Improve Export Promotion Targeting. *Journal of International Business Studies*, v. 28, n. 2, 1997. p. 387-420.

HIRATUKA, Célio; CUNHA, Samantha. Qualidade e diferenciação das exportações brasileiras e chinesas: Evolução recente no mercado mundial e na ALADI. *Texto para Discussão*, 2011.

HUMMELS, David. *Time as a Trade Barrier*. Purdue University, jul. 2001. Disponível em: <https://www.krannert.purdue.edu/faculty/hummelsd/research/time3b.pdf>. Acesso em: 10 jun. 2020.

ING. *3D printing*: A Threat to Global Trade — Locally Printed Goods Could Cut Trade by 40%. The Netherlands, 2017. Disponível em: <https://www.ingwb.com/media/2088633/3d-printing-report-031017.pdf>. Acesso em: 12 jul. 2020.

JOHANSON, Jan; VAHLNE, Jan-Erik. The Internationalization Process of the Firm — A Model of Knowledge Development and Increasing Foreign Market Commitments. *Journal of international business studies*, v. 8, n. 1, 1977. p. 23-32.

KUME, Honorio; PIANI, Guida. Mercosul: o dilema entre união aduaneira e área de livre-comércio. *Brazilian Journal of Political Economy*, v. 25, n. 4, 2005. p. 370-390.

LEONIDOU, Leonidas C. Export Stimulation Research: Review, Evaluation and Integration. *International Business Review*, v. 4, n. 2, 1995. p. 133-156.

LIANG, Neng; PARKHE, Arvind. Importer Behavior: The Neglected Counterpart of International Exchange. *Journal of International Business Studies*, v. 28, n. 3, 1997. p. 495-530.

LIMA, SAULO DE CASTRO. Da substituição de importações ao Brasil potência: concepções do desenvolvimento 1964-1979. *Revista Aurora*, v. 4, n. 1, 2010.

LOVE, Patrick; LATTIMORE, Ralph. International Trade — Free, Fair and Open? OECD. 2009

LUHN H. P. A Business Intelligence System. In: IBM Journal of Research and Development, v. 2, n. 4, out. 195., p. 314-319. doi: 10.1147/rd.24.0314.

LYNCH, David A. Trade and Globalization: An Introduction to Regional Trade Agreements. Rowman & Littlefield Publishers, 2010.

MARKET ACCESS MAP. *Market Access Conditions*. 2019. Disponível em: <https://www.macmap.org/en/query/results>. Acesso em: 14 jul. 2020.

MDIC; SGP. *Sistema geral de preferências*: ambiente em migração. Ministério da Economia. 2019. Disponível em: <http://www.mdic.gov.br/comercio-exterior/negociacoes-internacionais/807-sgp-sistema-geral-de-preferencias>. Acesso em: 7 jul. 2020.

NOVO, Benigno Núñez. *As origens do Mercosul*. 2018 Disponível em: <https://www.megajuridico.com/origens-do-mercosul/>. Acesso em: 7 jul. 2020.

REPORT To The President On The National Export Initiative: The Export Promotion Cabinet's Plan for Doubling U.S. Exports in Five Years. Washington, D.C., 2010. Disponível em: <https://obamawhitehouse.archives.gov/sites/default/files/nei_report_9-16-10_short.pdf>. Acesso em: 14 jul. 2020.

SEBRAE. *As micro e pequenas empresas na exportação brasileira*. Brasil: 2009-2017. Brasília: SEBRAE, 2018. Disponível em <https://bibliotecas.sebrae.com.br/chronus/ARQUIVOS_CHRONUS/bds/bds.nsf/d639276722716a41c6851a620e5e2e3d/$File/19214.pdf>. Acesso em: 15 jul. 2020.

TAKEUCHI, Hirotaka; PORTER, Michael E. Three Roles of International Marketing in Global Strategy. *Competition in Global Industries*, v. 1, n. 1, 1986. p. 1-46.

THEOHARIDOU, Marianthi; KOTZANIKOLAOU, Panayiotis; GRITZALIS, Dimitris. Risk-based Criticality Analysis. In: *International Conference on Critical Infrastructure Protection*. Springer, Berlin, Heidelberg, 2009. p. 35-49.

TRADE MAP. *Trade Statistics for International Business Development*. 2021. Disponível em: <https://www trademap.org/Index.aspx>. Acesso em: 9 ago. 2021.

TOFFLER, Alvin. *Powershift*: Knowledge, Wealth, and Violence at the Edge of the 21st Century. New York, NY: Bantam Book, 1990.

WILLIAMS, Jasmine EM; CHASTON, Ian. Links between the Linguistic Ability and International Experience of Export Managers and Their Export Marketing Intelligence Behaviour. *International Small Business Journal*, v. 22, n. 5, 2004. p. 463-486.

ZOU, Shaoming; CAVUSGIL, S. Tamer. Global Strategy: A Review and an Integrated Conceptual Framework. *European Journal of Marketing*, 1996.

WORD TRADE ORGANIZATION — WTO. Understanding The WTO: Basics. The GATT Years: from Havana to Marrakesh. Genève. 2020. Disponível em: <https://www.wto.org/english/thewto_e/whatis_e/tif_e/fact4_e.htm>. Acesso em: 15 jul. 2020.

ÍNDICE

Símbolos

11 de Setembro, 64, 172

A

abertura comercial, 9
abordagem a distância, 210-211
ação da concorrência, 161
acesso ao crédito, 117
acomodação tecnológica, 8
Acordo
    Geral Sobre Tarifas e Comércio (GATT), 2
    Regional de Comércio (ARC), 91
acordos
    comerciais, 70, 193
    regionais de comércio, 109
adicionais de venda internacionais, 42
ajuste estratégico, 73
alicerces da negociação, 214
ambiente empresarial e de negócios, 68
análise
    concorrencial, 110
    do portfólio, 162
ancoragem cultural, 63
apresentação do projeto de exportação, 147
arena global de negócios, 50
associativismo, 113
atrasos no pagamento, 149
aumento do volume de exportações, 69
avaliação de competitividade, 194

B

B2B (business to business), 191
B2C (business to consumer), 191
baixo volume de comércio, 135
balança comercial, 30
Barreiras Não Tarifárias (BNT), 56
bolha imobiliária nos Estados Unidos, 97
Brazilian Business Mindset, 186, 248, 254

C

carta de crédito, 12, 131, 152, 155-156, 223
Cash Against Documents (CAD), 169
certificado
    de origem, 22
    de qualidade, 164
ciclo inflacionário, 14
cisão tecnológica, 102
Cláusula da Nação Mais Favorecida, 91
cláusulas de salvaguarda, 115
coeficiente de complexidade, 76
coleta de dados e informações, 215
comércio exterior brasileiro, 81, 95, 182
Comex Stat, ferramenta, 111
commodities, 130
Companhia Siderúrgica Nacional, 72-73
competitividade, 221
    brasileira no exterior, 90
    construída, 90
    internacional, 117-118
concorrência internacional, 180
condição FOB, 147
Confederação Nacional da Indústria (CNI), 249
Conferência das Nações Unidas sobre Comércio
    e Desenvolvimento (UNCTAD), 200
conflito de gerações, 73
conservadorismo dos exportadores, 158
construção de competitividade, 165
consulta pós-venda, 49
consumidor final, 191-192
cooperação
    contínua, 160
    internacional, 204
coordenação de políticas
    macroeconômicas, 195
crédito documentário, 155
crise
    de 2008, 95
    de 2020, 77-78, 95
    do rublo, 81

crise de 2020, 126
crises econômicas, 69
custo
   Brasil, 30, 117, 257
   de produção, 40, 42
   de registro de marca, 54

D

Delivery Duty Paid (DDP), 88
depressão de 1929, 97
despesas operacionais, 147
dinâmica global dos negócios, 103
diplomacia comercial, 92-93
direitos antidumping, 115
distribuidor especializado, 136
divergência de qualidade, 150
dumping, 251, 262

E

ecossistema empresarial nacional, 39
entulho burocrático, 26
escala de valor, 147
esforço de venda, 114
estratégia, 68-69
   comercial, 221
   de marca, 182
   exportadora, 87
estratégia internacional, 137
estrutura
   de varejo, 134
   organizacional, 84, 101
expansão
   chinesa, 59
   de negócios, 80
   internacional, 78
   internacional via mercados próximos, 139
exportação
   direta, 190
   indireta, 178, 190
   passiva, 185

F

ferramentas
   de inteligência comercial, 178
   de trade finance, 14

flexibilidade, 68
   no desenvolvimento de produtos, 137
   por parte dos compradores, 50
Fórum Econômico Mundial, 96, 119, 257
full container loaded (FCL), 127-128
Fundo Monetário Internacional (FMI), 134, 262

G

geoestratégia comercial global, 127
gerenciamento de risco, 90
gerente financeiro, 158
gestão
   de crédito, 166
   dos recebimentos internacionais, 149
   financeira, 146
gestor do mercado, 88
Global
   Competitiveness Report, 119
   sourcing, 19, 253
governo
   Collor, 9
   Fernando Henrique Cardoso, 80
grandes rotas de comércio, 45
Grupo Matsushita, 68
guerra comercial, 171

H

históricos positivos, 162

I

identificação cultural, 228
imposto de importação, 56, 91, 109
imprevisibilidade, 89
incentivo às exportações, 146
índice
   de mortalidade na exportação, 185
Índice
   de Desenvolvimento Humano (IDH), 135
indústria 4.0, 123
inflação, 15
Integração Total Econômica, 199
inteligência
   comercial, 86, 112, 210
   de mercado, 119
International Trade Centre (ITC), 103

J

joint ventures, 75-76

L

lado interno dos negócios internacionais, 208
less than a container loaded (LCL), 128
licenciamento para importação, 136

M

macroambiente comercial, 106
manifestos de embarque, 113
margem de lucro, 15, 118
Market Access Map, 141-142
market share, 171
matérias-primas, 41
matriz de criticidade, 81-82
mecanismos de defesa comercial, 262
medidas
    compensatórias, 115, 251
    de defesa comercial, 115
    sanitárias e fitossanitárias, 57
mentalidade brasileira de negócios, 10
mercado
    de destino, 132
    internacional, 179
    local, 69
mercador
    medieval, 238
mindset, 70
modelo caracol, 139
moedas fortes, 160
momento do recebimento dos recursos, 153
movimento de industrialização, 8
mudança
    de mindset, 73, 208
    sem aviso prévio, 188

N

negociação
    distributiva, 215
    integrativa, 216-217
nível de tributação do mercado de destino, 193
Nomenclatura Comum do Mercosul (NCM), 218-219
Normas de Origem Preferenciais, 23
North America Free Trade Agreement (Nafta), 198
nova Rota da Seda, 58

O

obsolescência programada, 47
oferta firme, 212
Organização
    de Cooperação e Desenvolvimento Econômico (OCDE), 200
    Mundial do Comércio (OMC), 2-3, 98, 194

P

pendência financeira, 163
pensamento estratégico, 87
    estruturado, 236
performance pagadora do importador, 161
plano
    de expansão internacional, 72
    Marshall, 195
    Nacional de Exportações (PNE), 203
Política de Substituição de Importações (PSI), 16, 246
Political, Economic, Social, Technological, Enviromental and Legal (PESTEL), 95
ponto de conflito, 217
portos organizados, 258
prazo de pagamento local, 161
preferência tarifária, 198
preocupação ambiental, 47
preparação, 39
Primeira Guerra Mundial, 194
processo
    de internacionalização, 74
    de substituição de fornecedores, 219
Program On Negotiation (PON), 215
prospectar, 163
protecionismo, 55-57, 115-116

Q

qualidade ajustável, 41

R

regime de origem, 195, 205
Regional Trade Agreement (RTA), 197
Regras de Hamburgo de 1978, 26
relatório Global Risk Report, 96
reposicionamento global, 58
risco
   de desabastecimento local, 58
   de inadimplência, 157

S

saldo da balança comercial, 70
Segunda Guerra Mundial, 2, 195, 260
seguro
   da carga, 164
   de crédito, 225
seleção de mercados, 127, 128
setups de produção, 41
Simpler Trade Procedures Board (SITPRO), 155-156
sistema
   de credit scoring, 166
   Geral de Preferências (SGP), 22, 200, 202, 248
   global de comércio, 96
   Harmonizado (SH), 218
   multilateral de comércio, 91, 262
sistemas de tributação internos, 114
situação dos portos brasileiros, 45
sourcing internacional, 180
Strengths, Weaknesses, Opportunities and Threats (SWOT), 95
superávit, 30

T

tarifa
   de importação, 16
   Externa Comum (TEC), 195, 198
taxa
   de câmbio, 90
   de sucesso, 178
tempo
   da outra parte, 215
   de resposta, 45-46
   de uso do produto, 47

Terminais de Uso Privados (TUPs), 258
Tigres Asiáticos, 122-123
tomada de decisão, 162
trade
   finance, 150, 221
   Map, 103, 109, 113
trading
   companies, 17, 70, 72, 159
      internacionais, 179
      locais, 178
   local, 191
   perfil da, 188
transferência de tecnologia, 75
transit time, 161, 247

U

União
   Aduaneira, 198-199
   Econômica e Monetária do Oeste Africano, 199
   Europeia, 155, 199
URC 522 (Uniform Rules for Collections), 156

V

valor da logística internacional, 41
variações
   cambiais, 41
   de fluxo de caixa, 149
vendas de commodities, 71
viagem exploratória de negócios, 210
visão estratégica, 71
Vitrine do Exportador, site, 111
voluntarismo, 9

Z

zona
   de integração, 196
   de Livre-Comércio, 198
   de Preferência Tarifária, 198

Projetos corporativos e edições personalizadas dentro da sua estratégia de negócio. Já pensou nisso?

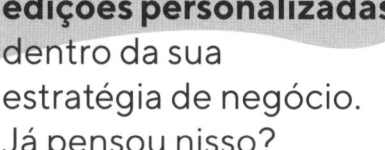

Coordenação de Eventos
Viviane Paiva
viviane@altabooks.com.br

Assistente Comercial
Fillipe Amorim
vendas.corporativas@altabooks.com.br

A Alta Books tem criado experiências incríveis no meio corporativo. Com a crescente implementação da educação corporativa nas empresas, o livro entra como uma importante fonte de conhecimento. Com atendimento personalizado, conseguimos identificar as principais necessidades, e criar uma seleção de livros que podem ser utilizados de diversas maneiras, como por exemplo, para fortalecer relacionamento com suas equipes/ seus clientes. Você já utilizou o livro para alguma ação estratégica na sua empresa?

Entre em contato com nosso time para entender melhor as possibilidades de personalização e incentivo ao desenvolvimento pessoal e profissional.

PUBLIQUE SEU LIVRO

Publique seu livro com a Alta Books. Para mais informações envie um e-mail para: autoria@altabooks.com.br

/altabooks /alta-books /altabooks /altabooks

CONHEÇA OUTROS LIVROS DA **ALTA BOOKS**

Todas as imagens são meramente ilustrativas.

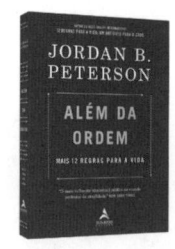

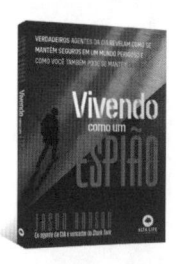

ALTA LIFE ALTA NOVEL ALTA/CULT EDITORA

ALTA BOOKS EDITORA alta club

Este livro foi impresso nas oficinas gráficas da Editora Vozes Ltda.,
Rua Frei Luís, 100 – Petrópolis, RJ.